PROCESSO TRIBUTÁRIO ANALÍTICO
Volume II

CIP-BRASIL. CATALOGAÇÃO NA PUBLICAÇÃO

SINDICATO NACIONAL DOS EDITORES DE LIVROS, RJ

P956
2. ed.
v. 2

Processo tributário analítico / Ana Clarissa Masuko dos Santos Araujo... [et al.] ; coordenação Paulo Cesar Conrado. - 2. ed. rev. e atual. - São Paulo : Noeses, 2016.

432 p. : il. ; 23 cm.

Inclui bibliografia

ISBN 078-85-8310-074-4

1. Direito tributário. I. Araujo, Ana Clarissa Masuko dos Santos. II. Conrado, Paulo Cesar.

16-37849 CDU: 34:351.713

PROCESSO TRIBUTÁRIO ANALÍTICO
Volume II

2ª edição revista e atualizada

Coordenador
Paulo Cesar Conrado

editora e livraria
NOESES
2016

Fundador e Editor-chefe: Paulo de Barros Carvalho
Gerente de Produção Editorial: Rosangela Santos
Arte e Diagramação: Renato Castro
Revisão: Georgia Evelyn Franco
Designer de Capa: Aliá3 - Marcos Duarte

2016

editora e livraria
NOESES

Editora Noeses Ltda.
Tel/fax: 55 11 3666 6055
www.editoranoeses.com.br

Coordenador

PAULO CESAR CONRADO

Juiz Federal em São Paulo e Doutor e Mestre pela PUC/SP.

Autores

ANA CLARISSA MASUKO DOS SANTOS ARAUJO

Doutoranda em Direito Tributário pela Universidade de São Paulo. Mestre em Direito Tributário pela Pontifícia Universidade Católica de São Paulo.

MARIA RITA GRADILONE SAMPAIO LUNARDELLI

Mestre em Direito Tributário pela PUC-SP. Professora nos Cursos de Especialização do IBET. Advogada em São Paulo. Autora do Livro *Lançamento, Processo administrativo e extinção do crédito tributário* – Uma aplicação da teoria da comunicação. São Paulo: Quartier Latin 2010. Coautora do Livro *Processo tributário analítico,* Coordenado pelo Prof. Paulo Cesar Conrado, Noeses 2011.

CARLA DE LOURDES GONÇALVES

Mestre e Doutora – PUC/SP. Advogada em São Paulo. Professora dos cursos de especialização promovidos pelo IBET e PUC COGEAE.

FERNANDA DONNABELLA CAMANO DE SOUZA

Especialista em Direito Tributário pela COGEAE-PUC-SP e mestre em Direito do Estado pela Pontifícia Universidade Católica de São Paulo (PUC-SP). Autora do livro *Os limites objetivos e temporais da coisa julgada em ação declaratória no direito tributário*, publicado pela Editora Quartier Latin, 2006, e de textos publicados em revistas especializadas.

DIEGO DINIZ RIBEIRO

Doutorando em Ciências Jurídico-Filosóficas pela Faculdade de Direito da Universidade de Coimbra, em Portugal. Mestre em Direito Tributário pela Pontifícia Universidade Católica de São Paulo – PUC/SP. Pós-graduado em Direito Tributário pelo Instituto Brasileiro de Estudos Tributários – IBET. Conselheiro do CARF, Advogado e Professor.

JONATHAN BARROS VITA

Advogado, Consultor Jurídico e Contador. Especialista em Direito Tributário pelo Instituto Brasileiro de Estudos Tributários - IBET-SP, Mestre e Doutor em Direito do Tributário pela Pontifícia Universidade Católica de São Paulo – PUC-SP e Mestre em Segundo Nível em Direito Tributário da Empresa pela Universidade Comercial Luigi Bocconi – Milão – Itália. Coordenador e professor do Mestrado em Direito da UNIMAR. Professor de diversos cursos de pós-graduação no Brasil e exterior. Conselheiro do Conselho Municipal de Tributos de São Paulo. Ex-Conselheiro do CARF – Conselho Administrativo de Recursos Fiscais. Ex-Juiz do Tribunal de Impostos e Taxas do Estado de São Paulo. Ex-Secretário da Comissão Especial de Direito Tributário do Conselho Federal da OAB.

JULIANA FURTADO COSTA ARAUJO

Doutora em Direito Tributário pela PUC/SP. Procuradora da Fazenda Nacional. Chefe da Divisão de Defesa em 2ª Instância da PRFN/3ª Região. Professora dos cursos de pós-graduação do IBET, PUC/COGEAE e FGV/GV Law.

RODRIGO DALLA PRIA

Doutor em Direito Processual Civil – PUC/SP; Mestre em Direito Tributário – PUC/SP; Professor do IBET; da PUC/COGEAE; do IICS/CEU; e Palestrante da FGV-LAW; Juiz do Tribunal de Impostos e Taxas – TIT/SP; Advogado.

PAULO CESAR CONRADO

Juiz Federal em São Paulo e Doutor e Mestre pela PUC/SP.

RODRIGO G. N. MASSUD

Mestre em Direito Tributário pela PUC-SP. Pós-Graduado em Direito Processual Civil e em Direito Tributário pela PUC-SP/COGEAE. Advogado.

LUÍS CLAUDIO FERREIRA CANTANHEDE

Mestre em Direito Tributário pela PUC/SP. Especialista em Direito Tributário pela PUC/SP. Especialista em Direito do Estado pela Escola Superior da Procuradoria Geral do Estado de São Paulo-ESPGE. Professor no Instituto Brasileiro de Estudos Tributários e na Escola Superior da Procuradoria Geral do Estado de São Paulo/SP. Juiz do Tribunal de Impostos e Taxas do Estado de São Paulo. Procurador do Estado de São Paulo.

CAMILA CAMPOS VERGUEIRO

Mestre em direito tributário – PUC/SP. Advogada em São Paulo. Professora dos cursos de Pós-Graduação do IBET, do IGA-IDEPE, da PUC/COGEAE, do IBDT, do GV*Law*, da Faculdade Damásio de Jesus – FDDJ, dentre outras instituições.

THATHYANNY FABRICIA BERTACO PERIA

Mestre em Direito Tributário pela Pontifícia Universidade Católica de São Paulo (PUC-SP). Especialista em Direito Tributário Internacional pelo *International Tax Centre* – ITC, em Leiden, Holanda. Especialista em Direito Tributário pelo IBET-SP. Advogada em São Paulo.

LEANDRO MARTINHO LEITE

Especialista em Direito Tributário pelo COGEAE/PUC/SP, Mestrando em Direito Tributário pela PUC/SP, Advogado.

APRESENTAÇÃO À 2ª EDIÇÃO

Não seria preciso dizer, mas, ainda assim, o faremos publicamente: é enorme a satisfação que nos causou a renovação, em uma segunda edição, deste nosso *Processo Tributário Analítico* volume II.

A boa recepção da primeira edição, coisa que já se vinha repetindo em relação ao *Processo Tributário Analítico* volume I, funciona como combustível para que prossigamos com os trabalhos que, há mais de uma década, inspiram a produção desses escritos – e que se formaliza em nosso grupo de estudos (e de amigos, acima de tudo).

Como quando fizemos em outras oportunidades, seguimos incansáveis, nesse momento, em expressar nossa gratidão ao Professor Paulo de Barros Carvalho, nosso guia permanente, ao IBET (nosso espaço de desenvolvimento), à Professora Priscila de Souza (nossa maior apoiadora) e à Noeses, à qual devemos a oportunidade de, acreditando no nosso trabalho, fazê-lo público.

São Paulo, dezembro de 2016.

Paulo Cesar Conrado

APRESENTAÇÃO À 1ª EDIÇÃO

Desde quando lançamos o *Processo Tributário Analítico* – republicando-o, tal qual concebido em sua primeira edição, pela Editora Noeses –, os encontros que nos moviam a (re) pensar o processo à luz do direito tributário vinham ocorrendo de modo ocasional. Cada qual dos autores daquele volume, passados mais de cinco anos, caminhava, como é natural, em sua vida pessoal, profissional e acadêmica de modo independente, a despeito dos encontros (agora ocasionais) que mantínhamos.

Isso não nos bastava, entretanto. Instados pela necessidade de expressar (e documentar, tanto quanto possível) nossas ideias, retomamos, no segundo semestre de 2010, o hábito da regularidade e da disciplina – condição para o bom exercício da reflexão.

Os passos iniciais foram simples – há que se confessar –, mas isso, graças ao apoio incondicional prestado pelo Professor Paulo de Barros Carvalho à proposta: reconstruímos, inspirados pelo mestre, o programa a ser seguido (tomadas as incontáveis experiências angariadas por cada qual), marcamos os encontros e, desde então, passamos a conviver semanalmente.

Não é preciso dizer que, organizado, em princípio, para durar um ano, o ciclo estabelecido se estendeu por muito mais: foram exatos dois anos de reuniões! Mas, saibam, esse "excesso de prazo", longe do que se possa pensar, foi muito bem recebido por todos: os assuntos se desdobravam, assim como os participantes do grupo; as ideias, com isso, se multiplicavam; conclusão: era preciso ir além do previsto. E valeu à pena: boas surpresas – como a de constatar a maturidade intelectual de ex-alunos (hoje, firmes profissionais no exercício de qualificada docência) –, a revisão de conceitos – no meu caso, quase tudo que até então havia pensado sobre compensação se esvaiu(!) – e, mais que tudo, a retomada da convivência com queridos amigos, tingiram esse período de cores vivas e alegres.

Esse livro traz a público, senão tudo – isso seria impossível(!) –, ao menos parte considerável de nossos debates, valendo destacar, como ponto alto do trabalho, a interlocução explícita mantida entre os autores – que se referem, reciprocamente, repetidas vezes.

Como quando fizemos o primeiro *Processo Tributário Analítico*, não podemos deixar de registrar nosso orgulho de integrar um grupo constituído de pessoas tão sérias, intelectualmente firmes e honestas em seus propósitos – tudo isso, o que é melhor, sem sisudez!

Nossa gratidão ao Professor Paulo de Barros Carvalho (que nos guiou durante o "processo"), ao IBET (que nos cedeu o espaço para as reuniões), à Professora Priscila de Souza (que nos apoiou no planejamento de todas as reuniões) e à Noeses (que acreditou, por mais essa vez, em nosso trabalho, fazendo-o público). Muito obrigado a todos!

São Paulo, novembro de 2012.

Paulo Cesar Conrado

SUMÁRIO

APRESENTAÇÃO À 2ª EDIÇÃO .... **VII**

APRESENTAÇÃO À 1ª EDIÇÃO .... **IX**

ANA CLARISSA MASUKO DOS SANTOS ARAUJO
Princípio da Verdade Material e Processo Administrativo Fiscal de Compensação 01

MARIA RITA GRADILONE SAMPAIO LUNARDELLI
A Declaração de Compensação Como Forma Constitutiva E Extintiva do Crédito Tributário e a Impossibilidade e Aplicação de Multa de Ofício Sobre o Crédito do Contribuinte. Análise da Não Homologação da Compensação Por Uma Perspectiva Comunicacional 21

CARLA DE LOURDES GONÇALVES
A Suspensão da "Exigibilidade" nas Ações Preventivas 51

FERNANDA DONNABELLA CAMANO DE SOUZA
Efeitos Materiais da Sentença Declaratória. Perspectivas no Tempo e Ruptura Destes Efeitos em Face de Precedente do Stf em Sentido Contrário 65

DIEGO DINIZ RIBEIRO
Coisa Julgada, Direito Judicial e Ação Rescisória em Matéria Tributária ... 85

JONATHAN BARROS VITA
Tributação, direito concorrencial e processo: as mudanças das circunstâncias de fato e de direito no campo da ação revisional do art. 505 do CPC/2015 ... 129

JULIANA FURTADO COSTA ARAUJO
Mandado de Segurança: Os Efeitos da Manifestação de Inconformidade em Relação ao Crédito Tributário, Objeto da Compensação ... 157

RODRIGO DALLA PRIA
A Constituição e a Cobrança das Contribuições Previdenciárias Pela Justiça do Trabalho: Aspectos Processuais Relevantes ... 175

PAULO CESAR CONRADO
Redirecionamento Como Forma (Esdrúxula) De Constituição da Obrigação Tributária (Relativamente ao Terceiro-Responsável) e de Aparelhamento da Lide Executiva Fiscal (Contra Aquele Mesmo Terceiro) ... 195

RODRIGO G. N. MASSUD
Responsabilidade tributária do administrador (ctn, 135, iii). Circunstâncias materiais e processuais, causas e efeitos nos planos administrativo e judicial (execução fiscal) 209

LUÍS CLAUDIO FERREIRA CANTANHEDE
Exceção de Pré-Executividade e Seu Julgamento: Impacto em Outros Processos (Administrativo, Declaratório, Anulatório) ... 237

CAMILA CAMPOS VERGUEIRO
A Recuperação Judicial e Seu Impacto nas Execuções Fiscais ... 259

THATHYANNY FABRICIA BERTACO PERIA
Hipótese de Exclusão de Responsabilidade Tributária em Razão da Aquisição do Estabelecimento Empresarial em Processo de Recuperação Judicial 291

CAMILA CAMPOS VERGUEIRO
O Diálogo das Fontes e a Exigência de Certidão de Regularidade Fiscal Como Condição Para O Processamento da Recuperação Judicial 311

LEANDRO MARTINHO LEITE
A Reclamação Constitucional Como Instrumento de Intervenção de Terceiros nos Precedentes Generalizadores (Julgados em Sede de Repercussão Geral e Recursos Representativos de Controvérsia)........................ 341

CAMILA CAMPOS VERGUEIRO
Pragmática do Recurso Especial ao Superior Tribunal de Justiça........................ 361

PRINCÍPIO DA VERDADE MATERIAL E PROCESSO ADMINISTRATIVO FISCAL DE COMPENSAÇÃO

Ana Clarissa Masuko dos Santos Araujo[1]

Sumário: Caso concreto – 1. Introdução – 2. Princípio da verdade material nos processo administrativo fiscal federal – 3. Princípio da verdade material no processo administrativo de compensação – 4. Conclusão.

Caso Concreto

Determinada empresa, pessoa jurídica optante pela apuração com base no lucro real trimestral, transmitiu, eletronicamente, a DCOMP referente a pagamento indevido ou acima do devido de CSLL, para utilização na quitação de débito de COFINS.

O despacho decisório originado de seleção informatizada da declaração de compensação não reconheceu o direito creditório, sob o fundamento de que não teria sido confirmada a existência do crédito informado, pois o valor do respectivo

1. Doutoranda em Direito Tributário pela Universidade de São Paulo. Mestre em Direito Tributário pela Pontifícia Universidade Católica de São Paulo.

DARF vinculado à DCOMP teria sido integralmente alocado para a quitação da obrigação tributária.

Do referido despacho decisório, a empresa interpôs manifestação de inconformidade em que afirmou ter ocorrido equívoco no ato de preenchimento da DCTF correspondente, pois o valor devido a título de CSLL seria menor que o declarado, de sorte que haveria saldo caracterizado como pagamento indevido.

Acostou, assim, à sua defesa, DCTF retificadora, transmitida após a ciência do despacho decisório, cópia do respectivo DARF e da DIPJ, que consignaria os valores corretos de tributo a pagar, pugnando pela aplicação do Princípio da Verdade Material.

A Delegacia de Julgamento não reconheceu o direito creditório da empresa, sob o fundamento de que a DCTF é instrumento de confissão de dívida e constituição definitiva de crédito tributário e sua retificação não produziria efeitos após a ciência do despacho decisório, sendo irrelevante a declaração contida na DIPJ, que teria apenas cunho informativo. Ademais, a retificação deveria ter por fundamento os dados da escrita fiscal do contribuinte e a empresa não teria feito prova da liquidez e certeza de seu crédito.

Em recurso voluntário, a empresa alegou que o erro que originou o pagamento acima do devido ou indevido de CSLL, decorrera da falta de cômputo do prejuízo acumulado na apuração do lucro do determinado trimestre, juntando para comprovar as suas alegações cópias de balancetes, Diário, LALUR, referentes aos períodos em referência, que refletiram os argumentos de defesa da empresa. Por meio de sua documentação contábil, a empresa demonstrou, da mesma forma, que não tinha utilizado o saldo resultante do pagamento indevido em outros anos-calendários.

Em face do exposto, pergunta-se: o órgão julgador de segunda instância administrativa poderia conhecer os argumentos e documentos que não foram apresentados na instância administrativa *a quo* para reconhecer o direito creditório da empresa?

1. Introdução

A premissa da qual se parte não cambiou em relação àquela fincada na primeira edição dessa obra: a partir do corte metodológico que conceitua jurisdição como atividade estatal de caráter público, instrumental e secundária, concebida para solução de conflito de interesses surgido em relação jurídica de direito material, reconhece-se, no ordenamento jurídico brasileiro, a jurisdição administrativa, cuja base empírica no Texto Constitucional está assentada no art. 5º, LV.[2]

Naquela ocasião, afirmou-se que o preciso momento do processo de positivação que exsurge o contencioso administrativo fiscal é o lapso compreendido entre o ato de notificação do lançamento e o termo final estabelecido para pagamento, sendo deflagrado pela peça de impugnação,[3] que instrumentaliza o "direito de ação administrativo" e veicula, em seu bojo, o fato jurídico "conflito", que está para a petição inicial, nos processos judiciais.

Mutatis mutandis, inserem-se, nesse mesmo contexto, os processos administrativos originados de decisões que não homologam declarações de compensação, cujo fato jurídico "conflito" originar-se-á do não reconhecimento da relação de débito do Fisco e, por conseguinte, da não extinção da relação de seu crédito.

A Medida Provisória 135, de 2003, convertida na Lei 10.833, de 2003[4] alterou a redação do art. 74 da Lei 9.430/96,

---

2. Art. 5º [...]
LV - aos litigantes em processo judicial ou administrativo, e aos acusados em geral, são assegurados o contraditório e a ampla defesa, com meios e recursos a ela inerentes; [...].

3. Decreto 70.235/72- Art. 14. A impugnação da exigência instaura a fase litigiosa do procedimento.

4. Art. 74. [...]

para aplicar, às situações de não homologação da compensação, o rito do processo administrativo fiscal federal, prescrevendo que a manifestação de inconformidade é o veículo introdutor de conflito, no âmbito da jurisdição administrativa.

A compensação tributária é forma de extinção da obrigação tributária, prescrita no art. 156, II, do CTN, em que concorrem duas relações jurídicas de cargas opostas – relação jurídica da obrigação tributária e a relação de indébito do Fisco – que, combinadas, se anulam.

Contudo, se, na impugnação administrativa, a atividade do contribuinte visa a interferir na norma individual e concreta do lançamento tributário, no caso da compensação, o marco inicial consubstancia-se em linguagem produzida pelo próprio contribuinte, que constitui a relação de débito do Fisco (pagamento indevido) e a relação da obrigação tributária.

O regime jurídico de compensação tributária, no âmbito federal, permite que o contribuinte realize os procedimentos necessários para a sua efetivação, que ficará sujeita a posterior homologação, *i.e.*, submete-se ao poder-dever do Fisco de verificação de sua regularidade.

Infere-se, por conseguinte, que nos termos do *caput* do art. 170[5] do CTN, é ônus do contribuinte comprovar a liquidez e certeza de seu direito creditório.

[...]
§ 9º É facultado ao sujeito passivo, no prazo referido no §7º, apresentar manifestação de inconformidade contra a não homologação da compensação.
§ 10. Da decisão que julgar improcedente a manifestação de inconformidade caberá recurso ao Conselho de Contribuintes.
§ 11. A manifestação de inconformidade e o recurso de que tratam os §§ 9º e 10 obedecerão ao rito processual do Decreto 70.235, de 6 de março de 1972, e enquadram-se no disposto no inciso III do art. 151 da Lei 5.172, de 25 de outubro de 1966 – Código Tributário Nacional, relativamente ao débito objeto da compensação.

5. Art. 170. A lei pode, nas condições e sob as garantias que estipular, ou cuja estipulação em cada caso atribuir à autoridade administrativa, autorizar a compensação de créditos tributários com créditos líquidos e certos, vencidos ou vincendos, do sujeito passivo contra a Fazenda Pública.

Sob o viés pragmático, a atual sistemática do processo de positivação das compensações dá ensejo a distorções, na medida em que, se por um lado, alguns contribuintes contam com a contingência da seleção das declarações de compensação para análise do Fisco, constituindo declarações que não se sustentam em linguagem jurídica competente, precisamente por essa mesma razão, o Fisco, muitas vezes, lança mão de expedientes de controle rigorosos, que podem redundar em violações aos direitos dos contribuintes, mormente nos casos de mecanismos informatizados.

Nesse contexto, infere-se que se eleva a potência de contenciosidade e assim, de relevância que assume o processo administrativo fiscal das compensações, de sorte que o escopo do presente trabalho é discorrer sobre um dos aspectos recorrentes nas discussões administrativas: o espectro de significação e a eficácia do Princípio da Verdade Material aplicado aos conflitos de interesses que tenham como conteúdo as declarações de compensação não homologadas pelas autoridades administrativas.

2. Princípio da Verdade Material no Processo Administrativo Fiscal Federal

O Princípio da Verdade Material, em sua acepção ampla, é o vetor mais marcante da distinção entre a jurisdição judicial e a administrativa, considerando-se que outros princípios igualmente próprios do processo administrativo fiscal a ele se conectam, ou podem ser lidos como facetas desse mesmo postulado: o Princípio da Oficialidade e do Informalismo, estariam subsumidos a essa mesma legenda.

O Princípio da Oficialidade, no âmbito do procedimento administrativo, determina a prerrogativa do órgão judicante administrativo, de ofício, buscar as provas que reconstroem o fato jurídico núcleo do conflito,[6] em franco contraste com o

6. A Lei 9.784/99 prescreve:

fenômeno análogo ocorrido no seio do processo judicial, marcado pelo Princípio da Inércia.[7]

Observe-se que o núcleo de significação e a eficácia do referido princípio não se traduz em constituição de normas individuais e concretas com ausência de lastro em linguagem jurídica competente para constituição do fato jurídico.

Partindo-se de um sistema de referência, que toma a linguagem como constitutiva da realidade dos autos, há de ser revisitada a significação do Princípio da Verdade Material, tal como comumente invocada no contencioso administrativo fiscal federal, como hábil a fazer imiscuir a realidade não vertida em linguagem ao seio do processo administrativo fiscal, como se possível estabelecer uma zona de intersecção entre a realidade fenomênica e a realidade processual-jurídica.

Exclui-se como possível significação à locução "verdade material", como ponto de contato entre o "ser" da realidade social, trasladado ao âmbito processual, pois não existe verdade nos autos à míngua de linguagem competente, que constitua os fatos jurídicos afirmados no âmbito do discurso processual. Há impossibilidade lógica no trânsito direto, sem linguagem que o permeie, entre "*ser*" e "*dever-ser*".

Tomando-se o Direito como sistema autopoiético, para que um fato possa ingressar no sistema jurídico, devem ser observadas as regras que garantem o seu fechamento

---

Art. 36. Cabe ao interessado a prova dos fatos que tenha alegado, sem prejuízo do dever atribuído ao órgão competente para a instrução e do disposto no art. 37 desta Lei.
Art. 37. Quando o interessado declarar que fatos e dados estão registrados em documentos existentes na própria Administração responsável pelo processo ou em outro órgão administrativo, o órgão competente para a instrução proverá, de ofício, à obtenção dos documentos ou das respectivas cópias.

7. Cuja base empírica é o art. 128 do CPC/73: O juiz decidirá a lide nos limites em que foi proposta, sendo-lhe defeso conhecer de questões, não suscitadas, a cujo respeito a lei exige a iniciativa da parte.
Art. 141 do CPC/2015. O juiz decidirá o mérito nos limites propostos pelas partes, sendo-lhe vedado conhecer de questões não suscitadas a cujo respeito a lei exige iniciativa da parte.

operacional, de sorte que um evento ocorrido no ambiente que não logre transpassar seus filtros, nele não pode ingressar. É dizer, o evento do ambiente que não se subsuma às regras do sistema jurídico a ele é indiferente, como no caso de provas produzidas ilicitamente, vedadas expressamente pelo Texto Constitucional, em seu art. 5º, LVI.

As condições para o processamento das informações do ambiente para o sistema jurídico pressupõem regras distintas para o processo administrativo fiscal e o processo judicial tributário.

Contrastando-se a "verdade material" – produzida no âmbito do processo administrativo fiscal, nesse específico significado, com a assim denominada pela doutrina processualística, "verdade formal" – produzida no âmbito do processo judicial, verifica-se que se distinguem pelo veículo introdutor que as inserem nos autos, pois, a rigor, os enunciados linguísticos introduzidos, hábeis a (re)constituir o fato jurídico "conflito" serão os mesmos, em ambas as modalidades de jurisdição, variando apenas a forma de sua instrumentalização.

Os enunciados linguísticos que constituem os fatos jurídicos que compõem a narrativa do processo administrativo fiscal poderão ser produzidos tanto por iniciativa do contribuinte, como do órgão julgador, que detém a competência para delimitar a suficiência da base empírica ou dos elementos probatórios dos autos, sobre a qual fundará o seu convencimento.

Sob o aspecto formal da instrução probatória, o julgador administrativo tem atuação ativa para a comprovação de aspectos necessários e suficientes para expedição da tutela jurisdicional compositiva do conflito de interesses, oficiando os contribuintes para carrear provas aos autos, as autoridades administrativas preparadoras, e até mesmo, ele próprio, em situações determinadas, realiza diligências com o escopo de produção probatória, como em consultas a sistemas informatizados da Secretaria da Receita Federal do Brasil, e em pesquisas em páginas da *internet*.

Nessa esteira, outro aspecto atinente à forma de introdução de enunciados linguísticos no processo administrativo fiscal digno de referência, é quanto à preclusão temporal, que, notadamente nesse ambiente processual sofre temperamentos, pois, enquanto no processo judicial é dado objetivo, atrelado aos prazos prescritos pelo direito positivo,[8] no processo administrativo fiscal, acresce-se a outro dado, de natureza subjetiva, intimamente conectado com o Princípio da Oficialidade.

Embora o art. 16[9] do Decreto 70.235/72 estabeleça que as provas documentais deverão ser apresentadas por ocasião da impugnação, precluindo o direito do contribuinte de fazê-lo posteriormente, exceto em situações expressamente elencadas em seus parágrafos – impossibilidade de apresentação por motivo força maior, direito superveniente, fatos ou razões posteriormente introduzidas nos autos – a jurisprudência administrativa caminha forte no sentido de que a exegese da referida regra deve se acomodar ao primado que confere poder-dever ao julgador administrativo para estabelecer as bases

---

8. Conforme determinação do art. 183 do CPC/73: Decorrido o prazo, extingue-se, independentemente de declaração judicial, o direito de praticar o ato, ficando salvo, porém, à parte provar que o não realizou por justa causa. [...].
Art. 223 do CPC/2015. Decorrido o prazo, extingue-se o direito de praticar ou de emendar o ato processual, independentemente de declaração judicial, ficando assegurado, porém, à parte provar que não o realizou por justa causa.
[...].

9. Art. 16. A impugnação mencionará:
[...]
§ 4º A prova documental será apresentada na impugnação, precluindo o direito de o impugnante fazê-lo em outro momento processual, a menos que:
a) fique demonstrada a impossibilidade de sua apresentação oportuna, por motivo de força maior;
b) refira-se a fato ou a direito superveniente;
c) destine-se a contrapor fatos ou razões posteriormente trazidas aos autos.
§ 5º A juntada de documentos após a impugnação deverá ser requerida à autoridade julgadora, mediante petição em que se demonstre, com fundamentos, a ocorrência de uma das condições previstas nas alíneas do parágrafo anterior.
§ 6º Caso já tenha sido proferida a decisão, os documentos apresentados permanecerão nos autos para, se for interposto recurso, serem apreciados pela autoridade julgadora de segunda instância.

sobre as quais se assentará a tutela jurisdicional compositiva do conflito de interesses.

A interpretação sistemática das normas jurídicas do processo administrativo fiscal federal determina que, da combinação das regras aplicáveis, e em consonância com o caso concreto, deve haver preponderância do Princípio da Verdade Material em relação às regras que versem sobre a preclusão temporal, o que, diga-se, converge coerentemente com a estrutura dos órgãos administrativos de julgamento federais: tão somente os órgãos de segunda instância são compostos paritariamente, *i.e.*, julgadores representantes dos contribuintes perfilam-se junto a julgadores administrativos provenientes do corpo funcional do próprio Fisco. O sistema calibra a aplicação normativa, para conferir legitimidade às decisões proferidas no âmbito da jurisdição administrativa.

Assim, a despeito de não estarem presentes os requisitos do art. 16 do Decreto 70.235/72, relativiza-se a preclusão temporal no processo administrativo se o julgador vislumbrar que enunciados linguísticos introduzidos posteriormente à impugnação nos autos, sejam necessários à (re)constituição do fato jurídico que comporá o antecedente da norma compositiva do conflito de interesses, ainda que ausentes as excludentes elencadas nos parágrafos do artigo referido.[10]

---

10. Nesse sentido, o Acórdão 06-16.716, que reflete o posicionamento predominante do Conselho Administrativo de Recursos Fiscais:
PROVAS ACOSTADAS AOS AUTOS APÓS O PRAZO DE INTERPOSIÇÃO DO RECURSO VOLUNTÁRIO - IMPRESCINDIBILIDADE DA ANÁLISE PARA O DESLINDE DA CONTROVÉRSIA -VERDADE MATERIAL.
A prova documental será apresentada na impugnação, precluindo o direito de o impugnante fazê-lo em outro momento processual, exceto se comprovada a ocorrência de tuna das hipóteses do art. 16, §4°, do Decreto 70.235/72. Essa é a regra geral insculpida no Processo Administrativo Fiscal Federal.
Entretanto, os Regimentos dos Conselhos de Contribuintes e da Câmara Superior de Recursos Fiscais sempre permitiram que as partes pudessem acostar memoriais e documentos que reputassem imprescindíveis à escorreita solução da lide. Em homenagem ao princípio da verdade material, pode o relator, após análise perfunctória da documentação extemporaneamente juntada, e considerando a relevância da matéria, integrá-la aos autos, analisando-a, ou convertendo o feito em diligência.

Ainda, o poder-dever do julgador administrativo de assumir postura ativa na instrução probatória sobrepõe-se às hipóteses de preclusão temporal, em situações em que verifique ausência de enunciados linguísticos suficientes para a solução do conflito de interesses, tendo o órgão administrativo de segunda instância competência para promover, de ofício, diligências objetivando a produção probatória, por meio de ato administrativo decisório deliberado pelo colegiado, denominado regimentalmente de resolução.

O mesmo tanto se pode afirmar em relação à preclusão consumativa, que adquire significação própria no processo administrativo fiscal, pois à luz do Princípio da Verdade Material, permite-se que alegações de defesa, embora não deduzidas em primeira instância, sejam submetidas à apreciação da segunda instância administrativa de julgamento, permitindo a ampla cognição do julgador administrativo das causas de pedir da lide, que redundem na tutela que reconheça a procedência ou não do lançamento, ou do reconhecimento ou não do direito creditório.

Finalmente, outra faceta do Princípio da Verdade Material que interessa a partir do corte que se estabelece em virtude dos limites do presente trabalho, é atinente à possibilidade de o julgador administrativo, a partir dos enunciados linguísticos contidos nos autos, reconhecer normas individuais e concretas produzidas pelo contribuinte em desacordo com as regras estruturais prescritas pelo sistema, que compõem causa de pedir remota e são prejudiciais à norma que veiculará a tutela compositiva do conflito de interesses. O Princípio da Verdade Material permite que o julgador administrativo, a partir do reconhecimento do conteúdo, legitime o veículo introdutor da norma jurídica.

O desenvolvimento dessa ideia será alocado no tópico seguinte, na medida em que sua contextualização com o caso concreto, que dá ensejo a este trabalho, permitirá a melhor compreensão de seu significado.

3. Princípio da Verdade Material no Processo Administrativo de Compensação

Na senda das premissas estabelecidas, o processo administrativo fiscal de compensação tributária federal está submetido ao rito do Decreto 70.235/72, portanto, a todos os princípios informadores do processo administrativo fiscal federal.

Repisando-se o referido alhures, a especificidade dos processos administrativos de compensação no regime jurídico em vigor, é que seu marco inicial é linguagem produzida pelo próprio contribuinte, que constitui a relação de indébito do Fisco (pagamento indevido) e a relação da obrigação tributária.

A compensação dos tributos administrados pela Secretaria da Receita Federal são instrumentalizados pelo documento declaração de compensação, que é gerada a partir do programa informatizado "PER/DCOMP" e que extingue o crédito tributário, sob condição resolutória da ulterior homologação do procedimento.

Às Delegacias da Receita Federal é acometida a competência para a verificação, no prazo de 5 (cinco) anos, da existência do direito creditório e, muito embora emanem atos de conteúdo decisório, apenas a partir desse marco do processo de positivação poderá ser deflagrada a jurisdição administrativa, com a interposição de manifestação de inconformidade pelo contribuinte, contra referido ato.

Nessa instância denominada preparadora, aparelha-se a Administração para verificar se o afirmado direito creditório do contribuinte assenta-se em linguagem jurídica competente, condicionando o seu reconhecimento à apresentação de documentos comprobatórios, além de determinar a realização de diligência fiscal nos estabelecimentos do sujeito passivo para a verificação da escrituração contábil e fiscal e a exatidão das informações prestadas.

Se o lançamento de ofício, nos termos do art. 142 do CTN, é ato de enunciação do Fisco, que deve ser acompanhado das provas constitutivas desse direito, no caso da compensação, o ato provocativo é do contribuinte, que afirma o seu direito creditório e, por essa razão, recebe o ônus de comprovar a relação de débito do Fisco.

Assim, a instância desse processo de positivação percorrida na Delegacia da Receita Federal desempenha a função de averiguação das provas que alicerçam o direito creditório, que, no processo administrativo, cujo objeto é o lançamento, é momento lógica e cronologicamente anterior, pois a norma individual e concreta do lançamento pressupõe o acompanhamento de provas.

Situação comum é a expedição de despachos decisórios de não homologação de direito creditório, originados dos sistemas informatizados do Fisco, que ao cruzar dados das declarações produzidas pelo contribuinte – declaração de compensação, DIPJ, DCTF – detectam inconsistências nas informações, que fundamentam as decisões de não homologação do direito creditório.

A manifestação de inconformidade terá como objeto a demonstração da consistência do direito creditório reclamado e a rigor, é o momento próprio do processo de positivação em que o contribuinte deverá demonstrar, por documentação hábil, a sua certeza e liquidez.

Nesse estágio do processo de positivação, não são suficientes para a comprovação do direito creditório, demonstrações tais como a incompatibilidade de informações entre as declarações produzidas unilateralmente, a simples prova do pagamento do tributo, a elaboração de planilhas pelo contribuinte.

O sistema jurídico elege qual a linguagem jurídica competente para (re)constituir fatos jurídicos[11] que constituem a

11. De acordo com o art. 9º e § 1º do Decreto-lei 1.598/77: A determinação do lucro

relação de débito do Fisco, no caso de erro nas declarações produzidas pelos contribuintes, qual seja, a escrituração contábil e os documentos que lhe dão sustentação que, combinados com a prova de pagamento, apõe-lhe o predicado de "indevido", recompondo a referida relação jurídica.

Observe-se, que a documentação contábil não pode meramente ser "juntada" aos autos, devendo ser articulada o bastante, para demonstrar o fato jurídico a ser provado, pois o vetor da Verdade Material não transmuta a competência dos órgãos julgadores em órgãos de auditoria.[12] O Princípio

---

real pelo contribuinte está sujeita a verificação pela autoridade tributária, com base no exame de livros e documentos da sua escrituração, na escrituração de outros contribuintes, em informação ou esclarecimentos do contribuinte ou de terceiros, ou em qualquer outro elemento de prova.
§ 1º A escrituração mantida com observância das disposições legais faz prova a favor do contribuinte dos fatos nela registrados e comprovados por documentos hábeis, segundo sua natureza, ou assim definidos em preceitos legais.
[...].

12. Nesse sentido, ilustrativo o Acórdão CARF 110300.392, relator Marcos Shigueo Takata: "COMPENSAÇÃO - ÔNUS DA PROVA - LUCRO PRESUMIDO DO 4º TRIMESTRE - COEFICIENTE DE 8% OU DE 32%
Se a pretensão é da contribuinte, dela é o *onus probandi*, de modo que, se ela se insurge contra despacho decisório sobre sua pretensão, a demonstração e comprovação de seu direito deve ser exercida *(sic)* em seu momento próprio.
Sem embargo da questão da produção probatória no momento próprio, competia à contribuinte, no mínimo, anotar ou discriminar todos os lançamentos contábeis relativos às receitas da atividade de construção civil do Livro Diário e indicar um mínimo de conexão de tais receitas com os lançamentos referentes a compras (custos). Isso, para comprovar que a receita bruta do trimestre era somente de atividade de construção civil com emprego de materiais, para aplicação do coeficiente de 8%. O princípio da verdade material ou do formalismo moderado não é absoluto, a permitir a substituição do ônus 'primário' das partes, e divorciado da finalidade de eficiência e de não eternização do processo."
E, da mesma forma, Acórdão 1301-00.301, Relator Waldir Veiga Rocha:
"COMPENSAÇÃO - EXISTÊNCIA DO CRÉDITO - PROVA. O instituto da compensação em matéria tributária exige que os créditos do sujeito passivo sejam líquidos e certos. Negada a homologação da compensação declarada e inaugurada a fase litigiosa do processo, cabe ao contribuinte a prova da existência, liquidez e certeza dos créditos alegados, carreando aos autos as provas que possuir. No caso concreto, um relatório de sua própria lavra e outro sem comprovação de que seu conteúdo corresponda à DIRF tempestivamente entregue e, ainda, desacompanhados da escrita contábil, foram considerados insuficientes para a comprovação do direito creditório alegado."
Recurso Voluntário Negado.

da Verdade Material implica a atuação ativa do órgão julgador na instrução probatória, mas não substitui a atuação da parte, em seu ônus probatório; antes, há a atuação conjugada, dentro dos limites da competência da autoridade competente.

Nesse passo, abre-se breve parênteses para apontar as reflexões proporcionadas pelo novo Código de Processo Civil, nos parágrafos do art. 373,[13] que alteraram significativamente a disciplina do ônus da prova, em relação à Lei n. 5.689/1973 (em seu art. 333), o anterior Código Processual.

Destarte, os incisos I e II do referido dispositivo reproduzem o texto do diploma normativo anterior, prescrevendo que o ônus da prova é do autor "*quanto ao fato constitutivo de seu direito*" e do réu, "*quanto à existência de fato impeditivo, modificativo ou extintivo do direito do autor*", de maneira estanque, ou seja, o critério de determinação do ônus probatório era objetivo.

Contudo, os parágrafos do mencionado dispositivo trazem hipótese em que a regra geral é relativizada, quando o juiz, em face ao caso concreto, entenda que a outra parte tem melhores condições de esclarecimento dos fatos, invertendo o ônus probatório, em decisão devidamente fundamentada.

---

13. Art. 373. O ônus da prova incumbe:
I – ao autor, quanto ao fato constitutivo de seu direito;
II – ao réu, quanto à existência de fato impeditivo, modificativo ou extintivo do direito do autor.
§ 1º Nos casos previstos em lei ou diante de peculiaridades da causa relacionadas à impossibilidade ou à excessiva dificuldade de cumprir o encargo nos termos do caput ou à maior facilidade de obtenção da prova do fato contrário, poderá o juiz atribuir o ônus da prova de modo diverso, desde que o faça por decisão fundamentada, caso em que deverá dar à parte a oportunidade de se desincumbir do ônus que lhe foi atribuído.
§ 2º A decisão prevista no § 1º deste artigo não pode gerar situação em que a desincumbência do encargo pela parte seja impossível ou excessivamente difícil.
§ 3º A distribuição diversa do ônus da prova também pode ocorrer por convenção das partes, salvo quando:
I – recair sobre direito indisponível da parte;
II – tornar excessivamente difícil a uma parte o exercício do direito.
§ 4º A convenção de que trata o § 3º pode ser celebrada antes ou durante o processo.

Nesse contexto, e, considerando-se a aplicação subsidiária do Código de Processo Civil, por inexistir dispositivo específico aplicável ao processo administrativo, conforme determina o art.15, outra interessante novidade expressa no novo diploma, deverá ser sopesada a aplicação das novas regras de formação de provas, nos casos concretos submetidos à jurisdição administrativa.

Fechados os parênteses, no caso apresentado, o contribuinte transmitiu declaração de compensação, verificando que havia pago tributo a maior que o apurado, entretanto, olvidando-se de retificar a respectiva DCTF, que é norma individual e concreta constitutiva da obrigação tributária, que permaneceu no sistema produzindo regulares efeitos. Portanto, o pagamento permanece à obrigação tributária atrelado, tal como originalmente constituída, ou seja, prestou-se à extinção da obrigação tributária, sem a sobreposição de outra norma individual e concreta, que combinada ao pagamento, desse ensejo ao fato jurídico "pagamento indevido". Referida situação é comumente encontrada na pragmática das compensações, especialmente porque as diversas declarações e deveres instrumentais a que estão obrigados os contribuintes são confeccionados em distintos momentos do ano-calendário, abrindo brechas para equívocos nas apurações. E os contribuintes prosseguem na trilha dos erros perpetrados, ao transmitir declarações de compensação, sem efetuar as devidas retificações das declarações anteriores, de maneira que sob o mesmo substrato fático e para relatar o mesmo fato jurídico, concorrem diversas normas individuais e concretas, que geram contradições no sistema jurídico.

Em consonância com as regras do sistema, a retificação da DCTF que tenha sido objeto de fiscalização, apenas poderá ser autorizada, caso provado de maneira inequívoca, o erro em que se fundou, cabendo, ao contribuinte, demonstrar, por meio de sua escrituração contábil, a formação da relação de débito do Fisco.

O momento do processo de positivação para realizar os procedimentos necessários para a retificação da DCTF não seria, a rigor, em sede das instâncias administrativas julgadoras, mormente em segunda instância administrativa, devendo o procedimento ser realizada junto às Delegacias da Receita Federal.

Contudo, sob o Princípio da Verdade Material, a juízo do julgador administrativo, pode ser relativizada a preclusão temporal e consumativa, se com base nos enunciados linguísticos carreados aos autos, verificar constituído o fato jurídico do pagamento indevido, o que, mediatamente, repercutirá na norma individual e concreta constitutiva da obrigação tributária, fazendo cessar a sua eficácia, atribuindo-se efeitos à norma individual e concreta produzida ulteriormente pelo contribuinte, em desacordo com as regras sistêmicas, que, ao momento, enunciavam a forma de sua produção.[14]

Entende-se que se o contribuinte não providenciou a retificação da DCTF, ainda que posteriormente à ciência do despacho decisório e mesmo tendo carreado aos autos a necessária comprovação contábil do crédito, haveria óbice para a autoridade julgadora reconhecer o afirmado direito creditório, pois esta não dispõe de linguagem para constituir a obrigação tributária que originou a relação de débito do Fisco.

O mesmo raciocínio destina-se às retificações das demais declarações, como a declaração de compensação, pois esta delimita o pedido formulado no processo administrativo, o

14. Nesse sentido, Acórdão CARF 140200438, Relator Antônio José Praga de Souza: "CSLL - ERRO NO PREENCHIMENTO DO PER/DCOMP - Comprovado o erro no preenchimento do PER/DECO MP, ainda que após instaurado o Processo Administrativo Fiscal, deve ser acatada a retificação. Recurso Voluntário Provido."
E o Acórdão 1301000.535, Relator Paulo Jakson da Silva Lucas:
"COMPENSAÇÃO - VALOR PAGO A MAIOR. RETIFICAÇÃO DA DCTF - COMPROVAÇÃO DO ERRO.
Ao restar comprovado nos autos que o débito originalmente confessado em DCTF era superior ao valor efetivamente devido, a retificação da declaração deve ser admitida. Em consequência, o valor pago a maior deve ser reconhecido como direito creditório em favor do contribuinte, passível de restituição e/ou compensação."

que se traduz, em última instância, na afirmação do montante do direito creditório do contribuinte. A declaração de compensação deve refletir os mesmos enunciados da respectiva DCTF e da DIPJ, pois se referem ao mesmo fato jurídico, e impõe-se a retificação de suas informações, para eliminação de contradições.

A retificação da declaração de compensação, ainda que após a ciência do despacho decisório, é providência que se impõe, pois se o órgão julgador pode reconhecer a efetiva materialidade do direito creditório constituído na declaração, está jungido aos limites da norma individual e concreta produzida pelo próprio contribuinte.

Por igual, não detém, o julgador administrativo, competência para determinar o cancelamento de declarações de compensação, uma vez que as normas jurídicas de estrutura que definem a organização administrativa interna da Secretaria da Receita Federal do Brasil prescrevem que a autoridade competente para determinar o cancelamento de declarações produzidas pelo contribuinte são as Delegacias da Receita Federal, mediante procedimento próprio, que, portanto, estariam além dos limites da competência dos órgãos julgadores administrativos, e não submetidos à incidência das regras do Decreto 70.235/72, mas à Lei 9.784/99.

Frise-se, por fim, que o órgão julgador administrativo deve cingir a sua apreciação a erros que não repercutam na análise da própria origem do crédito formador da relação do débito do Fisco, o que implicaria cambiar o próprio objeto do contencioso administrativo e apreciação de declaração de compensação diversa da não homologada, o que, da mesma forma, extrapolaria o âmbito de competência do órgão julgador administrativo.

4. Conclusão

Em síntese, os conflitos que podem aflorar na pragmática das compensações são inesgotáveis, decorrência natural da sua estrutura procedimental, marcada, sobretudo, pela falta de adequado aparelhamento da máquina administrativa para fazer frente à multiplicidade infindável de declarações de compensação, muitas vezes veículos vazios de conteúdo, e pela esmagadora quantidade de deveres instrumentais que compete aos contribuintes.

E esse contexto favorece a invocação e a aplicação do Princípio da Verdade Material, como panaceia para todos os problemas que surgem no contencioso administrativo, muitas vezes, concebido como se o processo administrativo prescindisse da forma.

O direito é forma, é sistema que se diferencia da realidade social, estabelecendo os modos próprios de filtragem dos dados do ambiente, que devem ser observados pelos seus aplicadores.

A forma estabelecida pelas normas jurídicas que conformam o processo administrativo fiscal distingue-se daquelas que informam o processo judicial, são regras de jogos distintos, não necessariamente sendo acertada a conclusão de que o segundo operaria com categorias "mais fracas" do primeiro ou "informais": embora a analogia seja válida, especialmente para efeitos didáticos, o processo administrativo fiscal opera com categorias próprias, regido por regime jurídico próprio.

E a jurisdição administrativa tem como importante vetor o Princípio da Verdade Material, traço distintivo mais marcante em relação à jurisdição judicial, que confere, ao órgão julgador administrativo, postura ativa na formação de seu convencimento, para a solução do conflito de interesses.

O Princípio da Verdade Material não prescinde de enunciados linguísticos probatórios nos autos, sendo esse o primeiro limite que circunscreve o seu alcance.

Não é possível ao julgador administrativo formar seu convencimento à míngua de base empírica que estribe as sua conclusões, porque este se acomoda com todos os outros princípios que informam o sistema jurídico, como a ampla defesa e o devido processo legal, motivação, legalidade.

O processo de positivação de compensação de tributos federais é deflagrado pelo contribuinte e a ele cabe produzir os enunciados linguísticos que constituam a relação de débito do Fisco, que combinada com a relação jurídica da obrigação tributária, extingue o crédito tributário.

Se o contribuinte lograr trazer aos autos provas inequívocas de seu direito creditório, ainda que em segunda instância administrativa, pode o julgador administrativo conhecê-los para acolher o pedido formulado, desde que se mova nos limites estabelecidos pelas normas sistêmicas de estrutura, que não restam suplantados pelo Princípio da Verdade Material.

Assim, retomando o foco para o problema proposto, a resposta ao questionamento deve ser afirmativa, pois a empresa logrou comprovar, através de documentação contábil completa, que o pagamento que realizou, caracterizou-se como indevido, (re)constituindo o fato jurídico que compõe o antecedente normativo da relação de débito do Fisco, que, por sua vez, compõe o complexo de relações jurídicas da compensação tributária.

Ademais, a empresa substituiu a norma jurídica constitutiva da obrigação tributária, a DCTF, produzindo outra norma jurídica compatível com as demais relações jurídicas que permearam o referido processo de positivação, possibilitando que o órgão julgador administrativo a legitimasse.

A DECLARAÇÃO DE COMPENSAÇÃO COMO FORMA CONSTITUTIVA E EXTINTIVA DO CRÉDITO TRIBUTÁRIO E A IMPOSSIBILIDADE DE APLICAÇÃO DE MULTA DE OFÍCIO SOBRE O CRÉDITO DO CONTRIBUINTE. ANÁLISE DA NÃO HOMOLOGAÇÃO DA COMPENSAÇÃO POR UMA PERSPECTIVA COMUNICACIONAL

Maria Rita Gradilone Sampaio Lunardelli[1]

Sumário: 1. Introdução – 2. Caso concreto – 3. Conceitos gerais – 4. Regras de compensação tributária – 5. As obrigações impostas aos contribuintes para a constituição de relações jurídicas – 6. As normas veiculadas pela declaração de compensação.

1. Introdução

O objetivo do presente trabalho é analisar os diversos problemas gerados pela transferência promovida pela Administração Pública aos contribuintes para a constituição de relações jurídicas tributárias, seja por meio de entrega de declarações dos respectivos tributos, seja por intermédio de declaração de compensação.

---

1. Mestre em Direito Tributário pela PUC-SP. Professora nos Cursos de Especialização do IBET. Advogada em São Paulo. Autora do Livro *Lançamento, Processo administrativo e extinção do crédito tributário* – Uma aplicação da teoria da comunicação. São Paulo: Quartier Latin 2010. Coautora do Livro *Processo tributário analítico,* Coordenado pelo Prof. Paulo Cesar Conrado, Noeses 2011.

E os problemas se agravam quando, cumpridas as obrigações tributárias, se vê, o contribuinte, diante da não homologação da extinção do crédito tributário pela Administração – momento em que terá início o processo administrativo decorrente da interposição da manifestação de inconformidade –, com a aplicação, em alguns casos, de multa de 50% (cinquenta por cento) sobre o crédito compensado, dando azo à possibilidade de impugnação administrativa, gerando duas formas distintas de comunicação entre Fisco e contribuintes.

Para facilitar o desenvolvimento do trabalho, será narrado, na sequência, um específico caso concreto com os seus respectivos desdobramentos jurídicos.

2. Caso concreto[2]

O Contribuinte (C1) é empresa optante pelo lucro real apurando, por estimativa, os valores devidos mensalmente a título de Imposto de Renda Pessoa Jurídica (IRPJ). Por possuir saldo negativo desse mesmo tributo em anos anteriores, utiliza-se da faculdade conferida pela Lei federal 9.430/96, realizando a compensação de seu crédito com os débitos por ele apurados a título de IRPJ. Tal compensação se dá por meio do envio eletrônico de Declaração de Compensação (DCOMP) que possui efeito constitutivo da relação jurídica tributária,

2. **Importante:** À época em que foi escrito este artigo, publicado na 1ª edição deste Livro, ainda estava em vigor o § 15 do art. 74 da Lei 9.430, bem como o seu § 17 com redação da Lei 12.249/2010. E nosso objetivo, naquela oportunidade, foi o de justamente demonstrar a impossibilidade de aplicação de uma penalidade que não estivesse diretamente relacionada à obrigação tributária. De maneira correta agiu o legislador ao editar a Lei 13.137/2015, que revogou a aplicação da multa de 50% sobre o valor do crédito do contribuinte, objeto de pedido de ressarcimento indeferido ou indevido, bem como de alterar, por meio da Lei 13.097/2015, a redação do § 17 do referido dispositivo que nas hipóteses de declaração de compensação não homologada aplicava essa mesma pena calculada sobre o *crédito* do contribuinte. Mesmo diante dessas alterações legislativas mantivemos a análise das relações jurídicas constituídas pelo contribuinte e que não podem ser desconfirmadas pela Administração, sob pena de romper a institucionalização de um específico procedimento. **Fica mantido este artigo em sua versão original, portanto, como uma análise histórica da legislação.**

além do condão de extinguir a obrigação tributária com condição resolutória de ulterior homologação.

Decorridos menos de 5 (cinco) anos da entrega da DCOMP, a Receita Federal se manifesta por despacho decisório no sentido de não homologar as compensações realizadas pelo contribuinte (C1), pois, em seu entender, os créditos por ele apontados não são suficientes para extinguir a obrigação. O resultado da não homologação é a exigibilidade do crédito anteriormente constituído, crédito esse que, por não definitivamente extinto, não rompeu o vínculo obrigacional entre Fisco e contribuinte (C1). Além disso, nos termos da Lei federal 12.249/2010, que alterou o art. 74 da Lei 9.430/96, foi lavrado lançamento de ofício contra o contribuinte (C1) para cobrança de multa isolada de 50% (cinquenta por cento) sobre o valor do crédito declarado.

Verifica-se, com isso, que duas novas relações decorrem da não homologação da compensação realizada: (i) a relação de débito do contribuinte para com o Fisco, relativa ao tributo que deixou de ser recolhido em razão da compensação; (ii) a relação sancionatória decorrente da utilização de crédito não reconhecido pelo Fisco, e que, portanto, não teve o condão de extinguir a obrigação tributária.

Nosso objeto de estudo se constitui por essas duas relações, bem como pela possibilidade (ou não) de ser imposta multa de ofício nos casos de declaração não homologada, tudo a partir de uma perspectiva comunicacional.

3. Conceitos gerais

O Direito Positivo nada mais é do que um instrumento de controle social que qualifica determinadas condutas segundo padrões de licitude/ilicitude e que determina a natureza dos comportamentos intersubjetivos.

Todo o seu funcionamento ocorre por intermédio da linguagem que, para ser compreendida pelos seus destinatários, se manifesta de maneira a orientar os comportamentos por ele prescritos.

Já dissemos que aquele que fala, para se fazer entender, terá que selecionar palavras e combiná-las de tal forma que seja possível extrair de sua fala um conteúdo capaz de gerar uma significação e uma reação daquele que escuta. Este, por sua vez, terá compreendido a mensagem se também for capaz de selecionar e combinar palavras, dentro de um repertório comum.[3]

E o Direito, para garantir que suas prescrições sejam compreendidas pelos destinatários de forma que eles possam reagir segundo condutas classificadas como obrigatórias, permitidas ou proibidas, cria mecanismos capazes de fazer com que a mensagem seja encaminhada do emissor ao destinatário, utilizando-se de uma linguagem artificial.

Essa linguagem artificial nada mais é do que um conjunto de *normas jurídicas*, que transmitem comandos prescritivos e que garantem a conexão entre o *ser* e o *dever-ser*.

O Direito Positivo se diferencia dos demais sistemas comunicacionais por ser um instrumento de controle social, que se utiliza de códigos artificiais com função prescritiva, que permitem a comunicação dos padrões de conduta classificadas como desejáveis e indesejáveis e a *licitude/ilicitude* será o código binário que regulará todas as comunicações jurídicas.

Partindo da premissa de que o Direito se apresenta por meio de uma linguagem, torna-se possível a utilização de mecanismos que são utilizados pela linguística para auxiliar no processo de interpretação dos textos e que levarão ao alcance das normas.

Para a Semiótica, a construção de sentido de texto é denominada *percurso gerativo de sentido*,[4] entendido como uma

---

3. *Processo administrativo e extinção do crédito tributário* – Uma aplicação da teoria da comunicação. São Paulo: Quartier Latin, 2010.

4. LUCIA SANTAELLA, *A percepção:* uma teoria semiótica, pp. 33-51, Experimento, 1993.

sucessão de patamares que é percorrida pelo intérprete e que demonstram como se produz e se interpreta o sentido de um texto, desde o mais simples até o mais complexo.

Baseado na distinção entre enunciado prescritivo (texto legal) e norma jurídica, Paulo de Barros Carvalho afirma que, na construção de seu sentido, o intérprete deve percorrer quatro planos: **(i) S1:** o da *literalidade textual* (plano da expressão); **(ii) S2:** o sistema dos conteúdos de *significação* dos enunciados prescritivos (plano do conteúdo); **(iii) S3:** o sistema das *significações normativas* (plano que, pela *contextualização,* permite o alcance do sentido das normas jurídicas *stricto sensu*) e **(iv) S4:** o sistema de organização das normas construídas no S3 (vínculos de coordenação e de subordinação das regras jurídicas).[5]

Esse processo gerativo de sentido pode ocorrer de forma meramente científica em que o jurista, ao se deparar com um texto, inicia sua interpretação até alcançar o sentido da norma, ou de forma que novas normas sejam postas no sistema a partir dessa interpretação e de acordo com um específico *contexto*, havendo, neste caso, necessidade de um agente com competência para tal mister e que, após ter percorrido esses planos de interpretação, retorne ao ponto inicial com a produção de um novo texto. E assim sucessivamente.

Se tomarmos, como exemplo, a atividade de lançamento de ofício, essa dinamicidade se dá, dentro de um específico *contexto,* da seguinte forma: o intérprete, diante do texto, analisará se os procedimentos de produção da norma foram cumpridos pelo agente competente. Pela análise da norma geral e concreta, fará o confronto com a norma que regula a produção normativa para verificar se todos os aspectos formais foram cumpridos.

---

5. *Direito tributário:* fundamentos jurídicos da incidência, São Paulo: Saraiva, 2008, pp. 71-84.

Além disso, ainda dentro deste *contexto*, terá que analisar se os fatos descritos pelo agente coincidem com aqueles previstos na norma geral e abstrata, o que será feito por intermédio das provas produzidas pela autoridade competente.

Concluindo que não houve qualquer defeito de produção (subsunção e aplicação), passará o intérprete a analisar qual a conduta que lhe está sendo imposta, como uma preparação para a futura reação.

No plano **S3**, é que terá o intérprete alcançado a norma jurídica porque terá condições de compreender que, diante da constatação da ocorrência de um fato jurídico, foi constituída uma relação jurídica enlaçando-o frente a outro sujeito, ambos em torno de um objeto, cuja conduta foi reputada como obrigatória, permitida ou proibida, diante da qual deverá o intérprete reagir.

Como o objeto do direito positivo é fazer com que seus comandos sejam cumpridos, nesse momento em que o intérprete estiver no plano **S3** é que fará o confronto da conduta prescrita em relação a um outro *contexto* (não aquele inicial que acabamos de nos referir) e que será o suficiente para motivá-lo ao cumprimento daquilo que só nesse momento poderá ser considerada *norma jurídica*.

E afirmamos isso porque partimos da premissa de que o Direito, utilizando-se da linguagem para informar os seus padrões de comportamento aos destinatários de suas mensagens, coloca os seus aplicadores (oradores) em uma situação discursiva, havendo um grande empenho para que as condutas sejam obedecidas. E isso só se fará possível na medida em que o ouvinte compreender a mensagem e puder reagir (o que ocorrerá no plano **S4**).

A reação, portanto, é imprescindível para afirmarmos que há, de fato, um processo de comunicação e, no sistema jurídico, são apenas duas as possibilidades: cumprimento ou descumprimento da conduta que lhe foi imposta.[6]

---

6. Importante esclarecermos que diante de uma mensagem produzida pelo emissor e

Entretanto, para que uma dessas reações ocorra, deverá o intérprete, nesse momento, analisar a situação por uma perspectiva externa, extraindo dessa norma individual e concreta uma possível similaridade com outras que já representaram semelhantes relações sociais. Trata-se, portanto, da análise do *contexto*.

Esse *contexto* é o que representará o padrão de conduta já adotado pelos integrantes do sistema em situações passadas e que poderá ser adotado como fator suficiente para ensejar o reingresso no sistema, não pelo cumprimento da conduta, mas pela utilização de mecanismos que protraiam os efeitos que decorreram do fato jurídico e que serão posteriormente confirmados ou desconfirmados.

Essa circularidade é que dá a dinamicidade ao Direito Positivo, mas cujo ponto de partida e o termo final sempre serão o *texto*.

---

já decodificada pelo receptor, terá este a possibilidade de cumprir o seu comando ou descumprir o que lhe foi imputado. Especificamente no Direito Tributário, quando temos uma mensagem produzida pela autoridade administrativa ou pelo próprio contribuinte, cujo conteúdo seja a obrigatoriedade de pagamento de um tributo, o sistema confere ao sujeito passivo, três possibilidades de reação: *pagar* o tributo, cujo efeito será a extinção da relação jurídica (art. 156, inciso I do CTN), *omitir* o pagamento, cujo efeito, a partir da constituição em linguagem competente, gerará a formação de uma nova mensagem – inscrição em dívida ativa ou, *impugnar o lançamento*, nos casos em que essa reação seja possível, ação que postergará os efeitos da relação jurídica, nos termos do art. 151 do CTN. Tanto na primeira hipótese quanto na segunda, trata-se de uma verdadeira ação, ainda que no segundo caso tenhamos afirmado que é uma omissão. E assim afirmamos porque a *omissão* não poder ser entendida como ausência de reação por estarmos diante de um processo comunicacional em que não há possibilidade de o sujeito não se comunicar. Na primeira hipótese, a ação foi aquela esperada pelo sistema, ou seja, o cumprimento da obrigação. Na segunda hipótese, a ação significou a omissão do contribuinte que, por saber que não há norma sem sanção, não poderá desprezar o conteúdo da mensagem e nem tampouco a existência de outras normas que prescrevem a sanção que decorre da omissão. E finalmente, a terceira hipótese que provoca não exatamente uma ação contrária à esperada pelo sistema, mas uma reação que inaugurará um novo processo comunicacional, mantendo suspensa a ação que ao final será adotada em relação à primeira mensagem, até que finalize esse novo processo comunicacional. Portanto, apesar de serem três as possibilidades de reação, em relação à conduta "extinção da obrigação tributária" são apenas duas as hipóteses: cumprimento ou descumprimento.

O processo de produção de normas e o seu produto sempre influenciarão em novas produções e em novas normas. Aquele que as produz fará com base em normas anteriormente produzidas, as quais pautarão sua conduta para a produção de outras normas que alcançarão a conduta de outrem, porém, cada qual dentro de um contexto diverso que é exatamente o que dá o tom de diversidade das normas.

Para o presente trabalho, nos interessa, particularmente, a análise primeira do lançamento tributário, ou seja, a constituição da relação jurídica entre Fisco e Contribuinte, cujo objeto é a obrigação tributária e a específica forma de extinção do crédito tributário, pela compensação.

Duas, portanto, serão as normas jurídicas: uma de constituição da obrigação tributária e outra de extinção do crédito tributário.

Mas de antemão, importante fixarmos quem terá habilidade linguística para figurar na posição de emissor da respectiva mensagem – *norma jurídica individual e concreta* – lembrando que, por se tratar de um processo comunicacional, temos que ter em mente que, será transmitida, recebida e compreendida a mensagem se o receptor puder reagir.

O caso, que ora se analisa, trata de uma específica forma de constituição da relação jurídica tributária: aquela que decorre da declaração produzida pelo próprio contribuinte, nos termos do art. 150 do CTN, e que tem o efeito de constituir o fato jurídico e a obrigação tributária dele decorrente, sem que haja qualquer interferência da Administração, a não ser a homologação que poderá se dar de forma expressa ou tácita, cujo efeito será a extinção do crédito tributário.

E mais. Analisaremos a hipótese em que não só o contribuinte será o emissor da mensagem que constitui a obrigação tributária, mas também aquela em que ele, contribuinte, tem aptidão para extinguir essa obrigação por meio de uma compensação tributária, cujo crédito decorre de uma anterior comunicação entre o Fisco e o contribuinte, mas que, por algum ruído, não causará a extinção da obrigação e ainda resultará na aplicação de uma sanção.

Essas causas que impedem a extinção do crédito tributário pela compensação e as respectivas sanções que podem ser impostas ao contribuinte conforme previsão contida nos §§ 15 e 17 do art. 74 da Lei federal 9.430/96, introduzidos pela Lei com alterações da Lei 12.249/2010, serão objeto central de nosso estudo, pela perspectiva da Teoria da Comunicação.

Dissemos que o direito positivo pode ser enxergado como uma situação comunicativa em que as mensagens são as normas jurídicas que são enviadas de um emissor a um receptor para a prescrição de condutas em torno de um específico objeto. Essa ação linguística pode ser vista, portanto, como uma ação discursiva.

De acordo com Tercio Sampaio Ferraz Junior, a comunicação humana ocorre em dois níveis: o nível do *relato* e o nível do *cometimento*. O *relato* é a mensagem em si, o conteúdo, transmitido em mensagens prescritivas, que aponta para a ação que se quer ver realizada. E o *cometimento* é a mensagem *que emana de nós*, por meio da qual são determinadas as relações de subordinação e de coordenação entre os sujeitos que fazem parte do discurso.[7]

Assim, quando há uma troca de mensagens em uma ação discursiva, há uma expectativa de que um determinado comportamento se dê de uma específica maneira. São as denominadas situações complexas, que poderão ser *confirmadas* ou que poderão gerar uma *desilusão*.

Se há a possibilidade de que uma expectativa seja frustrada, significa dizer que a interação humana sempre se sujeitará a contingências, ou seja, sempre haverá a possibilidade de ocorrer ou não a expectativa selecionada.[8]

---

7. *Introdução ao estudo do direito*. São Paulo: Atlas, 2003, p. 102.

8. *Idem, ibidem*.

Por isso, dentro dos sistemas comunicativos, há necessidade de se garantir um certo grau de confiança às expectativas geradas, justamente para que interações continuem a ocorrer sem qualquer desrespeito às regras do jogo e sem que novas expectativas sejam reiteradamente frustradas, o que ocasionaria o rompimento do próprio sistema.

Para isso, são desenvolvidos mecanismos que conferem, à rede de relações, a necessária estabilidade. Tais mecanismos são representados pela *institucionalização da relação de autoridade* entre emissor e receptor de uma mensagem.

Quando se trata de uma norma jurídica, é nessa relação que enxergamos o seu caráter prescritivo sendo que o grau de institucionalização se baseará na diferença hierárquica havida entre esses sujeitos e que se expressa em uma relação de autoridade.

Significa dizer, portanto, que quando o sistema confere habilidade linguística para que um sujeito constitua uma determinada relação jurídica, pondo norma no sistema, há uma institucionalização da relação de autoridade entre esse sujeito que se põe como orador e o receptor da mensagem.

Segundo Tercio Sampaio Ferraz Jr., a relação de autoridade se definirá pela garantia estabilizada de que certas expectativas devem prevalecer, independentemente de o comportamento exigido ocorrer ou não. Segundo esse autor, importante para o cometimento normativo não é o cumprimento efetivo do relato (uma norma pode ser desobedecida e, apesar disso, a relação de autoridade permanece), mas a garantia de que reações que desqualifiquem a autoridade, como tal, estejam excluídas da situação comunicativa.

Para facilitar o entendimento de sua afirmação, exemplifica: um professor em sala de aula emite o comando: é proibido fumar. Esta relação de autoridade é confirmada quando os alunos se abstêm de fumar sem manifestar nenhum protesto. Esta relação será rejeitada ou negada quando os alunos fumarem, porém, de maneira escondida, ou seja, reconhecem a posição de mando do emissor, mas a negam. Esta relação, por fim, será desconfirmada se os alunos passarem a fumar em sala de maneira ostensiva, como se não houvesse qualquer comando. A desconfirmação, portanto, elimina a autoridade. Em seus dizeres, *uma autoridade ignorada não é mais autoridade.*[9]

Vimos, portanto, que é na relação de cometimento que se define o tipo de relação entre orador e ouvinte, determinando que a tal informação deverá ser entendida como uma ordem. Portanto, é nesta relação que está localizado o caráter prescritivo das normas jurídicas.

No momento em que o sujeito se deparar com uma prescrição de conduta imposta como *obrigatória, permitida ou proibida,* assumirá uma posição complementar, na medida em que reconhecerá essa mensagem como uma ordem.

Importante lembrarmos que os discursos em geral, não só o normativo, são classificados em razão do modo como o ouvinte se posiciona na ação discursiva.

O modo *monológico* é aquele em que ao ouvinte não é conferida qualquer habilidade para uma intervenção na construção da mensagem, tendo que aceitá-la como um *certum* por não se revestir de caráter duvidoso, porém sem retirar-lhe a característica de ser um discurso racional. Mas o *certum* refere-se não ao objeto da discussão, mas à relação que se forma entre o orador e o ouvinte. Será a já mencionada relação complementar.

Por outro lado, no discurso no modo dialógico, o ouvinte, ao contrário do modo anterior, se coloca em uma posição ativa, sendo-lhe conferida habilidade para questionar o que foi dito pelo orador. Portanto, seu objeto passa a ser um *dubium*, que denota uma questão conflitiva.

A ação linguística, neste caso, será questionada em relação a um terceiro comunicador que garantirá a racionalidade

---

9. FERRAZ JUNIOR, Tercio Sampaio. *Introdução ao estudo do direito.* São Paulo: Atlas, 2003, p. 107.

do discurso. O *dubium* exige uma decisão que seja capaz de encerrar a discussão e impedir que ela seja objeto de uma nova discussão.

Com isso não se está afirmando que o conflito seja solucionado, mas que será posto nas mãos de um terceiro que não os participantes originais do discurso, que com uma decisão encerrará a discussão, impedindo a continuidade do conflito.

No modo monológico, portanto, fica afastada a possibilidade de contestação do objeto que, ao nível do cometimento, se apresenta como um *certum*, na medida em que é ele quem impõe uma relação de autoridade/sujeito, garantindo que seja a informação compreendida como uma ordem.

Por outro lado, no modo dialógico, o *dubium* está ao nível do relato, não sendo imposto qualquer limite ao seu questionamento.

Com isso, chegamos a uma primeira conclusão no sentido de que as normas produzidas pelo contribuinte para a constituição do crédito tributário, se apresentam como um modo de discurso *monológico*, não só pela ausência de habilidade linguística do ouvinte (Fisco), que neste momento se apresenta como um mero expectador, mas pelo fato de que o objeto da discussão é a confirmação da relação autoridade/sujeito que se impõe em razão do art. 150 do CTN (lançamento por homologação). Para a Administração, o objeto dessa comunicação será um *certum* ao nível do cometimento.

Daí, extraímos a conclusão segunda de que, por ser um *certum* ao nível do cometimento, não haverá oportunidade para que o modo do discurso se altere passando a ter uma estrutura *dialógica*. Por esse motivo, é que diante de normas expedidas pelo próprio contribuinte, por meio do cumprimento de obrigações acessórias, que constituirão o lançamento por homologação, não há possibilidade de questionamento no curso desse procedimento, justamente por caracterizar-se essa relação com um *certum*.

E nessa hipótese específica, o modo de extinção do crédito tributário, que usualmente é utilizado, é aquele previsto no inciso VII do art. 156 do CTN, segundo o qual *extingue o crédito tributário o pagamento antecipado e a homologação do lançamento nos termos do disposto no art. 150, §§ 1º e 4º* do próprio CTN.

Neste caso, confirmada estará a relação de autoridade/sujeito em decorrência da sistemática imposta pela legislação que confere, somente ao contribuinte, a habilidade para constituir norma jurídica sem que haja qualquer possibilidade de interferência da Administração. E neste caso, essa relação se confirmará se houver a homologação expressa da Administração ou, se decorridos 5 (cinco) anos, esta permanecer em silêncio, ação que por sua vez terá o condão de também confirmar a relação entre Fisco e Contribuinte e, por sua vez, extinguir o crédito tributário.

Poderá, por outro lado, haver a rejeição dessa relação. E isso somente se dará na medida em que houver o início de novos processos de comunicação, porém diante de outras instituições. Isso ocorrerá com a inscrição em dívida ativa e posterior execução fiscal, não havendo qualquer possibilidade de ser dado início ao processo administrativo tributário diante de um lançamento produzido pelo próprio contribuinte quando a forma de extinção do crédito for pelo pagamento antecipado.

Portanto, de início, verificamos que quando os contribuintes cumprem suas obrigações acessórias e constituem o crédito tributário, o modo de discurso, por ser *monológico,* inviabiliza o questionamento administrativo, a não ser que haja o início de um outro processo de comunicação entre Fisco e Contribuinte, cujos desdobramentos levarão ao mesmo modo de discurso – o *monológico* – em que a Administração emitirá uma ordem, agora por meio de um lançamento de ofício, para a cobrança do tributo que, em seu entender, não foi lançado de maneira plena ou de maneira correta pelo contribuinte.

Mas trata-se, nesse caso, de o início de um novo ciclo de comunicação que também terá a caraterística, durante o seu processo de produção, de ser um discurso monológico, sobre o qual não poderá haver qualquer interferência do contribuinte.

Isso porque, quando pensamos na estrutura lógica da norma jurídica que constituiu a relação jurídica tributária, vemos que esta, a relação jurídica, se coloca na proposição consequente da norma e que, se transposta para o modo do discurso, representa a relação ao nível do *cometimento* se apresentando como um *certum* e que, como visto anteriormente, não admite desconfirmação.

Mas será que à mesma conclusão podemos chegar quando se tratar de o contribuinte também constituir uma outra relação jurídica, cujo objeto será tanto a constituição da obrigação tributária quanto a extinção do crédito tributário pela compensação tributária, hipótese essa prevista no inciso II do art. 156 do CTN? Teria, essa atividade do contribuinte, a possibilidade de se apresentar de maneira dúplice, ou seja, mostrando-se ora como um discurso no modo *monológico* em relação à constituição da obrigação tributária, quanto no modo *dialógico* em relação à não homologação da compensação bem como à aplicação de uma penalidade (multa isolada)?

De acordo com a legislação em vigor, poderá o contribuinte, diante da não homologação da compensação por ele realizada, interpor manifestação de inconformidade, cujo efeito será manter suspensa a exigibilidade da obrigação constituída pela declaração de compensação, até que o respectivo processo administrativo seja finalizado, quando então será ou confirmada a relação jurídica ou rejeitada a tal relação, tudo nos termos dos procedimentos previstos no Decreto federal 70.235/72.

Mas pode uma mesma forma de constituição de relação jurídica tributária, de um lado, por meio, por exemplo, de entrega de DCTF e outra por meio de Declaração de Compensação, ambos os documentos produzidos pelo próprio contribuinte, gerar dois efeitos totalmente distintos quando os analisamos pelos *modos* de discurso, um não admitindo qualquer questionamento administrativo (modo *monológico)* e outro podendo gerar um processo administrativo, tanto em relação à extinção da obrigação tributária quanto em relação à multa de ofício (modo *dialógico)*?

É interessante analisarmos que um mesmo documento produz efeitos totalmente distintos em razão, não da natureza que lhe é própria, mas que diz diretamente com a forma de extinção da relação jurídica, transmudando seu efeito pelo "pós-comunicação" e não pelo o que efetivamente ele emana de si próprio.

É o que ocorre com a DCTF. Ela, por si só, constitui o crédito tributário e a relação de autoridade/sujeito será confirmada com a extinção do crédito pela forma prevista no art. 156, inciso VII (pagamento antecipado e ulterior homologação, expressa ou tácita). Essa modalidade de extinção não confere ao documento, que constituiu o crédito, a possibilidade de questionamento da relação jurídica, perante a própria Administração Tributária, pela forma de um processo administrativo (contencioso tributário).

Já quando a relação jurídica for constituída pela DCTF e, posteriormente houver uma Declaração de Compensação, o que denota que a extinção se dará por meio da compensação, esta nova modalidade de comunicação retira da primeira – a DCTF – a potência que originalmente possui e passa, por sua vez, a produzir um efeito dúplice – a própria constituição da relação jurídica tributária e ao mesmo tempo a sua extinção. E essa modalidade de extinção dá ensejo à possibilidade de questionamento pela instauração de um contencioso administrativo, pela interposição de manifestação de inconformidade que, por existir no sistema, confere à relação de autoridade/sujeito a possibilidade de ser confirmada ou rejeitada.

Além disso, essa modalidade de constituição da relação jurídica bem como de sua extinção, dá ensejo a uma específica forma de constituição de uma relação jurídica tributária sancionatória – lançamento de multa isolada de 50% (cinquenta por cento) quando não homologada a compensação – pelo pressuposto legal de que houve a prática de um ilícito.

Daí a demonstração de que um único documento, além de retirar a potência própria daquele que originalmente constitui o crédito tributário – a DCTF – tem a aptidão linguística para constituir a obrigação, extinguir o crédito e gerar como consequência a aplicação de uma sanção por suposta prática de um ato ilícito. Seria portanto, essa possibilidade, a manifestação formal de que a relação autoridade/sujeito existente na mensagem contida na DCOMP, poderia ao mesmo tempo ser *desconfirmada* – pois enseja a aplicação de uma multa pela presunção de um ilícito – e de outro lado, confirmada, pela possibilidade conferida pelo sistema para que a *rejeição* da mensagem seja revista dentro de um processo contencioso tributário.

Não se está aqui afirmando que aplicação da multa não gera a possibilidade de um contencioso administrativo. Este existirá se houver a iniciativa do contribuinte de Impugnar o lançamento, dando início, com isso, ao processo administrativo tributário.

Mas o que se está a afirmar é que, o fato de ser imposta uma multa pelo Fisco em decorrência da prática de um ato que foi colocado nas mãos do contribuinte, sem que esse agisse com dolo, fraude ou simulação, significa o mesmo que *desconfirmar* a relação autoridade/sujeito na composição da mensagem contida na Declaração de Compensação, pois a mera não homologação do que for informado pelo contribuinte, retirará, da mensagem, a aptidão que lhe foi dada pelo próprio sistema. É, portanto, um paradoxo.

Frise-se que esses conceitos, aqui tratados, servirão de base para a análise do caso concreto e que possibilitarão chegarmos às conclusões quanto aos efeitos da não homologação de uma compensação realizada pelo contribuinte e, mais especificamente, quanto à possibilidade ou não de aplicação de multa sobre o valor do débito objeto de declaração de compensação não homologada.

4. Regras de compensação tributária

O instituto da compensação tributária, previsto no art. 170 do CTN, ganhou novos contornos jurídicos com a instituição da Lei federal 8.383/91 que, por meio de seu art. 66, passou a autorizar compensações de tributos recolhidos indevidamente com débitos relativos a tributos da mesma espécie.

Posteriormente, foi editada a Lei federal 9.430/96 que, em seu art. 74, estabeleceu novas regras para a compensação de tributos administrados pela Receita Federal.

Referida lei sofreu diversas alterações, mas a que primeiro alterou de maneira mais significativa o procedimento de compensação foi a Lei federal 10.637/2002, que instituiu a Declaração de Compensação, estabelecendo que a compensação declarada pelo contribuinte, de forma eletrônica, teria o efeito de extinguir o crédito tributário sob condição resolutória de ulterior homologação. Inovou a sistemática então vigente até 2002, cuja compensação ficava na dependência da análise de um pedido formulado pelo contribuinte com posterior autorização da Receita Federal.

O que antes acarretava a mera suspensão da exigibilidade do crédito tributário passou a gerar a sua extinção. Ou seja, a compensação declarada à Receita Federal, muito embora condicionada à homologação expressa ou tácita deste órgão administrativo, passou a extinguir a relação jurídica tributária entre Fisco e Contribuinte.

Em 2003, novas alterações no mencionado art. 74 da Lei Federal 9.430/96 foram promovidas, agora pela edição da Lei federal 10.833 que além de aumentar o rol de hipóteses de vedação de compensação, estabeleceu que a declaração de compensação passaria a constituir confissão de dívida e, portanto, instrumento hábil para exigência de tributos indevidamente compensados, os quais poderiam ser inscritos em dívida ativa, sem necessidade de lançamento de ofício.

Referida lei passou a estabelecer que o lançamento de ofício ficaria limitado à imposição de multa isolada de 75% ou 150%, sobre as diferenças apuradas em compensações indevidas, sendo aplicadas unicamente na hipótese de (i) o crédito ou o débito não ser passível de compensação por expressa disposição legal, (ii) o crédito ser de natureza não tributária ou, finalmente, (iii) ficar caracterizada a prática de infrações previstas nos arts. 71 a 73 da Lei federal 4.502/64 (sonegação, fraude ou conluio).

Em 2004, foi editada a Lei Federal 11.051/2004 que, ao alterar o art. 18 da Lei federal 10.833/2003 passou a determinar que o lançamento de ofício de multa isolada ficaria limitado às hipóteses de *não homologação de compensação* declarada pelo contribuinte quando ficasse caracterizada a prática de sonegação, fraude e/ou conluio ou de *compensação considerada como não declarada.*

Passaram a ser consideradas como não declaradas as compensações expressamente previstas pelo art. 74 da Lei federal 9.430/96 (compensações com (i) créditos de terceiros, (ii) com crédito-prêmio do IPI, (iii) com créditos oriundos de títulos públicos, (iv) com créditos decorrentes de decisão judicial não transitada em julgado ou (v) as que não se referissem a tributos administrados pela Receita Federal).

Até aquele momento, a multa isolada de 75% somente poderia ser lançada sobre o valor do *débito* indevidamente compensado, podendo ser majorada para 150% nos casos das infrações acima mencionadas.

Para surpresa dos contribuintes, em junho de 2010 foi editada a Lei federal 12.249, que alterou a redação do antes mencionado 74 da Lei federal 9.430/96, acrescentando-lhe os §§ 15 e 17, os quais passaram a prever a possibilidade de aplicação de multas isoladas nos seguintes percentuais e nas seguintes situações: (a) 150% sobre o valor do *débito* no caso de não homologação do pedido de compensação quando comprovada falsidade de declaração apresentada pelo contribuinte; (b) 75% sobre o valor do *débito* no caso de compensação considerada não declarada (majorada para 150% nas hipóteses de comprovação de falsidade); (c) 50% sobre o valor do *crédito* nos casos de declaração de compensação não homologada.

Essa mesma multa de 50% sobre o valor do *crédito* passou a poder ser aplicada nos casos de ressarcimento indeferido ou indevido, sendo majorada para 100% no caso de comprovação de falsidade nesse pedido de ressarcimento.

Passemos a analisar se é legítima a aplicação de penalidade calculada não sobre o valor do *débito* indevidamente compensado, mas sim sobre o total do *crédito* declarado pelo contribuinte que está totalmente dissociado da relação jurídica tributária.

O intuito será averiguar se é possível a aplicação de uma pena que não esteja diretamente relacionada à obrigação tributária que se pretendeu extinguir pela compensação, mas sim, que está vinculada a uma relação jurídica distinta que surgiu em decorrência de um outro processo de comunicação totalmente diverso deste que geraria a extinção do crédito.

E mais: verificaremos se pode a Administração, depois de transferir totalmente a aptidão linguística para a constituição de relações jurídicas aos contribuintes, impor penalidades tais que se mostram desproporcionais à conduta supostamente realizada com vícios e que levam à *desconfirmação* da institucionalização de um específico procedimento.

5. As obrigações impostas aos contribuintes para a constituição de relações jurídicas

Como dissemos no início do trabalho, atualmente, as obrigações acessórias são instrumentos colocados, nas mãos dos contribuintes, que verdadeiramente substituem o papel da Administração, facilitando a aplicação norma jurídica que instituiu o tributo.

As pessoas políticas de direito público criaram obrigações tais que colocaram, nas mãos dos contribuintes, a obrigatoriedade de cumprimento de tantos deveres que dizemos que a eles foi atribuída grande parte de suas tarefas, principalmente as de constituição da relação jurídica obrigacional.

Entretanto, a faculdade que possui a Administração para instituir esses deveres está sujeita a limites, não estando totalmente livre, mas devendo respeitar parâmetros e princípios que norteiam a boa-fé, os quais estão contidos na Constituição Federal e demais normas infraconstitucionais.

Um desses limites, e que muito nos interessa para o presente caso, é a obediência à finalidade da norma. Quando todos os deveres instrumentais foram colocados nas mãos dos contribuintes, tiveram como objetivo facilitar e auxiliar a Administração Tributária no controle dos atos dos sujeitos passivos da obrigação tributária, e não instituir mais um canal com finalidade arrecadatória, ainda que por intermédio da cobrança de multas.

O sujeito passivo que deixar de cumprir uma obrigação tributária, se eximindo do encargo de levar dinheiro aos cofres públicos ou aquele que não cumprir um dever instrumental, praticará o ilícito tributário. Mas, toda e qualquer penalidade somente poderá ser aplicada se houver previsão normativa, não podendo, em hipótese alguma, ser confundida com a finalidade arrecadatória.

A penalidade destina-se a garantir a preservação da ordem jurídica e o equilíbrio social. Já a finalidade arrecadatória tem por pressuposto garantir, ao Estado, condições para atender às necessidades públicas.

Mas essa garantia não pode desvirtuar o sistema criando formas abusivas que exijam o cumprimento de condutas totalmente dissociadas do que de fato representa a obrigação tributária.

Dúvidas não há de que é imprescindível o papel desempenhado pelo contribuinte no cenário tributário atual, já que a grande maioria dos tributos está sujeita ao lançamento por homologação.

Nesta espécie de procedimento, é o contribuinte quem apura, declara e recolhe antecipadamente a importância pecuniária que lhe foi imposta por lei. Todavia, há necessidade de que haja uma relação de confiança mútua entre contribuinte e Poder Público para que sejam evitados ruídos que impeçam um efetivo processo de comunicação.

E mais. É necessário que se garanta a possibilidade de serem mantidas, no sistema, as normas produzidas pelo contribuinte no exercício regular de um direito reconhecido, sem que este se configure como um fato ilícito, conforme garantido pelo art. 188 do Código Civil.[10]

Como nosso Sistema Constitucional veda que alguém seja obrigado a fazer ou deixar de fazer alguma coisa senão em virtude de lei (art. 5º, II), concluímos que o Poder Público deverá respeitar princípios constitucionais não só para a criação de tributos, mas também para controlar e fiscalizar a ação dos contribuintes que atualmente possuem, quase que na integralidade, aptidão linguística para a constituição das obrigações tributárias.

Eurico Marcos Diniz de Santi, em interessantíssimo artigo publicado pela Fiscosoft,[11] analisa essa transferência de responsabilidade aos contribuintes e, mostrando sua irresignação, porém por uma perspectiva diversa da que adotamos no presente trabalho, invoca o denominado "Princípio da Comodidade Tributária", para tecer crítica à sistemática predominante que vemos hoje em nosso ordenamento jurídico. Nesse sentido, afirma que

10. Art. 188. Não constituem atos ilícitos:
I – os praticados em legítima defesa ou no exercício regular de um direito reconhecido; [...].

11. www.fiscosoft.com.br - Artigo - Estadual - 2012/0337.

> sob a lógica do princípio da comodidade tributária, o Fisco não precisa provar para acusar o Contribuinte, é o Contribuinte que, acusado sem provas (pela inversão do ônus da prova), tem que provar uma situação jurídica que é da esfera da competência do Fisco dispor: trata-se, assim, de ato impossível para o contribuinte. Seguindo essa cômoda racionalidade, o contribuinte cumpre as suas obrigações tributárias, incorre em custos que deveriam ser suportados pelo Estado para pagar os seus impostos e fiscalizar o pagamento de impostos dos demais contribuintes e, ainda, fica sujeito à ulterior autuação em decorrência da ineficácia dos controles e da falta de confiabilidade dos atos de sua Diretoria de Informação *ex vi* do art. 5º da Portaria da CAT 95. Fernando Rezende e José Roberto Afonso, dois conceituados economistas que vêm debatendo, há anos, as questões fiscais que assolam o País, já alertavam para a existência de um novo princípio tributário imperando no sistema tributário e regendo a relação Fisco *x* Contribuinte: o princípio da comodidade tributária.

Ocorre que essa comodidade tributária não pode desvirtuar o sistema de forma a fragilizar as vigas mestras de nosso ordenamento jurídico. E alguns limites devem ser invocados para que essa inversão de papeis não cause justamente o que entendemos que acabou por causar a Lei federal 12.249/2010, ou seja, a possibilidade de aplicação de sanções que não decorrem do não cumprimento da obrigação tributária constituída pelo lançamento do contribuinte, mas sim, de comportamentos outros que deram ensejo a uma outra relação jurídica – a de débito do Fisco em relação ao contribuinte.

6. As normas veiculadas pela declaração de compensação

A compensação, como forma extintiva da obrigação tributária, se diferencia de todas as demais hipóteses previstas no art. 156 do CTN, pois pressupõe, ao contrário das demais, não só a existência do direito de crédito do Fisco e do dever jurídico do contribuinte, mas de uma anterior relação jurídica inversa, ou seja, uma relação de débito do Fisco e de crédito do contribuinte decorrente de um pagamento indevido e que, uma vez postas em operação pela construção da linguagem competente, provocarão a extinção das duas obrigações concomitantemente. Ambas, portanto, se anularão.

É bom que sem lembre que, por estarmos diante de normas de conduta, o sistema permanece com a expectativa de que ela seja cumprida. Mas, como dito linhas atrás, pode ser que haja uma frustração dessa expectativa de forma que, mesmo havendo a decodificação da mensagem produzida pelo seu emissor – norma individual e concreta – a reação será de omissão no cumprimento da obrigação.

Por isso, há necessidade de que o próprio sistema estabeleça a imposição de penalidades quando se vir diante dessas expectativas frustradas.

Temos que, analisando as estruturas das normas jurídicas, especialmente quanto ao seu limite sintático, verificamos que todas elas apresentam a mesma composição: a de um juízo condicional, em que haverá, na hipótese, a descrição de um fato social (evento) que, se ocorrer e se for constituído como fato jurídico, pela causalidade jurídica implicará uma relação jurídica entre dois sujeitos de direito.[12]

Muito embora as normas jurídicas prescrevam como *devem-ser* as condutas, nem sempre os comandos são obedecidos. E justamente porque o próprio sistema reconhece a possibilidade de haver uma violação é que estabelece a imposição de penalidades cuja norma também terá uma estrutura lógica bimembre.

De maneira bastante elucidativa, Eurico Marcos Diniz de Santi[13] apontou que, muito embora a sanção (*possibilidade de uso da coação organizada mediante órgão jurisdicional)* esteja prevista na norma secundária, fato inclusive que a diferencia da norma primária, encontramos nesta (na primária), a possibilidade de constituição de relações jurídicas não só decorrentes de atos lícitos, mas também relações jurídicas decorrentes

12. Paulo de Barros Carvalho, *in Direito tributário:* Fundamentos..., p. 9

13. *Lançamento tributário*, p. 38.

de atos ilícitos, veiculando sanção no sentido de obrigação advinda do não cumprimento de um dever jurídico, mas que é destituída de eficácia coercitiva.

Assim, denominou a primeira de norma primária dispositiva e a segunda de norma primária sancionatória, ambas prescrevendo condutas que levarão à constituição de relação jurídica de direito material. A inobservância da conduta prescrita no consequente da norma primária (seja a decorrente de ato lícito ou a decorrente de ato ilícito) atuará como pressuposto fático para a instalação da norma secundária, no consequente da qual será constituída uma relação jurídica de direito processual, única que terá a tal força de coerção.

Como o direito trabalha com os juízos condicionais que se relacionam por implicação, a estrutura sintática de sua linguagem sempre será dual: da descrição de um fato, que pode ser lícito ou ilícito (hipótese ou antecedente normativo), haverá o desencadeamento de uma consequência jurídica que consistirá na prescrição de uma conduta (tese ou consequente normativo).

Mas o impulso para que se manifeste o pressuposto fático da norma sancionatória, é que tenha havido a inobservância da conduta prescrita no *consequente da norma primária* sem possibilidade de que haja essa vinculação com qualquer outra norma que não denote que a sanção imposta decorre daquela específica obrigação descumprida.

A norma primária sancionatória está, portanto, intimamente relacionada à norma primária dispositiva. Até porque, se assim não fosse, não se instalaria essa segunda relação. Uma, portanto, é pressuposto da outra.

E sendo pressuposto, a dimensão da sanção não pode se desvincular do ato que se busca punir.

Ora, se busco punir a falta do pagamento de um tributo, terá o legislador que utilizar-se desse parâmetro para definir que a multa pelo atraso no cumprimento da obrigação, será dimensionada de acordo com a conduta omissiva do contribuinte. Se deixei de pagar 100, serei punido com a aplicação de uma multa que recaia sobre esses 100, os quais denotam o não cumprimento da norma primária dispositiva.

Não seria crível imaginar que poderia o legislador utilizar-se de outra relação jurídica já extinta em que teria havido o efetivo cumprimento de uma obrigação tributária e utilizar-se desse montante para fixar o valor da penalidade pelo descumprimento de uma nova obrigação tributária decorrente de um outro fato jurídico.

Estariam as normas primária dispositiva e primária sancionatória, totalmente dissociadas sem que pudesse a sanção revelar a base tributária que deixou de ser cumprida.

Apesar de tal situação parecer impossível, é o que vemos de fato ocorrer com a instituição da multa prevista na Lei federal 12.249/2010[14] que, ao estabelecer penalidade para a hipótese em que a declaração de compensação não for homologada, acaba por atribuir uma multa que é calculada não sobre o valor que deixou de ser pago em decorrência da prévia compensação, mas sim sobre o valor do *crédito* declarado pelo contribuinte, cujo montante faria frente à extinção do crédito tributário, mas que foi apurado em decorrência de uma relação jurídica inversa à obrigação tributária. Aquela que denota o débito do Fisco e não o débito do contribuinte.

Vê-se, com isso, que o legislador, ao instituir a possibilidade de lançamento de ofício de multa isolada pela não homologação da compensação, porém tendo por base um valor que não compõe a relação jurídica tributária, mas sim outra relação que gerou um crédito do contribuinte, acaba por abalar a estrutura do sistema normativo, pondo em risco o princípio da Segurança Jurídica, associado que é ao princípio da lealdade e da boa-fé.

14. Ver Nota 9.

Ao produzir tal ruído na comunicação leva à desconfirmação da relação de autoridade anteriormente institucionalizada, o que retira a autoridade da habilidade linguística conferida pelo próprio legislador ao contribuinte.

Em nosso sentir, portanto, de um lado transferiu a Administração, todo o papel que lhe era reservado pelo sistema jurídico para a constituição das relações jurídicas aos contribuintes, mas, de outro, quando esses exercem seu papel, acabam por se sujeitar a sanções que não se atrelam ao descumprimento da obrigação tributária, mas a outras relações jurídicas que denotam a obrigação do Fisco de restituir o que indevidamente arrecadou.

Há, no mínimo, um descompasso entre a obrigação e a sanção imposta pela legislação nos casos de não homologação das compensações declaradas pelos contribuintes.

Importante ressaltar que terão esses contribuintes a possibilidade de iniciar novos processos de comunicação por meio da interposição de manifestações de inconformidade que protraem no tempo os efeitos da exigibilidade do tributo declarado e constituído pela Declaração de Compensação, assim como poderão, da mesma forma, interferir no processo de positivação e impugnar o lançamento de ofício da multa isolada, levando, aos tribunais administrativos, a demonstração das incongruências dessas exigências impostas pela Lei federal 12.249/2010 nas regras de compensação tributária.

Mas, o que se verifica com essa intenção da legislação, mais do que confirmar a *institucionalização* do processo administrativo tributário, representa uma verdadeira *desconfirmação* das habilidades linguísticas conferidas aos contribuintes, também pela legislação e que põem em dúvida a relação de autoridade/sujeito prevista nas normas de compensação tributária.

Terá o processo administrativo tributário a finalidade última de organizar essas estruturas já formadas por processos de comunicação anteriores e que possibilitará uma decisão perante um terceiro. Este terá a tarefa de coordenar as ações linguísticas dos comunicadores e também de encerrar a discussão e impedir que ela seja objeto de novas discussões.

Nessa situação específica de declarações de compensação não homologadas teremos, de um lado, a possibilidade de utilização da denominada *manifestação de inconformidade* e, de outro, contra a multa de ofício imposta pela não homologação da compensação, a faculdade de ser utilizada a *impugnação*, ambos os expedientes com trâmites definidos pelo Decreto federal 70.235/72, as quais serão apensadas para que seu julgamento ocorra de maneira unificada.

Quando pensamos na estrutura lógica da norma jurídica que constituiu a relação jurídica tributária, vemos que esta se coloca na proposição consequente da norma e que, se transposta para o modo do discurso, representa a relação ao nível do *cometimento* se apresentando como um *certum* e que, como visto no item anterior, não admite desconfirmação. Trata-se, portanto, de uma ordem.

Por outro lado, quando pensamos na norma jurídica que confere o direito à impugnação administrativa, aquela relação jurídica, que se apresentava como um *certum* ao nível do cometimento, passa a compor a proposição antecedente desta específica norma, não mais como uma relação jurídica intranormativa, mas como um suporte fáctico (antecedente), do qual resultará uma nova relação jurídica (consequente). A relação jurídica processual.

É nesse aspecto que podemos identificar, no modo de discurso *dialógico*, a possibilidade de a relação jurídica tributária ser objeto de um conflito, já que se apresentará como um *dubium* ao nível do relato (antecedente normativo), podendo, portanto, ser questionada.

O processo administrativo se mostra, no decorrer de sua existência, recheado de comunicações, ora produzidas pelo sujeito passivo da relação tributária, ora pelo sujeito ativo, estando ambos em uma situação de *coordenação* porém, subordinados a um terceiro, que é representado pelo órgão julgador e que coloca ambos em uma situação de *subordinação*.

Dentro deste específico processo de comunicação – o processo administrativo tributário – o que restar decidido em última instância pela autoridade julgadora, fará norma entre as partes e não mais poderá ser objeto de novas *questões* dentro desse processo.

É nesse sentido que Tercio Sampaio Ferraz Junior aponta para o mecanismo de *imunização* como uma forma de garantir a validade da norma imunizada.

Portanto, uma vez julgadas, tanto a *manifestação de inconformidade*, quanto *a impugnação administrativa*, teremos as seguintes consequências:

a) Acolhida a *manifestação de inconformidade* – extinto estará o crédito tributário pela compensação realizada pelo contribuinte;

b) Não acolhida a *manifestação de inconformidade* – haverá um crédito tributário devidamente constituído pela Declaração de Compensação, sem que tenha havido a sua extinção. O efeito dessa decisão será a possibilidade de inscrição do débito em dívida ativa, com posterior propositura de uma execução fiscal.

Com relação à *impugnação* que questiona a aplicação da multa, entendemos que sua análise ficará dependente do que for decidido em relação à *manifestação de inconformidade*, não havendo possibilidade de se pensar em normas autônomas que poderão, em última instância, se mostrar incompatíveis.

Nesse caso, entendemos que seriam perfeitamente aplicáveis as disposições contidas no art. 265, inciso IV, alínea *a* do CPC/73 (art. 313, V, "a", CPC/2015), segundo o qual, o processo será suspenso *quando a sentença de mérito depender do julgamento de outra causa, ou da declaração da existência ou inexistência da relação jurídica que constitua o objeto principal de outro processo pendente.*

Nesse caso de *manifestação de inconformidade* e de *impugnação* interpostas de maneira concomitante, não haverá possibilidade de a impugnação ser desprovida quando à *manifestação* for dado provimento, pois a multa que foi objeto de lançamento de ofício, somente poderá ser considerada definitivamente constituída, se e quando for confirmada a não homologação da compensação. Caso contrário, se houver o provimento da *manifestação de inconformidade* significa dizer que a declaração de compensação se deu de forma válida, cujos efeitos levam à extinção definitiva do crédito tributário.

Se extinto o crédito tributário, a conclusão lógica a que se chega é a de que o crédito em favor do contribuinte (débito do Fisco) foi apurado de forma válida e sobre ele jamais poderá incidir qualquer penalidade.

Deverá ficar, portanto, sempre e de forma inexorável, suspenso o processo administrativo que trata da multa de ofício, para que a *imunização* que venha a atingir o processo que trata da compensação, seja, de forma extensiva, aplicada àquele que tratar da sanção.

Se inexistente conduta ilícita, desconfirmada estará a relação por meio da qual se impôs a sanção.

Consequência obrigatória será, portanto, o conhecimento da Impugnação somente após a definição de que houve a conduta ilícita e que se pretendeu punir e, ainda assim, com as limitações que entendemos poderem ser objeto de discussão judicial, dado o total descasamento entre a sanção imposta e a respectiva conduta, no que diz respeito à base de cálculo considerada pela Lei federal 12.249/2010.

A SUSPENSÃO DA "EXIGIBILIDADE" NAS AÇÕES PREVENTIVAS

Carla de Lourdes Gonçalves[1]

Sumario: 1. Caso concreto – 2. Considerações iniciais – 3. Efeitos da liminar concedida no prazo de *vacatio legis* – 4. Efeitos da cassação da medida liminar – 5. Efetivação do depósito judicial pelo contribuinte – 6. Certidão negativa/positiva com efeitos de negativa – 7. Conclusão.

1. Caso concreto

A empresa XPTO, ao se deparar com a edição da Lei XXX, que estabelecia a cobrança da contribuição ao PIS e à COFINS de forma não cumulativa, mediante a adoção das alíquotas de 1,65% e 7,6%, respectivamente, para as empresas sujeitas à tributação, com base no lucro presumido, impetrou, durante o prazo de *vacatio legis*, mandado de segurança visando à obtenção de provimento jurisdicional que lhe assegurasse a manutenção do recolhimento das contribuições em questão, em consonância com a sistemática veiculada pela Lei Federal 9.718/98, conjuntamente com as Leis Federais

1. Mestre e Doutora - PUC/SP. Advogada em São Paulo. Professora dos cursos de especialização promovidos pelo IBET e PUC COGEAE.

10.637/2002 e 10.833/2003, sob o fundamento de que a novel legislação feriu preceitos constitucionais e infraconstitucionais.

Obtida a liminar, antes mesmo da entrada em vigor da citada lei, indaga-se:

a) Há verdadeira "suspensão da exigibilidade do crédito tributário"?

b) Quais os efeitos da liminar proferida em relação ao processo de positivação do direito? Pode uma medida processual interromper o processo de positivação do direito?

c) Na hipótese de cassação da medida liminar, quais os efeitos a serem produzidos?

d) Na hipótese de efetivação de depósito no curso da ação judicial, quais os efeitos produzidos? Há transmudação da hipótese suspensiva?

e) Tem, o contribuinte, direito à obtenção de Certidão Negativa de Débitos ou de Certidão Positiva com Efeitos de Negativa?

2. Considerações iniciais

É assente na doutrina e jurisprudência pátrias a expressão "suspensão da exigibilidade do crédito". Reproduzimo-la com tanta frequência que não paramos, por vezes, para refletir o que ela realmente representa.

Para estarmos diante de uma verdadeira hipótese suspensiva da exigibilidade do crédito tributário, seria necessária a existência de linguagem competente para a sua constituição.[2] É dizer, ou o contribuinte, dando efetivo cumprimento às normas decorrentes do art. 150 do CTN, coloca no sistema uma norma individual e concreta que faz nascer a relação jurídica

2. Como bem assevera Paulo de Barros Carvalho "não há fato jurídico tributário sem linguagem que o revista". Cf. *Fundamentos jurídicos da incidência*. 1ª ed. São Paulo: Saraiva, 1998, p. 105.

tributária, ou o Fisco, observando preceitos legais advindos do art. 142 do CTN, introduz a citada norma individual e concreta, vinculando-se ao contribuinte, por intermédio do denominado "lançamento de ofício". Trata-se da imprescindibilidade da ponência da norma individual e concreta para a constituição do crédito e o nascimento da relação jurídico tributária.

No entanto, quando estamos diante da existência de norma geral e abstrata já publicada, mas com o prazo de *vacatio legis* em curso, não há a possibilidade de haver a constituição do crédito tributário. Isto porque, sequer o evento jurídico tributário ocorreu. A lei editada ainda não pode produzir os seus regulares efeitos. É válida, perante o ordenamento jurídico, mas não é vigente e eficaz. Assim, não se pode falar sequer na ocorrência do evento tributário, tampouco de fato jurídico e, consequentemente, na constituição do crédito tributário.[3]

Portanto, a medida liminar,[4] concedida no bojo de mandado de segurança, impetrado em caráter preventivo durante o

3. Paulo de Barros Carvalho, com sua mestria usual, traduziu brilhantemente a impossibilidade de apartarmos os momentos do nascimento da obrigação e crédito tributário. São suas lições: "retomemos a mensagem do art. 142 do Código Tributário Nacional, para lembrar que esse Estatuto faz uma distinção, no meu entender improcedente, entre crédito e obrigação, como se fora possível, à luz da Teoria Geral do Direito, separar essas duas entidades. A obrigação nasceria com o acontecimento do 'fato gerador', mas surgiria sem crédito, que somente com o 'procedimento de lançamento' viria a ser 'constituído'. Que obrigação seria essa, em que o sujeito ativo nada tem por exigir (crédito) e o sujeito passivo não está compelido a qualquer conduta? O isolamento do crédito em face da obrigação é algo que atenta contra a integridade lógica da relação, condição mesma de sua existência jurídica. Agora, se o legislador pretendeu dizer que havia um direito subjetivo de exigir a prestação (crédito), mas que o implemento dessa pretensão ficava na dependência de procedimentos ulteriores, o que se pode afirmar é que não utilizou bem a linguagem, provocando dificuldades perfeitamente dispensáveis".
Portanto, é de se observar que a obrigação tributária e o crédito tributário nascem conjuntamente, não havendo se falar no nascimento da obrigação e do crédito em momentos distintos. Cf. *Fundamentos jurídicos da incidência.* 1ª ed. São Paulo: Saraiva, 1998, p. 216.

4. A medida liminar que nos referimos no presente texto é a veiculada no bojo de mandado de segurança, com rito previsto no art. 12.016/2009, a despeito de entendermos que, para as medidas liminares poderão também ser aplicados os conceitos de tutelas de urgência e evidência constantes do novo CPC (Lei 13.105/2015, arts. 294 e seguintes).

prazo de *vacatio legis* não pode – por absoluta impossibilidade jurídica – suspender a exigibilidade do crédito tributário, uma vez que este crédito nem pode, neste momento do processo de positivação do direito, ser constituído.

Estamos, assim, diante de uma medida assecuratória ao contribuinte da desnecessidade de constituição do crédito tributário, de um lado, e, de outro, a ausência de obrigatoriedade de recolhimento do tributo. Não se trata de hipótese suspensiva do crédito tributário, mas sim, de norma processual individual e concreta que impede o início do processo de positivação do direito. E esta interrupção do processo de positivação do direito tributário, por intermédio de medida liminar concedida antes da ocorrência do evento tributário, gera consequências distintas daquelas que se verificariam caso o crédito tributário já estivesse constituído. Vejamos.

3. Efeitos da liminar concedida no prazo de *vacatio legis*

Verificada a impetração de mandado de segurança visando à obtenção de medida liminar durante o prazo de *vacatio legis*, caso seja concedida a liminar pleiteada, a referida liminar terá o condão de: a) colocar, no sistema, uma norma individual e concreta, a qual desobrigará o contribuinte de constituir o crédito tributário (nos tributos sujeitos a "autolançamento"); b) obstar a exigibilidade e exequibilidade do montante do tributo questionado, que resultaria da apuração decorrente do lançamento (tributos sujeitos a lançamento de ofício) ou da norma individual e concreta posta no sistema pelo contribuinte (tributos sujeitos a "autolançamento"). Estes efeitos perdurarão enquanto a referida liminar concedida estiver em vigor.

Havendo a manutenção dos efeitos produzidos pela liminar concedida, no momento em que a lei, eivada de vícios e submetida ao controle jurisdicional, entrar em vigor, o contribuinte não estará obrigado a constituir o crédito tributário, por intermédio da ponência de norma individual e concreta no sistema e, consequentemente, efetuar o recolhimento correspondente. O Fisco, por sua vez, não poderá exigir e muito menos executar os valores relativos à exação questionada.

No entanto, registre-se que o Fisco, nesta hipótese, tem o dever de constituir o crédito tributário, dentro do prazo assinalado pela legislação: 5 (cinco) anos, a partir do 1º dia do exercício subsequente àquele em que a norma individual e concreta, documentando a incidência tributária, deveria ter sido colocada no sistema pelo contribuinte (tributos sujeitos a "autolançamento") ou pelo Fisco (tributos sujeitos a lançamento de ofício) e não o foi, de acordo com o art. 173, I, do CTN.[5] Caso o Fisco não adote a conduta de realizar o lançamento nos moldes anteriormente preconizados, operar-se-á a decadência do direito em realizar o referido lançamento.

Portanto, na ausência de constituição do crédito pelo Fisco, não há que se falar em "suspensão da exigibilidade do crédito tributário", uma vez que não há qualquer crédito constituído. Assim, com a concessão da liminar, nos moldes anteriormente esposados, haverá a ponência de norma individual e concreta, pelo Poder Judiciário, que impedirá a constituição normal do crédito pelo contribuinte, bem como a exigibilidade que adviria desta constituição e sua consequente exequibilidade. Referida hipótese só poderá ser denominada de "suspensiva da exigibilidade e exequibilidade do crédito tributário" se se verificar a constituição do crédito pelo Fisco, no prazo estabelecido pelo art. 173, I, do CTN. Sobre o valor lançado pelo Fisco, não poderá haver a incidência de multa de ofício, nos termos do art. 63 *caput* da Lei federal 9.430/96.

5. Não se aplica, na hipótese em tela, o prazo previsto no art. 150, §4º do CTN, mesmo se tratando de tributos sujeitos a "autolançamento", tendo em vista que o fisco efetuará a constituição extraordinária do crédito, sendo que, para a realização desta espécie de constituição, aplica-se somente o prazo previsto no art. 173, I, do CTN. Isto porque se está diante de hipótese na qual o contribuinte não está obrigado a constituir o crédito tributário, tampouco a efetuar o recolhimento do tributo, consoante o disposto no recurso repetitivo 973733 SC, relator Ministro Luiz Fux, *DJ* de 18.09.2009

Uma vez verificado o lançamento tributário pelo Fisco – e, neste momento, haverá a constituição do crédito tributário – o referido crédito deverá permanecer com a sua exigibilidade suspensa, nos termos do art. 151, IV, do CTN, uma vez que há liminar deferida em favor do contribuinte. Não pode, o Fisco, adotar qualquer ato de exigibilidade ou exequibilidade do crédito em questão.

Assim, verifica-se a intersecção do direito material e processual. A decisão liminar proferida tem o condão de impedir o processo de positivação do direito, da perspectiva do contribuinte, sendo que, da perspectiva do Fisco, este processo poderá ter continuidade tão somente até a constituição do crédito tributário, sem que o Fisco possa adotar quaisquer atos de exigibilidade e exequibilidade do crédito em questão.

4. Efeitos da cassação da medida liminar

É imperioso ainda analisarmos os efeitos que a cassação da medida liminar, concedida antes da verificação do evento tributário, produziria.

A análise em tela deve ser efetuada sob dois prismas distintos: o primeiro, se, quando da cassação da liminar, o Fisco não tiver constituído o crédito tributário; o segundo, se tiver promovido a constituição do crédito.

A primeira hipótese – inexistência de constituição do crédito pelo Fisco – ainda deverá ser dividida em outras duas: se o prazo decadencial de 5 (cinco) anos, contado na forma do art. 173, I, do CTN já tiver se escoado e se o referido prazo continuar em curso.

Caso o prazo de 5 (cinco) anos já tenha transcorrido, ocorreu a decadência do direito do Fisco efetuar o lançamento. Assim, entendemos que o contribuinte nada deve ao Erário.

No entanto, pode ocorrer que o prazo decadencial de 5 (cinco) anos ainda não esteja findo. Desta forma, caso o contribuinte opte por não efetuar o pagamento no prazo de 30 (trinta) dias assinalado pelo art. 63, § 2º da Lei Federal 9.430/96,[6] com a redação dada pela Medida Provisória 2.158-35, estará sujeito à autuação por parte do Fisco, até o final do período de 5 (cinco) anos contados na forma do art. 173, I, do CTN.

Se o contribuinte efetuar o pagamento dentro do prazo preconizado pelo art. 63 da Lei Federal 9.430/96, por ter a regra "suspensiva" incidido antes sequer da ocorrência do evento tributário, não há que se falar em multa de mora. Destaque-se que não há qualquer comportamento censurável da perspectiva jurídica, por parte do contribuinte, uma vez que este se encontra amparado por decisão do Poder Judiciário. Nada obstante, deverá o contribuinte recolher o montante principal, acrescido de juros de mora. Isto porque os juros possuem caráter indenizatório diferentemente da multa, cuja função é a de sanção pelo descumprimento de um dever imposto legalmente.[7]

Cabe-nos, ainda, analisar os efeitos decorrentes da cassação da medida liminar quando a Fazenda constitui o crédito tributário dentro do prazo estabelecido pelo art. 173, I, do CTN.

A constituição do crédito pela Fazenda não contemplará a incidência de multa de ofício, uma vez que há, no momento da constituição, medida suspensiva vigente. Na constituição do crédito, também não deverá estar contemplada a multa de

6. Dispõe o art. 63, § 2º, da Lei Federal 9.430/96:
Art. 63. Na constituição de crédito tributário destinada a prevenir a decadência, relativo a tributo de competência da União, cuja exigibilidade houver sido suspensa na forma dos incisos IV e V do art. 151 da Lei 5.172, de 25 de outubro de 1966, não caberá lançamento de multa de ofício.
§ 1º O disposto neste artigo aplica-se, exclusivamente, aos casos em que a suspensão da exigibilidade do débito tenha ocorrido antes do início de qualquer procedimento de ofício a ele relativo.
§ 2º A interposição da ação judicial favorecida com a medida liminar interrompe a incidência da multa de mora, desde a concessão da medida judicial, até 30 (trinta) dias após a data da publicação da decisão judicial que considerar devido o tributo ou contribuição.

7. De nossa perspectiva, tanto a multa moratória quanto a multa "punitiva" têm caráter sancionatório.

mora uma vez que a concessão da medida deu-se antes mesmo da ocorrência do evento tributário relevante.

Cassada a medida concessiva da suspensão, retiram-se os obstáculos para que o Fisco possa retomar a marcha da exigibilidade.[8] Assim, o crédito poderá ser exigido no prazo de 30 (trinta) dias, acrescido de juros de mora desde o vencimento do primeiro pagamento após a entrada em vigor da lei ou ato normativo discutido, até o prazo assinalado na notificação deste lançamento. Findo este prazo, poderá o Fisco efetuar também a cobrança da multa de mora.

Caso o contribuinte não efetue o pagamento e nem impugne o lançamento no prazo concedido pela legislação, poderá o Fisco prosseguir nos atos de exequibilidade dos valores constantes do lançamento efetuado. No entanto, caso o contribuinte impugne o lançamento em questão, a suspensão da exigibilidade do crédito decorrerá do preceito veiculado pelo art. 151, III, do CTN.[9]

5. Efetivação de depósito judicial pelo contribuinte

Analisando, ainda, a hipótese ora posta (mandado de segurança impetrado preventivamente no prazo de *vacatio legis* e com liminar concedida antes da ocorrência do evento tributário), cabe-nos perquirir acerca dos eventuais desdobramentos

---

8. A exigibilidade do crédito tributário constitui-se, nas precisas lições de Paulo de Barros Carvalho, no "direito que o credor tem de postular, efetivamente, o objeto da obrigação". Cf. *Curso de Direito Tributário*, 10ª ed., São Paulo: Saraiva, 1998, p. 292. Partilhamos do entendimento de que o crédito tributário é exigível a partir da data de vencimento para o pagamento do tributo. Conforme preleciona José Souto Maior Borges, "sendo a obrigação tributária uma obrigação a prazo, é este, e não o lançamento, que determina sua exigibilidade". CF. *Lançamento tributário*, 2ª ed., São Paulo: Malheiros Editores, 1999.

9. Preceitua o art. 151, III, do CTN:
Art. 151. Suspendem a exigibilidade do crédito tributário:
[...]
III – as reclamações e os recursos, nos termos das leis reguladoras do processo tributário administrativo;

em virtude de o contribuinte, nesta hipótese, desejar efetivar o depósito judicial do montante discutido. Relembre-se, por oportuno, que a efetivação do depósito traduz-se em faculdade do contribuinte, não necessitando de autorização judicial para fazê-lo.[10]

Um primeiro tema a ser enfrentado diz respeito à possibilidade ou não de o depósito judicial constituir o crédito tributário. Em outras palavras, se a efetivação do depósito judicial é linguagem competente para a constituição do crédito tributário e, mesmo diante da presença da liminar concedida, tem o condão de retomar a marcha do processo de positivação do direito.

O contribuinte, mediante a efetivação do depósito, só constituirá o crédito se se verificar a ponência, por ele, no sistema, de norma individual e concreta que contemple uma mensagem completa referente à constituição do crédito tributário, passível de identificação por inteiro pelo destinatário, que, neste caso, é o Fisco.

Desta forma, é necessário que haja uma linguagem competente, com conteúdo completo, veiculada pela norma posta pelo contribuinte, para que o crédito possa ser constituído por ocasião do depósito efetuado pelo contribuinte. Vejamos exemplos desta situação.

Se o contribuinte, ao efetuar mensalmente os depósitos, o faz mediante a adoção do mecanismo do "Ted Judicial" e, ao preencher os dados, como ocorre com os tributos federais, apresenta a base de cálculo, a alíquota, os sujeitos ativos e passivo (Fisco federal e o próprio contribuinte) e consigna ainda o mês de competência e a correta identificação do tributo, verifica-se que a mensagem deôntica restou completa e acabada, traduzindo uma linguagem perfeitamente distinguível

10. A jurisprudência de nossos tribunais é uníssona em reconhecer que o depósito constitui em faculdade do contribuinte. Sobre o tema, vide, no âmbito do STF, ADI MC 2214/MS, Pleno, Relator Ministro Mauricio Corrêa, *DJ* 19.04.2002 e STJ EDcl no REsp 1269051/PR. Relator Ministro Mauro Campbell Marques, *DJ* 14.08.2012.

pelo destinatário. É dizer, com a existência de uma linguagem competente, apta a traduzir e ser compreendida pelos destinatários, descrevendo todos os elementos necessários para a identificação do crédito tributário.

Mas, hipótese diversa tem-se quando o contribuinte, em vez de executar todos os atos anteriormente descritos, apenas efetua o recolhimento do valor por intermédio da guia de depósito preenchida pela Instituição Financeira Oficial, na qual o depósito é efetuado. Neste caso, tem-se apenas o *quantum* total recolhido a título do tributo cujo código da receita encontra-se nesta guia, bem como o nome das partes na ação. Não há especificação da base de cálculo e tampouco da alíquota, fazendo com que a mensagem deôntica careça de completude. Neste caso, é forçoso reconhecer que não há a constituição do crédito tributário, uma vez que faltam elementos componentes identificadores da regra-matriz de incidência, como a base de cálculo e a alíquota.

Portanto, é imperioso concluirmos que: o depósito será "constitutivo do crédito" quando o contribuinte, por ocasião de sua efetivação, tomar todas as providências no sentido de veicular normas individuais e concretas que tenham por objetivo identificar o crédito fazendário em sua completude, mediante a veiculação de uma mensagem deôntica completa. Por outro lado, não haverá a constituição do crédito pelo depósito se, quando da efetivação deste, o contribuinte não tomar todas as providências cabíveis no sentido de colocar, no sistema, uma ou mais normas individuais e concretas que permitam identificar a presença dos itens integrantes do crédito tributário, como o sujeito ativo, o sujeito passivo, a base de cálculo, a alíquota, a materialidade e os critérios espacial e temporal.[11]

---

11. O Superior Tribunal de Justiça, em suas decisões, exarou entendimento no sentido de que o depósito constitui o crédito tributário. Sobre o tema, vide as seguintes decisões: Ag Rg no Ag 1211443, Relator Ministro Luiz Fux, *DJe* 20.04.2010; Eresp 464.343, Relator Ministro José Delgado, *DJ* 29.10.2007 Em sentido contrário, consignando que o depósito não constitui o crédito vide decisões relatadas pela Ministra Eliana Calmon no Resp 332693, *DJ* 04.11.2002 e Resp 671773, *DJ* 14.11.2005.

Desta forma, caso o depósito realizado pelo contribuinte contemple todos os requisitos para sua identificação, constituirá o crédito tributário. Assim, uma vez que o valor depositado represente o montante integral imposto pelo Fisco, acrescido dos consectários legais,[12] será suspensivo da exigibilidade do crédito tributário. Se, contrariamente, não veicular a linguagem completa de modo a constituir o crédito tributário, estaremos diante de regra suspensiva, a produzir efeitos de idêntico jaez àqueles veiculados pela liminar em mandado de segurança preventivo, impetrado durante o prazo de *vacatio legis*.

No entanto, considerando-se que o depósito efetuado no âmbito de ação de cunho preventivo não poderá ser levantado durante o curso da ação mandamental,[13] verifica-se a transmudação da hipótese suspensiva. Isto porque, se a liminar proferida mantiver-se ativa ou for cassada durante o curso processual, ou ainda a sentença favorável venha a ser revertida, no Tribunal Regional ou nos Tribunais Superiores, até o trânsito em julgado da decisão, o depósito, por si só, é suficiente para garantir a impossibilidade de o Fisco adotar atos de exigibilidade ou exequibilidade do tributo objeto de discussão.

Em apertada síntese, ao verificar-se a existência de provimento jurisdicional liminar, conjugado à efetivação de depósito judicial, a hipótese suspensiva que prevalece é a do depósito judicial no montante integral do débito discutido, acrescido dos consectários legais, que permanecerá inalterado até o final da discussão judicial do tributo, impedindo que o Fisco adote quaisquer atos de exigibilidade ou exequibilidade do tributo.

12. Sobre o tema, vide Súmula 112 do STJ.

13. Nos termos da Lei federal 9.703/98.

6. Certidão negativa/positiva com efeitos de negativa

Por fim, cabe analisar se, nas hipóteses versadas no presente artigo, faz o contribuinte *jus* à expedição de certidão negativa ou positiva com efeitos de negativa.

Quando estamos diante de liminar proferida na *vacatio legis*, cujos efeitos são o de desobrigar o contribuinte de introduzir, no sistema, a norma individual e concreta, bem como o do recolhimento do próprio tributo e, em não havendo a constituição do crédito pelo Fisco, terá o contribuinte direito à certidão negativa de débitos, pois a exação discutida, não constituída, não pode ser óbice ao fornecimento da citada certidão. O mesmo ocorre quando se estiver diante de depósito efetuado sem que haja a constituição do crédito tributário.

Por outro lado, caso o Fisco tenha efetuado a constituição do crédito tributário, mas a medida liminar permaneça ativa, tem o contribuinte direito à expedição de certidão positiva com efeitos de negativa, caso seja este o único débito impeditivo. Situação de idêntico jaez, verifica-se quando o depósito, em montante integral e acompanhado dos consectários legais, constituir o crédito tributário.

7. Conclusão

Em suma, verifica-se, na análise do presente caso concreto, a importância do direito processual, que tem o condão de interromper o processo de positivação do direito, impedindo que o Fisco adote quaisquer condutas tendentes à exigibilidade ou exequibilidade de seu crédito, bem como não permite a vedação do fornecimento de certidões de regularidade do contribuinte.

Respostas às questões

a) Há verdadeira "suspensão da exigibilidade do crédito tributário"? Não, o que se tem é uma medida assecuratória ao contribuinte da desnecessidade de constituição do crédito tributário, de um lado, e, de outro, a ausência de obrigatoriedade de recolhimento do tributo. Não se trata de hipótese suspensiva do crédito tributário, mas sim, de norma processual individual e concreta que impede o início do processo de positivação do direito.

b) Quais os efeitos da liminar proferida em relação ao processo de positivação do direito? Pode uma medida processual interromper o processo de positivação do direito? A liminar pode ter o condão, se deferida antes de constituído o crédito tributário, de impedir o início do processo de positivação do direito.

c) Na hipótese de cassação da medida liminar, quais os efeitos a serem produzidos? O processo de positivação pode iniciar a sua regular marcha, devendo o contribuinte constituir o crédito tributário e recolher o tributo acrescido de juros moratórios. Se o recolhimento ocorrer após o transcurso do prazo de 30 (trinta) dias, contados da cassação da medida liminar, também deverá haver a incidência de multa de mora, nos termos do art. 63, § 2º, da Lei Federal 9.430/96.

d) Na hipótese de efetivação de depósito no curso da ação judicial, quais os efeitos produzidos? Há transmudação da hipótese suspensiva? Ao verificar-se a existência de provimento jurisdicional liminar, conjugado à efetivação de depósito judicial, a hipótese suspensiva que prevalece é a do depósito judicial, pois o depósito judicial, no montante integral do débito discutido, acrescido dos consectários legais, permanecerá inalterado até o final da discussão judicial do tributo, impedindo que o Fisco adote quaisquer atos de exigibilidade ou exequibilidade do tributo. Em outras palavras, há a transmudação da hipótese suspensiva.

e) Tem o contribuinte direito à obtenção de Certidão Negativa de Débitos ou de Certidão Positiva com Efeitos de Negativa? Quando estamos diante de liminar proferida na *vacatio legis*, cujos efeitos são o de desobrigar o contribuinte de introduzir, no sistema, a norma individual e concreta, bem como o do recolhimento do próprio tributo e, em não havendo a constituição do crédito pelo Fisco, terá o contribuinte direito à certidão negativa de débitos, pois a exação discutida, não constituída, não pode ser óbice ao fornecimento da citada certidão. O mesmo ocorre quando se estiver diante de depósito efetuado sem que haja a constituição do crédito tributário. Por outro lado, caso o Fisco tenha efetuado a constituição do crédito tributário, mas a medida liminar permaneça ativa, tem, o contribuinte, direito à expedição de certidão positiva com efeitos de negativa, caso seja este o único débito impeditivo. Situação de idêntico jaez, verifica-se quando o depósito, em montante integral e acompanhado dos consectários legais, constituir o crédito tributário.

EFEITOS MATERIAIS DA SENTENÇA DECLARATÓRIA. PERSPECTIVAS NO TEMPO E RUPTURA DESTES EFEITOS EM FACE DE PRECEDENTE DO STF EM SENTIDO CONTRÁRIO

Fernanda Donnabella Camano de Souza[1]

Sumário: 1. Introdução – 2. A cláusula *rebus sic stantibus* e a ação declaratória de inexistência de relação jurídica de índole tributária – 3. Superveniência de precedente do STF contrário ao que foi estatuído na sentença. Teoria da "commonlawzação" do direito brasileiro ou teoria dos precedentes. Diferença (*civil law* x *common law*). Inaplicabilidade aos casos transitados em julgado.

1. Introdução

Há alguns anos, a doutrina e a jurisprudência têm se debatido a respeito da possibilidade do rompimento do trânsito em julgado das decisões que fixaram relações jurídicas que se protraem no tempo, mesmo com relação àquelas que relação jurídica alguma estabeleceram, como é o caso do acolhimento

---

1. Especialista em Direito Tributário pela COGEAE-PUC-SP e mestre em Direito do Estado pela Pontifícia Universidade Católica de São Paulo (PUC-SP). Autora do livro *Os limites objetivos e temporais da coisa julgada em ação declaratória no direito tributário*, publicado pela Editora Quartier Latin, 2006, e de textos publicados em revistas especializadas.

do pedido do autor-contribuinte em sede de ação declaratória de inexistência de relação jurídica,[2] em que a regra tributária (RMIT) fica impedida de ser aplicada, inclusive, para o futuro.

O tema é tormentoso porque, mais do que o sopesamento de valores em jogo [segurança jurídica *versus* (i) justiça da decisão; (ii) ou prevalência do princípio da isonomia ou (iii) até mesmo do atual entendimento sedimentado pelos Tribunais Superiores], o fato é que se percebe que o discurso é regido apenas pelos interesses postos em conflito. A partir da posição de interesse do interlocutor, se Fisco ou contribuinte, a gama de argumentos de que podem se valer é infinita, e o debate se assemelha a uma gangorra retórica em que o direito positivo "parece" acolher ora uma, ora outra posição.

Para o presente estudo, trabalharemos a desconsideração da coisa julgada, mais precisamente a ruptura dos efeitos decorrentes do provimento jurisdicional, sob o viés da alteração da jurisprudência do STF, teoria que tem ganhado corpo a partir das alterações, desde 1998, à Constituição Federal e ao Código de Processo Civil, que instituíram: (i) a possibilidade do Relator negar seguimento ou dar provimento ao recurso aplicando a jurisprudência dominante do Tribunal, do STF ou do STJ (art. 557 *caput* e parágrafos do CPC/73; art. 932, IV, art. 1.021, §§ 2º a 5º, CPC/2015); (ii) a sistemática da repercussão geral das questões constitucionais para fins de admissibilidade do recurso extraordinário (art. 102, §3º, da CF); (iii) a súmula vinculante (art. 103-A e parágrafos da CF); (iv) o dever do STF e do STJ de decidir determinada tese jurídica, mediante o julgamento do caso paradigma, cujo entendimento será aplicado à multiplicidade de recursos com fundamento em idêntica controvérsia (arts. 543-B e 543-C do CPC/73; art. 1.036, *caput* e § 1º; art. 1.037, § 4º; art. 1.038, *caput*, I e II, §§ 1º e 2º; arts. 1.039 e 1.040 do CPC/2015), dentre outras

2. A ação declaratória de inexistência de relação jurídica, como leciona Rodrigo Dalla Pria, classifica-se dentre as ações antiexacionais e se destina a compor a relação jurídica tributária litigiosa visando à paralisação da norma geral e abstrata de natureza tributária (*Processo tributário analítico*. São Paulo: Dialética, 2003, p. 60-61).

modificações. Desta forma, parte da doutrina tem sustentado que a força da jurisprudência – inclusive pela aproximação do direito brasileiro com a teoria dos precedentes anglo-saxônica – seria suficiente para invalidar a decisão transitada em julgado, por ter ganhado uma dimensão até mais importante que a norma individual e concreta definitiva.

Assim, este trabalho se voltará para responder à seguinte questão: quais são os efeitos do pronunciamento contrário do STF, seja em sede de controle difuso (com ou sem repercussão geral ou com ou sem edição de súmula vinculante), seja em sede de controle concentrado, sobre o círculo bem demarcado do provimento jurisdicional definitivo? Noutros termos, atualmente, o ordenamento jurídico brasileiro contém regra (fora dos limites da Ação Rescisória) capaz de fazer cessar o trânsito em julgado para o futuro, entre as partes que litigaram em juízo, só porque o STF se posicionou de forma diversa da estatuída na sentença? É o que se pretende responder nas próximas linhas.

2. A cláusula *rebus sic standibus* e a ação declaratória de inexistência de relação jurídica de índole tributária

Uma questão atualmente debatida perante a doutrina processual tributária diz respeito à possibilidade de alteração da sentença declaratória de inexistência de relação jurídica, transitada em julgado, que paralisou a incidência da regra geral e abstrata de índole tributária (RMIT), impedindo o nascimento da relação jurídica entre o Fisco e o contribuinte para o futuro. Alguns sustentam que alterado o direito (assim compreendido a legislação ou a jurisprudência)[3] que embasou a sentença disciplinadora de uma relação jurídica de trato sucessivo, estar-se-ia diante nova relação jurídica não contemplada na decisão definitiva, e por isso não submetida

3. Este estudo não trata das alterações de fato supervenientes à decisão passada em julgado.

ao comando emergente daquela decisão. Inclusive, esta é a posição defendida pela PGFN, por meio do Parecer 492/2011.

Tal afirmação somente poderia ter algum fundamento, caso se pudesse vislumbrar que a sentença proferida em sede de ação declaratória de inexistência de relação jurídica contivesse a cláusula *rebus sic standibus*. Veremos, pois, que tal cláusula não se encontra implícita em sentenças desta natureza e, portanto, a alteração da situação jurídica não pode afetar a decisão transitada em julgado, a menos que seja desconstituída pelos meios legais previstos no ordenamento positivo brasileiro.

A respeito da cláusula *rebus sic standibus,* presente em alguns tipos de provimentos jurisdicionais, invoca-se as lições de Sergio Costa, em obra intitulada *Le sentenze civili com la clausola "rebus sic standibu"*, escrita em 1930.[4]

Inicia o Autor lecionando a respeito das denominadas sentenças "determinativas", locução utilizada para designar as sentenças em que o magistrado atuaria com maior poder discricionário, isto é, a norma geral e abstrata a ser aplicada não fixou todos os elementos da relação jurídica nascente, mais precisamente, o objeto da obrigação, deixando ao critério do Juiz a sua fixação.[5]

A fim de conceituar a sentença "determinativa", cita as lições de Alfredo Rocco, para quem o objeto da relação jurídica não é fixado previamente pela norma jurídica geral e abstrata, mas sim determinável pelo magistrado que levará em consideração as circunstâncias do momento e aplicará o Juízo de equidade para fixar, por exemplo, o *quantum* da obrigação periódica a vincular as partes. O legislador, neste caso, pode conferir os parâmetros para que o Juiz aplique a norma geral

---

4. Siena, Circolo Giuridico Della R. Università, 1930.

5. Muito embora, tradicionalmente, as sentenças sejam classificadas em declaratórias, constitutivas e condenatórias (e assim, a sentença "determinativa" se encaixaria em uma das três espécies, a depender do provimento exarado pelo Juiz), manteremos a designação do Autor para melhor entendimento da questão.

e abstrata, e ele o fará levando em conta as circunstâncias do momento, a exemplo da sentença de fixação de alimentos. No caso, a lei estipula que o elemento balizador para a fixação do *quantum* da prestação seja a possibilidade do alimentante e a necessidade do alimentado, e assim o Juiz se pautará para estabelecer a relação jurídica de trato sucessivo, definindo o objeto da obrigação que vinculará as partes para o futuro.[6]

Ainda, o Autor menciona Betti que classifica as sentenças "determinativas", em duas espécies: aquela em que o Juiz fixou o *quantum* da prestação periódica a vincular autor e réu; e aquela em que o magistrado apenas valorou (de acordo com o mercado, por exemplo) uma prestação futura certa e previamente determinada pela lei. Continua o Autor que a bipartição das sentenças determinativas é irrelevante para análise da possibilidade de revisão do provimento jurisdicional, uma vez alteradas as circunstâncias em que se baseou.

Assim é porque apenas na primeira hipótese, estaríamos diante de sentença que contém implícita a cláusula *rebus sic standibus*; pois na segunda, muito embora a sentença tenha declarado a medida da prestação futura, não estabeleceu uma relação jurídica cujo objeto é uma prestação periódica que contém um elemento variável no tempo. Aduz que apenas no primeiro caso estamos diante de sentença "determinativa", pois apenas naquela sentença em que o Juiz fixou o *quantum* da prestação se tem presente o elemento variável da relação jurídica capaz de ser alterado quando alteradas as circunstâncias; "na outra hipótese, com a valoração de uma prestação certa e determinada, se perde completamente de vista aquele elemento."[7]

E segue o Autor com um exemplo muito ilustrativo: suponha-se que duas partes celebraram um contrato de

6. No direito brasileiro, verifique-se que o art. 1.694, §1º, do CC/2002 estabelece: "Os alimentos devem ser fixados na proporção das necessidades do reclamante e dos recursos da pessoa obrigada."

7. *Ob. cit.*, p. 46

administração com fornecimento de bens (acordando "o preço de mercado" no momento das sucessivas entregas) por uma série de anos. Surgindo a discussão a respeito do preço a pagar no momento do fornecimento, uma parte propõe a ação para o Juiz valorar o preço de mercado de acordo com o contrato. Aduz o Autor.

> que o Juiz tem presente nem menos nem mais do que um contrato de venda ao preço de mercado no momento da entrega. O Juiz deve determinar o preço de mercado da mercadoria no momento da entrega, e que este preço nada tem que ver com o do ano antecedente ou futuro; então, onde está o elemento continuativo da relação jurídica?[8]

Portanto, apenas nas sentenças "determinativas" que estabelecem uma relação jurídica de trato sucessivo (contendo um elemento variável no tempo) estará implícita a cláusula *rebus sic standibus*.

Em conclusão, é a partir do exame da *causa petendi* (e do pedido formulado) que se verificará se a sentença a ser proferida contém implícita a cláusula *rebus sic standibus*, a qual, uma vez alterada a circunstância em que o magistrado se baseou no momento de proferir a sentença, deve-se alterar a decisão passada em julgado, pois estar-se-ia diante de novas circunstâncias reveladoras de nova *causa petendi*.

E mesmo nesse sentido, revela o Autor, nem toda modificação é capaz de alterar o que foi estatuído na sentença "determinativa" de trato sucessivo, pois para o direito italiano, uma vez alterada a economia em geral, mas mantendo os parâmetros previstos em lei e que se baseou o Juiz para determinar o objeto da relação jurídica de alimentos, por exemplo (capacidade do alimentante e necessidade do alimentado), não há que se falar em alteração das circunstâncias aptas a demandar a revisão do que foi estatuído na sentença.

---

8. *Ob. cit*, p. 47

Discorre Liebman, em sua obra *Eficácia e autoridade da sentença*,[9] que com relação aos casos em que o Juiz fixa discricionariamente um elemento da relação jurídica litigiosa, por exemplo, o réu deve ao autor "x" reais a título de alimentos, a modificação superveniente somente pode residir sobre este aspecto da obrigação e jamais sobre o que foi decidido como juízo de certeza (que, na hipótese, é a obrigação de pagar alimentos). Aduz que nesta situação existe uma regra de direito material que foi aplicada na composição do conflito, garantindo a certeza buscada pelo autor. Tal relação jurídica não pode ser objeto de alteração, o que pode variar é o montante da obrigação.

Adiante, o Autor (Sergio Costa) pergunta: todas as sentenças contêm implícita a cláusula *rebus sic standibus* só pelo fato do magistrado determinar o nascimento de relação jurídica entre as partes que as vinculará para o futuro?

E a resposta é negativa, pois quando o legislador determina, com precisão, todos os elementos da relação jurídica e o autor busca a declaração de um juízo de certeza, a exemplo das ações declaratórias de (in)existência de relação jurídica, o magistrado, ao aplicar a regra ou deixar de fazê-lo, não decide de acordo com as circunstâncias do momento mas sim, conforme as regras então vigentes no ordenamento jurídico assegurando a incidência (ou não) de determinada norma jurídica. Com isso, nas ações meramente declaratórias, não haverá nova *causa petendi* se o direito se alterar,[10] porque nelas não estavam contempladas as circunstâncias do momento em que o Juiz se baseou para proferi-las, mas sim, aquelas estabelecidas quando a ação foi proposta.

Aplicando tais lições à ação declaratória de inexistência de relação jurídica de índole tributária, a primeira afirmação

---

9. *Eficácia e autoridade da sentença e outros escritos sobre a coisa julgada*. 4ª ed. Rio de Janeiro: Forense, 2007.

10. Entende-se, neste momento, por alteração de direito, as normas supervenientes postas pelo Poder Judiciário.

a ser feita é no sentido de que a lei dispõe a respeito de todos os aspectos da relação jurídica a vincular Fisco e contribuinte. Ou seja, há a certeza de que a obrigação nascerá vinculando as partes e o Juiz deverá conceder provimento jurisdicional no sentido de paralisar a aplicação da regra-matriz de incidência tributária (RMIT) ou, se rejeitar o pedido, assegurar sua plena aplicação.

Quando o autor/contribuinte ingressa com ação desta natureza, não descreve nos fatos que é contribuinte apenas diante de determinadas circunstâncias, nem que deva pagar o tributo sob condições específicas que, se alteradas, autorizariam a revisão da *causa petendi*. Também, na sentença, o magistrado não declara que a certeza do direito do autor subsiste até que, por exemplo, o STF altere seu entendimento sobre o tema em outro precedente. Na ação declaratória, o autor/contribuinte pleiteia a não incidência da regra tributária porque, no momento da propositura da demanda, violava o ordenamento jurídico.

Além do mais, o magistrado, acolhendo o pedido, não estatui uma relação que se perpetua no tempo mas, diferentemente, obsta o nascimento das diversas relações jurídicas que nasceriam não fosse pelo provimento jurisdicional favorável ao autor-contribuinte. Mesmo na sentença de improcedência, o Juiz não determina que o autor pague "x" de tributo ao Fisco, apenas declara a norma compatível ao ordenamento positivo. Ou seja, se a sentença proferida em sede de ação declaratória visa à declaração da existência ou inexistência de relação jurídica, parece absurdo afirmar a existência da cláusula *rebus sic standibus*, quando a sentença objetiva exatamente estabilizar a relação jurídica controvertida submetida à apreciação do Juízo.

Contudo, mesmo que assim não fosse, nas lições ainda de Sergio Costa, se as condições que serviram de fundamento da sentença forem alteradas, é sempre necessário que a autoridade judiciária profira novo provimento jurisdicional substituindo a determinação anterior.

Diante disso, verifica-se a impossibilidade de aplicação da teoria da sentença com cláusula *rebus sic standibus* ao direito tributário, nas relações jurídicas de trato sucessivo, discutidas em sede de ação declaratória de inexistência de relação jurídica. Claro está que não se aplica o art. 471, I,[11] do CPC/73 (art. 505, I, CPC/2015) quando o STF decide de forma diversa daquela que foi estatuída na sentença.

Nesse passo, para evitar qualquer controvérsia acerca da aplicação do art. 471, I, do CPC/73 (art. 505, I, CPC/2015) quando o STF sufraga entendimento contrário ao contido na decisão transitada em julgado, a PGFN, em seu Parecer 492/2011, aduz que a incidência da novel interpretação faz cessar, automaticamente, a coisa julgada, independentemente da ação revisional, prevista em tal dispositivo. Ora, como foi exposto, a sentença passada em julgado não contém a cláusula *rebus sic standibus* não cabendo, de fato, a ação revisional do art. 471, I, do CPC/73 (art. 505, I, CPC/2015). Contudo, como se verificará no próximo item, o ordenamento jurídico não contém dispositivo, (fora a rescisória), que autorize a ruptura da coisa julgada em caso de alteração da jurisprudência, ainda mais sem nova intervenção do Poder Judiciário.

3. Superveniência de precedente do STF contrário ao que foi estatuído na sentença. Teoria da "commonlawzação" do direito brasileiro ou teoria dos precedentes. Diferenças (*civil law* x *common law*). Inaplicabilidade aos casos transitados em julgado

O direito brasileiro, eminentemente codificado, nada tem que ver em sua estrutura ou aplicação com o direito inglês ou americano, em que a teoria dos precedentes dá o contorno

11. Art. 471. Nenhum juiz decidirá novamente as questões já decididas, relativas à mesma lide, salvo: I – se, tratando-se de relação jurídica continuativa, sobreveio modificação no estado de fato ou de direito; caso em que poderá a parte pedir a revisão do que foi estatuído na sentença. [...].

ao Estado de Direito. Segundo lições de Georges Abboud,[12] "o termo precedente foi utilizado pela primeira vez em 1557." Só mais tarde, no século XIX, é que a teoria dos precedentes ganhou contornos mais precisos, quando se passou a publicar, em órgãos oficiais, as decisões proferidas pelo Judiciário, além de ser possível a sistematização do conteúdo veiculado pelas decisões. Surgiu a técnica da separação das "*holding*" e "*dictum*", isto é, segregava-se do comando proferido aquilo que representava a verdadeira solução da demanda (tese jurídica), do que não seria significativo para aplicação aos casos análogos e futuros. Surgiu, assim, o sistema do *stare decisis*, em que apenas uma única decisão poderia ser invocada pelos demais membros do Poder Judiciário como vinculante.

Tanto na teoria dos precedentes, quanto na sua fase evolutiva do *stare decisis*, o que caracteriza a aplicação do direito anglo-saxão é a tradição daquela comunidade de respeito ao Poder Judiciário. Decorre de séculos de construção do direito, em que o Juiz, ao decidir um litígio, após o contraditório entre as partes, se baseará, de forma crítica, no conteúdo do precedente, na equidade e na lei, verificando se a solução do precedente servirá para solucionar o caso concreto. Caso não seja possível subsumir com rigor o precedente, o Juiz utilizará a técnica do *distinguish* fundamentando suas razões pelas quais os casos são diversos, e, portanto, aquele paradigma não servirá como base de sua decisão. Aliás, tão interessante a dinâmica do direito anglo-saxão que o precedente não ganha tal *status* quando o Tribunal Supremo proclama a decisão, mas sim, na medida em que os Tribunais locais entendem que a tese jurídica está apta a solucionar as diversas demandas supervenientes.

Muito embora o Juiz também deva verificar a lei regente do caso concreto, como não se trata de um direito exaustivamente codificado, como o brasileiro, as razões de decidir do

12. "Precedente Judicial *versus* Jurisprudência dotada de Efeito Vinculante", *in Direito jurisprudencial*, Coord. Teresa Arruda Alvim Wambier. São Paulo: Ed. RT, 2012, p. 513.

precedente ganham magnitude, pois delas se extrai o conteúdo dos princípios e regras capazes de solucionar o caso. É bem de ver que nos EUA, a expressão máxima da codificação dos direitos fundamentais consiste nas 10 primeiras Emendas à Constituição em que se extrai o *Bill of Rights* (albergando o direito à liberdade religiosa, de imprensa, entre outros).

No Brasil, diferentemente do que ocorre nos EUA, uma das primeiras manifestações da teoria dos precedentes surgiu com a edição da Lei 9.756, de dezembro de 1998 que, ao alterar o Código de Processo Civil,[13] outorgou poderes ao Relator para negar seguimento a recurso, quando em confronto com súmula ou jurisprudência dominante do respectivo Tribunal, do STF ou de Tribunal Superior e, ainda, dar provimento ao recurso se a decisão recorrida contrariar a jurisprudência dominante do STF ou de Tribunal Superior (arts. 544, §3º[14] e 557, §1º e §1º-A).

Como leciona Georges Abboud,[15] o dispositivo alude à jurisprudência dominante, o que requer reiteradas decisões do Tribunal, do STF ou dos Tribunais Superiores em determinado sentido, para autorizar o Relator decidir o caso concreto de acordo com o entendimento sedimentado (porque reiterado), tornando desnecessária a submissão ao colegiado. Ou seja, na acepção técnica do termo jurisprudência, não basta que o Plenário do STF tenha produzido uma única decisão a respeito de determinada norma jurídica e, sim, deve haver a confirmação, por meio de inúmeros outros casos decididos de maneira uniforme, daquele posicionamento adotado.

Posteriormente, sobreveio a Emenda Constitucional 45, em 2004, a qual introduziu o art. 102, §2º à CF, prescrevendo que as decisões de mérito, proferidas pelo STF, nas ADINs e

13. Tal legislação alterou também alguns dispositivos da Consolidação das Leis do Trabalho.

14. Posteriormente, a previsão do §3º do art. 544 do CPC/73 foi alterada pela Lei 12.322/2010 (art. 1.042, CPC/2015).

15. *Ob. cit.*

ADCONs produzirão efeito vinculante relativamente aos demais órgãos do Poder Judiciário e à Administração Pública. Ademais, introduziu a súmula vinculante, a ser aprovada por "quorum" qualificado de dois terços dos seus membros, após reiteradas decisões sobre matéria constitucional, para aquelas demandas que acarretem grave insegurança nacional e relevante multiplicação de processos sobre questão idêntica. (art. 103-A e §1º). Também, quanto ao cabimento do recurso extraordinário, condicionou o seu conhecimento apenas quando a questão de direito constitucional debatida entre as partes (no controle difuso) fosse dotada de repercussão geral (isto é, a questão que transcende os interesses subjetivos da causa).[16]

Em dezembro de 2006, o art. 102, §2º da CF foi regulamentado pela Lei 11.418/2006, com a introdução dos arts. 543-A e 543-B, os quais, expressamente, determinaram que quando houver multiplicidade de recursos com idêntica controvérsia, e dotados de repercussão geral, a decisão que julgar o mérito deverá ser observada por todos os Tribunais para os casos sobrestados, que decidirão na esteira do precedente.

Por fim, em dezembro de 2008, sobreveio a Lei 11.672, que estabeleceu a sistemática de recursos repetitivos perante o STJ, adotando a mesma racionalidade da sistemática da repercussão geral, qual seja, julgado um caso, este servirá de paradigma para os Tribunais *a quo* aplicarem a decisão aos processos sobrestados.

---

16. Ainda, em 2005, foram introduzidos os embargos de natureza rescisória, com a edição da Lei 11.232, que não serão abordados para efeitos deste estudo. Registre-se que, atualmente, muito embora a providência da ADI 2.418, ainda pendem de julgamento os Recursos Extraordinários nºs 590.880 e 611.503. Ainda, o STJ, por meio do julgamento previsto no art. 543-C do CPC/73 (arts. 1.036, 1.037, § 4º, 1.038, *caput*, I e III, §§ 1º e 2º, CPC/2015), enfrentou a matéria nos autos do RESP 1.189.619/PE, compreendendo que o art. 741, parágrafo único do CPC/73 (art. 910, CPC/2015) abrange as sentenças fundadas em norma inconstitucional, assim consideradas as que (a) aplicaram norma declarada inconstitucional; (b) aplicaram norma em situação tida por inconstitucional ou (c) aplicaram norma com um sentido tido por inconstitucional. Contudo, o que se verifica na doutrina e na jurisprudência, é que os debates permanecem sobre o exato sentido destas regras.

Muito bem. Como se verifica no decorrer dos últimos 14 anos, o direito positivo brasileiro passou a incorporar preceitos, tanto de ordem constitucional como legal, que determinam aos órgãos do Poder Judiciário a obediência à jurisprudência emanada pelos Tribunais Superiores. Contudo, apesar de uma tênue aproximação com o sistema anglo-saxão, com ele não se confunde em nenhuma medida, até porque são mais de 450 anos de tradição da teoria dos precedentes.

No Brasil, o Juiz interpreta o direito codificado[17] e, somente após fazer a subsunção do evento ocorrido no mundo concreto à norma jurídica regente, é que estará apto a proferir a sua decisão. Para que justifique porque seguiu a tese jurídica extraída da jurisprudência dominante, é na lei que o Juiz se fundamenta, aplicando diretamente, por exemplo, o art. 557, *caput* ou o § 1º-A do CPC/73 (art. 932, IV e art.1.021, §§ 2º a 5º, CPC/2015), sob pena de faltar a devida motivação à sua decisão, violando o art. 93, IX, da CF.

Isto significa que todas as alterações legislativas em comento, editadas desde 1998 no direito brasileiro,[18] não prescreveram o poder de aniquilar a decisão passada em julgado, ainda que se considere a ulterior formação de jurisprudência

17. Noutras palavras, o ponto de partida são os textos integrantes do ordenamento jurídico em que o intérprete constrói o sentido. Nessa linha, Paulo de Barros Carvalho: "a partir do contacto da literalidade textual, [...] que o intérprete inicia o processo de interpretação." *In* Direito Tributário – Fundamentos Jurídicos da Incidência. São Paulo: Saraiva, 1999, 2ª edição, p. 59. Também, Paulo Cesar Conrado: "Os enunciados prescritivos funcionam como peças constitutivas das normas em sentido estrito [...], ingressando em sua estrutura com o específico propósito de participar de sua montagem." *In* Compensação Tributária e Processo, Max Limonad, 2003, p. 43. Nesse sentido, leciona Humberto Ávila: "A questão nuclear disso tudo está no fato de que o intérprete não atribui 'o' significado correto aos termos legais. Ele tão só constrói exemplos de uso da linguagem ou versões de significado – sentidos [...]. A conclusão trivial é a de que o Poder Judiciário e a Ciência do Direito constroem significados, mas enfrentam limites cuja desconsideração cria um descompasso entre a previsão constitucional e o direito concretizado." *In Teoria dos Princípios* – Da Definição à Aplicação dos Princípios Jurídicos, Malheiros, 2004, 4ª edição, p. 23 e 25.

18. Com exceção da inovação dos arts. 475-L, §1º e 741, parágrafo único do CPC/73 (art. 525, §1º e art. 910, §2º, CPC/2015), de constitucionalidade duvidosa.

dominante em sentido contrário ao estatuído na sentença, seja em sede de controle difuso, seja mediante o controle concentrado de constitucionalidade.

A propósito, imagine-se a situação a seguir em que determinado contribuinte tenha ingressado com ação declaratória de inexistência de relação jurídica visando ao afastamento da RMIT da Contribuição Social sobre o Lucro, tal como inúmeros contribuintes fizeram no passado, após publicada a Lei 7.689/88. Várias decisões foram proferidas pelos Juízes \ Tribunais Regionais do País, a maioria delas no sentido de compreender pela invalidade da regra, porque o critério material era idêntico ao do Imposto sobre a Renda. Em julho de 1992 o Plenário do STF, em controle difuso, declarou constitucional a Lei 7.689/88 (exceto para o ano-base de 1988), quando muitas decisões individuais e concretas já haviam transitado em julgado.

Naquelas situações em que não havia esgotado o biênio preclusivo, a União ingressou com Ação Rescisória, com base no art. 485, V, do CPC/73 (art. 966, V, CPC/2015), muitas delas não conhecidas em razão da aplicação do verbete sumular 343/STF, que impunha o não cabimento de rescisória, com base em violação literal de lei quando a decisão rescindenda tiver se baseado em texto legal de interpretação controvertida nos Tribunais. E assim era, com o fito de preservar o controle incidental de constitucionalidade, que introduziu a norma individual e concreta entre as partes compondo o conflito entre Fisco e contribuinte, bem como no intuito de garantir a segurança jurídica.

Muito embora atualmente o STF e o STJ tenham ultrapassado o obstáculo do não conhecimento da Ação Rescisória com fundamento no art. 485, V, do CPC/73 (art. 966, V, CPC/2015) quando se tratar de violação ao Texto Constitucional,[19] compreendemos que não faz o menor sentido desconstituir a decisão passada em julgado nesta situação, porque como dito, a

19. No STF, AgRg no RE 564.781; no STJ, AgRg no Ag 1.424.130.

norma individual e concreta que solucionou o litígio o fez em consideração à *causa petendi* e ao pedido apresentados pelo autor, bem assim o magistrado não decidiu com base nas circunstâncias do momento (ou seja, que a RMIT somente seria afastada enquanto não houvesse ulterior pronunciamento do STF em sentido contrário). Acrescente-se, sobretudo, que as regras processuais vigentes hoje no ordenamento jurídico brasileiro não autorizam a rescisão porque a jurisprudência foi alterada.

Além do mais, advogamos a tese de que a Ação Rescisória somente é possível se a interpretação outorgada ao texto legal contiver vício prontamente verificável (de índole formal), a fim de que prevaleça o princípio do devido processo legal, conforme posição do STJ:

> É o caso de uma interpretação aberrante da lei (*RT* 634/93). Não é o que se observa quando o acórdão, diante de algumas molduras possíveis, elege uma delas, dentre outras aceitáveis, sem destoar da literalidade do texto da regra de direito [...] A ação rescisória não é um recurso. Não tem o objetivo de reviver as teses ou submeter os fatos e o direito a um novo enfoque, posterior em anos e com outros julgadores e outras ópticas, ao caso anteriormente julgado e transitado. Ela se reveste de uma nobre função de controle último do ordenamento jurídico contra desvios éticos (peita, concussão), falhas formais ou aplicação inteiramente destoante do direito à espécie. O STJ, à época, deu interpretação razoável aos textos legais.[20]

Em decorrência, mesmo nas hipóteses em que o pronunciamento do STF em sentido oposto à sentença transitada em julgado tenha sido proferido após o biênio preclusivo para propositura da Ação Rescisória, não aceitamos que tenha o condão de romper a decisão transitada em julgado, pelas razões supraexpostas.

Também, suponhamos o exemplo em que a decisão que se objetiva desconsiderar foi prolatada quando o STF possuía

---

20. Ação Rescisória 1.192-PR, Rel. Ministro Humberto Martins, 1ª Seção do STJ, j. 11. 06.2008.

entendimento diverso sobre a matéria, seja, porque proferiu decisões reiteradas nesse sentido (jurisprudência dominante), com ou sem edição de súmula vinculante, ou mediante o controle concentrado. Nesta hipótese, quando a decisão que se busca desconstituir tiver sido proferida em primeira instância, caberá apelação e o Relator, monocraticamente, poderá dar provimento ao recurso (art. 557, § 1º-A do CPC/73; art. 932, IV e art.1.021, §§ 2º a 5º, CPC/2015). Ainda, caso a decisão do STF tenha sido proferida sob a sistemática da repercussão geral, o Tribunal de origem poderá declarar prejudicado o recurso ou retratar-se adequando sua decisão à orientação do STF (art. 543-B, §3º do CPC/73; art. 1.036, *caput* e §1º, 1.039, CPC/2015). Em síntese, o sistema recursal posto à disposição do jurisdicionado se encarrega de garantir a adequação dos diversos pronunciamentos judiciais ao entendimento da Suprema Corte.[21]

Ainda, há uma particularidade com relação à norma individual e concreta transitada em julgado e face das decisões proferidas pelo STF no controle difuso ou concentrado. Como leciona Liebman,[22] a autoridade da coisa julgada "é uma qualidade, mais intensa e mais profunda, que reveste o ato também em seu conteúdo e torna assim imutáveis, além do ato em sua existência formal, os efeitos, quaisquer que sejam, do próprio ato." Assim, os provimentos exarados pelo STF significam, para aquelas partes que tiveram seu conflito estabilizado com o trânsito em julgado, normas de outra categoria, isto é, gerais e abstratas que não têm o condão de afetar os efeitos da relação jurídica concreta decorrentes da decisão judicial cristalizada.

Diferentemente dos EUA, em que o Juiz não se atém à regra escrita e pode se valer do seu juízo crítico ponderando pela aplicação do precedente ao caso concreto, no Brasil, o

---

21. Nesse sentido, leciona Eduardo Appio, *in Controle difuso de constitucionalidade*. Curitiba: Juruá, 2008, p. 108.

22. *Op. cit.*, p. 51.

Juiz somente poderá se ater aos comandos previstos pela lei e, até para se utilizar do paradigma como razões de decidir, deve-se fixar na prescrição da lei, o que significa que nenhuma alteração mencionada neste estudo foi capaz de aniquilar a coisa julgada porque os Tribunais Superiores decidiram de forma diferente do que se estabeleceu na decisão cristalizada pela *res judicata*.

Ainda, quando se fala em eficácia vinculante para o Poder Judiciário e para a Administração Pública, isto não significa de modo algum que as decisões dotadas deste efeito, uma vez proferidas, possam extirpar a validade, vigência e eficácia das sentenças transitadas em julgado, porque basta analisar a regra constitucional do direito português, no qual parece ter se inspirado o direito brasileiro, conforme leciona Luiz Guilherme Marinoni,[23] para verificar que o efeito vinculante encontra óbice em um círculo bem demarcado que não pode atingir o do caso julgado. Veja-se:

> Art. 282 – Efeitos da declaração de inconstitucionalidade ou de ilegalidade
>
> 1. A declaração de inconstitucionalidade ou de ilegalidade com força obrigatória geral produz efeitos desde a entrada em vigor da norma declarada inconstitucional ou ilegal e determina a repristinação das normas que ela, eventualmente, haja revogado.
>
> 2. Tratando-se, porém, de inconstitucionalidade ou de ilegalidade por infracção de norma constitucional ou legal posterior, a declaração só produz efeitos desde a entrada em vigor desta última.
>
> 3. Ficam ressalvados os casos julgados, salvo decisão em contrário do Tribunal Constitucional quando a norma respeitar a matéria penal, disciplinar ou de ilícito de mera ordenação social e for de conteúdo menos favorável ao arguido.
>
> 4. Quando a segurança jurídica, razões de equidade ou interesse público de excepcional relevo, que deverá ser fundamentado, o exigirem, poderá o Tribunal Constitucional fixar

---

23. *Op. cit.*

> os efeitos da inconstitucionalidade ou da ilegalidade com alcance mais restrito do que o previsto nos ns. 1 e 2.

Conforme se constata do item 4. acima, a redação da regra portuguesa muito se assemelha à prescrição contida nos arts. 27 e 11, respectivamente, das Leis 9.868/99 e 9.882/99, as quais disciplinam as ADINs e AdCONs, nos seguintes termos:

> Ao declarar a inconstitucionalidade de lei ou ato normativo, e tendo em vista razões de segurança jurídica ou de excepcional interesse social, poderá o Supremo Tribunal Federal, por maioria de dois terços de seus membros, restringir os efeitos daquela declaração ou decidir que ela só tenha eficácia a partir de seu trânsito em julgado ou de outro momento que venha a ser fixado."

Trata-se da denominada modulação dos efeitos das decisões proferidas nestas demandas, em que o STF poderá restringir o momento da incidência da regra por ele posta dotada de efeito vinculante.

Muito embora a mesma ressalva não esteja codificada no sistema brasileiro, não significa que este autorize a interpretação contida no Parecer PGFN 492/2011, de que a decisão proferida pelo STF em ações declaratórias de (in)constitucionalidade de forma diversa daquela objeto da decisão transitada em julgado, em relações de trato sucessivo, teria o condão de fazer cessar os seus efeitos. Assim é porque não existe previsão legislativa neste sentido, muito ao contrário, as prescrições contidas no Texto Constitucional e no Código de Processo Civil de 2015 são claras em determinar (i) que a lei não prejudicará a coisa julgada (art. 5º, inciso XXXVI), além da garantia da segurança jurídica contida no preâmbulo e no art. 5º, *caput*, da CF; (ii) e que somente cabe à Ação Rescisória a desconstituição da decisão passada em julgado nas situações previstas.

Ademais, as decisões proferidas em ADIN e ADECON têm por objetivo realizar o controle *in abstrato* das normas jurídicas em face da CF, visando a extirpar da ordem jurídica aquelas incompatíveis com o Texto, o que significa que se destinam a proteger a coletividade. Já a decisão judicial formada entre partes compõe o conflito de interesses dos titulares de direitos subjetivos determinados, outorgando o bem da vida a um deles, confiantes que a decisão transitada em julgado valerá para o futuro. Assim, o âmbito de validade da decisão em ADIN ou ADCON não se confunde com o círculo delimitado de validade das decisões proferidas entre as partes.

Conforme lições de Canotilho, citado por Marinoni,[24]

> quando a Constituição (art. 282/3) estabelece a ressalva dos casos julgados isso significa a imperturbabilidade das sentenças proferidas com fundamento em lei inconstitucional. Deste modo, pode dizer-se que elas não são nulas nem reversíveis em consequência da declaração de inconstitucionalidade com força obrigatória geral. [...]. Daqui se pode concluir também que a declaração de inconstitucionalidade não tem efeito constitutivo da intangibilidade do caso julgado [...]. Em sede do Estado de direito, o princípio da intangibilidade do caso julgado é ele próprio um princípio densificador dos princípios da garantia da confiança e da segurança inerentes ao Estado de Direito.

Tais razões são suficientes para afirmar que o Parecer PGFN 492/2011 pretende verdadeira inovação constitucional e legal (hipótese de mutação do ordenamento jurídico), ao advogar a tese de que as decisões proferidas pelo STF, contrárias ao entendimento sufragado na decisão transita em julgado, nas situações especificadas, teriam o condão de fazer cessar, automaticamente, os efeitos da coisa julgada nas relações de trato sucessivo. O ordenamento jurídico brasileiro não contém prescrição no sentido almejado pelo Parecer, não cabendo, ao órgão da Administração Pública, advogar a tese em sentido contrário às prescrições legais.

---

24. *Ob. cit.*

COISA JULGADA, DIREITO JUDICIAL E AÇÃO RESCISÓRIA EM MATÉRIA TRIBUTÁRIA

Diego Diniz Ribeiro[1]

Sumário: 1. Introdução: o problema a ser enfrentado – 2. Direito, lei e jurisprudência: 2.1 A concepção normativo-legalista do direito; 2.2 Os critérios para resolução de problemas de convivência humana – a jurisprudência enquanto fonte material do direito – 3. Ação rescisória fundada no art. 485, inciso V, do CPC/73 e/ou no art. 966, inciso V, do CPC/2015: 3.1 A perspectiva normativo-legalista e o problema em análise; 3.2 A perspectiva jurisprudencialista e o problema aqui analisado – 4. Os limites da ação rescisória fundamentada em decisões do STF: 4.1 Limitação temporal; 4.2 Limitação procedimental; 4.3 Limitação metodológica; 4.4 Limitação judicativa; 4.5 O regime especial da ação rescisória: o art. 535, §§ 5º e 8º do novo *Codex* – 5. Os efeitos das decisões do STF para as relações jurídicas de trato sucessivo – 6. Da resposta ao problema inicialmente apresentado.

---

1. Doutorando em Ciências Jurídico-Filosóficas pela Faculdade de Direito da Universidade de Coimbra, em Portugal. Mestre em Direito Tributário pela Pontifícia Universidade Católica de São Paulo – PUC/SP. Pós-graduado em Direito Tributário pelo Instituto Brasileiro de Estudos Tributários – IBET. Conselheiro do CARF, Advogado e Professor.

1. Introdução: o problema a ser enfrentado

Primeiramente, insta desde já destacar que o presente trabalho não tem por escopo esgotar os três grandes temas indicados no título deste artigo, quais sejam: (i) coisa julgada, (ii) direito judicial e (ii) ação rescisória em matéria tributária. Isso porque, os assuntos citados poderiam resultar em longos tratados, o que não é o objetivo do presente texto.

Assim, é apresentado abaixo um problema de ordem prática que servirá para promover o corte necessário para a delimitação da amplitude deste trabalho:

Sociedade civil de profissão regulamentada denominada XPTO promoveu ação judicial de caráter declaratório para ver reconhecida a sua isenção quanto ao pagamento de COFINS, nos termos do art. 6º, inciso II, da Lei Complementar 70/91,[2] *afastando, por conseguinte, o disposto no art. 56 da Lei 9.430/96.*[3] *Processada a ação, adveio decisão judicial para julgá-la procedente, decisão essa transitada em julgado em janeiro de 2005.*

Todavia, com a decisão proferida pelo Supremo Tribunal Federal no bojo do Recurso Extraordinário 377.457/PR,[4] *a*

---

2. Art. 6º São isentas da contribuição:
[...]
II – as sociedades civis de que trata o art. 1° do Decreto-lei 2.397, de 21 de dezembro de 1987;
(...).

3. Art. 56. As sociedades civis de prestação de serviços de profissão legalmente regulamentada passam a contribuir para a seguridade social com base na receita bruta da prestação de serviços, observadas as normas da Lei Complementar 70, de 30 de dezembro de 1991.
[...].

4. [...]
1. Contribuição social sobre o faturamento - COFINS (CF, art. 195, I).
2. Revogação pelo art. 56 da Lei 9.430/96 da isenção concedida às sociedades civis de profissão regulamentada pelo art. 6º, II, da Lei Complementar 70/91. Legitimidade.
3. Inexistência de relação hierárquica entre lei ordinária e lei complementar. Questão exclusivamente constitucional, relacionada à distribuição material entre as espécies legais. Precedentes.
4. A LC 70/91 é apenas formalmente complementar, mas materialmente ordinária,

Receita Federal, em janeiro de 2010, lavra Auto de Infração para exigir os valores relativos à COFINS e supostamente devidos entre janeiro de 2005 e dezembro de 2009.

Diante desse quadro, XPTO pede a elaboração de um parecer jurídico para que seja analisada a seguinte questão:

A decisão proferida pelo STF afeta a coisa julgada existente em favor de XPTO? De que forma?

Convém agora tentar responder o problema aqui delimitado hipoteticamente com fundamento no Código de Processo Civil de 1973, bem como com respaldo no Novo Código de Processo Civil ("CPC/2015"),[5] o que se faz mediante a projeção no futuro do caso hipotético acima narrado.

2. Direito, lei e jurisprudência

Uma análise apressada do tema aqui posto poderia restringir o debate a uma única reflexão: o conteúdo semântico e consequente abrangência da expressão "violar literal disposição de lei", capitulada no art. 485, inciso V, do CPC/73[6] ou, ainda, a expressão "violar manifestamente norma jurídica", conforme prevê o art. 966, inciso V, do novo *Codex*.[7]

---

com relação aos dispositivos concernentes à contribuição social por ela instituída. ADC 1, Rel. Moreira Alves, RTJ 156/721.

5. Recurso extraordinário conhecido, mas, negado provimento."

(STF; RE 377.457, Relator Min. Gilmar Mendes, Tribunal Pleno, j. em 17.09.2008, Repercussão Geral - Mérito *DJe*-241; publicado em 19-12-2008).

5. Lei 13.105/2015, já com as alterações da Lei 13.256/2016.

6. Art. 485. A sentença de mérito, transitada em julgado, pode ser rescindida quando:
[...].
V – violar literal disposição de lei;
[...].

7. Art. 966. A decisão de mérito, transitada em julgado, pode ser rescindida quando:
[...].
V – violar manifestamente norma jurídica;
[...].

Acontece que o caso em análise vai muito além de uma discussão exclusivamente de interpretação legal, deflagrando, em verdade, um caloroso e rico debate a respeito do conceito e a finalidade do direito, o qual, de forma muito superficial, poderia ser resumido no embate entre duas mundividências jurídicas: *direito legal* x *direito jurisprudencial.*

Por sua vez, para situar a discussão sublinear aqui travada, mister faz-se tecer algumas considerações acerca dessas diferentes concepções do fenômeno jurídico, começando por uma análise do direito sob uma perspectiva legalista.

2.1 A concepção normativo-legalista do direito

Segundo uma racionalidade normativo-legalista, o direito é visto como um conjunto de normas válidas[8] em um determinado tempo e espaço. Seu objetivo, portanto, é planificar condutas de forma prévia, geral, abstrata e a-histórica. Essa racionalidade jurídica é fruto de um longo processo histórico e encontra seu ápice no século XIX, com a consolidação do pensamento iluminista.[9] Por seu turno, a mundividência daí

---

8. Validade aqui entendida não sob uma perspectiva conteudística (justiça), mas sim formal, i.e., tratada como relação de pertinência a um dado sistema jurídico: dispositivo criado por agente competente, nos termos procedimentais estabelecidos em lei e capaz de suscitar a construção de uma norma jurídica dotada de generalidade e abstração é tido como válido e, portanto, pertencente ao sistema jurídico. Aliás, quanto à importância da forma (em detrimento do conteúdo) para esta concepção do direito, Arthur Kaufmann aduz que "para o positivismo, qualquer lei é, em princípio, válida, desde que a sua emissão tenha respeitado a forma para ela prevista. Lembramo-nos imediatamente de Kant. Só a forma é fornecida 'a priori', não o conteúdo." (KAUFMANN, Arthur. "A problemática da filosofia do direito ao longo da história", *in* KAUFMANN, Arthur; HASSEMER, Winfried (Orgs.). *Introdução à filosofia do direito e à teoria do direito contemporâneas.* 2ª ed. Lisboa: Fundação Calouste Gulbenkian, 2009, p. 117.).

9. A concepção do direito herdada de um pensamento iluminista é pautada em um discurso centrado na autonomia humana e, particularmente, na preponderância da razão humana e na liberdade do indivíduo pensar por si só (a razão humana tem uma natureza emancipatória para o homem), pregando, consequentemente, um distanciamento de mundividências metafísicas e teológicas. O homem da razão é capaz de, autonomamente, resolver os problemas que lhe afligem e, com isso, superar o despotismo e privilegiar o indivíduo da razão e da vontade. Houve, portanto,

advinda é replicada no âmbito jurídico pelo movimento codificador,[10] cujo apogeu se dá com o Código Napoleônico de 1804.[11]

Nesse momento histórico, há uma cisão até então inexistente entre a criação do direito[12] e sua aplicação.[13] A unidade, característica marcante do direito nos períodos anteriores, cedeu espaço para uma divisão então inovadora entre o momento da criação (etapa legislativa) e o posterior instante da aplicação (etapa judicial) do direito. Aqui, portanto, o átimo fundamental para o direito é o da sua criação pela lei, o que permite afirmar que o texto jurídico acaba por ser constitutivo da juridicidade, não existindo direito antes dele.[14-15]

---

uma valorização de uma racionalidade científica, universal, fundamentada em axiomas e organizada sistematicamente (este dois fatores redundam na ideia de unidade do conhecimento), racionalidade esta que resulta, em última análise, na preocupação com a técnica. Há, pois, no contexto modernista, uma exacerbada valorização da "epistéme" e da "techné", em detrimento das demais virtudes aristotélicas. Segundo Aroso Linhares, a racionalidade modernista promoveu uma "hipertrofia da epistéme, bem como uma apropriação irreversível da techné — hipertrofia aquela e apropriação esta (diria Heidegger!) consumadas, se não convertidas em metafísica, pela experiência da modernidade." (LINHARES, José Manuel Aroso. *Jurisprudencialismo:* uma resposta possível em tempo(s) de pluralidade e de diferença? Coimbra/Ouro Preto, 2008, p. 22.) (Mimeo).

10. O Código era o mecanismo apto para compilar sistematicamente o produto legislativo do Estado soberano e por isso "a codificação foi o modo em que tomaram corpo as grandes reformas legislativas iluministas e post-iluministas." (NEVES, Antônio Castanheira. *Instituto dos assentos.* Coimbra: Coimbra Editora, 1983, p. 565).

11. Ressalte-se que o corte histórico aqui perpetrado se faz apenas para fins didáticos, já que é sabido que uma ruptura dogmática dessa envergadura não se faz da noite para o dia, mas sim como reflexo de uma mudança lenta e gradual perpetrada ao longo de um vasto lapso temporal.

12. Quer dizer, o seu preenchimento de conteúdo.

13. Instante da convocação do direito para a resolução em concreto de problemas de convivência humana.

14. Para Castanheira Neves, a lei, neste período, "adquire então um sentido normativo-jurídico que faz dela o próprio 'constituens' do direito(...)a lei passou a ser normativamente o direito." (NEVES, Antônio Castanheira. *Instituto dos assentos*, p. 526).

15. É importante novamente destacar que neste momento histórico há uma viragem antropológica e é ao redor do homem e da sua razão que tudo gravita. Assim como a formação do modelo de Estado então proposto depende do acordo da vonta-

O preenchimento conteudístico do direito deixa de ser preponderantemente desempenhado pela jurisprudência e pela doutrina para ser então exclusivamente protagonizado pelo poder político, por intermédio da lei.[16]

Consequentemente, a função do aplicador do direito – o juiz – passou a ser exclusivamente neutral-cognitiva,[17] na medida em que a ele cabia a tarefa de conhecer o direito (dado-objeto imposto e pré-existente) para então aplicá-lo no caso em concreto. Ao juiz cumpre o simples papel de ser a *boca da lei*, ou seja, o seu mero aplicador.[18] O juiz torna-se uma má-

---

de dos homens por intermédio de um pacto social, o direito, na qualidade de responsável pela viabilização jurídica deste Estado, só existe como expressão desta vontade humana abstrata, genérica e formalmente retratada na lei. Não há direito sem que haja a manifestação (ação) da vontade humana. A lei é, pois, a vontade geral em ação (Nesse sentido: NEVES, Antônio Castanheira. *Instituto dos assentos*, p. 542.); é um produto culturalmente construído pelo povo soberano, devidamente representado pela figura quase que divinal do legislador. O direito deixa assim de ser uma experiência prática-constituenda de resolução de conflitos e passa a ser tratado como o conjunto sistematizado de leis responsáveis pela prévia, geral e abstrata prescrição de comportamentos. É pela mediação da lei que os diferentes associados do pacto social conservam a unidade deste projeto. (Neste sentido: ROUSSEAU, Jean-Jacques. *O contrato social*. 5ª ed. Europa-América: Portugal, 2003, p. 42.).

16. O conteúdo da norma é definido pelo Poder Legislativo, que a preenche de acordo com as suas preocupações político-ideológico-partidárias; ao poder político compete dar sentido valorativo à norma ao ponto de Castanheira Neves afirmar que "a *voluntas* (legislativa) é uma irredutível dimensão constitutiva do direito em todo o pensamento jurídico moderno" (*in Instituto dos assentos*, p. 526). Ainda segundo o jusfilósofo português "a única demanda conteudística que a lei do modernismo faz é o de que a sua substância seja tão generalizante quanto à vontade geral que expressa." (*Op. cit.* p. 547.).

17. "O direito é considerado como um conjunto de fatos, de fenômenos ou de dados sociais em tudo análogos àqueles do mundo natural; o jurista, portanto, deve estudar o direito do mesmo modo que o cientista estuda a realidade natural, isto é, abstendo-se absolutamente de formular juízos de valor." (BOBBIO, Norberto. *O positivismo jurídico* – lições de filosofia do direito. São Paulo: Ícnone Editora: 1995, p. 131.).

18. "O positivismo sustenta a *teoria da interpretação mecanicista*, que na atividade do jurista faz prevalecer o elemento declarativo sobre o produtivo ou criativo do direito (empregando uma imagem moderna, poderíamos dizer que o juspositivismo considera o jurista uma espécie de robô ou de calculadora eletrônica)." (BOBBIO, Norberto. p. 133). Nesta senda, "a lei é aquela que o legislador diz que é, e os juízes são apenas os seus porta-vozes, autômatos, através dos quais a lei é expressa, isto é, através dos quais o Legislador fala." (CAENEGEM, R. C. Van. "Oráculos da lei ou 'bouche de la loi'", *in O perfil do juiz na tradição ocidental*. Almedina: Coimbra,

quina do silogismo lógico,[19] competindo-lhe apenas declarar o enquadramento de um determinado fato (premissa menor) àquele descrito na lei (premissa maior), o que o faz por meio da decisão judicial (síntese conclusiva deste silogismo).

Esse método (lógico-subsuntivo) foi o mecanismo encontrado pela racionalidade normativo-legalista para manter incólume a vontade geral, abstrata e ahistórica do legislador, ou seja, foi o caminho desenvolvido para que a resolução do caso em concreto não maculasse a "voluntas" legislativa. Com isso, prestigiava-se a lei, alçada ao *status* de *único* critério válido para resolver conflitos de interesse.

Feitas essas considerações, ainda que sintéticas, é possível agora analisar a outra concepção do direito a ser aqui tratada: o jurisprudencialismo.

2.2 Os critérios para resolução de problemas de convivência humana – a jurisprudência enquanto fonte material do direito

Segundo professa o jusfilósofo português Castanheira Neves, o problema do direito é que "o mundo é *um* e os homens nele são *muitos,*[20] motivo pelo qual a função do direito não é planificar previamente condutas, mas sim resolver materialmente o necessário problema de convivência humana".[21]

2009. p. 40).

19. Daí o papel do juiz resume-se a um "'applicatio' de caráter estritamente lógico-dedutivo: o direito (que se reduzia à lei) era a premissa maior, os factos (previamente subsumidos ao conceito circunstancialmente pertinente) constituíam a menor [..] e da lógico-formal articulação de ambas resultava, [...] tautologicamente, a solução." (BRONZE, Fernando J. P. *Lições de introdução ao direito.* 2ª ed. Coimbra: Coimbra Editora, 2010. p. 764.).

20. NEVES, Antônio Castanheira. *Digesta (vol. 3º).* Coimbra Editora: Coimbra, 2008, p. 13. (Grifos do autor).

21. *Op. cit. Loc. cit.*

Percebe-se, portanto, que para essa mundividência jurídica, o direito é visto como um *continuum* prático, ou seja, é constituído[22] de forma histórico-concreta, mediante a realização do caso decidendo; "a experiência jurídica jurisdicional é de índole essencialmente *prudencial* (remete-nos ao concreto *juízo* normativo)".[23] Assim, o direito não é imposto pela lei, aqui considerada como mais um critério[24] para a resolução de conflitos de interesse, mas é construído culturalmente em concreto, no momento da realização do caso decidendo.[25]

Para essa concepção jurídica, a unicidade até então existente entre os momentos da criação e da "aplicação"[26] do direito é resgatada; em verdade, é (re)fundida para o momento da realização do direito. "A realização do direito é a vida e a verdade do direito; ela é o próprio direito".[27] Consequentemente, o juiz deixa de ter um papel secundário, não se limitando a perpetuar um "platonismo normativo",[28] mas atua de forma ativa na permanente e histórica construção e reconstrução de um sentido jurídico,[29] perfazendo o papel de um "mediador

---

22. Não formal, mas materialmente falando.

23. NEVES, Antônio Castanheira. *Digesta (vol. 2º)*. Coimbra Editora: Coimbra, 1995, p. 29. (Grifos do autor).

24. Não o mais importante e muito menos o único o que, todavia, não implica abdicar da lei enquanto critério de resolução de conflitos de interesse.

25. Assim, "a experiência jurídica jurisdicional tem o seu ponto de partida explícito num concreto *problema jurídico* – num caso histórico-socialmente concreto de sentido problematicamente jurídico [...]". [NEVES, Antônio Castanheira. *Digesta (vol. 2º)*, p. 29]. (Grifos do autor).

26. O signo "aplicação" não seria o mais adequado para ser empregado aqui. Em todo caso, aludido termo foi mantido apenas para acentuar, de forma mais clara, o contraponto existente: o jurisprudencialismo e a mundividência normativo-legalista tratada no tópico imediatamente anterior.

27. NEVES, Antônio Castanheira. *Metodologia jurídica* – problemas fundamentais. Coimbra: Coimbra Editora, 1993, p. 25.

28. A expressão é cunhada por Castanheira Neves quando critica o silogismo lógico imposto ao juiz pelo modelo normativo-legalista do direito e sua posição de um mero contemplador do direito. [NEVES, A. Castanheira. *Teoria do direito (lições proferidas no ano letivo de 1998/1999)*. Coimbra: Universidade de Coimbra, 1998, p. 58.].

29. "Se lhe é inegável uma criação normatico-jurídica [...] também não lhe corresponde uma deliberada e explícita inovação, aquela deliberada e explícita inovação

jurisdicional".[30]

Para essa concepção jurídica, a tarefa prática atribuída ao juiz tem um importante papel no ordenamento jurídico,[31] na medida em que vai além da mediação entre as partes litigantes, competindo-lhe também a vital função de promover a abertura do ordenamento jurídico ao novo sem que isso, todavia, mitigue a substancial autonomia do direito. Assim, a tarefa jurisdicional é vista como a mediação entre o "*consensus* jurídico-comunitário das intenções axiológico-normativas da 'consciência jurídica geral', com as suas expectativas jurídico-sociais de validade e justiça".[32]

3. Ação rescisória fundada no art. 485, inciso V, do CPC e/ou no art. 966, inciso V, do CPC/2015

Feitas tais considerações, ainda que sintéticas, a respeito dessas diferentes concepções do fenômeno jurídico, é possível agora seguir adiante e verificar os desdobramentos de tais racionalidades para o problema aqui proposto.

---

que vimos, própria da criação jurídica legislativa. Nos juízos decisórios jurisdicionais, vai sempre pressuposta e intencionalmente invocada uma normativa validade que se não pretende alterar ou substituir por outra que programaticamente se institua, pois visa-se tão só a afirmá-la, mediante uma determinação constitutivo-concretizadora, nos casos da sua problemática realização." [NEVES, Antônio Castanheira. *Digesta (vol. 2º)*. p. 32.].

30. Mediação essa que apresenta tanto um viés objetivo, como um caráter subjetivo. A mediação objetiva é aquela posta "entre a normatividade postulada e a normatividade concreta, enquanto que a mediação subjetiva é aquela promovida entre as partes ou os sujeitos da controvérsia, em termos agora de um 'terceiro imparcial' que revele o mérito das razões que cada um deles invoque para a concreta resolução do problema normativo." (*Op. cit.* p. 30).

31. Ao ponto de Castanheira Neves afirmar que "o juízo (o juízo jurídico) é o *punctum crucis* da metodologia jurídica, é o seu problemático objecto intencional." (*in Metodologia jurídica*. – Problemas fundamentais, p. 33.).

32. NEVES, A. Castanheira. *Metodologia jurídica* – Problemas fundamentais, p. 80.

3.1 A perspectiva normativo-legalista e o problema em análise

Como visto, para essa perspectiva jurídica, a lei é o único critério válido para a prescrição de comportamentos e, consequentemente, para a resolução de lides.[33] O juiz, por seu turno, é um mero replicador, em concreto, da vontade geral e abstrata do legislador, atuando, pois, em prol dessa vontade.

A partir dessa perspectiva, não é difícil entender qual a função inicialmente designada para ação rescisória com fundamento no art. 485, inciso V, do CPC de Buzaid ou no art. 966, inciso V, do CPC/2015: garantir a possibilidade dos tribunais realizarem mais um filtro quanto à legalidade da decisão a ser rescindida, de modo que a unidade formal e abstrata do direito desenhada pela racionalidade normativo-legalista não se perca diante da particularidade do julgamento do caso em concreto. Nem mesmo a alteração redacional promovida pelo novo CPC ao empregar a expressão "norma jurídica" seria capaz de alterar esse entendimento, uma vez que, como visto linhas acima, a ideia de norma jurídica para essa mundividência parte da figura da lei *strictu sensu,* ficando a ela circunscrita (para não dizer escravizada).

Portanto, a ação rescisória permitiria que os tribunais atuassem quase que como um tribunal de cassação,[34] ou seja, como garante desta unidade formal do direito e da lei com sua fonte única. E foi assim que essa ação rescisória foi concebida inicialmente, daí a conclusão histórica do Supremo Tribunal Federal retratada pela sua Súmula 343[35] no sentido que a de-

---

33. Abordando o problema em comento a partir de uma perspectiva normativo-legalista do direito, indicamos a leitura do texto "Efeitos materiais da sentença declaratória. Perspectivas no tempo e ruptura destes efeitos em face de precedente do STF em sentido contrário", de autoria da professora Fernanda Donnabela Camano de Souza, e que também está publicado na presente obra coletânea.

34. Nas palavras de Robespierre, o Tribunal de Cassação deveria ser "menos juiz dos cidadãos do que protetor das leis." [ROBESPIERRE, Maximilien François Marie Isidore *apud* NEVES, A. Castanheira. *Digesta: escritos acerca do Direito, do Pensamento Jurídico, da sua Metodologia e Outros (vol. 2º),* p. 184.].

35. Súmula 343: Não cabe ação rescisória por ofensa a literal disposição de lei,

cisão judicial calcada em texto de lei, ainda que suscetível de interpretação controversa pela jurisprudência, não daria ensejo ao manejo da ação rescisória com fundamento nos dispositivos legais aqui tratados (seja do velho ou do CPC/2015).

Nessa linha, a equivocidade da lei deve prevalecer *vis a vis* da equivocidade da jurisprudência, já que a criação do direito, i.e., seu preenchimento conteudístico (ainda que passível de dubiedade) é papel do legislador e não do juiz. Logo, um eventual conflito entre uma posterior decisão do STF e uma anterior decisão em concreto, já transitada em julgado, não seria motivo suficiente para suscitar o ajuizamento de uma ação rescisória, nem ao menos para obstar seus efeitos para o futuro, isso na hipótese do trânsito em julgado referir-se a uma relação jurídica de caráter continuativo.[36] Apenas uma eventual alteração legislativa a respeito da relação jurídica transitada em julgado seria apta a obstar, para o futuro, os efeitos dessa decisão.[37]

---

quando a decisão rescindenda se tiver baseado em texto legal de interpretação controvertida nos tribunais (data de aprovação: sessão Plenária de 13.12.1963).

36. Que, em regra, é o caso das relações jurídico-tributárias.

37. Nesse sentido:
CONSTITUCIONAL E ADMINISTRATIVO - SERVIDOR PÚBLICO - GRATIFICAÇÃO ASSEGURADA POR DECISÃO JUDICIAL - SUPERVENIÊNCIA DE LEI FIXANDO NOVOS VENCIMENTOS - ABSORÇÃO DAS VANTAGENS ANTERIORES, ASSEGURADA A IRREDUTIBILIDADE DOS VENCIMENTOS - LEGITIMIDADE - EFICÁCIA TEMPORAL DA COISA JULGADA, OBSERVADA A CLÁUSULA *REBUS SIC STANTIBUS*. PRECEDENTES (MS 11.145, CE, MIN. JOÃO OTÁVIO, DJE 03.11.2008).
1. Ao pronunciar juízos de certeza sobre a existência, a inexistência ou o modo de ser das relações jurídicas, a sentença leva em consideração as circunstâncias de fato e de direito que se apresentam no momento da sua prolação. Tratando-se de relação jurídica de trato continuado, a eficácia temporal da sentença permanece enquanto se mantiverem inalterados esses pressupostos fáticos e jurídicos que lhe serviram de suporte (cláusula *rebus sic stantibus*). Assim, *não atenta contra a coisa julgada a superveniente alteração do estado de direito, em que a nova norma jurídica tem eficácia 'ex nunc', sem efeitos retroativos*. Precedentes da CE e de Turmas do STJ.
[...].
(STJ; MS 11.045/DF, Rel. Min. Teori Albino Zavascki, Corte Especial, *DJe* 25.02.2010) (g.n.).
SERVIDOR PÚBLICO - VENCIMENTOS - VANTAGENS PECUNIÁRIAS - ADICIONAIS POR TEMPO DE SERVIÇO E SEXTA-PARTE - CÁLCULO - INFLU-

Com o passar dos anos, todavia, esse entendimento passou a ser criticado, tanto sob uma perspectiva jusfilosófica, como também em razão de uma análise da função atribuída ao Supremo Tribunal.

3.2 A perspectiva jurisprudencialista e o problema aqui analisado

Com a sedimentação do instituto da ação rescisória e, em especial, com o fortalecimento do Supremo Tribunal Federal (na qualidade de guardião da Constituição Federal) e também dos seus precedentes (como responsáveis por dar o sentido jurídico adequado à 'Magna Lex'),[38] as decisões judiciais passaram a ser tratadas como fontes materiais do direito.[39-40]

ÊNCIA RECÍPROCA. CUMULAÇÃO - EXCESSO - INADMISSIBILIDADE - REDUÇÃO POR ATO DA ADMINISTRAÇÃO - COISA JULGADA MATERIAL ANTERIOR AO INÍCIO DE VIGÊNCIA DA ATUAL CONSTITUIÇÃO DA REPÚBLICA - DIREITO ADQUIRIDO - NÃO OPONIBILIDADE - AÇÃO JULGADA IMPROCEDENTE - EMBARGOS DE DIVERGÊNCIA CONHECIDOS E ACOLHIDOS PARA ESSE FIM - INTERPRETAÇÃO DO ART. 37, XIV, DA CF, E DO ART. 17, *CAPUT*, DO ADCT - VOTO VENCIDO.

Não pode ser oposta à administração pública, para efeito de impedir redução de excesso na percepção de adicionais e sexta-parte, calculados com influência recíproca, coisa julgada material formada antes do início de vigência da atual Constituição da República.

(STF, RE 146.331 EDv, Relator: Min. Cezar Peluso, Tribunal Pleno, *DJ* 20.04.2007).

38. Ao ponto do STF assim se manifestar: "já se disse que a Constituição é o que o Supremo assenta..." (Min. Marco Aurélio, RE n. 590.809).

39. Uma decisão do STF que bem exemplifica essa sua capacidade criativa, i.e., de preenchimento conteudístico do direito pela atividade judicativa, foi a decisão proferida quando do julgamento da ADI 4.277/DF, pela qual o citado tribunal reconheceu a possibilidade de juridicamente existir união estável entre pessoas do mesmo sexo. Percebe-se, portanto, que a ideia aqui defendida, i.e., das decisões judiciais enquanto fonte material do direito, não se restringe a uma concepção que se limita a enxergar a decisão judicial como simples processo formal de produção de norma ou, em outros termos, enquanto veículo introdutor de norma individual e concreta, mas está atrelada ao conceito da decisão judicial enquanto realizadora do direito (*ratio ius*) ou de uma intencionalidade axiologicamente jurídica.

40. Atuação essa criticada por alguns, que a taxam pejorativamente de ativismo judicial.

Sob tal perspectiva jusfilosófica, percebeu-se que a legislação não é critério suficiente para atender todas as demandas oriundas da convivência humana em comunidade, ou seja, que a lei não é capaz de prever de forma prévia e a-histórica todas as condutas passíveis de se transformarem em conflitos de interesse para, abstrata e antecipadamente, resolvê-las.[41] O tempo da lei, por ser muito mais moroso que o tempo histórico, acabou, ainda que de forma inconsciente, por imputar, à jurisprudência, a tarefa de resolver materialmente os conflitos de interesse que chegavam ao seu conhecimento, independentemente de existir substrato legal para tanto.[42]

Ademais, também foram promovidas alterações legislativas que resultaram em um fortalecimento do papel do Supremo Tribunal Federal na qualidade não mais de um simples guardião do texto constitucional propriamente dito, mas sim do seu sentido (conteúdo) jurídico delimitado pelo julgamento de casos concretos. Nesse diapasão, é possível destacar a Emenda Constitucional 45/2004, que introduziu o §2º ao art. 102 da Magna Lex[43] para prever que as decisões

---

41. Em especial na comunidade atual, marcada pela pecha da pluralidade, onde a individualidade e as características próprias do singular e a historicidade daí decorrente se contrapõem a uma racionalidade marcada pela ideia de universalidade e abstração, a qual é cunhada pelas ideias de uniformização, generalização e a-historicidade.

42. Como exemplo do que se quer afirmar, mais uma vez fazemos menção ao emblemático julgamento da ADI 4.277/DF, já citado alhures.

43. Art. 102. [...].
[...]
§ 2º As decisões definitivas de mérito, proferidas pelo Supremo Tribunal Federal, nas ações diretas de inconstitucionalidade e nas ações declaratórias de constitucionalidade produzirão eficácia contra todos e efeito vinculante, relativamente aos demais órgãos do Poder Judiciário e à administração pública direta e indireta, nas esferas federal, estadual e municipal.
Esse também é o teor do parágrafo único do art. 28 da Lei 9.868/99, *in verbis*:
Art. 28. [...].
Parágrafo único. A declaração de constitucionalidade ou de inconstitucionalidade, inclusive a interpretação conforme a Constituição e a declaração parcial de inconstitucionalidade sem redução de texto, têm eficácia contra todos e efeito vinculante em relação aos órgãos do Poder Judiciário e à Administração Pública federal, estadual e municipal.

proferidas de Ação Direta de Inconstitucionalidade (ADIn) e Ação Declaratória de Constitucionalidade (ADCon) têm eficácia *erga omnes* e efeito vinculante, como também ocorre para a Arguição de Descumprimento de Preceito Fundamental (ADPF), nos termos do §3º do art. 10 da Lei 9.882/99.[44]

Ainda nesse sentido, convém destacar o advento do instituto da repercussão geral, previsto no art. 102, §3º da Carta Magna,[45] também introduzido no ordenamento jurídico nacional pela Emenda Constitucional 45/2004, e agora também tratado pelo novo Código de Processo Civil em seu art. 1.035.

Tais aspectos denotam o fortalecimento da jurisprudência e, mais especificamente, da jurisprudência do STF, para atribuir um sentido **material** para a Constituição Federal. Consequentemente, a partir dessa percepção, admiti-se um sentido mais amplo ao disposto no art. 485, inciso V, do Estatuto Processual Civil de 1973, bem como no prescrito no art. 966, inciso V, do Novo CPC, que são tratados não como um mecanismo para a perpetuação da vontade legislativa em concreto, mas sim como um fenômeno da afirmação de uma vontade axiologicamente intencionada do direito.[46]

---

44. Art. 10. Julgada a ação, far-se-á comunicação às autoridades ou órgãos responsáveis pela prática dos atos questionados, fixando-se as condições e o modo de interpretação e aplicação do preceito fundamental.
[...].
§ 3º A decisão terá eficácia contra todos e efeito vinculante relativamente aos demais órgãos do Poder Público.

45. Art. 102 [...]
§ 3º No recurso extraordinário o recorrente deverá demonstrar a repercussão geral das questões constitucionais discutidas no caso, nos termos da lei, a fim de que o Tribunal examine a admissão do recurso, somente podendo recusá-lo pela manifestação de dois terços de seus membros.

46. Quando se fala em uma "vontade axiologicamente intencionada do direito" não se defende a existência de uma metafísica jurídica ou o resgate de um jusnaturalismo, mas sim a existência de valores jurídicos construídos histórico-concretamente mediante a realização de casos concretos, ou seja, valores que rompem da comunidade pela mediação da atuação judicial para a resolução material de problemas de convivência humana. Nesse sentido: NEVES, Castanheira. *Metologia jurídica*, pp. 77-78.

A ação rescisória aqui tratada não se prestaria a apenas revisitar decisões conflitantes contra disposição de texto de lei (*ratio legis*), mas também contra decisões ofensivas ao direito (*ratio ius*), inclusive aquele direito criado jurisprudencialmente. Nessa linha, Pontes de Miranda afirma que

> o direito pode não ser escrito, ou, até mesmo, contra o que está escrito, concluindo, por conseguinte, que o direito, e não a lei como texto, é o que se teme seja ofendido. Alguns escritores desavisados leram *direito expresso*, como se fosse *lei escrita clara, lei explícita*. É grave erro. O direito de que se fala é o direito em sua *consistência de revelação*.[47-48]

Partindo de tais premissas e superando a sua Súmula 343 anteriormente mencionada, o Supremo Tribunal Federal assim tratou a questão:

> [...].
>
> 4. Ação Rescisória. Matéria constitucional. Inaplicabilidade da Súmula 343/STF.
>
> 5. A manutenção de decisões das instâncias ordinárias divergentes da interpretação adotada pelo STF revela-se afrontosa à força normativa da Constituição e ao princípio da máxima efetividade da norma constitucional.
>
> 6. Cabe ação rescisória por ofensa à literal disposição constitucional, ainda que a decisão rescindenda tenha se baseado em interpretação controvertida ou seja anterior à orientação fixada pelo Supremo Tribunal Federal.

---

47. *in Tratado da ação rescisória*. 2ª. ed. Campinas: Bookseller, 2003, p. 279. (grifos do Autor).

48. Desenvolvendo mais o assunto, o saudoso mestre professa que:
"Às vezes, a jurisprudência muda entre proferimento da sentença e o último dia do biênio. Outras vezes, depois de proposta a ação. De modo que, no momento em que se vai julgar a ação rescisória, o direito já se acha diferentemente revelado. Dois acórdãos do Tribunal de Relação do Rio de Janeiro (8 de junho de 1926 e 1º de junho de 1928) pretenderam que, sendo outra a revelação ao tempo da sentença rescindenda, não pode ser julgada procedente a ação rescisória. Estavam em erro. Não só é rescindível tal sentença, como o são quaisquer outras sentenças que tenham revelado erradamente o direito. A nova jurisprudência faz suscetível de rescisão a todas e só o biênio pode cobri-las contra o exame rescindente". (*Op. cit. Loc. cit.*).

> 7. Embargos de Declaração rejeitados, mantida a conclusão da Segunda Turma para que o Tribunal *a quo* aprecie a ação rescisória.[49]

A aludida decisão pretoriana não apenas deu novo sentido à ação rescisória na hipótese aqui tratada, mas também conferiu nova perspectiva à sua própria jurisprudência: a de atuar como fonte material do direito.

É bem verdade que, recentemente, o Supremo Tribunal Federal andou novamente abordando essa questão em um caso que, **aparentemente**, teria implicado o retrocesso à sua Súmula 343. Trata-se do Recurso Extraordinário RE 590.809, afetado por repercussão geral e que restou assim ementado:

> AÇÃO RESCISÓRIA – VERBETE 343 DA SÚMULA DO SUPREMO.
>
> O Verbete 343 da Súmula do Supremo deve de ser observado em situação jurídica na qual, inexistente controle concentrado de constitucionalidade, haja entendimentos diversos sobre o alcance da norma, mormente quando o Supremo tenha sinalizado, num primeiro passo, óptica coincidente com a revelada na decisão rescindenda.[50]

---

49. STF; RE n. 328.812 ED, Relator: Min. Gilmar Mendes, Tribunal Pleno, j. 06.03.2008. Também nesse esteio: RE n.º 500.043; AR 1478/RJ.
Esse também tem sido o posicionamento do Superior Tribunal de Justiça:
PROCESSUAL CIVIL E TRIBUTÁRIO – AÇÃO RESCISÓRIA – CONTRIBUIÇÃO PREVIDENCIÁRIA – ALÍQUOTAS PROGRESSIVAS – CONSTITUCIONALIDADE DA MP 560/94 DECLARADA PELO STF – INAPLICABILIDADE DA SÚMULA 343/STF.
1. Embora não seja cabível, nos termos do que dispõe a Súmula 343/STF, a ação rescisória por ofensa a literal disposição de lei quando a decisão rescindenda tiver se fundado em texto legal de interpretação controvertida nos tribunais, há que se excepcionar os casos em que a discussão versar sobre matéria de índole constitucional.
2. Vem prevalecendo na Primeira Seção desta Corte o entendimento de que, em se tratando de matéria constitucional, não há que se cogitar de interpretação apenas razoável acerca da lei, mas sim de interpretação juridicamente correta.
3. Como o STF reconheceu a constitucionalidade da aplicação da Medida Provisória nº 560/94 aos servidores públicos do Distrito Federal, mostra-se cabível a ação rescisória.
4. Recurso especial provido.
(STJ; REsp 982673/DF, Rel. Ministro Castro Meira, 2ª. T., j. 18.12.2007, *DJ* 11.02.2008, p. 1).

50. STF, RE 590.809, Relator: Min. Marco Aurélio, Tribunal Pleno, j. 22.10.2014,

Ocorre que, ao se analisar o inteiro teor do referido julgado,[51] percebe-se que não se está diante de um regresso à Súmula 343 do STF, mas sim de uma expansão[52] que gera o aperfeiçoamento[53] dos precedentes do Pretório Excelso para a

---

Acórdão Eletrônico Repercussão geral - Mérito *DJe*-230 Divulg 21.11.2014, Public 24.11.2014.

51. E, em um modelo sério de *stare decisis*, um caso não pode ser empregado como se precedente fosse apenas com a convocação da sua ementa e consequente "aplicação" desse enunciado sintético em face do caso a ser decidido. Um caso só pode ser efetivamente tratado como precedente depois de comparado analógico-problematicamente com o caso decidendo, comparação essa que deverá levar em conta, especialmente, as circunstâncias fáticas que gravitam em torno dos casos comparados (precedente e decidendo). Nesse sentido, parece acertar o novo Código de Processo Civil quando dá destaque para tal questão no disposto no seu art. 489, §1º, inciso V, prescrição essa que trata da motivação das decisões judiciais proferidas com base em súmulas e precedentes.

52. Tratando da expansão e contração dos precedentes: SHAUER, Frederick. *Precedente. In* Precedentes. Salvador: JusPodivm, 2015, p. 59.

53. E esse aperfeiçoamento citado é absolutamente válido em um modelo sério de precedentes. E isso porque uma decisão judicial, ainda que proferida pelo STF, não tem o condão de já nascer com a chancela de precedente. Esse "status" é adquirido em concreto, na medida em que aquela determinada decisão e sua *ratio deciendi* são convocadas para resolver casos semelhantes mediante o emprego de uma analogia axiológico-problemática.
Acontece que, ao realizar essa comparação analógica, é possível que o juiz do novo caso a ser decidido perceba que o caso precedente, embora se aproxime do caso decidendo, não responde, por si só, novas questões postas pelo novo caso, o que demandará uma expansão – não ruptura – do precedente. Nessa oportunidade, o juiz do caso decidendo poderá convocar o caso precedente, mas também ficará encarregado de atualizá-lo a partir das questões relevantes e inauguralmente postas pelo novo caso a ser decidido.
"Em outras palavras, jamais o precedente será anunciado e forma completa e única. É a partir das distinções, das ampliações e das reduções que os precedentes são dinamicamente refinados pelo Judiciário (sempre a partir das contribuições de todos os sujeitos processuais), à luz de novas situações e contextos, a fim de se delimitar a abrangência da norma extraída do precedente. Se, de um lado, é verdade que o precedente originário estabelece o primeiro material jurisprudencial (não se ignora o texto legal e a doutrina) sobre o qual se debruçarão os intérpretes dos casos subsequentes, com o passar do tempo, uma linha de precedentes se formará a partir daquele primeiro precedente, confirmando-o, especificando-o e conferindo-lhe estabilidade, e a técnica da distinção *(distinguishing)* desempenha uma importante função no amadurecimento dos precedentes e, porque, também não, dos padrões decisórios e do direito jurisprudencial como um todo". (HORTA, André Frederico. NUNES, Dierle. "Aplicação de precedentes e 'distinguishing' no CPC/2015: uma breve introdução".). (Grifos dos autores).

matéria, em especial do entendimento extraído do julgamento do RE 328.812, há pouco referido.

Ao se analisar o já citado RE 328.812, é possível perceber que o STF reconheceu a capacidade criativa das suas manifestações judicativas sem, todavia, especificar que tipo de decisão pretoriana (formalmente falando) teria o condão fundamentar o ajuizamento de uma ação rescisória nos termos abordados no presente trabalho. Em outros termos, o referido precedente não teria solucionado a seguinte questão: qualquer decisão pretoriana seria suficiente para permitir o ajuizamento da ação rescisória na hipótese aqui tratada ou estariam dotadas dessa aptidão apenas aquelas decisões do STF com caráter transubjetivo e, portanto, capazes de traduzir a posição institucional do Tribunal para o caso?[54]

Diante da inexistência de resposta para essa questão quando do julgamento do RE 328.812 e tendo o STF se deparado com um novo caso (RE 590.809), onde *a decisão invocada como fundamento para a ação rescisória teria sido proferida em sede de recurso extraordinário* ***não afetado por repercussão geral,***[55] teve ele (STF) que se pronunciar a respeito desse novo aspecto do problema.

E, ao analisar essa nova faceta da questão, o STF aperfeiçoou a *ratio decidendi* extraída da decisão do RE 328.812 e decidiu que pode fundamentar eventual ação rescisória apenas decisões pretorianas que reconhecem a inconstitucionalidade de uma dada norma "com efeitos abrangentes, a repercutirem fora das balizas subjetivas do processo", nos exatos termos do

54. Ou seja, estar-se-ia falando daquelas decisões veiculadas em sede de controle concentrado de constitucionalidade e/ou proferidas em recursos extraordinários afetados pela repercussão geral. Com o início da vigência do novo CPC, também estariam contempladas nessa gama aquelas decisões pretorianas veiculadas em recurso extraordinário julgado sob o rito de recurso repetitivo.

55. A decisão do STF que serviu de base para a aludida ação rescisória foi àquela proferida no Recurso Extraordinário 353.657/PR (não afetado por repercussão geral, eis que anterior a tal sistemática), oportunidade em que o STF concluiu pela inviabilidade do creditamento do IPI nas hipóteses de insumo não tributado ou sujeito à alíquota zero.

voto do Ministro Marco Aurélio, Relator do RE 590.809.[56]

Nesse sentido, a decisão proferida no RE 590.809 não foi um regresso à Súmula 343 do próprio STF. A Corte Suprema continua entendendo que suas decisões têm sim o condão de servir como fundamento para eventual ação rescisória. O que o Pretório fixou foi apenas que não é qualquer decisão sua que tem essa aptidão, mas apenas aquelas capazes de propagar efeitos para além dos limites subjetivos da lide, i.e., "com efeitos abrangentes".

Ressalte-se, ainda, que embora não tenha esmiuçado o significado da expressão "com efeitos abrangentes", quer parecer que, para o STF, as suas decisões com aptidão para dar esteio a eventual ação rescisória seriam aquelas (i) proferidas em sede de controle concentrado de constitucionalidade, bem como aquelas (ii) proferidas em sede de controle difuso, mas, nessa última hipótese, *desde que veiculada em caso afetado por repercussão geral.*[57]

Diante desse quadro, resta clara a aptidão de decisão pretoriana servir como fundamento para a propositura de ação rescisória, ação essa que, diga-se de passagem, *é imprescindível para revisitar a decisão transitada em julgado em si*

56. Para ser fiel ao que fora afirmado pelo Ministro Marco Aurélio, convém transcrever o trecho em que essa expressão foi extraída:
"Como afirmado pela mestre Ada Pellegrini Grinover, eventual afastamento do Verbete 343, por envolvimento de matéria constitucional, não pode ter razão genérica, e sim específica para as situações em que, no ato rescindendo, determinada lei foi proclamada constitucional, *vindo, posteriormente, o Supremo a concluir pela inconstitucionalidade, com efeitos abrangentes, a repercutirem fora das balizas subjetivas do processo.* Para a processualista, em caso contrário, como na espécie, 'posterior declaração incidental de constitucionalidade nada nulifica, não se caracterizando a categoria da inexistência', pelo que devem ficar a salvo da rescisória decisões, tomadas em dissídio jurisprudencial, em sentido oposto à nova posição do Supremo (GRINOVER, Ada Pellegrini. Ação Rescisória e Divergência de Interpretação em Matéria Constitucional. Revista de Processo nº 87, São Paulo: *RT*, 1997, p. 37/47)." (RE n. 590.809 - g.n.).

57. O que, com o início da vigência do novo CPC, também poderia se estender para aquelas decisões pretorianas veiculadas em sede de recursos extraordinários julgados sob o rito de recursos repetitivos.

considerada, bem como seus efeitos. Nesse sentido, convém destacar que o Supremo Tribunal Federal, quando do julgamento do RE 730.462, afetado por repercussão geral, decidiu pela necessidade de provocação jurisdicional para que determinado órgão, imparcial e equidistante das partes, decida acerca da capacidade de um dado precedente pretoriano ser ou não capaz de rescindir um específico trânsito em julgado.[58]

---

58. CONSTITUCIONAL E PROCESSUAL CIVIL § DECLARAÇÃO DE INCONSTITUCIONALIDADE DE PRECEITO NORMATIVO PELO SUPREMO TRIBUNAL FEDERAL - EFICÁCIA NORMATIVA E EFICÁCIA EXECUTIVA DA DECISÃO: DISTINÇÕES. INEXISTÊNCIA DE EFEITOS AUTOMÁTICOS SOBRE AS SENTENÇAS JUDICIAIS ANTERIORMENTE PROFERIDAS EM SENTIDO CONTRÁRIO - INDISPENSABILIDADE DE INTERPOSIÇÃO DE RECURSO OU PROPOSITURA DE AÇÃO RESCISÓRIA PARA SUA REFORMA OU DESFAZIMENTO.

1. A sentença do Supremo Tribunal Federal que afirma a constitucionalidade ou a inconstitucionalidade de preceito normativo gera, no plano do ordenamento jurídico, a consequência (= eficácia normativa) de manter ou excluir a referida norma do sistema de direito.

2. Dessa sentença decorre também o efeito vinculante, consistente em atribuir ao julgado uma qualificada força impositiva e obrigatória em relação a supervenientes atos administrativos ou judiciais (= eficácia executiva ou instrumental), que, para viabilizar-se, tem como instrumento próprio, embora não único, o da reclamação prevista no art. 102, I, "l", da Carta Constitucional.

3. A eficácia executiva, por decorrer da sentença (e não da vigência da norma examinada), tem como termo inicial a data da publicação do acórdão do Supremo no Diário Oficial (art. 28 da Lei 9.868/99). É, consequentemente, eficácia que atinge atos administrativos e decisões judiciais supervenientes a essa publicação, não os pretéritos, ainda que formados com suporte em norma posteriormente declarada inconstitucional.

4. Afirma-se, portanto, como tese de repercussão geral que a decisão do Supremo Tribunal Federal declarando a constitucionalidade ou a inconstitucionalidade de preceito normativo não produz a automática reforma ou rescisão das sentenças anteriores que tenham adotado entendimento diferente; para que tal ocorra, será indispensável a interposição do recurso próprio ou, se for o caso, a propositura da ação rescisória própria, nos termos do art. 485, V, do CPC/73, observado o respectivo prazo decadencial (CPC, art. 495). Ressalva-se desse entendimento, quanto à indispensabilidade da ação rescisória, a questão relacionada à execução de efeitos futuros da sentença proferida em caso concreto sobre relações jurídicas de trato continuado.

5. No caso, mais de dois anos se passaram entre o trânsito em julgado da sentença no caso concreto reconhecendo, incidentalmente, a constitucionalidade do artigo 9º da Medida Provisória 2.164-41 (que acrescentou o art. 29-C na Lei 8.036/90) e a superveniente decisão do STF que, em controle concentrado, declarou a inconstitucionalidade daquele preceito normativo, a significar, portanto, que aquela sentença é insuscetível de rescisão.

Em outros termos, o STF chancelou que a decisão pretoriana, por si só, não tem o condão de promover a rescisão de uma decisão transitada em julgado, nem dos seus efeitos, cabendo à parte interessada promover a correspondente ação rescisória para esse fim.

Em todo caso, a conjugação dessa plêiade de precedentes do STF traz uma importante definição acerca dos efeitos de decisão pretoriana para a coisa julgada e da sua convocação como fundamento de eventual ação rescisória. Mais do que isso, caba por impor limites para a convocação das decisões proferidas pelo STF para fins da (i) utilização da ação rescisória em si considerada, bem como para (ii) estancar os efeitos de decisão transitada em julgado quando atinentes às relações jurídicas de trato sucessivo.

4. Os limites da ação rescisória fundamentada em decisões do STF

A par da ampliação quanto ao manejo da ação rescisória aqui analisada, entendemos que a mesma não é ilimitada, haja vista inexistir direitos absolutos.[59] Assim como ocorre com todo e qualquer direito, essa ação também sofre *limitações*, as quais poderiam ser divididas em quatro subespécies: (i) temporal, (ii) procedimental, (iii) metodológica e (iv)

---

6. Recurso extraordinário a que se nega provimento."
(STF; RE 730462, Relator: Min. Teori Zavascki, Tribunal Pleno, j. 28.05.2015, Acórdão Eletrônico Repercussão Geral - Mérito *DJe*-177 Divulg 08.09.2015, Public 09.09.2015).

59. Nem o próprio direito à vida é ilimitado, haja vista o disposto no art. 5º, inciso XLVII da *Magna Lex*, *in verbis*:
Art. 5º Todos são iguais perante a lei, sem distinção de qualquer natureza, garantindo-se aos brasileiros e aos estrangeiros residentes no País a inviolabilidade do direito à vida, à liberdade, à igualdade, à segurança e à propriedade, nos termos seguintes:
[...]
XLVII – não haverá penas:
a) de morte, salvo em caso de guerra declarada, nos termos do art. 84, XIX;
[...].

judicativa. Ressalte-se, ainda, que tais restrições valem tanto para a ação rescisória prevista no art. 485, inciso V, do CPC/73, bem como para aquela ação capitulada no art. 966, inciso V, do novo *Codex*.

4.1 Limitação temporal

A ação rescisória, nas hipóteses aqui debatidas, i.e., ante a redação do CPC/73 ou do novo CPC, está sujeita a um notório limite de caráter temporal, nos termos do art. 495 do CPC/73[60] e do art. 975 do novo CPC.[61] Dessa feita, a referida ação deve ser proposta em até 02 (dois) anos contados do trânsito em julgado da decisão a ser rescindida.[62]

---

60. Art. 495. O direito de propor ação rescisória se extingue em 2 (dois) anos, contados do trânsito em julgado da decisão.

61. Art. 975. O direito à rescisão se extingue em 2 (dois) anos contados do trânsito em julgado da última decisão proferida no processo.

62. Nesse sentido, é possível encontrar manifestações dos Tribunais Superiores: PROCESSUAL CIVIL - AÇÃO RESCISÓRIA - TERMO INICIAL: TRÂNSITO EM JULGADO - PRAZO - ART. 495 DO CPC/73 - DECADÊNCIA CONFIGURADA.

1. Acórdão que considerou configurada a decadência da ação rescisória, ajuizada após o biênio do trânsito em julgado da sentença rescindenda.

2. Prazo decadencial que não sofre alteração, independentemente do conteúdo da sentença rescindenda, mesmo quando considerada inconstitucional.

3. Recurso especial não provido.

(STJ; REsp 968.227/BA, Rel. Ministra Eliana Calmon, 2ª. T., j. 16.06.2009, *DJe* 29.06.2009).

AÇÃO RESCISÓRIA - DECISÃO RESCINDENDA ALEGADAMENTE FUNDADA EM ERRO DE FATO (CPC, ART. 485, IX) - FINSOCIAL - MAJORAÇÃO - ENQUADRAMENTO DAS EMPRESAS AUTORAS COMO EXCLUSIVAMENTE PRESTADORAS DE SERVIÇO - EMBARGOS DE DECLARAÇÃO NÃO CONHECIDOS - INAPTIDÃO PARA INTERROMPER OU PARA SUSPENDER A FLUÊNCIA DO PRAZO RECURSAL - DECURSO DO BIÊNIO DECADENCIAL - PEDIDO NÃO CONHECIDO - RECURSO DE AGRAVO IMPROVIDO.

- *O direito à rescisão da sentença de mérito (ou do acórdão),* ***qualquer que seja o fundamento da ação rescisória****, extingue-se após consumado o prazo decadencial de 02 (dois) anos, cujo termo inicial passa a fluir da data do trânsito em julgado do acórdão ou do ato sentencial.*

- O caráter preclusivo e extintivo do prazo decadencial, dentro do qual deve ser promovido o ajuizamento oportuno da ação rescisória, impede, uma vez consumado "in albis" esse lapso de ordem temporal, que se impugne a *res judicata*, eis que, "Decorrido o biênio sem a propositura da rescisória, há coisa soberanamente julga-

Assim, se a decisão proferida pelo Supremo Tribunal Federal sobrevier depois do transcurso do prazo de 02 (dois) anos do trânsito em julgado da decisão a ser rescindida, não seria mais possível o ajuizamento da correspondente ação rescisória. E isso porque, como dito linhas acima, o direito à ação rescisória não é irrestrito, razão pela qual deve se sujeitar a determinados limites, dentre eles o temporal, sob pena de a garantia da coisa julgada ser absolutamente dizimada.[63] Tal fato, por seu turno, poderia implicar a perpetuação das controvérsias, inclusive aquelas já submetidas à mediação jurisdicional, com o seu revolvimento a qualquer instante, bastando para tanto a existência de uma posterior decisão do STF em sentido contrário ao trânsito em julgado.

Nessa esteira, o grande prejudicado seria o próprio direito, na medida em que se tornaria incapaz de realizar sua missão: *resolver* materialmente os problemas de convivência humana, na medida em que os conflitos gerados seriam indevidamente eternizados. Daí a necessidade de um primeiro limite pra essa ação: o temporal.

(i) Ainda o limite temporal: os efeitos da decisão rescindenda e a criatividade judicativa em prol da justiça em concreto

Independentemente do fundamento legal (velho ou novo CPC), é inegável que a decisão que rescinde coisa julgada com

---

da (...)" (José Frederico Marques, "Manual de Direito Processual Civil", vol. 3/250, item n. 696, 9ª ed., 1987, Saraiva – grifei). Jurisprudência.

- O Supremo Tribunal Federal firmou orientação no sentido de que recursos declarados inadmissíveis, sobre os quais incidiu juízo de incognoscibilidade, não impedem nem obstam a formação da coisa julgada, a significar, portanto, que a interposição de recurso de que não se conheceu, por haver sido considerado incabível, não tem o condão de projetar, no tempo, a data de início da contagem do biênio decadencial a que se refere o art. 495 do CPC/73. Precedentes."

(STF, AR 2337 AgR, Relator: Min. Celso De Mello, Tribunal Pleno, j. 20.03.2013, Processo Eletrônico *DJe*-080 Divulg 29-04-2013 Public 30-04-2013) (g.n.).

63. É verdade que a admissibilidade de ação rescisória pautada em decisão do STF posterior e contrária a decisão a ser rescindida acaba por resultar em uma mitigação da coisa julgada. Tal conclusão, todavia, não quer significar (e nem poderia) na completa e absoluta revogação da aludida garantia fundamental.

base em uma decisão do STF, embora tenha o condão de estabilizar valores jurídicos construídos historicamente e, consequentemente, a ideia de justiça,[64] também pode apresentar a paradoxal faceta de criar uma injustiça[65] em concreto, mais precisamente para aquele jurisdicionado que tem a sua coisa julgada flexibilizada.

Isso porque referido jurisdicionado, que até então pautou a sua conduta ao longo do tempo[66] com base em uma decisão judicial transitada em julgado, é surpreendido com afastamento dos efeitos da coisa julgada e, consequentemente, o regresso ao *status quo ante*.

Logo, sendo o contribuinte penalizado em concreto pela rescisão, será ele compelido (mediante autuação fiscal) a recolher, aos cofres públicos, o valor do tributo que até então estava eximido de cumprir em razão da sua decisão transitada em julgado. Por sua vez, sendo a Fazenda Pública a prejudicada com o juízo rescisório, será ela obrigada a ressarcir os valores até então pagos pelo contribuinte a título de tributo. Em ambas as hipóteses, é claro o prejuízo em concreto das partes afetadas negativamente pela rescisão da coisa julgada. É nesse instante, portanto, que deve surgir a capacidade criativa do juiz ao rescindir o trânsito em julgado.

Nesse diapasão, poderia, ou melhor, deveria o juiz do caso, além de veicular o juízo rescisório, também prescrever que, na hipótese acima, em que figura como prejudicado o contribuinte, o tributo que passaria a ser exigível por meio de eventual autuação deveria ser pago aos cofres públicos de forma parcelada, pelo mesmo período que perdurou os efeitos da sua decisão transitada em julgado.

---

64. Justiça aqui vista sob uma perspectiva institucional ou macroscópica, i.e., como sinônimo de estabilidade de uma intencionalidade jurídico-axiológica e, portanto, com efeitos para além da lide subjetivamente traçada.

65. Justiça aqui tratada sob um posto de vista microscópico, ou seja, subjetivo, individual e concreto.

66. Que pode perdurar por até 2 (dois) anos.

Por sua vez, sendo a Fazenda Pública a prejudicada com o juízo rescisório, deveria o magistrado autorizar a repetição/compensação do indébito também de forma parcelada, parcelamento esse que se estenderia pelo prazo que o trânsito em julgado operou efeitos em favor do ente público.

Tanto em uma hipótese como em outra, os valores a serem pagos pelo contribuinte ou repetidos/compensados em detrimento fazendário estariam sujeitos, tão somente, à correção monetária, apenas com o fito de evitar a corrosão do dinheiro no tempo.

Com isso, estar-se-ia fazendo justiça no âmbito institucional do Direito, já que a decisão do STF e, consequentemente, a unidade material do direito estaria sendo respeitada, bem como estar-se-ia evitando injustiça em concreto, já que o impacto da rescisão da coisa julgada seria mitigado.[67]

4.2 Limitação procedimental

Não obstante, além do limite temporal, é necessário se respeitar outro balizador para o uso da ação rescisória nos termos aqui defendido, qual seja, o da restrição de cunho procedimental. Isso porque, não pode qualquer decisão proferida pelo STF ser suficiente para ensejar a revisão da coisa julgada, mas apenas aquelas capazes de externar um entendimento institucionalizado do referido Tribunal.

Nessa senda, em um primeiro momento, aquelas decisões proferidas pelo STF em controle concentrado de constitucionalidade poderiam suscitar o ajuizamento da ação rescisória aqui analisada, haja vista que tais decisões são dotadas

67. Defendendo a possibilidade do manejo da ação rescisória com fundamento em decisões do STF, mas limitando os efeitos de uma eventual decisão de procedência apenas para o futuro, sugerimos a leitura do seguinte trabalho: MASSOUD, Rodrigo. "Coisa julgada, Rescisória, Súmula STF 343 e Parecer PGFN 492/2011: impactos com o Código de Processo Civil de 2015". *In:* ARAUJO, Juliana Costa Furtado. CONRADO, Paulo Cesar (Orgs.). *O novo CPC e seu impacto no direito tributário.* São Paulo: Fiscosoft, 2015, pp. 70-100.

de efeitos *erga omnes* e revestidas de caráter vinculante. O mesmo ocorreria para aqueles casos decididos pelo STF em recurso extraordinário, desde que o caso julgado tenha sido afetado pelo instituto da repercussão geral, vez que esse procedimento resulta da análise plenária do Pretório Excelso e o teor da decisão então exarada espraia efeitos para outros casos análogos. O mesmo valeria para os recursos extraordinários julgados sob o rito de recursos repetitivos, outra novidade do CPC/2015, e que se encontra positivada nos seus arts. 1.036 e seguintes.[68]

E isso se dá, em um primeiro momento, em razão de uma interpretação sistemática do ordenamento jurídico nacional, com o reforço do CPC/2015, que aparentemente prestigia as decisões dos Tribunais,[69] em especial as decisões dos Tribunais Superiores, que tenham capacidade de propagar efeitos para além da lide subjetivamente formada.

Ademais, esse entendimento também estaria respaldado no já citado precedente do Supremo Tribunal Federal (RE

---

68. Art. 1.036. Sempre que houver multiplicidade de recursos extraordinários ou especiais com fundamento em idêntica questão de direito, haverá afetação para julgamento de acordo com as disposições desta Subseção, observado o disposto no Regimento Interno do Supremo Tribunal Federal e no do Superior Tribunal de Justiça.
[...].

69. A título de exemplo, destacam-se, pontualmente, os seguintes dispositivos do CPC/2015:
Art. 926. Os tribunais devem uniformizar sua jurisprudência e mantê-la estável, íntegra e coerente.
[...].
Art. 927. Os juízes e os tribunais observarão:
I – as decisões do Supremo Tribunal Federal em controle concentrado de constitucionalidade;
II – os enunciados de súmula vinculante;
III – os acórdãos em incidente de assunção de competência ou de resolução de demandas repetitivas e em julgamento de recursos extraordinário e especial repetitivos;
IV – os enunciados das súmulas do Supremo Tribunal Federal em matéria constitucional e do Superior Tribunal de Justiça em matéria infraconstitucional;
V – a orientação do plenário ou do órgão especial aos quais estiverem vinculados.
[...].

590.809), oportunidade em que a Corte Suprema externou que tem aptidão para servir de fundamento para ação rescisória apenas aquelas decisões pretorianas "com efeitos abrangentes, a repercutirem fora das balizas subjetivas do processo".

Ressalte-se, ainda, que essa preocupação procedimental é, em última análise, também uma preocupação de índole material. Isso porque a intencionalidade jurídica a ser construída pelo Supremo Tribunal Federal não pode ser o retrato da posição pessoal de um dos seus Ministros, mas deve ser o reflexo do entendimento institucional da mais alta Corte jurisdicional do país.

A importante função atribuída ao STF, não só de guardião constitucional, mas de verdadeiro realizador da Magna Lex, impõe essa demanda procedimental. Só assim se garante uma estabilidade quanto à intencionalidade axiológica do direito, de modo a se garantir uma estabilidade da justiça;[70] "não a certeza contra a justiça, mas a justiça tomada certa (estável)."[71]

4.3 Limitação metodológica

Não obstante, existe ainda um terceiro limite imposto para o uso da ação rescisória na hipótese aqui tratada: o limite metodológico.

Como observado linhas acima, é possível que decisão proferida pelo Supremo Tribunal Federal com efeitos abrangentes seja convocada para fundamentar ação com o escopo de rescindir uma dada coisa julgada. Ocorre que, para tanto, além da imprescindibilidade do próprio ajuizamento da

70. "Neste caso, a certeza é de todo compatível com a 'justiça', pois não é mais do que a estabilização histórico-cultural, em termos de vigência, de uma intenção normativa material – a objectivação sincrónica dessa intenção, e que sempre poderá existir, e que existirá mesmo, num direito exclusiva ou predominantemente intencionado à justiça." (NEVES, Antônio Castanheira. *Instituto dos assentos*. p. 38.).

71. 'Op. cit. Loc. cit'.

rescisória, mister faz-se que a decisão a ser proferida nos autos promova uma comparação analógico-problemática entre os casos submetidos à análise, i.e., entre o caso acobertado pelo manto da coisa julgada e o caso julgado pelo STF e tido como precedente.

Não basta, portanto, a simples aplicação, lógico-subsuntiva, do pretenso precedente pretoriano ao caso a ser rescindido.[72] Há, pois, a necessidade de se realizar um "cotejo analítico"[73] entre o caso a ser rescindido e o caso julgado pela Corte Suprema. E, quando se fala nessa aproximação, a comparação das circunstâncias fáticas que permeiam ambos os casos (decidendo e precedente) é fundamental.

Assim, o precedente do STF só será considerado como tal

---

72. Não se pode ignorar, entretanto, que ainda hoje no Brasil é assim que, infelizmente o precedente vem sendo indevidamente convocado: como se peça de lei fosse. E isso porque, "ao contrário do que se passa no *common law*, a utilização, no Brasil, dos precedentes e, em maior medida, do direito jurisprudencial na aplicação do direito é fruto de um discurso de matriz neoliberal, que privilegiava a sumarização da cognição, a padronização decisória superficial e uma justiça de números (fora do paradigma constitucional) desse mesmo direito jurisprudencial que dá origem ao que se pode chamar de **hiperintegração** do direito.
A expressão denota o tratamento igualitário a casos substancialmente distintos, como se fossem (mas não são) objetos subsumíveis à mesma regra geral." (HORTA, André Frederico. NUNES, Dierle. *Aplicação de precedentes e "distinguishing" no CPC/2015:* uma breve introdução.) (grifos dos Autores).
Há uma pequena esperança de que isso mude com o novo CPC, em especial em razão do disposto no art. 489, §1º, inciso V e VI:
"Art. 489. São elementos essenciais da sentença:
...].
§1º **Não se considera fundamentada qualquer decisão judicial**, seja ela interlocutória, sentença ou acórdão, que:
[...].
V – se limitar a invocar precedente ou enunciado de súmula, sem identificar seus fundamentos determinantes nem demonstrar que o caso sob julgamento se ajusta àqueles fundamentos;
VI – deixar de seguir enunciado de súmula, jurisprudência ou precedente invocado pela parte, sem demonstrar a existência de distinção no caso em julgamento ou a superação do entendimento. (g.n.).
Convém, entretanto, aguardar para analisar se o referido dispositivo que trata da motivação das decisões judiciais terá aderência prática no dia a dia forense.

73. Para empregar um termo mais palatável para um sistema jurídico vinculado à *civil law.*

em concreto, ou seja, depois de comparado analogamente ao caso a ser rescindido e, ainda, desde que feita essa comparação se identifique uma similaridade quanto à intencionalidade jurídica de ambos.[74]

Repita-se: a similaridade sobredita só será atestada mediante uma ponderação material-comparativa dos casos em concreto, ou seja, da substância do caso a ser rescindido com o conteúdo do caso precedente. Não há, pois, uma prévia, perfeita e subsuntiva simetria entre os casos, simetria esta típica de uma razão universal, geral e abstrata, mas sim uma similaridade decorrente do emprego de uma racionalidade moldada pela analogia[75] ou, por outro giro verbal, oriunda de uma "ponderação sempre atenta à identidade-diversidade própria do analógico e que, como tal, só pode considerar-se em concreto."[76]

4.4 Limitação judicativa

Por fim, há um último limite para o emprego da ação rescisória na hipótese aqui abordada, qual seja, um limite

---

74. "[...] quando se puder concluir pelo parentesco tipológico dos dois casos (isto é, quando o 'problema particular [do] caso precedente [tiver sido] constituído também com fundamento nas mesmas intenções ou princípios normativos [do caso decidendo]'), 'o fundamento jurídico da decisão do precedente, a sua ratio decidendi, passa a ser o critério normativo do caso decidendo'. De modo que a 'a identidade aqui em causa' (a identidade existente entre o caso precedente e o caso decidendo) é 'analógico-concreta' [...]." (BRONZE, Fernando J. *Continentalização" do direito inglês ou "insularização" do direito continental?*, p. 210.)

75. Segundo Castanheira Neves, a convocação do discurso analógico é característica de todo e qualquer pensamento, inclusive do pensamento jurídico. Neste sentido: NEVES, A. Castanheira. *Metodologia jurídica* – problemas fundamentais, p. 238. Destaque-se, todavia, que a analogia aqui convocada não é aquela típica do movimento codificador e que tem por escopo apenas preencher eventuais lacunas do direito, mas sim uma analogia que tem por objetivo "'trazer-à-correspondência' o mérito problemático de um concreto caso decidendo e a intencionalidade também problemática de um constituído ou constituendo (...) apoio (de um critério" "e/ou de um fundamento jurídico, repetimos, circunstancialmente pertinente para a almejada decisão judicativa." (BRONZE, Fernando P. *Lições de introdução ao direito.* p. 952).

76. NEVES, A. Castanheira. *Instituto dos assentos*, p. 74.

judicativo, o qual é assim chamado por decorrer de atividade jurisdicional do Supremo Tribunal Federal, conforme se desenvolverá a seguir.

Como é sabido, ao realizar o controle concentrado de constitucionalidade, o Supremo Tribunal Federal tem a possibilidade de, eventualmente, modular, no tempo, os efeitos da sua decisão. É o que dispõe o art. 27 da Lei 9.868/99[77] e o art. 11 da Lei 9.882/99.[78] O mesmo ocorre na hipótese do STF veicular súmulas vinculantes, conforme prevê o art. 4º da Lei n. 11.417/2006.[79]

Não obstante, também não se pode olvidar da possibilidade do Pretório Excelso modular efeitos até mesmo na hipótese de controle difuso de constitucionalidade, conforme se depreende de emblemático julgado exarado no RE n. 197.917.[80]

---

77. Art. 27. Ao declarar a inconstitucionalidade de lei ou ato normativo, e tendo em vista razões de segurança jurídica ou de excepcional interesse social, poderá o Supremo Tribunal Federal, por maioria de dois terços de seus membros, restringir os efeitos daquela declaração ou decidir que ela só tenha eficácia a partir de seu trânsito em julgado ou de outro momento que venha a ser fixado.

78. Art. 11. Ao declarar a inconstitucionalidade de lei ou ato normativo, no processo de arguição de descumprimento de preceito fundamental, e tendo em vista razões de segurança jurídica ou de excepcional interesse social, poderá o Supremo Tribunal Federal, por maioria de dois terços de seus membros, restringir os efeitos daquela declaração ou decidir que ela só tenha eficácia a partir de seu trânsito em julgado ou de outro momento que venha a ser fixado.

79. Art. 4º A súmula com efeito vinculante tem eficácia imediata, mas o Supremo Tribunal Federal, por decisão de 2/3 (dois terços) dos seus membros, poderá restringir os efeitos vinculantes ou decidir que só tenha eficácia a partir de outro momento, tendo em vista razões de segurança jurídica ou de excepcional interesse público.

80. RECURSO EXTRAORDINÁRIO - MUNICÍPIOS - CÂMARA DE VEREADORES. COMPOSIÇÃO - AUTONOMIA MUNICIPAL - LIMITES CONSTITUCIONAIS - NÚMERO DE VEREADORES PROPORCIONAL À POPULAÇÃO - CF, ARTIGO 29, IV - APLICAÇÃO DE CRITÉRIO ARITMÉTICO RÍGIDO - INVOCAÇÃO DOS PRINCÍPIOS DA ISONOMIA E DA RAZOABILIDADE - INCOMPATIBILIDADE ENTRE A POPULAÇÃO E O NÚMERO DE VEREADORES - INCONSTITUCIONALIDADE, INCIDENTER TANTUM, DA NORMA MUNICIPAL - EFEITOS PARA O FUTURO. SITUAÇÃO EXCEPCIONAL.
[...].
7. Inconstitucionalidade, *incidenter tantun*, da lei local que fixou em 11 (onze) o número de Vereadores, dado que sua população de pouco mais de 2600 habitantes somente comporta 09 representantes.

Referida modulação,[81] por seu turno, acaba por limitar a eficácia da decisão do STF, na medida em que ela fica impedida de retroagir para o passado (efeito *ex nunc*) ou pode, até mesmo, ter seus efeitos práticos postergados para momento futuro e posterior ao próprio julgamento da Corte Constitucional.

A existência de modulação de efeitos em uma determinada decisão do STF não é impedimento para o uso da ação rescisória aqui tratada. Acontece que, nesses casos, eventual decisão de procedência na ação rescisória proposta teria sua eficácia restrita, na medida em que necessariamente teria que respeitar a modulação temporal decidida pelo STF.

Em outros termos, a decisão de procedência na rescisória não poderia contrapor-se à modulação temporal fixada pelo STF. Logo, teria sim o condão de desfazer – ainda que parcialmente – a coisa julgada inconstitucional; todavia, tal eficácia rescisória em concreto estaria vinculada ao início da propagação de efeitos do precedente pretoriano objeto de modulação, sob pena, inclusive, de indevidamente burlar a aludida modulação de efeitos.

---

8. Efeitos. Princípio da segurança jurídica. Situação excepcional em que a declaração de nulidade, com seus normais efeitos *ex tunc*, resultaria grave ameaça a todo o sistema legislativo vigente. *Prevalência do interesse público para assegurar, em caráter de exceção, efeitos pro futuro à declaração incidental de inconstitucionalidade. Recurso extraordinário conhecido e em parte provido.*"
(STF; RE 197.917, Relator: Min. Maurício Corrêa, Tribunal Pleno, j. 06.06.2002, *DJ* 07.05.2004 pp-00008 Ement Vol-02150-03, pp-00368).

81. Não é a intenção do presente trabalho se alongar no tema modulação de efeitos no controle de constitucionalidade, o qual configura material riquíssimo para pesquisa e análise. Caso, todavia, haja interesse em aprofundamento no tema sugere-se a leitura de artigo de nossa autoria em que referido tema é abordado com maiores detalhes: RIBEIRO, Diego Diniz. *A modulação de efeitos no controle de constitucionalidade em matéria tributária e a jurisprudência do STF*. *Revista Dialética de Direito Tributário*, v. 178, p. 25-44, 2010.

4.5 O regime especial da ação rescisória: o art. 535, §§ 5° e 8° do novo *Codex*

Todas as questões até então postas no presente trabalho servem tanto para a ação rescisória com fundamento no art. 485, inciso V, do CPC/73, bem como para aquela ação capitulada no art. 966, inciso V, do novo *Codex*. Acontece que, se tratando do CPC/2015, não se pode ignorar a existência de dois regimes distintos de ação rescisória: um de caráter geral, previsto no já citado art. 966, e outro de natureza especial, capitulado no art. 535, §§ 5º e 8º do novo *Codex*.[82-83]

Assim, segundo o regime especial da ação rescisória no CPC/2015, previsto exclusivamente para as sentenças de caráter executivo,[84] é possível a rescisão de uma sentença

82. Art. 535. A Fazenda Pública será intimada na pessoa de seu representante judicial, por carga, remessa ou meio eletrônico, para, querendo, no prazo de 30 (trinta) dias e nos próprios autos, impugnar a execução, podendo arguir:
[...].
III – inexequibilidade do título ou inexigibilidade da obrigação;
[...].
§ 5º Para efeito do disposto no inciso III do caput deste artigo, considera-se também inexigível a obrigação reconhecida em título executivo judicial fundado em lei ou ato normativo considerado inconstitucional pelo Supremo Tribunal Federal, ou fundado em aplicação ou interpretação da lei ou do ato normativo tido pelo Supremo Tribunal Federal como incompatível com a Constituição Federal, em controle de constitucionalidade concentrado ou difuso.
[...].
§ 8º Se a decisão referida no § 5º for proferida após o trânsito em julgado da decisão exequenda, caberá ação rescisória, cujo prazo será contado do trânsito em julgado da decisão proferida pelo Supremo Tribunal Federal.

83. Sendo esse último dispositivo um aperfeiçoamento do art. 475-L, §1º, do CPC/73:
Art. 475-L. A impugnação somente poderá versar sobre:
[...].
II – inexigibilidade do título;
[...].
§ 1º Para efeito do disposto no inciso II do *caput* deste artigo, considera-se também inexigível o título judicial fundado em lei ou ato normativo declarados inconstitucionais pelo Supremo Tribunal Federal, ou fundado em aplicação ou interpretação da lei ou ato normativo tidas pelo Supremo Tribunal Federal como incompatíveis com a Constituição Federal."

84. O que, em matéria tributária, deve ser lido como as sentenças proferidas em ações de repetição de indébito tributário.

transitada em julgado com base em precedente pretoriano por intermédio de (i) simples impugnação, em fase executiva ou, ainda, (ii) por meio de ação rescisória propriamente dita.

A impugnação à coisa julgada inconstitucional só será possível se o precedente pretoriano convocado como seu fundamento for *anterior* ao trânsito em julgado combatido. Nessa hipótese, o que a jurisprudência já consagrava,[85] e que agora está devidamente positivado no NCPC, é o reconhecimento quanto ao *error in procedendo* desse tipo de decisão, o que, por sua vez, implica a existência de vício insanável.

Em contrapartida, se a coisa julgada inconstitucional e objeto de execução se formou antes do advento do precedente do STF, a única alternativa remanescente é o ajuizamento de ação rescisória, cujo prazo de 2 (dois) anos para sua propositura "será contado do trânsito em julgado da decisão proferida pelo Supremo Tribunal Federal". Nesta hipótese específica, o prazo para o ajuizamento da referida rescisória não teria mais início com o trânsito em julgado da decisão a ser rescindida, mas sim com o trânsito em julgado da decisão pretoriana a fundamentar aludida ação rescisória.

Referida previsão, todavia, pode acarretar sérios problemas, na medida em que protela, no tempo, o termo inicial para o ajuizamento da ação rescisória, a qual fica à mercê do trânsito em julgado da decisão do STF. Tal fato, por seu turno, pode implicar a eternização das demandas judiciais, o completo esvaziamento da coisa julgada e, por conseguinte, ofensa ao direito enquanto modelo humano-cultural de realização de justiça em concreto.[86]

85. Nesse diapasão: REsp n. 1.201.666.

86. Para que o Direito possa ser visto e, mais do que isso, efetivamente sentido no âmbito prático por uma dada comunidade histórica como instrumento apto a realizar justiça em concreto, mister faz-se que ele (Direito) apresente mecanismos capazes de preservar, ainda que minimamente, as suas próprias manifestações, no caso, suas manifestações judicativas.

Como dito linhas acima, referida disposição tem a potencial aptidão de não só flexibilizar, mas de efetivamente dizimar a garantia constitucional da coisa julgada e, nesse sentido, o Direito deixaria de realizar a sua primordial função: realizar com justiça os necessários problemas de convivência humana.

Convém aguardar como a jurisprudência irá se manifestar em concreto a respeito do art. 535, §8º, do novo CPC. Não obstante, quer parecer que, caso referido dispositivo venha a ser absorvido pelo ordenamento jurídico-constitucional brasileiro, mister se faz que, em matéria tributária, os efeitos temporais da decisão rescindenda esteja ao menos limitado pelo prazo decadencial previsto no art. 173, *caput*, do CTN.

5. Os efeitos das decisões do STF para as relações jurídicas de trato sucessivo

Como pontuado linhas acima, a ação rescisória fundamentada em decisão proferida pelo Supremo Tribunal Federal só pode ser manejada desde que respeitado os limites (temporal, procedimental e metodológico) acima expostos. Logo, o fato de se esgotar o prazo para ajuizamento da ação é impedimento para a propositura da rescisória na hipótese aqui tratada e, por conseguinte, para anular a decisão a ser rescindida, tanto em relação ao passado, como em relação ao futuro.

Todavia, o decurso do aludido prazo não é impedimento para, na hipótese de relações jurídicas de trato sucessivo, impedir o ajuizamento de outra ação com o fito de obstar os efeitos do trânsito em julgado para o futuro, ação essa fundamentada no art. 471, inciso, I do CPC/73,[87] ou no art. 505,

87. Art. 471. Nenhum juiz decidirá novamente as questões já decididas, relativas à mesma lide, salvo:
I – se, tratando-se de relação jurídica continuativa, sobreveio modificação no estado de fato ou de direito; caso em que poderá a parte pedir a revisão do que foi estatuído na sentença;
[...].

inciso I, do novo CPC.[88]

Importante registrar que relação de trato sucessivo é aqui entendida como aquela relação jurídica calcada em um mesmo fundamento fático-jurídico (relação base), mas que resulta (i) em diferentes relações jurídicas individualizadas surgidas (ii) em diferentes átimos de tempo.[89] Assim, as relações jurídicas individualizadas daí advindas estão acobertadas pelo manto da coisa julgada desde que a relação base mantenha-se inalterada, seja pela sua perspectiva fática,[90] seja pela sua perspectiva jurídica.

---

88. Art. 505. Nenhum juiz decidirá novamente as questões já decididas relativas à mesma lide, salvo:
I – se, tratando-se de relação jurídica de trato continuado, sobreveio modificação no estado de fato ou de direito, caso em que poderá a parte pedir a revisão do que foi estatuído na sentença;
[...].

89. O momento temporal crucial para a definição quanto à existência ou não de circunstância fático-jurídica não é o da definição da relação base (instante do julgamento e do consequente trânsito em julgado), mas sim do surgimento das diferentes relações individuais e concretas (incidência dos efeitos em concreto da coisa julgada) dela decorrentes. Em sentido oposto, todavia, é a opinião de Fernanda Donnabela Camano de Souza, para quem *nas ações meramente declaratórias, não haverá nova 'causa petendi' se o fato (ou o direito) se alterar, porque nelas não estavam contempladas as circunstâncias do momento em que o Juiz se baseou para proferi-las, mas sim, aquelas estabelecidas quando a ação foi proposta.* (*in* "Efeitos materiais da sentença declaratória. Perspectivas no tempo e ruptura destes efeitos em face de precedente do STF em sentido contrário"). Nessa linha, quer parecer que nem mesmo posterior alteração legislativa a alterar diretamente a relação base seria capaz de obstar os seus efeitos para o futuro, já que se levaria em consideração apenas a legislação (ou, em um sentido mais amplo, o direito) vigente à época do ajuizamento da ação, conclusão essa com a qual não coadunamos, haja vista tudo o que fora até então defendido no presente trabalho.

90. Admitindo a possibilidade de revisão da coisa julgada com base em alteração de circunstância fática, o Supremo Tribunal Federal proferiu interessante decisão em recurso extraordinário afetado por repercussão geral, oportunidade em que admitiu o revolvimento de julgamento que, à época do trânsito, não proporcionou ao hipossuficiente economicamente a realização de exame de DNA em razão da inércia estatal nesse sentido. Aludido julgamento restou assim ementado:
RECURSO EXTRAORDINÁRIO – DIREITO PROCESSUAL CIVIL E CONSTITUCIONAL – REPERCUSSÃO GERAL RECONHECIDA – AÇÃO DE INVESTIGAÇÃO DE PATERNIDADE DECLARADA EXTINTA, COM FUNDAMENTO EM COISA JULGADA, EM RAZÃO DA EXISTÊNCIA DE ANTERIOR DEMANDA EM QUE NÃO FOI POSSÍVEL A REALIZAÇÃO DE EXAME DE DNA, POR SER O AUTOR BENEFICÁRIO DA JUSTIÇA GRATUITA E POR NÃO TER O ESTADO PROVIDENCIADO A SUA REALIZAÇÃO – REPROPOSITURA DA AÇÃO –POS-

Não se trata, portanto de uma rescisão em sua inteireza eficacial, já que a ação aqui tratada não tem o condão de afetar o passado ou, melhor dizendo, os efeitos jurídicos produzidos no passado pela coisa julgada a ser rescindida. Pelo contrário, eventual procedência da sobredita ação terá necessariamente efeitos prospectivos, obstando, pois, os efeitos decorrentes do trânsito julgado para o futuro.

A sua utilização é perfeitamente viável, vez que a modificação de direito mencionada no inciso I do art. 471 do CPC

SIBILIDADE, EM RESPEITO À PREVALÊNCIA DO DIREITO FUNDAMENTAL À BUSCA DA IDENTIDADE GENÉTICA DO SER, COMO EMANAÇÃO DE SEU DIREITO DE PERSONALIDADE.

1. É dotada de repercussão geral a matéria atinente à possibilidade da repropositura de ação de investigação de paternidade, quando anterior demanda idêntica, entre as mesmas partes, foi julgada improcedente, por falta de provas, em razão da parte interessada não dispor de condições econômicas para realizar o exame de DNA e o Estado não ter custeado a produção dessa prova.

2. Deve ser relativizada a coisa julgada estabelecida em ações de investigação de paternidade em que não foi possível determinar-se a efetiva existência de vínculo genético a unir as partes, em decorrência da não realização do exame de DNA, meio de prova que pode fornecer segurança quase absoluta quanto à existência de tal vínculo.

3. Não devem ser impostos óbices de natureza processual ao exercício do direito fundamental à busca da identidade genética, como natural emanação do direito de personalidade de um ser, de forma a tornar-se igualmente efetivo o direito à igualdade entre os filhos, inclusive de qualificações, bem assim o princípio da paternidade responsável.

4. Hipótese em que não há disputa de paternidade de cunho biológico, em confronto com outra, de cunho afetivo. Busca-se o reconhecimento de paternidade com relação a pessoa identificada.

5. Recursos extraordinários conhecidos e providos.

(STF; RE 363.889, Relator: Min. Dias Toffoli, Tribunal Pleno, j. 02.06.2011, Acórdão eletrônico Repercussão Geral – Mérito *DJe*-238; Publicação 16.12.2011) (g.n.).

Também nesse diapasão é entendimento mais recente do STJ:

CIVIL E PROCESSUAL CIVIL. AÇÃO DE INVESTIGAÇÃO DE PATERNIDADE. VÍNCULO DECLARADO EM ANTERIOR AÇÃO INVESTIGATÓRIA. FLEXIBILIZAÇÃO DA COISA JULGADA.

1. Admite-se o processamento e julgamento de ação investigatória de paternidade nos casos em que a filiação foi declarada por decisão já transitada em julgado, mas sem amparo em prova genética (exame de DNA). Precedentes do STJ e do STF.

2. Agravo regimental desprovido.

(STJ; Ag no REsp 1257855/RS, Rel. Ministro João Otávio de Noronha, 3ª T., j. 23.09.2014, *DJe* 06.10.2014.).

vigente e no inciso I do art. 505 do novo *Codex* não se restringe apenas a alteração legal (*ratio legis*), mas também do direito judicial (*ratio ius*). Isso porque, como visto anteriormente, o direito não é (e nem poderia) ser preenchido de conteúdo apenas pela lei, mas é realizado em concreto, como uma prática constituenda que vai sendo criada e recriada por meio da ação mediadora do juiz no ato de julgar, i.e., resolver materialmente problemas de convivência humana.[91]

Dessa feita, decisão do STF proferida em controle concentrado de constitucionalidade, em recurso extraordinário afetado por repercussão geral ou, já segundo o CPC/2015, submetido a julgamento sob o rito de recursos repetitivos, tem o condão de alterar o fundamento jurídico de relações jurídicas de trato sucessivo, podendo, por conseguinte, implicar novas relações jurídicas individualizadas. Percebe-se, pois, que o limite procedimental[92] pertinente à ação rescisória aqui analisada também vale para a presente ação, seja com fundamento no art. 471, inciso I, do CPC/73, seja com base no disposto no art. 505, inciso I, do CPC/2015.

A ação aqui citada também deve estar sujeita ao limite metodológico abordado no presente trabalho. Isso porque, como visto, mister faz-se registrar que o simples advento de decisões proferidas pelo STF, ainda que respeitados os limites procedimentais acima mencionados, não seria capaz de, por si só, resultar na automática suspensão dos efeitos da coisa julgada contrária a tal decisão.[93] Além do limite procedimental,

---

91. Conforme já abordado no tópico 3.2 do presente trabalho.

92. Conforme tratado no tópico 4.2 do presente trabalho.

93. Não é esse, todavia, o entendimento da União, conforme se observa do Parecer PGFN/CRJ n. 492/2011. Segundo entendimento lá defendido, a necessidade de utilização da ação prevista no art. 471, inciso I do CPC de 1973 (e que também valeria para a ação capitulada no art. 505, inciso I, do novo CPC), só caberia de forma excepcional, i.e., naqueles casos em que há expressa previsão legal nesse sentido:
"O que de fato importa que se tenha em mente, todavia, é que *a necessidade de prévio pronunciamento judicial* para que se tenha reconhecida a cessação da eficácia da decisão transitada em julgado em face da alteração das circunstâncias fáticas ou jurídicas sob as quais o juízo de certeza nela contido se formou *é excepcional, ape-*

também há que se respeitar o já citado limite metodológico.

Nesse sentido, não é demais repisar que um precedente não atua como se lei fosse, ou seja, sua validade (materialmente falando) não se dá de forma prévia, geral e abstrata, mas sim de forma individual, concreta e histórica. Em outros termos, "a força gravitacional do precedente não pode ser apreendida por nenhuma teoria que considere que a plena força do precedente está em sua força de promulgação, enquanto peça de legislação".[94-95]

Portanto, a adequada utilização do precedente deve pautar-se pelo emprego de uma analogia construída em concreto[96]

---

nas se impondo quando expressamente exigida por lei específica. [...] Assim, inexistindo específica previsão legal a exigir o prévio ajuizamento da ação revisional, a cessação da eficácia vinculante da decisão transitada em julgado se opera automaticamente, *como mera e natural decorrência lógica do que se entende por limites objetivos da coisa julgada.* Aplicando-se esses conceitos
ao universo do Direito Tributário, tem-se que, ante a inexistência de lei específica prevendo o oposto, a cessação da eficácia vinculante da decisão tributária transitada em julgado face ao advento de nova circunstância jurídica – mais precisamente, face ao advento de precedente definitivo e objetivo do STF em sentido diverso do nela sufragado –, opera-se de modo automático, *independentemente do prévio ajuizamento de qualquer ação, muito menos da revisional de que trata o art. 471, inc. I do CPC.*" (Parecer PGFN/CRJ n. 492/2011) (grifos constantes no original).

94. DWORKIN, Ronald. *Levando os direitos a sério.* São Paulo: Martins Fontes, 2002, p. 176.

95. Em sentido oposto ao aqui defendido, i.e., defendendo o uso do precedente de forma similar ao emprego da lei, vide o trabalho de Jonathan Barros Vita ("Tributação, direito concorrencial e processo: as mudanças das circunstâncias de fato e de direito no campo da ação revisional do artigo 471 do CPC"), publicado na presente obra coletânea. Ao se contrapor o aludido trabalho com o presente artigo se constata que, ao igualar o precedente à lei, o referido Autor conclui pela possibilidade da União valer-se de um novo precedente do STF para mitigar os efeitos da coisa julgada em relações tributárias de trato sucessivo *independentemente do ajuizamento da ação revisional prevista no art. 471, inciso I do Código de Processo Civil.* Isso porque, para o referido Professor, os efeitos do novo precedente pretoriano fluem automaticamente, com a sua simples publicação ("promulgação") e posterior aplicação (lógico-subsuntiva) em concreto, pouco importando o advento de uma mediação jurisdicional e a realização de uma comparação analógico-problemática do precedente pretoriano com o caso decidendo. Em razão de todas as questões aqui postas, discordamos frontalmente dessa concepção a respeito do precedente judicial e, por conseguinte, das conclusões lá alcançadas.

96. É no âmbito da historicidade do direito, isto é, apenas no instante da sua realiza-

e realizada entre o caso decidendo e o caso precedente, tendo por objetivo verificar a existência ou não de uma aproximação[97] entre os sentidos jurídicos interrogados por tais casos o que, apenas em caso positivo, justificaria a mobilização do precedente e dos fundamentos e critérios empregados na sua resolução.[98]

Assim, o precedente – e, no caso estudado, *os precedentes do STF* procedimentalmente veiculados nas hipóteses aqui tratadas – *são o ponto de partida, mas não necessariamente o ponto de chegada para a realização de um caso em concreto.* Logo, o precedente só tornar-se-á um critério válido para a resolução do caso decidendo depois do emprego da racionalidade analógico-problemática exaustivamente mencionada e, consequentemente, a constatação de que a *ratio decidendi* do caso precedente é suficiente e materialmente válida para a realização do caso decidendo.

E essa constatação não deve (nem poderia) ser feita pela parte interessada no aproveitamento do precedente para a resolução do caso decidendo, mas sim pelo Estado-Juiz, equidistante das partes litigantes e que irá proporcionar o devido

---

ção prática que, mediante o emprego da analogia, torna-se possível comparar os casos em relevo (caso precedente e caso decidendo), para então se decidir quanto à convocação ou não do caso-precedente como critério válido para a resolução do caso-decidendo.

97. Jamais haverá uma integral identidade entre o caso precedente e o caso decidendo, mas apenas uma aproximação (similitude) em razão da sua análoga problematização, o que só é possível ser constatado mediante a comparação em concreto destes casos (precedente e decidendo). Isso porque "à exceção das analogias matemáticas, que operam no homogêneo e no 'continuum' de unidade qualitativa, todas as analogias da experiência, operam no heterogêneo." (SILVESTRE, Ana Carolina de Faria. *A decisão judicial enquanto realização metodonomológica comprometida com a justiça prático-prudencialmente assumida:* o juízo, a decisão judicativa e a justiça à luz da proposta metodológica de Castanheira Neves. Coimbra, 2011, p. 26.) (Mimeo).

98. Quer dizer que "os sentidos jurídicos concretos, de análoga intencionalidade problemática e portanto, determinantes de âmbitos de relevância não decerto de todos idênticos, mas do mesmo tipo, justificam, já por isso, a utilização do mesmo fundamento jurídico ou critério de decisão – o fundamento jurídico da decisão do precedente, a sua 'ratio decidendi', passa a ser o critério normativo do caso decidendo." (NEVES, Antônio Castanheira. *Instituto dos assentos,* p. 63.).

processo legal e, em especial, o contraditório, para ouvir as razões[99] (favoráveis e contrárias) para a convocação ou não do precedente para a realização do caso a ser decidido. Até porque, *no sistema do stare decisis,* "não por raras vezes, haverá controvérsias acerca de quais partes da decisão são consideradas precedentes, e, assim, possuem sua vinculação normativa [...]".[100]

Daí a necessidade de um intenso contraditório[101] entre as partes litigantes, o que demanda, necessariamente, a ação revisional aqui tratada e a sua correlata tutela jurisdicional. Tal questão ainda não restou decidida pelo Supremo Tribunal Federal, a qual apenas se manifestou positivamente quanto à necessidade de ação rescisória para afastar os efeitos pretéritos da coisa julgada inconstitucional. Nesse sentido:

> CONSTITUCIONAL E PROCESSUAL CIVIL - DECLARAÇÃO DE INCONSTITUCIONALIDADE DE PRECEITO NORMATIVO PELO SUPREMO TRIBUNAL FEDERAL - EFICÁCIA NORMATIVA E EFICÁCIA EXECUTIVA DA

---

99. O que está atrelado à ideia de participação cooperativa das partes litigantes para a formação da melhor decisão judicial para o caso em concreto, decisão essa que poderá ser posteriormente invocada como precedente para julgamento de casos análogos. Ressalte-se, inclusive, que essa ideia de comparticipação ganha ainda mais força com o advento do novo CPC, haja vista o disposto nos arts. 6º. e 10 do referido *Codex, in verbis*:
Art. 6º Todos os sujeitos do processo devem cooperar entre si para que se obtenha, em tempo razoável, decisão de mérito justa e efetiva.
Art. 10. O juiz não pode decidir, em grau algum de jurisdição, com base em fundamento a respeito do qual não se tenha dado às partes oportunidade de se manifestar, ainda que se trate de matéria sobre a qual deva decidir de ofício.
"Com isso, a discussão processual se concentra em um debate acerca da aplicabilidade de determinado precedente e/ou enunciado sumular ao caso em exame, podendo-se inferir que o ônus argumentativo não é apenas do magistrado, *mas também das partes* (noção e comparticipação e de policentrismo). (HORTA, André Frederico. NUNES, Dierle. *Aplicação de precedentes e "distinguishing" no CPC/2015*: uma breve introdução.) (g.n.).

100. ABBOUD, Georges. "Precedente judicial *versus* jurisprudência dotada de efeito vinculante, *in Direito jurisprudencial.* São Paulo: Ed. RT, 2012, p. 523.

101. Contraditório esse não mais limitado pelo tradicional binômio ciência/resistência, mas marcado pela já citada ideia de comparticipação das partes litigantes, o que está em perfeita sintonia com o princípio da cooperação.

DECISÃO: DISTINÇÕES - INEXISTÊNCIA DE EFEITOS AUTOMÁTICOS SOBRE AS SENTENÇAS JUDICIAIS ANTERIORMENTE PROFERIDAS EM SENTIDO CONTRÁRIO - INDISPENSABILIDADE DE INTERPOSIÇÃO DE RECURSO OU PROPOSITURA DE AÇÃO RESCISÓRIA PARA SUA REFORMA OU DESFAZIMENTO.

[...].

4. Afirma-se, portanto, *como tese de repercussão geral* que a decisão do Supremo Tribunal Federal declarando a constitucionalidade ou a inconstitucionalidade de preceito normativo não produz a automática reforma ou rescisão das sentenças anteriores que tenham adotado entendimento diferente; para que tal ocorra, será indispensável a interposição do recurso próprio ou, se for o caso, a propositura da ação rescisória própria, nos termos do art. 485, V, do CPC, observado o respectivo prazo decadencial (CPC, art. 495). *Ressalva-se desse entendimento, quanto à indispensabilidade da ação rescisória, a questão relacionada à execução de efeitos futuros da sentença proferida em caso concreto sobre relações jurídicas de trato continuado.*

[...].

6. Recurso extraordinário a que se nega provimento.[102]

A parte final da ementa acima transcrita parece, em princípio, afastar a necessidade da ação rescisória para estancar os efeitos do trânsito em julgado na hipótese de relação jurídica de trato sucessivo. Todavia, não é isso o que se depreende da análise da íntegra do acórdão do Relator, em especial quando referido voto é lido à luz das particularidades do caso em concreto.

Nesse sentido, insta destacar que no caso em que proferido o sobredito procedente, o que se discutia era a possibilidade de desconstituir a coisa julgada para fixação de honorários advocatícios. Isso porque, no caso do precedente, a coisa julgada foi veiculada sem a fixação desta verba, com fundamento em uma lei que impedia a fixação de honorários advocatícios em demandas contra o FGTS. Referida lei foi

102. STF, RE 730.462, Relator: Min. Teori Zavascki, Tribunal Pleno, j. 28.05.2015, Acórdão Eletrônico *DJe*-177 Divulg 08.09.2015; Public 09.09.2015.

posteriormente declarada inconstitucional pelo STF, em caso com caráter transubjetivo, o que redundou no ajuizamento da aludida ação rescisória.

Percebe-se, portanto, que no caso em que veiculado o aludido precedente (RE 730.462) não se estava diante de uma relação jurídica de trato sucessivo, motivo pelo qual o seu Relator fez questão de aclarar que a imprescindibilidade da rescisória para desfazer o trânsito em julgado para as relações jurídicas de trato sucessivo não era objeto de julgamento. Em seu voto, o Ministro Teori Zavascki deixa isso mais claro quando assim aduz:

> Ressalva-se desse entendimento, quanto à indispensabilidade da ação rescisória, a questão relacionada à execução de efeitos futuros da sentença proferida em caso concreto, notadamente quando decide sobre relações jurídicas de trato continuado, *tema de que aqui não se cogita.* (g. n.).

Independente da manifestação do STF para o tema, continuamos a defender a necessidade da ação revisional para o problema aqui tratado.

Por fim, a citada ação revisional também teria que respeitar o sobredito limite judicativo, isto, é claro, na hipótese do precedente pretoriano convocado ter tido seus efeitos modulados para momento posterior ao ajuizamento da presente ação.

6. Da resposta ao problema inicialmente apresentado

Retomando o problema inicialmente apresentado no presente trabalho, convém responder o questionamento então formulado, qual seja:

A decisão proferida pelo STF afeta a coisa julgada existente em favor de XPTO? De que forma?

Diante de tudo o que fora exposto ao longo do presente trabalho e, em especial, partindo da premissa que o direito é criado e recriado em concreto, por meio da mediação, promovida pelo juiz entre o caso decidendo e o sistema-fundamento, o questionamento alhures pode ser assim respondido:

A decisão proferida pelo STF no Recurso Extraordinário 377.457/PR, por ter sido afetada pelo instituto da repercussão geral, tem aptidão para, em tese, desconstituir a coisa julgada até então favorável à empresa XPTO.

Tal fato, todavia, não autoriza a União, de forma automática e por *sponte propria*, promover Auto de Infração para exigir os valores supostamente devidos por XPTO e que, até então, estavam acobertados pelo trânsito em julgado. Para tanto, a União deve necessariamente promover ação rescisória com fundamento no art. 485, inciso V, do Código de Processo Civil de 1973 ou no art. 966, inciso V do novo *Codex*.

Caso, todavia, a citada ação não seja promovida dentro do prazo legal para o seu ajuizamento,[103] a União ainda poderá obstar *para o futuro* os efeitos da mencionada decisão, mas desde que o precedente pretoriano por ela invocado respeite os limites procedimental, metodológico e judicativo aqui tratados e, ainda, desde que a União se valha da ação revisional estabelecida no art. 471, inciso I, do Estatuto Processual Civil ou no art. 505, inciso I, no CPC/2015.

103. Retome-se o exposto no item 4.1 do presente trabalho.

TRIBUTAÇÃO, DIREITO CONCORRENCIAL E PROCESSO: AS MUDANÇAS DAS CIRCUNSTÂNCIAS DE FATO E DE DIREITO NO CAMPO DA AÇÃO REVISIONAL DO ART. 505 DO CPC/2015

Jonathan Barros Vita[1]

Sumário: 1. Introdução – 2. Notas sobre a relativização a coisa julgada e a ação revisional: 2.1 Uniformização revisória, coisa julgada e Teoria dos Sistemas; 2.2 Relativização da coisa julgada, ação rescisória e ação revisional: 2.2.1 Notas gerais a respeito da relativização da coisa julgada; 2.2.2 A respeito da ação rescisória – 3. Delimitação dos limites semânticos da expressão *modificação nos estado de fato ou de direito*: 3.1 Mudança do estado de fato; 3.2 Mudança do estado de direito – 4. (Des)aplicação da ação revisional no direito tributário: o Parecer PGFN 492/2011 – 5. Conclusões.

---

1. Advogado, Consultor Jurídico e Contador. Especialista em Direito Tributário pelo Instituto Brasileiro de Estudos Tributários – IBET-SP, Mestre e Doutor em Direito do Tributário pela Pontifícia Universidade Católica de São Paulo – PUC-SP e Mestre em Segundo Nível em Direito Tributário da Empresa pela Universidade Comercial Luigi Bocconi – Milão – Itália. Coordenador e professor do Mestrado em Direito da UNIMAR. Professor de diversos cursos de pós-graduação no Brasil e exterior. Conselheiro do Conselho Municipal de Tributos de São Paulo. Ex-Conselheiro do CARF – Conselho Administrativo de Recursos Fiscais. Ex-Juiz do Tribunal de Impostos e Taxas do Estado de São Paulo. Ex-Secretário da Comissão Especial de Direito Tributário do Conselho Federal da OAB.

1. Introdução

Antes de adentrar nos meandros do núcleo central de especulações específicas deste artigo, tem-se como importante esclarecer que o sistema de referência do mesmo é baseado em um tripé composto por: *Law and Economics* de Posner,[2 e 3] Teorias da Linguagem, representadas pelo Construtivismo Lógico-Semântico de Barros Carvalho,[4] e Teoria dos Sistemas de Niklas Luhmann.[5]

Estas plataformas teóricas, que possuem como raiz comum o movimento do Giro Linguístico, são unificadas no sistema de referência proposto,[6] no qual dois são seus fundamentos, a compatibilização entre elas e a efetivação de um processo evolutivo destes paradigmas, em que cada uma delas exerce um papel específico na análise do tema proposto por este artigo, como será visto.

Neste sentido, com estes acoplamentos teóricos, possibilitam-se mudanças de posição em relação ao objeto jurídico estudado, assim como existem várias espécies de física que são compatíveis entre si (física clássica, física quântica e física gravitacional) enquanto seus objetos são distintos (objetos comuns, microestruturas e macroestruturas).[7]

---

2. Para um apanhado geral sobre *Law and Economics*: ROEMER, Andrés. *Derecho y economía:* uma revisión de la literatura. Cidade do México: ITAM, 2000.

3. Já na doutrina brasileira, como autores que trabalham com este sistema de referência, mais especificamente voltado ao direito (tributário) brasileiro, entre outros: CARVALHO, Cristiano Rosa de. *Teoria do sistema jurídico:* direito, economia, tributação. São Paulo: Ed. Quartier Latin, 2005; CALIENDO, Paulo. *Direito tributário e análise econômica do direito*: uma visão crítica. Rio de Janeiro: Elsevier, 2009; e SCHOUERI, Luís Eduardo. *Direito tributário.* São Paulo: Saraiva, 2011.

4. CARVALHO, Paulo de Barros. *Direito tributário*: linguagem e método. 2ª edição. São Paulo: Noeses, 2008.

5. LUHMANN, Niklas. *Law as a social system.* Oxford: Oxford University Press, 2004.

6. Para a visão mais atual deste sistema de referência proposto: VITA, Jonathan Barros. *Teoria geral do direito:* direito internacional e direito tributário. São Paulo: Quartier Latin 2011.

7. Para a visão mais atual deste sistema de referência proposto: VITA, Jonathan

Este sistema de referência já foi utilizado também no estudo do direito processual[8] e abriu portas para a criação de novas pontes linguísticas (*wormholes*) de partes não adjacentes (geograficamente) no campo da relação entre direito tributário, direito processual e direito concorrencial, permitindo que as lógicas destes (sub)sistemas, que atendem a certos eixos semânticos/principiológicos, sejam analisadas em uma ótica cibernética e dinâmica.[9]

É dizer, a interpretação dos textos legais, que é mediada pelos princípios,[10] sempre está em constante evolução e, na modernidade da hermenêutica jurídica, tem-se como necessário o cálculo de princípios de naturezas (eixos semânticos) distintas, em que se cria um poliedro interpretativo, reposicionando-se o texto frente a vários princípios e verifica-se qual interpretação é a que melhor compatibiliza estes vetores interpretativos.

Mais ainda, no caso do direito processual, tem-se que há uma nítida tendência de harmonização das decisões judiciais e de preocupar-se com o ambiente competitivo (economicamente) do sistema social.

Neste sentido, tem-se como necessária a (re)interpretação do enunciado prescritivo do art. 505 do CPC/2015 – Lei 13.105 de 2015, cuja redação é idêntica à do art. 471 do antigo CPC/73),[11]

Barros. *Teoria geral do direito e direito internacional aplicados à matéria tributária*. São Paulo: Quartier Latin, 2011.

8. VITA, Jonathan Barros Repercussão geral: um novo caminho entre *Civil Law* e *Common Law* através da Semiótica e da Teoria dos Sistemas. In: *Revista Tributária das Américas*. São Paulo: Ed. RT, número 2, jul/dez, 2010, p. 207-239.

9. Mais especificamente na vinculação entre direito tributário, concorrencial e processual: VITA, Jonathan Barros; DINIZ, Marcelo de Lima Castro. "Direito concorrencial e direito tributário: *sham litigation* em matéria tributária". In: *Revista Tributária das Américas*. São Paulo: Ed. RT, número 3, jan/jun, 2011.

10. Para mais sobre esta ideia: VITA, Jonathan Barros. "Classificação e cálculo de princípios". In: *Revista de Direito tributário*. São Paulo: Malheiros, vol. 104, 2009.

11. Art. 505. Nenhum juiz decidirá novamente as questões já decididas, relativas à mesma lide, salvo:
I – se, tratando-se de relação jurídica continuativa, sobreveio modificação no estado de fato ou de direito; caso em que poderá a parte pedir a revisão do que foi estatuído na sentença;

que instituiria a chamada ação revisional no caso de mudança nas circunstâncias de fato e de direito de uma lide já julgada, o que permitiria não a sua relativização, mas sua desconsideração em caso de relações continuativas.

Para tanto, uma análise sobre a definição do conceito da ação revisional e sua relação com a relativização da coisa julgada.

Prosseguir-se-á com a delimitação dos limites interpretativos para autorizar a mudança de uma decisão judicial através da alteração das circunstâncias de fato e de direito para, por fim, demonstrar sua (quase in)aplicabilidade no caso do direito tributário.

2. Notas sobre a relativização da coisa julgada e a ação revisional

2.1 Uniformização decisória, coisa julgada e Teoria dos Sistemas

O pano de fundo deste problema, como já dito, está no campo da atual tendência evolutiva do sistema processual, o que determinou a necessidade de uma maior força na redundância comunicativa em detrimento à variabilidade, pressupondo uma extrema verticalização decisória com um correspondente aumento de homogeneidade nas decisões.

Mais ainda, com o Código de Processo Civil de 2015, temse o incidente de uniformização de demandas coletivas contido no art. 976[12] e ss., que criou o incidente de resolução de

II – nos demais casos prescritos em lei.

12. Art. 976. É cabível a instauração do incidente de resolução de demandas repetitivas quando houver, simultaneamente:
I – efetiva repetição de processos que contenham controvérsia sobre a mesma questão unicamente de direito;
II – risco de ofensa à isonomia e à segurança jurídica.
§ 1º A desistência ou o abandono do processo não impede o exame de mérito do incidente.

demandas repetitivas.

Da mesma forma, este novo texto legal possui vários dispositivos que amplificam a aplicação dos recursos repetitivos e repercussão geral vedando a prolação de decisões contrárias a estes entendimentos assim como ocorre atualmente com a súmula vinculante.

Elucidando, sob o ponto de vista evolutivo, com mecanismos/institutos como repercussão geral,[13] recursos repetitivos e súmula vinculante, incluindo os sobrestamentos administrativos e judiciais de processos decorrentes da existência de uma controvérsia a ser dirimida homogênea e verticalmente, tem-se um novo sistema de processo em curso de consolidação, o qual aproxima *Common* e *Civil Law*, criando interessantes desdobramentos e quebras de paradigma no sistema processual brasileiro.[14]

Deixa-se claro que é óbvio que há problemas de incorporação destes institutos alienígenas ao ordenamento jurídico brasileiro, pois alguns princípios consolidados na doutrina e jurisprudência nacionais são contrapostos claramente a esta

---

§ 2º Se não for o requerente, o Ministério Público intervirá obrigatoriamente no incidente e deverá assumir sua titularidade em caso de desistência ou de abandono.

§ 3º A inadmissão do incidente de resolução de demandas repetitivas por ausência de qualquer de seus pressupostos de admissibilidade não impede que, uma vez satisfeito o requisito, seja o incidente novamente suscitado.

§ 4º É incabível o incidente de resolução de demandas repetitivas quando um dos tribunais superiores, no âmbito de sua respectiva competência, já tiver afetado recurso para definição de tese sobre questão de direito material ou processual repetitiva.

§ 5º Não serão exigidas custas processuais no incidente de resolução de demandas repetitivas.

13. Para um estudo mais aprofundado deste tema: VITA, Jonathan Barros. "Repercussão geral: um novo caminho entre *Civil Law* e *Common Law* através da Semiótica e da Teoria dos Sistemas". In: *Revista Tributária das Américas*. São Paulo: Ed. RT, número 2, jul/dez, 2010, p. 207-239.

14. Para mais sobre o desenvolvimento destas relações entre *Common Law* e *Civil Law*, especialmente, aplicadas a súmula vinculante. JOBIM, Eduardo; TIMM, Luciano Benetti. "A súmula vinculante no direito brasileiro. Estudo comparativo com o direito inglês". In: *O processo na Constituição*. São Paulo: Quartier Latin, 2008.

ideia, como o livre convencimento motivado dos juízes, além de uma (incorreta) não aplicação do princípio da isonomia às decisões judiciais.

Entre estes citados desdobramentos, está a necessidade clara de identificar as formas de determinar mecanismos para diminuir as dissonâncias entre as decisões superiores supervenientes e aquelas precedentes (de instâncias inferiores ou do mesmo tribunal), alinhando os futuros presentes e estados alcançados[15] e alterando, fora dos clássicos prazos de prescrição, decadência, preclusão e ação rescisória, decisões judiciais com trânsito em julgado, especialmente no campo da chamada relativização da coisa julgada [que possui (clássicas) subespécies: formal (arts. 485 (e outros esparsos) do CPC/2015 e 267 do CPC/73) e material (arts. 502 do CPC/2015 e 269 do CPC/73)].

Deixa-se claro, aqui, que a definição clássica do conceito de coisa julgada,[16] construída a partir do art. 502 e ss. do CPC/2015 que especificou mais que o 467 do CPC/73 (tendo ambos os artigos amplificado semanticamente os contornos conotativos da menção do art. 5º, XXXVI, da Carta, a qual era lida com o art. 6º, *caput* e § 2º da LINDB (Decreto-lei 4.657/42) parte do pressuposto de uma decisão imutável e que não pode ser modificada por lei posterior (específica/casuística) além

---

15. Essa expressão/dualidade temporal foi cunhada por: LUHMANN, Niklas. *Law as a social system*. Oxford: Oxford University Press, 2004.

16. Como importantes obras que tratam sobre a história da coisa julgada no campo da doutrina tradicional e internacional e que foram ponderadas na construção deste item, ainda que com sistemas de referência distintos: SOUZA, Fernanda Donnabella Camano de. *Os limites objetivos e "temporais" da coisa julgada em ação declaratória no direito tributário*. São Paulo: Quartier Latin, 2006; TALAMINI, Eduardo. *A coisa julgada e sua revisão*. São Paulo: Ed. RT, 2005; TALAMINI, Eduardo. "A coisa julgada no tempo (os limites temporais da coisa julgada)". In: *Revista da AASP*. Vol.88. São Paulo: Ed. RT, novembro de 2006, p. 56-63; MARTINS, Ives Gandra da Silva; PEIXOTO, Marcelo Magalhães; e ELALI, André (coords.) *Coisa julgada tributária*. São Paulo: MP Editora, 2005; MACHADO, Hugo de Brito (coord.). *Coisa julgada, constitucionalidade e legalidade em matéria tributária*. Fortaleza: ICET; São Paulo: Dialética, 2006; e GONÇALVES, Carla de Lourdes. "Coisa julgada: é possível sua alteração em matéria tributária?" In: *Direito tributário contemporâneo:* estudos em homenagem a Geraldo Ataliba. São Paulo: Malheiros, p. 128-137, 2012.

de não ser passível de recurso ordinário ou extraordinário, o que merece alguns reparos.

Isto ocorre, pois esta definição não leva em conta o fato da possibilidade de modificação dos julgados através das ações rescisórias, que podem ser, de fato consideradas como recurso e, também, a clara analogia com as decisões apenas com efeito devolutivo, cujos efeitos deveriam ser juridicamente equivalentes aos da coisa julgada (inclusive para fins de execução).

Mais ainda, no caso de relações jurídicas continuativas, tem-se que inexiste coisa julgada material,[17] pois a renovação dos fatos jurídicos, objetos da demanda, e os efeitos prospectivos de ações declaratórias (como as de inexistência de relações jurídico-tributárias) possuem ínsitos efeitos apenas pelo fato de que há, naquela decisão originária, a construção de uma NGA (Norma Geral e Abstrata) na fundamentação (repertório) da sentença e sua concretização na conjunção relatório (fato jurídico) e dispositivo (relação jurídica individualizada).[18]

De qualquer forma e prosseguindo, no campo do estudo da coisa julgada, muitos justificam sua imutabilidade enquanto colocam em maior relevo o problema da segurança jurídica, entretanto, estes argumentos não levam em conta um interessante paradoxo contido neste conceito, pois não diferenciam a segurança jurídica individual e a coletiva.

Especificando, a segurança jurídica individual possui como ponto de referência o fato que as relações jurídicas de um sujeito devem ser mantidas para dar maior estabilidade do sistema jurídico em relação às expectativas cognitivas/da sociedade.

Neste sentido, sem dúvida, um vetor importante para consolidação das expectativas individuais é a segurança jurídica

---

17. Neste sentido, entre outros julgados, destaca-se, no STJ: AgRg no Ag 1411609 que leva em conta, aparentemente, (apesar das críticas) a Súmula 239 do STF.

18. Como interpretação de que o limite temporal da interpretação na ação declaratória é o de validade de uma dada Lei, tem-se o REsp1876 do STJ.

(e a certeza do direito) consolidada através da coisa julgada e por mecanismos de perenização/estabilização de relações jurídicas como a prescrição e decadência.

De outro lado, a segurança jurídica geral somente pode existir com a redundância e uniformização das codificações e programações do sistema jurídico, sendo a única forma de interpretação sistemática/sistêmica deste princípio.

É dizer, em certa medida, apenas com codificações jurídicas similares para casos semelhantes com o qual, estruturalmente, guarde relação de identidade, o sistema político consegue manter formas de coerção majoritárias (código maioria da política) estáveis em um período de tempo.

Por sua vez, no sistema econômico, estas codificações jurídicas que criem impactos econômicos (especialmente reduzindo custos através de decisões judiciais) devem também ser vetorizadas e quantificadas da mesma forma na alocação de capital, implicando que as comunicações jurídicas não criem eficiências artificiais para os atores do sistema social.

Mais fortemente, as decisões judiciais, portanto, devem ser instrumentos de isonomia, ponderadas também com os princípios constitucionais da livre iniciativa e livre concorrência (respectivamente positivados nos arts. 1º, IV, parte final cc 170, *caput*, e no inciso IV, da CF).

Contextualmente, a livre iniciativa pressupõe que todos devem poder iniciar no mercado com uma carga tributária e regulatória neutras, o que viabiliza um ambiente propício para a livre concorrência que ocorrerá apenas com fatores naturais (como economia de escala, etc.), mas nunca com fatores artificiais.

Sintetizando, a coisa julgada, portanto, acabou sendo considerada, historicamente, como uma forma de estabilização desta segurança jurídica individual que era contraposta a uma segurança jurídica geral, criando um quase axioma do sistema jurídico das garantias individuais que sempre prevaleceriam em relação àquela geral.

Esta ideia consolida-se, mais fortemente, com a (falsa) ideia de que esta individualidade criaria condições para evolução do sistema jurídico com maior variabilidade futura e não perda de poder decisório (quase absoluto) dos juízes das instâncias inferiores.

2.2 Relativização da coisa julgada, ação rescisória e ação revisional[19]

2.2.1 Notas gerais a respeito da relativização da coisa julgada

Obviamente tudo o dito tenderia a uma simples prevalência das relações coletivizadas e uniformizadas em detrimento daquelas individuais, prevalecendo o interesse público/coletivo em prejuízo daqueles direitos individuais, garantidos pelas cláusulas pétreas da Constituição Federal brasileira (art. 60, §4º).

Entretanto, uma análise aprofundada (e poliédrica) dos fatores que levam a esta posição é necessária, pois tem-se, como natural, que a contingência seja considerada como um conceito/instituto necessário no sistema jurídico, sendo sua aceitação contrafactualizada através de mecanismos de revisão de normas individuais e concretas produzidas, permitindo maior redundância comunicativa e aumentando a (re) estabilização sistêmica.

Elucidando, o direito está passível de mudanças e (r) evoluções para novos status de (re)estabilização, entretanto,

19. Como interessante conjunto de comentários ao art. 471 do CPC: NEGRÃO, Theotônio; e GOUVÊA, José Roberto Ferreira. *Código de Processo Civil e legislação processual e vigor.* 40ª ed. São Paulo: Saraiva, 2008.

estas formas que atingem decisões judiciais já estabilizadas devem ser pontuais para não permitir uma exponencialização de conflitos e sua perenidade infinita, o que findaria com a ideia de estabilização das expectativas normativas com uma decisão judicial que interpreta um caso concreto (no centro geográfico do sistema jurídico).

Neste sentido, como citado, estas estabilizações decisórias possuem, normalmente, marcas temporais, como no caso da prescrição e decadência e, também, formas recursais (como os recursos ou ação rescisória) e, também, mecanismos indiretos para esta revisão, como no caso dos arts. 525, §12 e 535, §§ 5º a 8º do CPC/2015 (os quais possuem redações e funções idênticas à dos arts. 741, parágrafo único, e do 475-L, parágrafo primeiro, ambos do CPC/73), que impedem a executoriedade de um título após declaração de inconstitucionalidade.

Especificamente, estes dispositivos citados criam possibilidades de (re)aberturas de prazos tanto para: as execuções da Fazenda Pública que seriam inexigíveis em caso de declaração de inconstitucionalidade, como a possibilidade de devolução dos mesmos, caso já pagos: assim como para o Fisco ter a possibilidade de cobrar tributo posteriormente declarado constitucional pela Corte Suprema.

Abrem-se parênteses para mencionar que, da mesma forma que nas declarações de (in)constitucionalidade, as declarações em controle difuso não produzem efeitos concretos para outros casos que não aquele sob exame, deixando claro que, com o mecanismo da repercussão geral e das súmulas vinculantes e pós-*leading case* HC (Habeas Corpus) 82.959, estas declarações vinculam o julgamento de novas retiradas do sistema, sendo desnecessário o Decreto Legislativo,[20] o que é reforçado com a existência da repercussão geral do art. 1.035 e ss. do CPC/2015 (com redação idêntica à do art. 543-A e ss. do CPC/73).

---

20. A equiparação entre os efeitos da ADI e das declarações em efeito difuso após estes institutos é mencionada no julgamento do REsp 720.953.

Conseguintemente, tanto para as declarações em controle concentrado como difuso, necessitam, direta (sentença, a exemplo) ou indiretamente (no citados arts. 741, parágrafo único, do CPC/73[21], e 475-L, parágrafo primeiro, ambos do CPC/73), de NICs (Normas Individuais e Concretas) que realizem a revogação das programações derivadas da programação originária.

Estas revogações de NICs podem ocorrer no curso do processo ou quanto ainda no prazo prescricional ou decadencial, entretanto, cabe investigar o que fazer no caso de ações já com trânsito em julgado em relação a estas decisões.

Nessas situações, surgiriam como instrumentos possíveis:

- a ação rescisória do art. 966 e ss. cc art. 525 §§ 14 e 15 do CPC/ 2015, se ainda no seu prazo (tendo como maior exceção deste prazo o caso de ação de paternidade)[22] e com efeitos temporais moduláveis; e/ou

- para as relações jurídicas continuativas, a ação revisional do art. 505 do CPC/2015, que teria efeitos apenas prospectivos,[23] perfazendo esta uma exceção à coisa julgada *material.*

2.2.2 A respeito da ação rescisória

Como nota de atualização importante, no caso da ação rescisória, recorda-se que ela é dirigida à instância onde foi dada a última decisão do processo e seu prazo, a partir do

---

21. Lembra-se que, no caso específico da aplicação do art. 741, colocou-se no citado REsp 720.953 como limitador temporal da desconstituição de sentença o julgamento ser após a sua vigência, além de não considerar certas situações como sendo equiparáveis a declaração de inconstitucionalidade.

22. Esta possibilidade foi expressamente aceita no STF no *leading case*: RE 363.889.

23. Importante mencionar que, no caso do julgamento da ação revisional, aparentemente, o STF possui decisão de que esta declaração para as normas individuais e concretas seria apenas *ex nunc*, mesmo que a declaração tenha se dado com efeitos *ex tunc*, como mencionado no RE 594.350.

Código de Processo Civil de 2015 (em oposição ao antigo regime) é renovado quando há posterior declaração de inconstitucionalidade, nos termos dos citados §§ 14 e 15 do art. 525 do CPC/2015, interpretação que poderia resolver o problema de pesquisa apresentado aqui, mas que, por conta das limitações do art. 1.057 do CPC/2015, não atingiria as decisões transitadas em julgado antes da entrada em vigor do CPC de 2015.

De outro lado, historicamente, lembra-se que, segundo a jurisprudência dominante quando da vigência do art. 485 e ss. do CPC/73 (com a qual não se concordava), a declaração de constitucionalidade (ou inconstitucionalidade) não era considerada como fato novo e não (re)estabeleceria a marca temporal para a impetração desta ação, diversamente do que ocorre com vários outros textos processuais, como aqueles do direito penal.[24]

Apenas como elementos para reiterar a análise crítica desta postura do STJ (Superior Tribunal de Justiça), tem-se que este impedimento ao (re)julgamento das causas que tiveram declaração de (in)constitucionalidade pelo STF (Supremo Tribunal Federal) não era permitido expressamente em matéria tributária (pela jurisprudência da 1ª Seção do STJ)[25] a partir de uma incorreta interpretação da Súmula 343 do STF,[26] que já não é aplicada naquele tribunal quando se

---

24. O STJ reiterou a jurisprudência do EREsp 435.835 e no AGRG no AG 803.662 no EDcl no REsp 1.110.578 com Recurso Repetitivo com relação aos casos de repetição de indébito e declaração de inconstitucionalidade, algo aplicável analogamente ao caso de reabertura de prazo para rescisória. O STF não se pronunciou sobre a matéria, pois diz-se tratar de matéria infraconstitucional no AgR no RE 417.379, lembrando que, indiretamente, tal não reabertura foi mencionada no EDcl no RE 328.812.

25. Neste sentido, como exemplo, em matéria tributária no STJ, tem-se o Resp 1.118.893, apesar de, em outras matérias, a segunda seção do STJ admitir rescisória em tais casos (Ação Rescisória n° 1.287/RN e 1.001/RN e Recurso Especial 128.239/RS).

26. Súmula 343: Não cabe ação rescisória por ofensa a literal dispositivo de lei, quando a decisão rescindenda se tiver baseado em texto legal de interpretação controvertida nos tribunais.

trata de matéria constitucional[27] (anterior ao CPC/73, CTN (Código Tributário Nacional - Lei 5.172 de 1966) e LEF (Lei de Execuções Fiscais - Lei 6.380 de 1980)).

Mais ainda, há também o problema atual da translação dos efeitos de demandas individuais para ações coletivas e vice-versa, ou seja, em um primeiro plano, inexiste litispendência entre estas duas ações com objetos concorrentes (notavelmente em matéria trabalhista, de direitos de servidores públicos e do consumidor, incluindo os casos de ação civil pública)[28] e, ainda, poder-se-ia dizer que a decisão de uma destas ações, quando mais benéfica, aproveitaria às demais partes em alguns casos concretos ou, ao menos, faria com que a prescrição da ação individual fosse interrompida quando ação coletiva fosse proposta.

Outrossim, não se olvida, também, que há possibilidade de revisão de julgados com aplicação de penalidades (incluindo tributárias) por força do princípio da chamada retroatividade da lei mais benéfica do art. 5º, XL, da CF, que pode afetar tanto o processo de cognição, como aquele de execução, especialmente o penal.

2.2.3 Uma introdução a respeito da ação revisional

Deixando de lado a ação rescisória com seus requisitos recursais bastante estreitos e dada a situação de os novos dispositivos não terem aplicabilidade às situações pretéritas, o foco deste trabalho é, como dito, delimitar os contornos jurídicos da chamada ação revisional, que é utilizada para as relações jurídicas continuativas, relativizando a coisa julgada, lembrando que esta é uma nova lide, processada em autos em apartado da ação originária.[29]

---

27. O precedente mais recente é a AR 1.409/2009 do STF.

28. Entre outros exemplos, o Recurso de Revista 39728 do TST, o Resp 240.128 e CC 47.731 do STJ.

29. Neste sentido: NEGRÃO, Theotônio; e GOUVÊA, José Roberto Ferreira. *Código*

Esta relativização prospectiva em relações jurídicas continuativas ocorreria em duas situações, sendo a de mais simples interpretação aquela que denotam a expressa disposição legal do inciso II do art. 505 do CPC/2015.

Nesse inciso, tem-se como exemplos: a ação de revisão de alimentos do art. 15 da Lei 5.478/68 (lei da ação de alimentos) combinado com o § 3º do art. 475-Q do CPC/73; ação de revisão de aluguéis dos arts. 68 a 70 da Lei 8.245/91; a ação que pressupõe reversão de guarda, entre outras.

Apenas como nota de analogia, existe, no processo penal, uma ação símile à apresentada, chamada de revisão criminal, prevista nos arts. 621 a 631 do CPP (Código de Processo Penal).

Já no caso das condições do inciso I do art. 505 do CPC/2015, que delimita que as mudanças do estado de fato ou de direito que circundam a causa é que trazem mais problemas, os quais serão investigados no ponto seguinte com mais detalhes, lembrando que também em matéria trabalhista aceita-se tal espécie de ação, por aplicação subsidiária do CPC à CLT (Consolidação das Leis do Trabalho), o mesmo ocorrendo em matéria previdenciária (art. 15 do CPC/2015).

Como nota final a esta espécie processual, lembra-se que, apesar de alguns autores citarem a Súmula 239 do STF[30] como limitador temporal de uma coisa julgada e tratarem da (quase) desnecessidade de ações revisionais, esta Súmula também não é aplicável às relações jurídicas continuativas, pois além de ser anterior ao CPC/73, CTN e LEF, a situação fática era completamente distinta.[31-32]

---

de Processo Civil e legislação processual e vigor. 40 ed. São Paulo: Saraiva, 2008.

30. Súmula 239: Decisão que declara indevida a cobrança do imposto em determinado exercício não faz coisa julgada em relação aos posteriores.

31. Entre outros que corretamente apontam os problemas da aplicação atual da Súmula 239 em matéria tributária: SOUZA, Fernanda Donnabella Camano de. Os limites objetivos e "temporais" da coisa julgada em ação declaratória no direito tributário. São Paulo: Quartier Latin, 2006; e KEMPFER, Marlene; e GOMES, Anderson Ricardo. "Coisa julgada tributária diante da decisão do STF com efeito *erga omnes* e vinculante". In: *Revista de processo.* São Paulo: Revista dos Tribunais, vol. 204, p 75-105, janeiro de 2012.

32. Esta desidentidade foi reiterada no STF no RE 100.017.

3. Delimitação dos limites semânticos da expressão *modificação no estado de fato ou de direito*

Como elemento inicial do ponto, cabe estabelecer a diferença entre relação jurídica continuativa e relação jurídica que produz efeitos permanentes e futuros no tempo.

Neste sentido, a expressão relação jurídica continuativa somente pode ser aplicada quando há uma renovação do processo de positivação das mesmas, tendo a decisão originária um caráter dúplice, vez que cria uma NGA que será positivada constantemente em NICs.

Já no caso das relações jurídicas que produzem efeitos futuros permanentes, tem-se que esta é oponível futuramente, mas baseada em um singular evento jurídico positivado no passado, estando sujeita às regras de prescrição e decadência, como ocorre com o direito de propriedade, a exemplo do usucapião.

Tendo esclarecido esta simples distinção entre espécies de julgados, o panorama jurídico e factual de uma decisão judicial são levados em conta para aferir a sua projeção futura, lembrando que a análise da relação de identidade factual e jurídica possui como pano de fundo os limites da lide julgada, tendo como citado por Camano,[33] uma vinculação com a ideia da tríplice identidade: causa de pedir, pedido e partes, deixando claro que esta última parcela é imutável em caso de demandas tributárias.

Neste sentido, há de se verificar como foi feito o pedido anterior e qual sua possível projeção no tempo e, também, como a decisão foi prolatada, estabelecendo os limites da lide como formas de compreender quais efeitos esta terá nas relações jurídicas continuativas.

---

33. SOUZA, Fernanda Donnabella Camano de. *Os limites objetivos e "temporais" da coisa julgada em ação declaratória no direito tributário*. São Paulo: Quartier Latin, 2006.

Obviamente, estes limites da causa originária são fundamentais para compreender como dar-se-á o contraste entre os futuros presentes e estados alcançados, pois a redundância do sistema não é infinita, dada a natureza contingente das decisões judiciais e a falibilidade dos agentes do sistema, que podem perder prazos ou, mesmo, dar decisões jurídicas equivocadas, que deverão ser expurgadas do sistemas no processo de (re)estabilização do mesmo.

De qualquer forma, apesar de tais considerações, a disciplina do art. 505, I, do CPC/2015 foi mais além, através do uso da expressão *modificação do estado de fato ou de direito*, deixando claro que este *ou* é considerado como uma disjunção includente (e/ou).

Neste sentido, a expressão *estado* é equivalente a circunstância ou contexto, o que inclui a ideia de *zeitgeist* (espírito do tempo) ou consenso (verdade consensual), vinculando-se à dinâmica, sucessão de sistemas jurídicos, sendo mais amplo do que uma mera identidade factual entre A e A' ou entre a NGA e a NGA', lembrando que se um dos seus critérios é alterado, considera-se como alterada a RMIT (Regra-Matriz de Incidência Tributária), a exemplo.[34 e 35]

Mais ainda, a mudança das circunstâncias de fato e/ou de direito (incluindo seus contextos) e a permissão de sua modificação é análoga aos casos de aplicação da Teoria da Imprevisão, afetando os julgados a cláusula *rebus sic stantibus*, que se afigura como elemento necessário em qualquer espécie de produção normativa, incluindo as decisões judiciais.

A partir daqui, partir-se-á, tendo, como pano de fundo, a ideia de que estado é uma palavra mais ampla do que a circunstância individual da causa, cada um dos critérios da

---

34. Em sentido contrário, em que apenas com a mudança integral da RMIT muda-se a situação de direito: SOUZA, Fernanda Donnabella Camano de. *Os limites objetivos e "temporais" da coisa julgada em ação declaratória no direito tributário*. São Paulo: Quartier Latin, 2006.

35. Neste sentido, o Resp 731250 do STJ.

relação jurídica ou do fato jurídico serão decompostos e estudados analiticamente, primeiro sob o aspecto geral (nos subitens a seguir) e depois com exemplos tributários específicos (no próximo item).

3.1 Mudança do estado de fato

Como dito anteriormente, tem-se que a análise clássica do que constituiria a mudança do estado de fato seria normalmente reconduzida a uma investigação analítica tanto dos fatos jurídicos em sentido amplo, distintos, o que (re)produz um fato jurídico em sentido estrito consubstanciado em uma NIC (Norma Individual e Concreta), como dos outros fatos jurídicos componentes da NIC produzida, especialmente a determinação dos caracteres da sujeição passiva e da base de cálculo.

Desta forma, a mudança de um destes enunciados factuais poderia levar à não possibilidade de incidência normativa, por ausência de subsunção do (novo) fato à NGA determinada no repertório do juízo.

Entretanto, como dito, esta intuitiva e sofisticada forma analítica não esgota o significado da expressão estado de fato, pois o contexto é importante para determinar os caracteres da produção normativa.

Neste sentido, tendo sido realizadas mudanças estruturais no panorama do mercado, ou seja, alterações do status da concorrência em um determinado setor econômico, sem dúvida constituiria uma forma de alteração do estado dos fatos.

É dizer, mudança dos parâmetros concorrenciais é uma das formas possíveis de concretização da modificação das circunstâncias de fato, fazendo com que a realidade circundante implique a perda de capacidade do sistema jurídico de regular as situações por uma mudança do contexto, sob pena de uma entropia deste sistema por conta do desalinhamento entre as expectativas normativas e as cognitivas, especialmente do sistema econômico.

Outrossim, o aumento desta entropia se dá, pois uma contraposição clara existe entre os futuros presentes e estados alcançados, pois há um ponto cego na previsibilidade tanto jurídica como factual, em que uma decisão tomada cria problemas não previstos no momento do ato de decidir.

Como nota pragmática final, importante é ressaltar que dificilmente tal situação (mudança da situação de fato) será analisada pelo STJ, pois implicaria análise de provas, algo vedado pelo sistema recursal brasileiro em sua modalidade especial, como bem mencionado na Súmula 7 do STJ.

3.2 Mudança do estado de direito

Primeiramente, ressalta-se que a citada expressão mudança do estado de direito, quando tomada no plano jurídico, aparentemente possui, como pano de fundo, a ideia de para Alchourrón e Bulygin[36] de estática e dinâmica jurídicas; de sistema e ordenamento jurídicos, respectivamente.

De qualquer forma, a análise da alteração do contexto jurídico (o qual, em certa medida, é também fático) é bem mais complexa do que o problema da visualização desta alteração no plano meramente fático, deixando claro que esta alteração pode-se dar em vários níveis distintos do sistema jurídico, não somente na análise da NGA aplicável àquela situação específica, podendo incidir sobre outras parcelas do ordenamento ou com novas ponderações entre princípios jurídicos que mediam a aplicação desta NGA, a exemplos.

Isto ocorre, pois, dentro dos pressupostos da distinção entre enunciados prescritivos e normas/proposições jurídicas, tem-se que a interpretação é uma variável extremamente

36. ALCHOURRÓN, Carlos E.; BULYGIN, Eugenio. *Análisis lógico y derecho*. Madrid: Centro de Estudios Constitucionales, 1991.

contingente, implicando que as NGAs possuem natureza mutável e dinâmica.

Neste plano, não se permite que a clara analogia entre o art. 966, V, do CPC/ 2015 (a antiga redação do artigo contida no 485, V, do CPC/73 era mais restritiva e imprecisa) e a parte inicial do inciso I do art. 505 do CPC/2015 gere como consequência uma ideia de que haveria, como na (criticada) Súmula 343 do STF sobre a rescisória, um impedimento a (re) análise de um caso que era de interpretação controvertida nos tribunais naquele momento (mesmo que sem declaração de (in)constitucionalidade).

Sinteticamente, portanto, duas seriam as situações identificadas como pressupostos desta mudança no estado direito: a mudança dos enunciados prescritivos; ou das normas jurídicas produzidas, incluindo a forma de mediação/ponderação dos princípios envolvidos no ato de decidir.

Especificando cada uma destas hipóteses, tem-se que a mudança dos enunciados prescritivos pode ocorrer com a mudança do texto legal por ato do Congresso Nacional ou com a declaração de inconstitucionalidade do STF,[37] tanto no controle concentrado como no difuso, nos termos já elucidados sobre o alcance destes julgados.

Neste contexto, algumas ressalvas são necessárias, sendo que, para a primeira destas assertivas, deixa-se claro que a mudança do texto legal (enunciados) pode fazer com que as proposições jurídicas permaneçam as mesmas em sua síntese do mínimo irredutível do deôntico (RMIT)[38] ou que, com o mesmo conjunto de enunciados básicos, haja mudança das proposições jurídicas com a (r)evolução interpretativa.[39]

---

37. Neste sentido, entre outros: KEMPFER, Marlene; e GOMES, Anderson Ricardo. "Coisa julgada tributária diante da decisão do STF com efeito *erga omnes* e vinculante". In: *Revista de processo*. São Paulo: Revista dos Tribunais, vol. 204, p 75-105, janeiro de 2012.

38. Aparentemente, neste sentido: Resp. 1.118.893 e REsp 731.250.

39. Aparentemente, em sentido contrário, em que quando surge um novo texto le-

Em relação à segunda situação mencionada, em respeito à mudança dos enunciados prescritivos, tem-se que a declaração de inconstitucionalidade representa um elemento que perfaz a retirada da validade da norma jurídica (e dos enunciados prescritivos) que baseiam a NGA produzida, modificando ou revogando-a.

Entretanto, neste contexto, surge o grande problema, que é quando há a declaração de constitucionalidade de um dado texto legal, incluindo os casos do chamado efeito dúplice da ADIN (Ação Direta de Inconstitucionalidade) e ADCON (Ação Declaratória de Constitucionalidade), ou seja, que a improcedência de uma ADIN equivaleria dizer que esta norma é constitucional ou que a improcedência de uma ADCON significa que a norma é inconstitucional.

Obviamente são mais problemáticos os casos em que a ADCON é julgada procedente ou que a ADIN é julgada improcedente, pois há a possibilidade de reversão deste julgado.[40]

Este ponto foi mencionado por Maia,[41] quando indagou se uma decisão que determinava a inconstitucionalidade pelo motivo X poderia ser relativizada por uma decisão posterior que utilizou o fundamento Y (e não citou X) para declarar a constitucionalidade.

Para afirmar a impossibilidade da relativização do julgado anterior, este autor usa como pressuposto a citada teoria da tríplice identidade acoplada à teoria dos motivos determinantes, teoria esta que é (incorretamente considerada como)

---

gal ele revoga integralmente o anterior e (re)produz nova norma jurídica: MOUSSALEM, Tárek Moysés. *Revogação em matéria tributária.* São Paulo: Noeses, 2007.

40. Entre outras situações, esta possibilidade de reversão foi citada expressamente no julgamento da preliminar da ADI 2.777.

41. LINS, Robson Maia. "Parecer PGFN 492/2011 e as Relações Continuativas no Direito Tributário". In: V Congresso brasileiro de direito tributário. Salvador: 13 de junho de 2012 – versão eletrônica publicada em: Disponível em: <https://goo.gl/KKVSTe>. Acesso em: 22 out. 2016.

restrita apenas aos casos constitucionais[42] para não afrontar o art. 504, I ,do CPC 2015 (tendo mesmo sentido o art. 469, I, do CPC/73).

Entretanto, não se pode concordar com tal assertiva, por alguns argumentos, sendo o mais importante deles o fato que a decisão não precisa rebater/tratar (de) todos os argumentos utilizados na petição inicial, não sendo omissa,[43] sem olvidar que nas ações diretas de controle de constitucionalidade há a possibilidade de julgamento sob qualquer argumento para esta declaração.

Da mesma forma, pode um argumento que não fez parte do recurso, mas foi mencionado na instância inferior, ser utilizado como razão de decidir,[44] sendo que no caso dos recursos repetitivos e repercussão geral isto poderá sempre ocorrer.

Logo, a conversa destes argumentos mencionados é que não se configura como extra ou ultrapetita ou, mesmo, como omissa uma decisão judicial cujo repertório esteja fora dos estritos limites arguidos, implicando uma ruptura no sistema em relação às decisões anteriores, sendo que ela avalia um dado caso no novo contexto apresentado.

Já em relação à mudança nas normas jurídicas produzidas, tem-se que, além dos casos em que a modificação dos enunciados implica uma nova NGA, a mudança interpretativa pode ser um destes elementos, mesmo que os argumentos utilizados na decisão anterior não façam parte da decisão posterior, pelos motivos já explicitados.

Finalmente, como acenado, esta mudança das normas jurídicas também pode ocorrer quando novas posições forem criadas no sistema jurídico a respeito de ponderações entre princípios, como nos casos de decisão judicial que afete a livre

42. Neste sentido: ADIN n. 3345 e 3365.

43. Entre outros do STJ: AgRg no Ag 1.402.701/RS, REsp 1.264.044/RS.

44. No STJ isto foi abordado no EREsp 595742, entre outros.

concorrência ou livre iniciativa, algo aparentemente recente na jurisprudência nacional.

4. (Des)aplicação da ação revisional no direito tributário: o Parecer PGFN 492/2011

Como chave de entrada na (des)aplicação da ação revisional em matéria tributária, cabe ressaltar algumas características que diferenciam este eixo semântico dos demais que podem ser envolvidos em tais revisões.

O primeiro elemento importante desta diferenciação é o fato que tanto a proibição de constituição de relação jurídico-tributária por trânsito em julgado em ação declaratória de inexistência de relação jurídico-tributária (ou por declaração de imunidade ou isenção) como uma ação que obrigue uma dada positivação (constituição de créditos tributários) são consideradas como continuativas e passíveis de revisão.[45]

Isto ocorre, pois cada espécie de direito tem sua forma de ação sendo, genericamente, a exemplos, o direito público ligado à legalidade estrita e sempre positivação e o direito penal com sua positivação apenas através do ilícito.

Neste sentido, a ação revisional possui contornos jurídicos para impedir novas positivações da NIC autorizada (ou proibida), através da sentença originária, o que traz uma interessante reflexão que é dada pelo fato que deve ser identificado qual o sujeito que é autorizado ou proibido de fazer tal concretização, sendo que o juiz o substitui como sujeito competente para tanto, perfazendo seu papel mimético que o permite emular qualquer espécie de sujeito competente.

No caso das sentenças de alimentos (e revisão de aluguéis), a exemplo, têm-se que estas novas NICs são positivadas

---

45. Em sentido contrário, estabelecendo que no caso de ação declaratória não haveria esta possibilidade: SOUZA, Fernanda Donnabella Camano de. *Os limites objetivos e "temporais" da coisa julgada em ação declaratória no direito tributário*. São Paulo: Quartier Latin, 2006.

apenas quando há um descumprimento da regra de pagamento (ou de outra regra contratual), sendo apenas o juízo, o sujeito apto a realizá-las (exceto no caso de correção monetária).

Mais fortemente, na ação declaratória de reconhecimento de paternidade isto também ocorre, sendo o juiz o único sujeito competente para produzir tal norma individual e concreta que autorize a alteração do registro civil competente.

Já no caso do direito tributário, tem-se que a própria administração pública é quem realiza ou não o lançamento, ato administrativo privativo deste ente de acordo com o art. 142 do CTN, o que cria uma desnecessidade (ou impossibilidade)[46] de uma nova sentença sobre o mesmo objeto, a qual teria natureza apenas "declaratória", como (indiretamente) consignado no Parecer da PGFN (Procuradoria Geral da Fazenda Nacional) 492/2011.[47 e 48]

Outrossim, tem-se que as sentenças judiciais nunca proíbem a administração pública de realizar lançamentos, mas, tão somente, limitam a interpretação dos textos legais no contexto apresentado no momento do ato de decidir da autoridade julgadora, o que, de fato, pode ser modificado nas situações que vêm sendo mencionadas neste texto, que são singularizadas em um momento de mudança de paradigma jurídico ou fático, o que autoriza nova interpretação do Fisco

46. Neste sentido: AgRg no REsp 703.526 e o AgRg no AgRg no EResp 885.763 do STJ.

47. Como texto que apresenta todo o histórico que culminou com este parecer: SOUZA, Fernanda Donnabella Camano de. "Breves comentários sobre o Parecer PGFN/CRJ n. 492/2011 - a coisa julgada em matéria tributária". In: *Revista Dialética de Direito Tributário*. São Paulo: Dialética, vol. 201, p 70-82, junho 2012.

48. Como textos que tratam especificamente da contraposição (incorreta) entre coisa julgada e o Parecer PGFN 492/2011: SOUZA, Fernanda Donnabella Camano de. "Breves comentários sobre o Parecer PGFN/CRJ nº 492/2011 - a coisa julgada em matéria tributária". In: *Revista Dialética de Direito Tributário*. São Paulo: Dialética, vol. 201, p 70-82, junho 2012; e GONÇALVES, Carla de Lourdes. "Coisa julgada: é possível sua alteração em matéria tributária?" In: *Direito tributário contemporâneo:* estudos em homenagem a Geraldo Ataliba. São Paulo: Malheiros, p. 128-137, 2012.

sem necessidade de um segundo pronunciamento judicial em ação autônoma com este fim.

Deixa-se claro que os efeitos operados por esta mudança do estado de fato ou direito devem ser limitados ao momento da concretização desta mudança, não podendo retroagir, mesmo que haja declaração de (in)constitucionalidade com efeitos modulados (diversos do *ex nunc*) ou *ex tunc*, pois não pode ser punido alguém que está cumprindo uma decisão judicial, ainda que esta seja nitidamente contrária aos posicionamentos dos tribunais superiores.[49]

Lembra-se que, por dever de contraditório científico, existem duas posições doutrinárias contrárias: a aqui apresentada, sendo: a mais moderada, aquela na qual alguns autores imaginam que esta sentença da ação revisional em matéria tributária teria um papel de permitir que uma nova NGA, derivante da interpretação dos novos enunciados ou novos pronunciamentos jurisprudenciais fosse produzida; enquanto a mais polar seria aquela citada em que tal ação nem mesmo seria possível para desconstituir sentença declaratória.[50]

Entretanto, tais raciocínios, aparentemente, deixam de lado a circunstância em que os novos fatos jurídicos não se subsumirem à NGA construída pelo juízo, como o desenquadramento fático da hipótese que deu suporte à não incidência como alegações de imunidade, isenção ou não incidência pura.

Mais fortemente ainda, neste último caso citado, tem-se que o estado de fato/panorama concorrencial acaba sendo modificado causando os já citados problemas no campo da livre iniciativa (barreiras de ingresso a um dado mercado) e livre concorrência (alteração artificial e anti-isonômica do

---

49. No sentido de haver algumas exceções: os parágrafos 74 e ss. do Parecer 492.

50. Neste sentido: SOUZA, Fernanda Donnabella Camano de. *Os limites objetivos e "temporais" da coisa julgada em ação declaratória no direito tributário*. São Paulo: Quartier Latin, 2006.

panorama concorrencial), como apontado nos parágrafos 85 a 94 do Parecer 492.

Lembra-se que estes argumentos concorrenciais vêm cada mais sendo utilizados em matéria tributária, sendo seus exemplos mais importantes os casos da *American Virginia* (AC 1657 e AC 2101), no quais se discutia a possibilidade de sanção política (no caso, interdição do estabelecimento produtor e cancelamento do registro especial de produção de cigarros) em caso de um devedor contumaz, há menção a esta preocupação nas razões dos votos.

Não se olvide que o CADE não se tem (incorretamente, pois teria competência para tanto) manifestado sobre esta matéria e não tem aplicado punições quer seja por práticas anticoncorrenciais, quer seja por uma possível *sham litigation* nos casos concretos.

Finalmente, três casos concretos julgados pelo STJ devem ser mencionados para asseverar que a matéria ainda está em aberto nos tribunais nacionais.

O primeiro dos casos é o REsp. 1.227.655, no qual se tratava não de caso de relação jurídica continuativa, mas de levantamento de garantia de ação com trânsito em julgado e, mais ainda, não se poderia utilizar a inexequibilidade dos arts. 525 e 535 do CPC/2015 (ou dos arts. 475-L e 741 do CPC/73), logo, não se pode admitir que este seja um *leading case* na matéria estudada.

Já no caso ALE (REsp. 1.118.893), apesar de se tratar de CDA constituída nos termos propostos que pressupõem a desnecessidade da ação revisional, dois elementos não foram relativizados na razão de decidir: não se tratou da ponderação entre livre concorrência, livre iniciativa e coisa julgada; e inexistiu menção sequer ao inciso I do art. 471 do CPC/73 e não se adentrou, portanto, nas alterações de fato e de direito de maneira mais contundente, apesar das menções ao fato de que os novos enunciados não alteraram substancialmente a NGA objeto da decisão originária.

Como último e mais importante caso sobre a matéria, tem-se o REsp. 731.250, que, de fato, analisa a mudança de direito do art. 471, I, do CPC/73, determinando que a alteração da RMIT deve ser no campo de seu critério material e não somente na base de cálculo ou alíquota, lembrando (corretamente) que a mera mudança de enunciados não implica alteração da RMIT.

Como ressalvas a este julgamento, que vem sendo utilizado pelas decisões citadas acima como *leading case*, tem-se que o elemento concorrencial não foi visualizado e, ainda, inexistiu ação específica anterior com fundamento no art. 505, I, do CPC 2015 (ou em sua versão do CPC/73), o qual não foi analisado sob o aspecto apresentado neste trabalho.

5. Conclusões

i. O fundamento teórico deste trabalho parte da compatibilidade entre a Teoria dos Sistemas de Luhmann, o Construtivismo Lógico-Semântico de Barros Carvalho e certas ferramentas do *Law and Economics*, sendo que cada um destes sistemas de referência é utilizado para multifacetar um dado de mundo.

ii. Mais fortemente, este ato de circundar o objeto também é acompanhado de ferramentas intertextuais, que permitem a aproximação e troca de experiências entre os ramos didaticamente autônomos do direito, especialmente direito tributário, concorrencial e processual.

iii. No estudo estrutural do direito processual, tem-se que a fórmula criada pelo sistema jurídico para evoluir foi aumentar a uniformização de julgados enquanto nova tendência programática, o que ocorreu em detrimento à anterior individualização, contrapondo o princípio da isonomia e a segurança jurídica.

iv. O sistema jurídico é falível e deve possuir mecanismos para corrigir, prospectivamente, estas divergências entre julgados que servem como contingências que são tratadas para maximizar a redundância no sistema e permitir a (re) estabilização do mesmo, contribuindo para sua evolução.

v. Dentro desta generalização de julgados, tem-se como elementos importantes, também a necessidade de contraposição de uma segurança jurídica individual que é contraposta (paradoxalmente) a uma segurança jurídica geral.

vi. Neste campo, tem-se uma necessidade de ponderação entre coisa julgada e segurança jurídica geral, mediadas pelos princípios da livre concorrência (ambiente livre de interferências anti-isonômicas e artificiais) e livre iniciativa (impedindo barreiras concorrenciais artificialmente criadas por decisões judiciais).

vii. Outrossim, decisões judiciais não coerentes/convergentes com os atuais entendimentos jurisprudenciais funcionam como anômalas/artificiais cláusula de barreira (de ingresso) para novos concorrentes no mercado ou para que haja uma competição equilibrada, devendo ser corrigidas para o futuro.

viii. A ação revisional existe para que quando houver divergência entre os futuros presentes e estados alcançados, que estes sirvam como novo contexto de estabilização normativa, o que ocorre através da abertura semântica da mudança do estado de fato ou de direito de uma dada causa que seja continuativa, o que opera, obviamente, em conjunto com a prescrição, preclusão e decadência.

ix. As relações jurídicas continuativas são aquelas que, a partir de um conjunto fático inicial que se reproduz no tempo e de uma NGA construída como repertório, são positivadas continuamente em um contexto com as mesmas partes, divergindo das relações jurídicas que produzem efeitos permanentes e futuros no tempo, que são aquelas que podem ser futuramente contrapostas, mas que já foram singularmente estabilizadas através da prescrição ou decadência, a exemplo.

x. O uso da expressão mudança do estado de fato ou de direito pressupõe que o importante não é somente analisar a situação fática ou jurídica singularizadas no ato de decidir originário, mas seu contexto, o que inclui os contornos fáticos ou jurídicos que circundaram aquele ato, tendo como limitador temporal (*ex nunc*) o momento desta mudança.

xi. Eventuais mudanças das circunstâncias de fato podem ser consubstanciadas no em uma mudança de status jurídico do sujeito envolvido (como a perda de imunidade ou isenção, a exemplos) ou, também, com a mudança do contexto social no qual foi dada esta decisão, o que inclui a matéria concorrencial.

xii. No caso da mudança do estado de direito, mesmo havendo uma modificação do suporte físico (ou enunciados), não necessariamente há mudança das proposições jurídicas correspondentes, entretanto, uma alteração da interpretação pode ser catalisador para uma nova NGA, o que inclui novas possibilidades de ponderação entre princípios jurídicos.

xiii. Mais fortemente, ainda, quando há declaração de (in)constitucionalidade de norma jurídica, ainda que em controle difuso, há alteração do estado de direito, o que autoriza a relativização da coisa julgada, ainda que com fundamento divergente entre o julgado originário e o julgado da (in) constitucionalidade.

xiv. No campo da matéria tributária, a ação revisional é desnecessária, dado o fato que quer seja na ação declaratória, quer seja na cognitiva, tem-se que não há impedimento nem retirada da competência exclusiva da administração pública para realizar o lançamento tributário, o que está de acordo com alguns preceitos do Parecer PGFN 492/2011.

MANDADO DE SEGURANÇA: OS EFEITOS DA MANIFESTAÇÃO DE INCONFORMIDADE EM RELAÇÃO AO CRÉDITO TRIBUTÁRIO OBJETO DA COMPENSAÇÃO

Juliana Furtado Costa Araujo[1]

Sumário: 1. Caso concreto – 2. Questões – 3. Abordagem do tema: 3.1 O Mandado de Segurança como remédio processual; 3.2 Condições da ação mandamental; 3.3 Breve panorama da compensação tributária entre tributos federais; 3.4 Compensação não homologada *x* compensação não declarada; 3.5 Manifestação de inconformidade como causa da suspensão da exigibilidade do crédito tributário: limites à sua aplicação – 4. Análise do caso concreto: respostas às questões propostas: 4.1 O Mandado de Segurança é a via processual adequada para garantir o pleito do contribuinte?; 4.2 O que diferencia a compensação não declarada da compensação não homologada?; 4.3 Quais os efeitos da manifestação de inconformidade; 4.4 Cabe manifestação de inconformidade da decisão que considera a compensação não declarada? Se não, caberia algum outro recurso como o recurso hierárquico previsto no art. 56 da Lei 9.784/99?; 4.5 Aplica-se, ao caso, o art. 151, inciso III, do CTN?; 4.6 A ação mandamental deve ser julgada procedente?

---

1. Doutora em Direito Tributário pela PUC/SP. Procuradora da Fazenda Nacional. Chefe da Divisão de Defesa em 2ª Instância da PRFN/3ª Região. Professora dos cursos de pós-graduação do IBET, PUC/COGEAE e FGV/GV Law.

1. Caso concreto

Contribuinte apresenta declaração de compensação ao Fisco federal, pretendendo compensar valores relativos ao benefício fiscal "crédito-prêmio de IPI".

A autoridade administrativa considera a compensação apresentada como não declarada, nos termos do art. 74, §12, inciso II, alínea "b"[2] da Lei 9.430/96.

Considerando que o crédito tributário, cuja extinção era pretendida pela via da compensação, já se encontrava constituído por anterior entrega de DCTF (declaração de débitos e créditos tributários federais), o Fisco providenciou a cobrança destes valores, com inscrição em dívida ativa e ajuizamento da ação de execução fiscal.

O contribuinte, por sua vez, inconformado com a decisão fazendária, apresentou impugnação administrativa e pleiteou a suspensão da exigibilidade do crédito tributário que pretendia extinguir pela compensação.

Seu recurso não foi admitido pela autoridade administrativa com os efeitos pretendidos, o que ensejou a busca da tutela jurisdicional pela impetração de mandado de segurança, onde o contribuinte requer que seja atribuído, a seu recurso, efeito suspensivo da exigibilidade do crédito tributário, nos termos do art. 151, inciso III, do CTN,[3] até decisão final sobre a compensação.

---

2. Art. 74. [...]
§ 12. Será considerada não declarada a compensação nas hipóteses:
II – em que o crédito:
[...]
b) refira-se a "crédito-prêmio" instituído pelo art. 1° do Decreto-lei 491, de 05 de março de 1969;
[...].

3. Art. 151. Suspendem a exigibilidade do crédito tributário:
[...]
III – as reclamações e os recursos, nos termos das leis reguladoras do processo tributário administrativo;
[...].

2. Questões

Diante desta situação, pergunta-se:

2.1 O mandado de segurança é a via processual adequada para garantir o pleito do contribuinte?

2.2 O que diferencia a compensação não declarada da compensação não homologada?

2.3 Quais os efeitos da manifestação de inconformidade?

2.4 Cabe manifestação de inconformidade da decisão que considera a compensação não declarada? Se não, caberia algum outro recurso, como o recurso hierárquico previsto no art. 56 da Lei 9.784/99?

2.5 Aplica-se, ao caso, o art. 151, inciso III, do CTN?

2.6 A ação mandamental deve ser julgada procedente?

3. Abordagem do tema

3.1 O Mandado de Segurança como remédio processual de intervenção do contribuinte no processo de positivação

Para que o direito atinja seu objetivo de regular as relações entre os sujeitos de que a ele se submetem, é necessário que das normas gerais e abstratas sejam, a todo momento, sacadas normas individuais e concretas, que relatam, em linguagem competente, os fatos jurídicos que confirmam os eventos do mundo social descritos abstratamente pelo legislador.

Este é o chamado processo de positivação do direito que, nada mais é, que o processo de aplicação das normas jurídicas e que no direito tributário se inicia com o exercício da competência tributária descrita constitucionalmente.

A norma de competência tributária é norma de produção normativa que confere, às pessoas políticas, a possibilidade de instituírem tributos. Assim, permite que um determinado sujeito, eleito pela Constituição Federal, introduza no sistema, mediante um procedimento próprio, normas que disponham sobre tributos, com todos os elementos necessários à sua caracterização. É, portanto, da norma de competência que se extraem os contornos da regra-matriz de incidência tributária, que fundamentará a possibilidade de exigir, dos sujeitos passivos, valores a título de tributos.

Da regra-matriz de incidência tributária, são extraídas as normas individuais e concretas postas no sistema pelo particular[4] ou pela administração tributária, onde efetivamente se identifica a relação jurídica, onde cabe ao Fisco exigir o pagamento do tributo e ao contribuinte cumprir com sua obrigação pecuniária.

Caso não haja o pagamento do tributo devido ou sua extinção por qualquer outra via prevista no art. 156 do CTN, como a compensação, por exemplo, o processo de positivação é estendido, com a formalização dos demais atos que se mostram necessários para o recebimento dos créditos tributários pela autoridade fiscal, como os atos de cobrança administrativa, a inscrição em dívida ativa, o ajuizamento da execução fiscal, além de todos os atos judiciais que permitem que o processo executivo chegue ao seu final, com a satisfação dos valores executados.

Durante todo o processo de positivação, é possível que haja a intervenção do contribuinte pela propositura de ações que busquem a produção de normas individuais e concretas,

---

4. Entendemos pela possibilidade de que o crédito tributário seja constituído pela autoridade administrativa competente, por meio do lançamento de ofício, nos termos do art. 149 do CTN, como também pelo próprio contribuinte ou responsável, nas hipóteses de tributos submetidos ao lançamento por homologação, tal qual estabelece o art. 150 e parágrafos do CTN. Neste caso, cabem ao sujeito passivo a apuração do montante do tributo devido e sua comunicação ao sujeito ativo, pela entrega de uma declaração, por exemplo. O papel do sujeito ativo se restringe a confirmar aquilo que já foi constituído pelo sujeito passivo ou lançar eventual diferença, que entenda devida.

seja para inibir o próprio processo de constituição do crédito tributário, seja para questionar a sua existência, ou ainda para viabilizar a sua extinção, como no caso concreto ora discutido, onde se pretende, pela ação mandamental, conferir efeito suspensivo à impugnação administrativa dentro da sistemática da compensação.

Como afirma Rodrigo Dalla Pria:

> O processo judicial acaba perfazendo, assim, uma espécie de hiato no processo de positivação do direito, sendo, ao mesmo tempo, parte integrante deste. Com a finalidade precípua de resolver o conflito havido no âmbito substancial, a atividade jurisdicional resultará na expedição de uma norma individual e concreta que "retornará" ao processo de positivação do direito material.[5]

O Mandado de Segurança é uma dessas ações antiexacionais, que permite, ao contribuinte, intervir no processo de positivação, desde que presentes todos os requisitos para sua utilização, como veremos em seguida.

3.2 Condições da ação mandamental

A ação mandamental possui um caráter especial, pois para o seu manejo é necessário que estejam presentes o ato coator de autoridade pública e a liquidez e certeza do direito questionado.

Identifica-se, no ato da autoridade pública, uma ilegalidade ou abuso de poder, de forma que a presunção de legalidade que caracteriza sua atuação é desqualificada com a identificação de um ato atentatório ao direito do contribuinte. A consequência reside na necessidade de expurgar, do sistema, a norma individual e concreta que decorre desse ato de autoridade.

---

5. DALLA PRIA, Rodrigo. "O processo de positivação da norma jurídica tributária e a fixação da tutela jurisdicional apta a dirimir os conflitos havidos entre contribuinte e fisco". *In Processo tributário analítico.* Coord. CONRADO. Paulo Cesar. São Paulo: Noeses, 2011, p. 69.

O direito do contribuinte, por sua vez, apresenta liquidez e certeza, o que significa que na inicial do Mandado de Segurança é imprescindível que o impetrante já demonstre que seu pleito é incontestável, juntando todas as provas documentais necessárias a confirmar a relevância do que é trazido à apreciação do Poder Judiciário.

Sobre as condições do mandado de segurança, Montovanni Colares Cavalcante afirma:

> Inegavelmente, a área de abrangência do mandado de segurança há de ser limitada somente por *dois aspectos*, que são aqueles de onde se extrai a exata percepção do que seja *direito líquido e certo*: a) a possibilidade de demonstração documental, no momento processual da postulação, da incontrovérsia quanto aos fatos geradores do mencionado direito (*aspecto factual*); e b) ser o ato comissivo ou omissivo violador do direito, ou que esteja na iminência de o sê-lo, emanado do Poder Público ou de agentes de pessoa jurídica no exercício de atribuições desse poder (*aspecto jurídico*).[6]

3.3 Breve panorama da compensação tributária entre tributos federais

A compensação tributária é uma das modalidades de extinção do crédito tributário, prevista no art. 156 do CTN. Isto significa que ela enseja o término da relação jurídica obrigacional, em que o Fisco se encontra na condição de credor e o contribuinte como devedor, tendo como objeto o pagamento do tributo.

Ao mesmo tempo, a compensação extingue a relação de débito do Fisco, no qual os sujeitos acima referidos estão em posição inversa por conta de um pagamento indevido realizado pelo contribuinte, o que a diferencia das demais hipóteses de extinção do crédito tributário.

---

6. CAVALCANTE, Montovanni Colares. *Mandado de segurança*. 2ª ed. revista, ampliada, atualizada, de acordo com a Lei 12.016/2009. São Paulo: Dialética, 2010, p. 40/41.

Paulo Cesar Conrado bem elucida esta questão, ao assim pontuar:

> Diferentemente do que se passa com as demais modalidades, portanto, com a compensação, o que se percebe é que sua força extintiva volta-se sempre contra duas relações jurídicas, uma delas denominada obrigação tributária (em cujo bojo residem, não custa repetir, *crédito do fisco* e *débito do contribuinte*), e a outra, inversa, que podemos denominar de *relação de débito do fisco* (em cujo bojo residem, em contrapartida, *débito do fisco* e *crédito do contribuinte*).[7]

É o art. 74 e parágrafos da Lei 9.430/96,[8] na redação conferida pela Medida Provisória 66/2002, convertida na Lei 10.637/2002, que dispõe sobre a sistemática da compensação entre tributos federais, seguindo as linhas gerais estabelecidas pelo art. 170 do CTN.[9]

De acordo com o art. 74 e parágrafos da Lei 9.430/96, o contribuinte pode realizar compensação entre créditos de sua titularidade com débitos próprios que possua com a Fazenda Pública Federal, que, embora sejam de espécies diversas, possuam natureza tributária, o que exclui créditos de outras naturezas, por exemplo, crédito-prêmio de IPI e crédito derivado de título público.

A compensação realiza-se por meio da entrega de uma declaração (DCOMP), na qual cabe ao próprio contribuinte

---

7. CONRADO, Paulo Cesar. *Compensação tributária e processo*. 2ª ed. São Paulo: Quartier Latin, p. 90.

8. Art. 74. O sujeito passivo que apurar crédito, inclusive os judiciais com trânsito em julgado, relativo a tributo ou contribuição administrado pela Secretaria da Receita Federal, passível de restituição ou de ressarcimento, poderá utilizá-lo na compensação de débitos próprios relativos a quaisquer tributos e contribuições administrados por aquele Órgão.
[...].

9. Art. 170. A lei pode, nas condições e sob as garantias que estipular, ou cuja estipulação em cada caso atribuir à autoridade administrativa, autorizar a compensação de créditos tributários com créditos líquidos e certos, vencidos ou vincendos, do sujeito passivo contra a Fazenda Pública.
[...].

apurar o valor que ele possui a título de crédito, ou seja, o indébito tributário, devendo também apontar quais débitos tributários pretende ver extintos com a homologação da declaração apresentada.

Ao ser entregue a declaração, o crédito tributário do Fisco, objeto da compensação, será extinto sob condição resolutória de ulterior homologação.[10] Isto significa que, ao entregar a declaração de compensação, a extinção que se pretende se operará desde logo, podendo o crédito vir a ser restabelecido apenas na hipótese da Fazenda Pública não confirmar, por meio de ato homologatório ou tacitamente, os dados informados pelo contribuinte no prazo de 5 (cinco) anos.

Outra peculiaridade do sistema de compensação federal é o fato da DCOMP funcionar como espécie de confissão de dívida, ou seja, o crédito tributário, cuja extinção é pretendida, poderá ser exigido pela Fazenda Pública sem necessidade do ato do prévio lançamento, caso a compensação não seja homologada pelo Fisco. Nesta hipótese, considera-se que a declaração de compensação seria a linguagem competente para sua constituição.

Ao analisar a DCOMP, a autoridade fiscal pode homologar ou não o pleito do contribuinte, como também pode rejeitá-lo liminarmente, sem adentrar na análise de seu mérito. Diante disto, é que o sistema normativo delineou duas modalidades de compensação, a não homologada e a não declarada, que serão vistas a seguir.

---

10. Neste sentido, prescrevem os §§ 1º e 2º do art. 74 da Lei 9.430/96:
§ 1º A compensação de que trata o *caput* será efetuada mediante a entrega, pelo sujeito passivo, de declaração na qual constarão informações relativas aos créditos utilizados e aos respectivos débitos compensados.
§ 2º A compensação declarada à Secretaria da Receita Federal extingue o crédito tributário, sob condição resolutória de sua ulterior homologação.

3.4 Compensação não homologada *x* compensação não declarada

Ao entregar a DCOMP, o objetivo do contribuinte é ver seu débito com o Fisco extinto por conta do encontro de contas pretendido. Em um primeiro momento, podemos considerar que diante do pleito do contribuinte só há uma saída para o Fisco: confirmar ou não a compensação que lhe é apresentada, após a análise dos créditos e débitos apresentados. A legislação pátria, porém, criou, também, a possibilidade do indeferimento liminar da DCOMP.

Durante algum tempo, antes das inovações trazidas pela Lei 11.051/2004, somente existia previsão normativa da chamada compensação não homologada.

Seu processamento ocorre da seguinte forma: após analisar o mérito da declaração de compensação do contribuinte, cabe à Fazenda Pública homologá-la, ainda que tacitamente, ou não homologá-la no prazo de 5 (cinco) anos a contar da entrega da DCOMP. Na primeira hipótese, a homologação confirma a extinção do crédito tributário. Na segunda hipótese, o contribuinte pode discutir o indeferimento do seu pleito, interpondo recurso administrativo, nomeado manifestação de inconformidade, que tem o efeito de suspender a exigibilidade do crédito tributário, cuja extinção é requerida pela compensação. Caso não deseje discutir as razões do indeferimento, o crédito tributário, já confessado pela entrega da DCOMP, será inscrito em dívida ativa e cobrado mediante a propositura da ação de execução fiscal.

Com a Lei 11.051/2004, que acrescentou o §12 ao art. 74 da Lei 9.430/96,[11] foi criada a chamada compensação não declarada.

---

11. Art. 74. [...]

[...]

§ 12. Será considerada não declarada a compensação nas hipóteses:

I – previstas no § 3º deste artigo;

II – em que o crédito:

a) seja de terceiros;

b) refira-se a "crédito-prêmio" instituído pelo art. 1º do Decreto-lei 491, de 5 de março de 1969;

Na compensação não declarada, diferentemente da compensação não homologada, inexiste a análise do mérito da declaração apresentada. Ao contrário, há seu indeferimento liminar por se incluir como crédito do contribuinte ou da Fazenda Pública valores que a própria lei impede que sejam objeto de compensação.

Há uma verdadeira impossibilidade jurídica do pedido, com o não cabimento da compensação pretendida definida abstratamente pela norma.

Como exemplo, citamos o fato de o contribuinte tentar compensar como crédito de sua titularidade valores que ainda estão sendo discutidos judicialmente, sem apresentar a liquidez e certeza, indispensáveis para efeito de compensação, ou mesmo pretender extinguir crédito do Fisco que, por força legal, não pode ser objeto de compensação, como é o caso daqueles objeto de parcelamento.

Considerando que na compensação não declarada ocorre sua rejeição liminar, não se admite que o crédito tributário que se pretende compensar seja extinto, sob condição resolutória de ulterior homologação, do mesmo modo que a declaração apresentada não servirá como linguagem competente para a constituição dos créditos tributários informados pelo contribuinte.

---

c) refira-se a título público;

d) seja decorrente de decisão judicial não transitada em julgado; ou

e) não se refira a tributos e contribuições administrados pela Secretaria da Receita Federal - SRF.

f) tiver como fundamento a alegação de inconstitucionalidade de lei, exceto nos casos em que a lei:

1 - tenha sido declarada inconstitucional pelo Supremo Tribunal Federal em ação direta de inconstitucionalidade ou em ação declaratória de constitucionalidade;

2 - tenha tido sua execução suspensa pelo Senado Federal;

3 - tenha sido julgada inconstitucional em sentença judicial transitada em julgado a favor do contribuinte; ou

4 - seja objeto de súmula vinculante aprovada pelo Supremo Tribunal Federal nos termos do art. 103-A da Constituição Federal.

Outra diferença significativa, com relação à compensação não homologada, é a impossibilidade de ser apresentada a impugnação administrativa nomeada "manifestação de inconformidade", com suspensão da exigibilidade do crédito tributário, objeto de compensação, contra decisão que a considera não declarada. Não há previsão de se seguir o rito do Decreto 70.235/72, sendo aplicada a Lei 9.784/99, ou seja, cabe a apresentação de recurso administrativo. Este, porém, não terá efeito de suspender a exigibilidade do crédito tributário, cuja extinção por compensação foi negada, pois apresenta apenas efeito devolutivo.

É certo que tanto na compensação não homologada quanto na compensação não declarada se reconhece a inexistência de crédito a favor do contribuinte ou mesmo a impossibilidade de tal crédito servir para extinguir o débito deste mesmo contribuinte com a Fazenda Pública. Os efeitos, porém, estabelecidos pela norma entre as duas modalidades de compensação apresentadas são bem distintos.

Se levarmos em consideração que a Lei 9.430/96 baseia-se nas disposições do art. 170 do CTN, caberia à autoridade administrativa apenas verificar se o efeito extintivo requerido pelo contribuinte seria viável ou não, o que poderia comprometer a distinção que foi feita pelo legislador e explicitada acima, que leva a consequências tão díspares.

Entendemos, porém, que a lei estabeleceu uma técnica normativa diferenciada, onde expressamente previu que a administração tributária possa fazer um controle prévio dos créditos e débitos que são apresentados pelo contribuinte por meio da DECOMP, sendo possível indeferi-la de plano, como ocorre com a compensação não declarada.

Desta forma, consideramos que o sistema tributário pátrio acatou as duas modalidades de compensação apresentadas com seus efeitos jurídicos distintos.

3.5 Manifestação de inconformidade como causa de suspensão da exigibilidade do crédito tributário: limites à sua aplicação

A manifestação de inconformidade é o recurso cabível em face de decisão que não homologa declaração de compensação apresentada pelo contribuinte, previsto no §9º a 11,[12] do art. 74, da Lei 9.430/96. Tem o efeito de suspender a exigibilidade do crédito tributário, nos termos do art. 151, III, do CTN.

Apesar de existir previsão infralegal dessa impugnação desde o ano de 2002,[13] apenas com a introdução no sistema do § 11, do art. 74, da Lei 9.430/96, pela Medida Provisória 135/2003, convertida na Lei 10.833/2003 (30.10.2003), é que foram conferidos a este recurso os mesmos efeitos do art. 151, inciso III, do CTN. Portanto, entendemos que somente a partir deste momento é que a "manifestação de inconformidade" passou a interferir na exigibilidade do tributo objeto da compensação.

Esse entendimento vai ao encontro do art. 141 do CTN que dispõe que:

> O crédito tributário regularmente constituído somente se modifica ou extingue, ou tem sua exigibilidade suspensa ou excluída,

---

12. Art. 74. [...]
[...]
§ 9º É facultado ao sujeito passivo, no prazo referido no §7º, apresentar manifestação de inconformidade contra a não homologação da compensação.
§ 10. Da decisão que julgar improcedente a manifestação de inconformidade caberá recurso ao Conselho de Contribuintes.
§ 11. A manifestação de inconformidade e o recurso de que tratam os §§ 9º e 10 obedecerão ao rito processual do Decreto 70.235, de 6 de março de 1972, e enquadram-se no disposto no inciso III do art. 151 da Lei 5.172, de 25 de outubro de 1966 – Código Tributário Nacional, relativamente ao débito objeto da compensação.

13. A Instrução Normativa da SRF 210/2002, em seu art. 35, assim dispunha:
Art. 35. É facultado ao sujeito passivo, no prazo de trinta dias, contado da data da ciência da decisão que indeferiu seu pedido de restituição ou de ressarcimento ou, ainda, da data da ciência do ato que não homologou a compensação de débito lançado de ofício ou confessado, apresentar manifestação de inconformidade contra o não reconhecimento de seu direito creditório.

> nos casos previstos nesta Lei, fora dos quais não podem ser dispensadas, sob pena de responsabilidade funcional na forma da lei, a sua efetivação ou as respectivas garantias.

Portanto, necessária a previsão em lei para que haja suspensão da exigibilidade do crédito tributário, o que só ocorreu, quanto à manifestação de inconformidade, em 2003. Da mesma forma, a regra é que os recursos administrativos apresentem apenas efeito devolutivo, sendo o efeito suspensivo decorrente de expressa previsão legal.[14]

Assim, entendemos que somente suspendem a exigibilidade, as manifestações de inconformidade apresentadas a partir da Medida Provisória 135/2003, posteriormente convertida na Lei 10.833/2003. Aquelas interpostas antes deste momento, ainda que venham a ser julgadas após a vigência da referida Medida Provisória, submeter-se-ão ao regime jurídico anterior, considerando que referida norma produz efeitos para o futuro, por conta do princípio da irretroatividade da lei tributária.

Ainda em relação à manifestação de inconformidade, é importante pontuar que esse recurso somente é previsto na hipótese de compensação não homologada. No caso da compensação não declarada, o próprio art. 74, §13, da Lei 9.430/96, a afasta como meio de insurgência contra a decisão produzida pelo Fisco contrária aos interesses do contribuinte.

Nestes casos, por força de lei, não há que se falar na própria existência deste específico recurso, quiçá em efeito

14. Neste sentido, Maria Sylvia Zanella Di Pietro aduz: "Recursos administrativos são todos os meios que podem utilizar os administrados para provocar o reexame do ato pela Administração Pública. Eles podem ter efeito suspensivo ou devolutivo; este último é o efeito normal de todos os recursos, independendo de norma legal; ele devolve o exame da matéria à autoridade competente para decidir. O efeito suspensivo, como o próprio nome diz, suspende os efeitos do ato até a decisão do recurso; ele só existe quando a lei o preveja expressamente. Por outras palavras, no silêncio da lei, o recurso tem apenas efeito devolutivo". (DI PIETRO, Maria Silvia Zanella. *Direito administrativo*. 17 ed. São Paulo: Atlas, 2004, p. 626).

suspensivo da exigibilidade do crédito tributário.[15] O que é facultado ao contribuinte é que a insurgência contra a decisão denegatória de seu pleito se dê pela interposição de recurso administrativo, nos termos do art. 56 da Lei 9.784/99, sem efeito suspensivo, conforme o art. 61 da mesma Lei.[16]

Não há que se falar aqui em aplicação do art. 151, inciso III, do CTN, que preceitua que suspendem a exigibilidade do crédito tributário as reclamações e os recursos, nos termos das leis reguladoras do processo tributário administrativo.

O simples fato de existir qualquer recurso na esfera administrativa não é suficiente para suspender a exigibilidade do crédito tributário, até porque efeito suspensivo de recurso não é concedido de forma automática.

Na verdade, o art. 151, inciso III, do CTN condiciona a suspensão da exigibilidade aos recursos e reclamações administrativas, nos termos das leis que regulamentam o processo administrativo. Vale dizer, não basta que haja previsão na lei administrativa do recurso, mas sim que esta mesma lei preveja possível efeito suspensivo, o que ensejará a suspensão da

---

15. A ementa abaixo demonstra entendimento consoante ao por nós defendido: "TRIBUTÁRIO - COMPENSAÇÃO. CRÉDITO DE TERCEIRO - DECISÃO NÃO TRANSITADA EM JULGADO - COMPENSAÇÃO CONSIDERADA NÃO DECLARADA - 'MANIFESTAÇÃO DE INCONFORMIDADE'- NÃO CABIMENTO - IMPOSSIBILIDADE DE SUSPENSÃO DA EXIGIBILIDADE DO CRÉDITO. 1. Não se conhece do recurso especial quando o tribunal de origem não emite juízo de valor sobre os dispositivos tidos por violados. Incidência da Súmula 282/STF. 2. Considera-se não declarada a compensação na hipótese em que o crédito seja de terceiro ou decorrente de decisão judicial não transitada em julgado (Lei 9.430/96, art. 74, § 12, alíneas 'a' e 'd'), ficando afastada a possibilidade de apresentação de 'manifestação de inconformidade' e, em consequência, de suspensão da exigibilidade do crédito (§13 do referido dispositivo legal). 3. A "manifestação de inconformidade" passou a ter eficácia suspensiva da exigibilidade do crédito tributário com a edição da Lei 10.833/2003, que introduziu os §§ 9º a 11 ao art. 74 da Lei 9.430/96. 4. Recurso especial conhecido em parte e não provido.". (RESP 200801283734, Castro Meira, STJ, 2ª T., 31.03.2009).

16. Referidos artigos assim preceituam:
"Art. 56, *caput*. Das decisões administrativas cabe recurso, em face de razões de legalidade e de mérito".
"Art. 61, *caput*. Salvo disposição legal em contrário, o recurso não tem efeito suspensivo".

exigibilidade do crédito tributário.

Em outras palavras, a lei do processo administrativo terá que prever tal recurso ou reclamação além de afirmar que terá o condão de suspender o ato administrativo impugnado e, em consequência, a exigibilidade do crédito tributário, o que não ocorre nas hipóteses de compensação não declarada.

4. Análise do caso concreto: respostas às questões propostas

4.1 O mandado de segurança é a via processual adequada para garantir o pleito do contribuinte?

A resposta a esta pergunta depende de identificarmos, na hipótese, a presença do ato coator de autoridade pública e da liquidez e certeza do direito questionado.

Em relação ao primeiro requisito, sem dúvida que há uma decisão do agente administrativo negando o recebimento do recurso do contribuinte em seu duplo efeito. Este agente está no exercício de uma atividade pública, podendo ter seu ato atacado pela via mandamental.

O contribuinte também possui o direito de ver seu recurso recebido com o efeito de suspender a exigibilidade do crédito tributário pela interpretação por ele conferida da legislação pátria, podendo demonstrar, por prova documental, o ato coator que teria sido praticado pela autoridade fiscal.

Diante do exposto, consideramos viável a propositura do mandado de segurança, sob a modalidade repressiva, com vistas a impugnar o não recebimento do recurso do contribuinte com o efeito de suspender a exigibilidade do crédito tributário objeto da compensação.

4.2 O que diferencia a compensação não declarada da compensação não homologada?

Na compensação não declarada, a autoridade fiscal indefere liminarmente a declaração de compensação, sem adentrar na análise do mérito da viabilidade dos créditos e débitos apresentados. Como consequência, a DECOMP não funciona como confissão de dívida e não há previsão de recurso com efeito de suspender a exigibilidade do crédito tributário que se quer ver extinto com a compensação.

Na compensação não homologada, há a análise do mérito da pretensão deduzida administrativamente, servindo a DECOMP como confissão de dívida dos débitos do contribuinte com a Fazenda Pública federal, que poderão ser extintos pela compensação. Da decisão que não homologa o pleito do contribuinte, há a previsão de apresentação da manifestação de inconformidade, que tem o efeito de suspender a exigibilidade do crédito tributário que se quer compensar, até decisão definitiva na esfera administrativa.

4.3 Quais os efeitos da manifestação de inconformidade?

A manifestação de inconformidade é impugnação administrativa que está à disposição do contribuinte e que somente pode ser apresentada na hipótese da compensação ser considerada não homologada; ela tem o efeito de suspender a exigibilidade do crédito tributário apontado na DECOMP para ser extinto, após a realização do encontro de contas.

4.4 Cabe manifestação de inconformidade da decisão que considera a compensação não declarada? Se não, caberia algum outro recurso, como o recurso hierárquico previsto no art. 56 da Lei 9.784/99?

Por expressa previsão legal, disposta no art. 74, §13, da Lei 9.430/96, não é possível apresentar manifestação de inconformidade no caso de compensação não declarada.

Como entendemos que todas as decisões administrativas são passíveis de recurso, independentemente da busca pela tutela do Poder Judiciário, nos casos de compensação não declarada, está, à disposição do contribuinte, o recurso hierárquico previsto no art. 56 da Lei 9.784/99, que, por sua vez, possui apenas efeito devolutivo, não impactando a cobrança do crédito tributário objeto da compensação, pois sua exigibilidade se mantém intacta.

4.5 Aplica-se, ao caso, o art. 151, inciso III, do CTN?

Entendemos que não é o caso de ser aplicado o art. 151, inciso III, do CTN ao caso apresentado. Referido dispositivo preceitua que suspendem a exigibilidade do crédito tributário as reclamações e os recursos, nos termos das leis reguladoras do processo tributário administrativo.

Portanto, não basta que um recurso seja interposto na esfera administrativa para ter o efeito previsto no dispositivo. É necessário que, além da previsão do recurso na lei administrativa, que esta mesma lei disponha sobre possível efeito suspensivo, o que ensejará a suspensão da exigibilidade do crédito tributário.

Inexiste tal previsão seja na Lei 9.430/96, seja na Lei 9.784/99, daí porque o Fisco pode continuar a cobrança do seu crédito tributário, considerando que o crédito do contribuinte se enquadra nas hipóteses de compensação não declarada.

4.6 A ação mandamental deve ser julgada procedente?

Por todo o acima exposto, a ação mandamental deve ser julgada improcedente por não se configurar, na hipótese, o alegado direito líquido e certo do contribuinte, por ausência expressa de previsão legal acerca do efeito suspensivo requerido.

A CONSTITUIÇÃO E A COBRANÇA DAS CONTRIBUIÇÕES PREVIDENCIÁRIAS PELA JUSTIÇA DO TRABALHO: ASPECTOS PROCESSUAIS RELEVANTES

Rodrigo Dalla Pria[1]

Sumário: 1. Caso concreto – 2. Considerações iniciais – 3. O Poder Judiciário e o processo de positivação do direito tributário: 3.1 As peculiaridades próprias ao processo de positivação das contribuições previdenciárias previstas no art. 195, inciso I, "a", e inciso II, da Constituição Federal – 4. A interferência do Poder Judiciário no fluxo da positivação das contribuições previdenciárias e as possíveis zonas de interferência da Justiça Comum na Justiça do Trabalho – 5. Respostas às questões.

1. Caso concreto

Empresa XPTO promoveu, em face da União Federal, ação declaratória de inexistência de relação jurídico-tributária para afastar a incidência da contribuição previdenciária sobre determinadas verbas pagas a seus empregados, verbas

1. Doutor em Direito Processual Civil – PUC/SP. Mestre em Direito Tributário – PUC/SP. Professor do IBET; da PUC/COGEAE; do IICS/CEU; e Palestrante da FGV-LAW. Juiz do Tribunal de Impostos e Taxas – TIT/SP. Advogado.

estas que, no entender da empresa contribuinte, teriam natureza eminentemente indenizatória, não devendo compor, portanto, o chamado salário de contribuição (base de cálculo da referida contribuição). A ação foi julgada procedente, tendo sido confirmada, após sucessivos recursos da União, por acórdão exarado pelo Superior Tribunal de Justiça.

Decorridos 2 (dois) anos do trânsito em julgado do acórdão, a empresa contribuinte é demandada em reclamação trabalhista que, ao final, é julgada procedente. O juízo da causa, no exercício da competência que lhe foi atribuída pelo art. 114, inciso VIII, da Constituição Federal, procedeu à discriminação das verbas a serem objeto de incidência da contribuição previdenciária, incluindo, no bojo do montante tributável, aquelas que haviam sido excluídas na ação declaratória negativa.

Neste contexto, indaga-se:

a) A Justiça do Trabalho, no exercício da competência que lhe é atribuída pelo art. 114, inciso VIII, da Constituição Federal, deve observar a coisa julgada formada no âmbito da Justiça Comum, em relação à mesma questão tributária que lhe é posta?

b) No caso em questão, é possível ao contribuinte invocar, via embargos à execução, a coisa julgada formada no âmbito da Justiça Comum? E se houver transcorrido, in albis, o prazo para embargos?

c) Caso o contribuinte não tenha promovido ação declaratória negativa no âmbito da Justiça Comum, é viável a propositura, após a constituição do crédito tributário previdenciário pela Justiça do Trabalho, de ação anulatória de débito fiscal, destinada a afastar a inclusão de verbas não tributáveis na base de cálculo da contribuição exigida?

d) Eventual ação de repetição do indébito tributário que tenha por finalidade a restituição de valor pago indevidamente a título de contribuição previdenciária, cuja constituição tenha se dado por meio de sentença trabalhista, deve ser processada na Justiça Comum ou da Justiça do Trabalho?

2. Considerações iniciais

A competência atribuída à Justiça do Trabalho pelo art. 114, inciso VIII, da Constituição Federal[2], quando analisada sob a ótica das categorias próprias à tradicional Dogmática de Direito Tributário, tem imenso potencial para gerar perplexidades, motivo pelo qual o enfrentamento do tema exige boas doses de humildade e desapego intelectuais.

Trata-se, em verdade, de regra constitucional que, a pretexto de instituir a competência – eminentemente jurisdicional – para a execução, de ofício, das contribuições previdenciárias incidentes sobre os direitos reconhecidos em sentenças trabalhistas (condenatórias e homologatórias), acaba por estabelecer, como pressuposto, a competência – atipicamente administrativa – para a constituição do próprio crédito tributário previdenciário a ser executado.

Esse modelo de constituição de créditos tributários, por sua vez, não se vale da atividade perpetrada pela autoridade administrativa tributante (art. 149 do CTN – lançamento de ofício), nem de procedimentos realizados pelo particular, sujeito passivo da obrigação tributária (art. 150, do CTN – lançamento por homologação), muito menos da combinação da atividade de ambos (art. 147 do CTN – lançamento por declaração). O ato constitutivo do crédito tributário, no âmbito da competência do art. 114, VIII, da CF, é exarado por terceiro, estranho à relação jurídico-tributária –, qual seja: o Juiz do Trabalho.

---

2. Art. 114. Compete à Justiça do Trabalho processar e julgar:
[...]
VIII – a execução, de ofício, das contribuições sociais previstas no art. 195, I, "a" , e II, e seus acréscimos legais, decorrentes das sentenças que proferir [...].

Diante disso, tudo o que foi construído, em termos dogmáticos, sobre a natureza do(s) procedimento(s) de constituição do crédito tributário, bem como a respeito do ato que dele (procedimento) decorre, deve ser tomado com reservas quando da análise da competência em questão, pois os parâmetros empíricos normativos são, *in casu*, sensivelmente diferentes daqueles analisados pela Dogmática quando da formulação dos modelos classificatórios conhecidos.

Questões atinentes à (i) natureza do ato constitutivo do crédito tributário exarado pela Justiça do Trabalho; (ii) ausência de processo administrativo por meio do qual se dê oportunidade para impugnação do débito fiscal; (iii) aplicabilidade das regras de decadência e prescrição; (iv) responsabilidade de terceiros; devem ser analisadas, uma a uma, com a acuidade devida, pois as consequências (teóricas e práticas) que decorrerão das conclusões a serem obtidas são realmente relevantes.

A proposta deste trabalho, no entanto, é mais restrita. Trata-se de investigar – a partir da situação concreta fictícia acima descrita – os efeitos pragmáticos das competências – jurisdicional e administrativa – estabelecidas pela pelo art. 114, inciso VIII, da CF, sobre a conformação dos litígios havidos entre Fisco e contribuinte, em especial no que tange (i) a possíveis zonas de intersecção entre as competências da Justiça Comum e da Justiça do Trabalho; e (ii) às possibilidades e modos de interferência do contribuinte, pela via das ações antiexacionais, no peculiar processo de positivação da contribuição previdenciária, formalizada no âmbito da Justiça do Trabalho.

3. O Poder Judiciário e o processo de positivação do direito tributário

À série de atos de aplicação, iniciada com o exercício das competências constitucionais tributárias, mediada pelos atos de aplicação constitutivos dos fatos e das relações jurídico-tributárias obrigacionais e culminada pelo ato de cumprimento da obrigação tributária, dá-se o nome de processo de positivação do direito tributário.[3]

Neste percurso concretizador, é comum que as normas que disciplinam a dinâmica de aplicação do direito tributário deixem de ser, em algum momento, observadas pelos seus destinatários, fazendo nascer, então, as lides tributárias, cuja composição dar-se-á, no mais das vezes, por meio dos instrumentos processuais previstos no sistema jurídico processual.

Direito material e direito processual, vale ressaltar, mantêm vínculo reflexivo. O primeiro ingressa no espectro normativo do segundo sob o pretexto da violação, para, ao final, regressar à região material das condutas intersubjetivas sob a forma de ato-norma realizador, num movimento que, noutra oportunidade,[4] chamamos de "causalidade circular".

Daí ser possível afirmar que a cada conflito verificado nas diferentes etapas do processo de positivação, acima descrito, corresponde uma específica ação tributária apta a instar a produção da tutela jurisdicional adequada a dirimir o litígio estabelecido entre Fisco e contribuinte.

Assim, os conflitos surgidos após a instituição do tributo e antes da formalização do crédito desafiarão ações antiexacionais preventivas (declaratória negativa/mandamental preventiva), destinadas a obstar, prospectivamente, a imposição de exigência fiscal. De outro lado, aqueles (conflitos) verificados entre a constituição da obrigação tributária e antes da extinção pelo pagamento, darão ensejo ao manejo das chamadas ações antiexacionais repressivas corretivas (anulatória de débito fiscal/mandamental repressiva), que terão por objeto a desconstituição do débito ilegitimamente formalizado. Por fim, os conflitos instaurados após a extinção do débito pelo

---

3. Carvalho, Paulo de Barros. *Direito tributário*: Fundamentos Jurídicos da Incidência, *passim*.

4. DALLA PRIA, Rodrigo."O direito ao processo". In: (Coord. Paulo Cesar Conrado). *Processo tributário analítico*, 2ª ed. São Paulo: Noeses, 2011, p. 42.

pagamento, que dão oportunidade à instauração das chamadas ações antiexacionais repressivas reparadoras (repetição do indébito tributário), destinadas a recuperar valores recolhidos indevidamente a título de tributos.

Importante advertir que, ordinariamente, o processo de positivação pressupõe, exclusivamente, a prática de atos de aplicação exclusivamente por parte dos Poderes Legislativo (instituição do tributo) e Executivo (constituição do crédito), bem como do próprio contribuinte (constituição do crédito nos tributos sujeitos ao lançamento por homologação e recolhimento do tributo).

A interferência do Poder Judiciário no processo de positivação, portanto, perfaz, em regra, situação excepcional, necessariamente patológica, consequência direta do surgimento do estado de conflituosidade, caracterizado por lesão ou ameaça de lesão a direito subjetivo de um dos sujeitos da relação jurídico-tributária.

É justamente neste específico ponto que, conforme veremos no tópico seguinte, a fenomenologia de positivação das contribuições previdenciárias aparta-se dos demais tributos.

3.1 As peculiaridades próprias ao processo de positivação das contribuições previdenciárias previstas no art. 195, inciso I, "a" e inciso II, da Constituição Federal

Em se tratando das contribuições prescritas no art. 195, incisos I, "a", e II, da CF, a lógica, em princípio, é a mesma.[5] Tem-se, inicialmente, a instituição das exações por meio de

5. Importante ressaltar que as competências atribuídas à Justiça do Trabalho pela regra do art. 114, inciso VIII da CF, restringem-se às contribuições devidas por empregador e empregado, cuja hipótese de incidência é, justamente, o dever/direito à percepção de verbas salariais decorrentes de vínculo empregatício, excluindo-se todas as outras contribuições sociais eventualmente "incidentes" sobre a "folha de salários", tais como as contribuições para o chamado sistema "S", ou o salário-educação.

Lei Ordinária da União (Lei federal 8.211/91 – arts. 22 e 24), responsável por definir os critérios normativos de incidência da exação, cuja vigência dará oportunidade à efetiva produção de efeitos no mundo fenomênico.

Da efetiva verificação das materialidades previstas nos antecedente(s) das regras-matrizes de incidência das contribuições previdenciárias, tem-se o desencadeamento dos atos de constituição do crédito tributário que, em regra, são praticados pelo próprio contribuinte (mediante preenchimento e apresentação da Guia de Recolhimento do Fundo de Garantia por Tempo de Serviço e Informações à Previdência Social – GEFIP). É certo, porém, que, nos termos do que dispõe a legislação tributária em vigor, toda e qualquer omissão do contribuinte relativa a fatos e valores que deveriam ser levados à tributação poderão ser objeto de lançamento (de ofício) suplementar, a ser exarado pela Autoridade Fiscal após instauração do competente procedimento de fiscalização.

No contexto de concretização normativo acima descrito, não há nada que destoe do percurso de positivação ordinário, inclusive quanto às possibilidades de surgimento de conflitos e instauração de processos judiciais, que podem ocorrer em momento anterior à própria constituição do crédito tributário (via instrumentos antiexacionais preventivos), após a constituição e antes do recolhimento do tributo (via instrumentos processuais repressivos corretivos) e, por fim, após o recolhimento do tributo (via instrumentos processuais repressivos reparadores).

O mesmo se diga em relação ao eventual desencadeamento de processo judicial por iniciativa do Fisco, a ser instaurado por força do inadimplemento do contribuinte, o qual obedecerá, rigorosamente, às prescrições da Lei federal 6.830/80, seja no que diz respeito ao procedimento de inscrição do débito em dívida ativa para fins de extração do título executivo extrajudicial (Certidão de Dívida Ativa), necessário ao aparelhamento de ação judicial, seja no que tange ao próprio trâmite da demanda executiva fiscal.

Em todos os casos de ingerência do Poder Judiciário no processo de positivação das contribuições previdenciárias, acima relatados, ter-se-á a Justiça (Federal) comum como o órgão competente para processamento das ações judiciais a serem propostas ora pelo contribuinte, ora pelo Fisco Federal, objetivando à preservação de seus direitos. Não há, *in casu*, qualquer dúvida a respeito do enquadramento das situações conflituosas acima referidas ao pressuposto da regra constitucional de competência veiculada no art. 109, inciso I, da CF.

Com efeito, tanto o procedimento de constituição do crédito tributário previdenciário, realizado pelo contribuinte, quanto aquele realizado pelo Fisco têm como objeto a verificação dos eventos previstos nas hipóteses de incidência das contribuições previdenciárias, ou seja, *o total das remunerações pagas, devidas ou creditadas* (arts. 21, 22, inciso I, e 28 da Lei federal 8.212/91), sendo certo que, nos termos do que dispõe o art. 43, §§ 2°, da lei Federal 8.212/91, considera-se ocorrido o fato gerador das referidas contribuições sociais *na data da prestação do serviço.*

É possível constatar, desde logo, que o fato jurídico tributário próprio às contribuições previdenciárias em questão – antecedente da norma tributária, concreta e individual, cujo consequente é a obrigação tributária – é justamente o dever de remunerar o empregado, que nada mais é do que o consequente da norma trabalhista, concreta e individual, cujo antecedente é fato jurídico do vínculo empregatício.

Nesse contexto, toda vez que se verificar, juridicamente, o dever de remunerar, estar-se-á, a um só tempo, verificando-se a existência do vínculo empregatício (fato jurídico trabalhista, antecedente da norma, concreta e individual, cujo consequente é a relação jurídica composta pelo dever de remunerar) e, também, da obrigação tributária que dele decorre (relação jurídica cujo antecedente é o fato jurídico consubstanciado no dever de remunerar).

Conclui-se, portanto, que o *dever de remunerar* ocupa, simultaneamente, a posição sintática de consequente da norma, concreta e individual, que prescreve o vínculo trabalhista, e, ainda, a posição sintática de antecedente da norma, também concreta e individual, que veicula a obrigação tributária decorrente da incidência das regras-matrizes relativas às contribuições previdenciárias. Trata-se de verdadeiro ponto de intersecção entre direito do trabalho e direito tributário, os quais, no caso, entrelaçam-se num mesmo fluxo jurídico-causal (Lourival Vilanova).[6]

Tal assertiva, ao contrário do que possa parecer, não tem relevância meramente teórica, visto que é de extrema importância para compreendermos a lógica que está por detrás das competências atribuídas à Justiça do Trabalho pelo art. 114, inciso VIII, da CF e, desta forma, delinear, pragmaticamente, o âmbito de aplicação do instituto.

É que as demandas trabalhistas, nascidas das lides laborais (lesões ou ameaças de lesões a direitos subjetivos verificados no bojo das relações de emprego), quando têm por finalidade a cobrança de verbas devidas pelo empregador em função de vínculo empregatício, ao serem acolhidas pelo juízo implicam, necessariamente, o reconhecimento daquele evento conotado na hipótese de incidência das contribuições previdenciárias (dever de remunerar).

Em outras palavras: o dever de remunerar, objeto da demanda trabalhista, é justamente o evento conotado na hipótese de incidência das contribuições previdenciárias. Daí a conveniência de se valer do processo judicial trabalhista como instrumento extraordinário de cobrança dos créditos tributários previdenciário.

A conversão deste evento em fato jurídico, dando ensejo ao nascimento da obrigação tributária, depende do efetivo exercício de competência que, nos termos do que dispõe o art.

---

6. Causalidade e relação no direito, *passim*.

114, inciso VIII, da CF, é da própria autoridade prolatora da sentença que pôs fim à lide trabalhista, que se aproveitou da "coincidência" de facticidades (o fato jurídico trabalhista do dever de remunerar, reconhecido em sentença, possui as mesmas notas identificadoras do evento que conotado na hipótese de incidência própria às contribuições previdenciárias), para atribuir, à autoridade judiciária, uma função que, ordinariamente, lhe é estranha.

Assim, não obstante o enunciado do art. 114, inciso VIII da CF, aparentemente fixe, tão somente, a atribuição da Justiça do Trabalho para executar, *de ofício, as contribuições sociais previstas no art. 195, I, "a", e II, e seus acréscimos legais, decorrentes das sentenças que proferir*, fato é que o exercício de tal competência, eminentemente jurisdicional, pressupõe a efetivação de outra, atipicamente administrativa e implícita ao enunciado constitucional, que diz, justamente, com a do poder para constituir o próprio crédito tributário, líquido certo e exigível.

Esta competência, conquanto seja exercida por autoridade judicial, dista de ser jurisdicional, pois não decorre de situação jurídica conflituosa, perfazendo exercício de função administrativa atribuída, atipicamente, pelo texto constitucional, à autoridade judiciária. Aliás, o fato jurídico tributário, decorrente de sentença trabalhista (condenatória ou homologatória), surge, justamente, no momento em que se põe fim à conflituosidade laboral, o que só confirma a assertiva anterior.

Eis, aqui, a grande quebra de paradigma. Dissemos, linhas acima, que o processo de positivação do direito tributário materializa-se numa série de atos de aplicação exarados pelos Poderes Legislativo (instituição do tributo), Executivo (constituição do crédito) e privado (lançamento por homologação), com vistas à efetiva realização, no mundo social, dos preceitos constitucionais tributários, sendo certo que a interferência do Poder Judiciário no referido percurso dar-se-ia, tão somente, sob o pretexto da conflituosidade (tributária).

Não caberia ao Poder Judiciário, portanto, participar dos procedimentos de constituição do crédito tributário, mas apenas controlá-los, nas situações em que os preceitos legais e constitucionais tributários deixassem de ser observados por um dos sujeitos envolvidos na relação jurídico-tributária.

Entretanto, não é o que ocorre com as contribuições previdenciárias. Ao contrário, quando se leva em conta a dupla competência atribuída à Justiça do Trabalho pelo art. 114, inciso VIII da CF, tem-se, no órgão judicial, o foco ejetor tanto da norma individual e concreta, responsável por documentar a incidência das regras-matrizes das contribuições previdenciárias, que formalizará tanto o crédito tributário a ser executado, quanto dos atos de constrição e expropriação patrimoniais a serem desencadeados em caso de inadimplência por parte do contribuinte.

Que fique muito bem claro, no entanto, que o crédito tributário previdenciário não integra o núcleo da sentença que acolhe a demanda trabalhista, pois não compõem o objeto da lide laboral (causa de pedir e pedido). Trata-se, em verdade, de mera *decorrência da sentença* (nos exatos termos do enunciado constitucional), consubstanciando verdadeiro *efeito anexo da sentença trabalhista*, assim entendido como aquele (efeito) que decorre de previsão legal (no caso, constitucional), e não do próprio conteúdo da decisão.

Sobre a definição do conceito de *efeitos anexos das decisões,* faz-se oportuna a transcrição da doutrina de Fredie Didier Jr. Confira-se:

> Toda decisão judicial pode produzir, além dos principais, efeitos anexos.
>
> Dizem-se anexos, ou secundários, os efeitos da decisão que decorrem de previsão legal, e não do conteúdo da decisão (da declaração judicial). Independem de pedido da parte, da manifestação do juiz ou do conteúdo da decisão. Operam ex lege. São efeitos indiretos e automáticos que resultam do fato de a decisão existir. A decisão, neste caso, é tratada como se fosse um fato jurídico, cujos efeitos independem da vontade, e não um ato

> voluntário, cujos efeitos jurídicos são determinados pela vontade de quem os pratica.
>
> São exemplos de efeitos anexos: (i) a perempção, que é gerada pela terceira sentença de extinção sem julgamento de mérito por abandono unilateral (art. 268, par. ún., do CPC); (ii) a separação de corpos, que é gerada pela sentença que decreta o divórcio ou a separação judicial; (iii) o direito ao ressarcimento de danos, independentemente de condenação, que é efeito da sentença que extingue a execução provisória (art. 475-O, I, CPC); (iv) o direito ao ressarcimento de danos, independentemente de condenação, que é efeito dos provimentos que fazem cessar a eficácia das medidas cautelares (art. 811, CPC); (v) o direito ao ressarcimento de danos, independentemente de condenação, que é efeito da sentença penal condenatória transitada em julgado (arts. 475-N, II, CPC e 91, I, Código Penal); esse direito pode ser exercido pelo ofendido, seu representante legal ou seus herdeiros (art. 63, Código de Processo Penal).[7]

A principal consequência dessa assertiva diz com o fato de que os efeitos tributários decorrentes das sentenças trabalhistas (condenatória ou homologatória) não estarão abarcados pela eficácia emanada pelo trânsito em julgado da mesma, deixando abertas as portas para posterior discussão da legitimidade do débito (em todos os seus aspectos), seja pela via dos embargos, seja por intermédio de ação antiexacional repressiva corretiva (anulatória de débito fiscal).

Parece importante destacar, a título de arremate, que a prolação da sentença trabalhista perfaz, tão somente, o primeiro ato do procedimento judicial – atipicamente administrativo – de constituição do crédito tributário, o qual será sucedido por outro, destinado à liquidação do crédito tributário previdenciário, composto por série de atos destinados à apuração do *quantum debeatur*.

Tal procedimento prevê a participação do Fisco federal – terceiro estranho à lide trabalhista, mas que sofre os efeitos

7. "A sentença constitutiva como título executivo". In: (Coord. DIDIER JR., Fredie e EHRHARDT JR., Marcos) *Revisitando a teoria do fato jurídico*: homenagem a Marcos Bernardes de Mello. São Paulo, Saraiva: 2009.

anexos (tributários) produzidos por ela –, dando-lhe oportunidade de manifestar-se a respeito dos cálculos elaborados e, inclusive, de recorrer das decisões que tratarem de questões atinentes ao cálculo das contribuições previdenciárias.[8]

Nesse tocante, a legislação ordinária, a pretexto de regulamentar o preceito constitucional sob análise, parece ter criado um modelo normativo híbrido que, num mesmo ambiente procedimental/processual, dá conta de disciplinar o exercício de funções institucionais (administrativa e jurisdicional) efetivamente distintas, conquanto relacionadas.

Este regime jurídico, a seu turno, convive, lado a lado, com aqueloutro, ordinário, que disciplina a constituição e a cobrança das contribuições previdenciárias em ambiente procedimental/processual externo à Justiça do Trabalho.

Esta circunstância propicia o surgimento de uma série de situações concretas nas quais as competências de ambos os Órgãos judiciais tendem a se chocar, havendo que se estabelecer, pragmaticamente, critérios de solução dos indigitados conflitos.

4. A interferência do Poder Judiciário no fluxo de positivação das contribuições previdenciárias e as possíveis zonas de interferência da Justiça Comum na Justiça do Trabalho

De tudo o quanto restou consignado até o momento, parece intuitiva a conclusão de que a atribuição constitucional de competência à Justiça de Trabalho para constituir e realizar os créditos tributários previdenciários transformou um âmbito de competência que, em princípio, era exclusivo (do Fisco Federal e da Justiça Comum), num plexo competencial

8. Não pretendemos, neste trabalho, tratar, às minúcias, do procedimento judicial de liquidação e cobrança do crédito tributário previdenciário, mas tão somente daquilo que parece fundamental para analisar os possíveis eixos de conflituosidade entre Justiça Comum e Justiça do Trabalho.

de concorrência (entre Fisco e Justiça do Trabalho e entre esta e a Justiça Comum), tudo isso levando em conta que (i) a competência para constituir o crédito tributário previdenciário em ambiente externo ao processo trabalhista continua obedecendo ao regime jurídico do art. 142 e seguintes do CTN; e (ii) a competência para processar, julgar e executar direitos atinentes às relações jurídicas nas quais a União figura como parte continua, em regra, sendo regida pelo art. 109, inciso I, da CF.[9]

Importante consignar, neste momento, que para fins de delimitação da competência jurisdicional da Justiça do Trabalho fixada no art. 114, inciso VIII, da CF, os enunciados do *caput* e do inciso do referido dispositivo constitucional devem ser interpretados conjuntamente. Assim, não se trata de mera competência para executar de ofício as contribuições que decorrerem das sentenças proferidas, mas, também, para processar e julgar todos os litígios nascidos em função do crédito tributário judicialmente formalizado.

É possível concluir, também, que a competência jurisdicional (para processar, julgar e executar), no caso, é identificada a partir da análise da competência administrativa, sendo certo que a concorrência havida entre Justiça do Comum e Justiça do Trabalho, nada mais é que uma consequência direta da concorrência verificada entre o Fisco Federal e a Justiça do Trabalho (para constituir o crédito tributário-previdenciário).

Assim, se o crédito tributário previdenciário houver sido (ou ainda puder ser) constituído em ambiente estranho ao processo trabalhista (pelo contribuinte ou pelo Fisco), a competência jurisdicional para conhecer de eventual litígio instaurado entre Fisco e contribuinte será da Justiça (Federal) Comum.

---

9. Art. 109. Aos juízes federais compete processar e julgar:
I – as causas em que a União, entidade autárquica ou empresa pública federal forem interessadas na condição de autoras, rés, assistentes ou oponentes, exceto as de falência, as de acidentes de trabalho e as sujeitas à Justiça Eleitoral e à Justiça do Trabalho [...].

Ao contrário, caso a competência administrativa atípica da Justiça do Trabalho tenha sido efetivamente exercida, qualquer conflituosidade verificada no bojo de uma dada relação jurídico-tributária formalizada pelo juízo trabalhista deverá, necessariamente, ser solucionada pela própria Justiça do Trabalho.

Por fim, tendo sido efetivada a constituição do crédito tributário previdenciário pelo juízo trabalhista e, posteriormente, extinto pelo pagamento, eventual discussão judicial relativa ao direito à restituição/compensação do valor pago indevidamente volta a ser da Justiça Comum, pois o sujeito passivo da relação jurídica de indébito será, necessariamente, a União Federal, visto que o pagamento indevido fora realizado em seu favor.

Nessa medida, o divisor de águas entre o fim da competência do Fisco/contribuinte (e, consequentemente, da Justiça Comum) e o início da competência da Justiça do Trabalho é, justamente, o ato de prolação da sentença responsável por verter, em linguagem competente, o dever de remunerar (fato jurídico necessário e suficiente ao nascimento da obrigação tributária). Esta competência mantém-se ativa enquanto o ato judicial trabalhista estiver hígido, produzindo os efeitos que lhes são próprios.

Conclui-se, portanto, que a competência para a constituição da obrigação tributária previdenciária por parte do Fisco e, também, a da Justiça Comum para compor o litígio dela decorrente são supletivas às competências (administrativa e jurisdicional) da Justiça do Trabalho, isto é, só podem ser exercidas enquanto o juízo trabalhista não o fizer.

A expressa delimitação do marco divisório entre as competências dos Órgãos judiciais acima referidos não evita que, em determinadas circunstâncias, verifique-se zonas de conflito e, até, de interferência entre as Justiças Comum e do Trabalho. Isso ocorrerá sempre que o exercício de uma competência tiver a aptidão para, de algum modo, produzir efeitos prospectivos ao seu exercício.

É exatamente o que ocorre com o contribuinte que resolva se insurgir, preventivamente, contra algum aspecto atinente à cobrança das contribuições previdenciárias dos arts. 195, I, "a" e II da CF, fazendo-o, por exemplo, pela via da ação declaratória de inexistência de relação jurídico-tributária ou, ainda, por intermédio de mandado de segurança preventivo.

Com efeito, o manejo das chamadas ações antiexacionais preventivas dá-se em momento anterior à própria constituição do crédito tributário, motivo pelo qual seu processamento, em se tratando de contestação judicial relativa às contribuições previdenciárias em questão, deve ocorrer no âmbito da Justiça (Federal) Comum.

É certo, também, que os referidos instrumentos processuais antiexacionais preventivos se caracterizam por produzirem tutelas jurisdicionais cuja eficácia temporal é eminentemente prospectiva, vinculando Fisco e contribuinte com relação a toda e qualquer situação futura análoga (jurídica e faticamente) àquela que compõe o objeto da demanda.

Esta característica assume importância fulcral nos casos em que a demanda tiver por objeto as chamadas relações jurídicas de trato continuativo, assim entendidas aquelas nascidas de eventos que se repetem no tempo. Neste caso, os efeitos prospectivos da tutela jurisdicional exarada, tornados imutáveis pela coisa julgada, emanarão no tempo enquanto mantidas as condições fáticas e jurídicas discutidas, vinculando, inclusive, o próprio juízo trabalhista, por ocasião de eventual constituição de contribuição previdenciária que esteja abarcada pela coisa julgada formada no âmbito da Justiça Comum.

É factível, no entanto, que a prolação de sentença trabalhista ocorra durante a tramitação do processo antiexacional preventivo, processado na Justiça Comum, caso em que as soluções para possíveis conflitos dependerão da verificação de situações jurídico processuais específicas, tais como: (i) a existência de tutela de urgência (cautelar ou antecipatória); (ii) depósito do montante integral do débito realizado nos autos da ação antiexacional.

Há que se descartar, desde logo, qualquer possibilidade de mutação de competência e, consequentemente, de reunião de feitos, para julgamento das ações (declaratória negativa e execução de ofício/embargos) que tenham por objeto, simultaneamente, um mesmo fato gerador de contribuição previdenciária.

Assim, conquanto seja possível verificar relações parciais de identidade (conexão) entre as demandas processadas nos juízos comum e trabalhista, a alteração da competência, mediante apensamento dos feitos, mostra-se inviável diante natureza especial da jurisdição trabalhista.

Isso não quer significar, no entanto, que atos praticados nos autos dos processos em trâmite, na Justiça Comum, não possam gerar efeitos no âmbito trabalhista, pois é bem possível que uma causa suspensiva da exigibilidade do crédito (antecipação de tutela, por exemplo), exarada no bojo de ação antiexacional preventiva em trâmite no foro comum, e que verse sobre a legitimidade da contribuição previdenciária, tenha o condão de obstar o desencadeamento da execução de ofício, desde que, por óbvio, a indigitada ação antiexacional tenha sido proposta em momento anterior aos eventos abarcados pela sentença trabalhista.

Quanto à possibilidade de obstacularização da execução trabalhista em razão de eventual depósito judicial do montante integral do débito, algumas ponderações são necessárias. É que, em regra, o depósito efetuado nos autos da ação preventiva não abarcará os créditos decorrentes dos fatos geradores (verbas trabalhistas) reconhecidos na Justiça do Trabalho (caso contrário não haveria necessidade de propositura da reclamação trabalhista). Por isso, a eficácia suspensiva do depósito do montante integral realizado na ação ordinária, em relação a eventual crédito constituído por sentença trabalhista, dependerá, necessariamente, de complementação equivalente.

Problema que carece de solução jurídica satisfatória diz com a possível incompatibilidade entre os entendimentos jurisprudenciais formados, sobre questões tributárias idênticas, pelos Tribunais, inclusive Superiores, que integram a estrutura das Justiças Comum e Trabalhista.

É bem verdade que, em se tratando de questão tributária de índole constitucional, é possível levar, via recurso extraordinário, eventual decisão prolatada pelos tribunais trabalhistas, incompatível com o entendimento firmado pela Justiça Comum, para que Supremo Tribunal Federal pacifique a questão. O mesmo, no entanto, não pode ser dito em relação às questões que digam sobre a interpretação de Lei Federal tributária. Nesse caso, qualquer discrepância entre os entendimentos firmados pelo Superior Tribunal de Justiça e os Tribunais pertencentes à Justiça do Trabalho carecerá de solução, dada a completa ausência de previsão legal/constitucional de instrumento processual adequado à resolução de contrariedades deste jaez.

5. Respostas às questões

a) A Justiça do Trabalho, no exercício da competência que lhe é atribuída pelo art. 114, inciso VIII da Constituição Federal, deve observar a coisa julgada formada no âmbito da Justiça Comum, em relação à mesma questão tributária que lhe é posta?

Sim, deve observar. Os efeitos prospectivos emanados da tutela jurisdicional exarada em ação antiexacional preventiva, anterior à formação do crédito tributário previdenciário por sentença trabalhista, vincula a Justiça do Trabalho no exercício da função administrativa atípica.

b) No caso em questão, é possível ao contribuinte invocar, via embargos à execução, a coisa julgada formada no âmbito da Justiça Comum? E se houver transcorrido, in albis, *o prazo para embargos?*

Sim, é possível. Os embargos à execução perfazem instrumento adequado para que o contribuinte se oponha à execução mediante alegação de existência de coisa julgada anterior, relativa à contribuição previdenciária objeto da cobrança, formada no âmbito de competência da Justiça Comum.

Caso haja transcorrido, *in albis*, o prazo para embargos à execução, ainda restará ao contribuinte a possibilidade de opor-se à execução via exceção de pré-executividade, visto que a coisa julgada, na condição de pressuposto processual negativo, enquadra-se à noção de matéria de ordem pública, cognoscível de ofício pelo juízo trabalhista.

c) Caso o contribuinte não tenha promovido ação declaratória negativa no âmbito da Justiça Comum, é viável a propositura, após a constituição do crédito tributário previdenciário pela Justiça do Trabalho, de ação anulatória de débito fiscal destinada a afastar a inclusão de verbas não tributáveis na base de cálculo da contribuição exigida?

É plenamente viável a propositura de ação anulatória de débito fiscal, que deverá ser processada no próprio juízo trabalhista, pois terá por objeto o questionamento da legitimidade de débito formalizado no âmbito de competência do referido Órgão judicial.

Importante ressaltar que o crédito tributário decorrente de sentença trabalhista não é atingido pela coisa julgada sobre ela incidente, pois consubstancia efeito anexo à sentença, estranho ao objeto da demanda trabalhista.

d) Eventual ação de repetição do indébito tributário que tenha por finalidade a restituição de valor pago indevidamente a título de contribuição previdenciária cuja constituição tenha se dado por meio de sentença trabalhista deve ser processada na Justiça Comum ou da Justiça do Trabalho?

A extinção, pelo pagamento, do crédito tributário formalizado em sentença trabalhista retira da Justiça do Trabalho a competência para processar e julgar quaisquer demandas que posteriormente venham a ser propostas questionando a legitimidade do débito tributário.

Em sendo a União a demandada, a ação condenatória destinada a ver reconhecido o direito à restituição do indébito deverá ser regularmente processada na Justiça (Federal) Comum, exatamente nos termos do que dispõe o art. 109, inciso I, da CF.

REDIRECIONAMENTO COMO FORMA (ESDRÚXULA) DE CONSTITUIÇÃO DA OBRIGAÇÃO TRIBUTÁRIA (RELATIVAMENTE AO TERCEIRO-RESPONSÁVEL) E DE APARELHAMENTO DA LIDE EXECUTIVA FISCAL (CONTRA AQUELE MESMO TERCEIRO)

Paulo Cesar Conrado[1]

O reconhecimento denotativo do sujeito que deve oficiar como executado numa dada execução fiscal – reduzindo-se à unidade o conceito conotativo de *parte passiva legitimada* – é atividade que requer, em princípio, o exame da petição inicial articulada pela Fazenda Pública.

Num aparente corte de complexidades, o *caput* do art. 6º da Lei Federal nº 6.830/80 estabelece que referido instrumento (a petição inicial dos executivos fiscais, reitere-se), diferentemente do que se passa nos demais casos (submissos, de ordinário, ao art. 319 do Código de Processo Civil de 2015 – antigo art. 282 do Código de Processo Civil de 1973),[2] indicará

1. Doutor e Mestre em direito tributário pela PUC/SP. Juiz Federal em São Paulo. Professor no IBET, na PUC/SP e na FGV. Diretor do Centro de Estudos da Associação dos Juízes Federais de SP e MS (2011/2014)

2. Art. 319. A petição inicial indicará:
I – o juízo a que é dirigida;
II – os nomes, os prenomes, o estado civil, a existência de união estável, a profissão, o número de inscrição no Cadastro de Pessoas Físicas ou no Cadastro Nacional da Pessoa Ju-

apenas (i) o órgão julgador a que é dirigida, (ii) o correspondente pedido e (iii) o requerimento para a citação.[3]

A par dessa sensível redução formal, o § 1º do mesmo art. 6º prescreve a necessária instrução da inicial com a Certidão da Dívida Ativa, documento que, para além do papel de título executivo e de veículo constitutivo da noção de "dívida ativa", oficia como elemento integrante da aludida peça processual, tal como se estivesse nela (na inicial) transcrita – o subsistema da Lei Federal 6.830/80 chega a autorizar, nesse contexto, que tais instrumentos de linguagem (petição inicial e Certidão de Dívida Ativa, insista-se) se constituam, formalmente, como se um único documento fossem (§ 2º do art. 6º).[4]

Ao final das contas, isso quer significar que, em execução fiscal, o conceito de parte passiva legitimada – haurível que seria, já o dissemos, pelo exame, em princípio, da inicial

---

rídica, o endereço eletrônico, o domicílio e a residência do autor e do réu;
III – o fato e os fundamentos jurídicos do pedido;
IV – o pedido com as suas especificações;
V – o valor da causa;
VI – as provas com que o autor pretende demonstrar a verdade dos fatos alegados;
VII – a opção do autor pela realização ou não de audiência de conciliação ou de mediação.
CPC/1973: Art. 282. A petição inicial indicará:
I – o juiz ou tribunal, a que é dirigida;
II – os nomes, prenomes, estado civil, profissão, domicílio e residência do autor e do réu;
III – o fato e os fundamentos jurídicos do pedido;
IV – o pedido, com as suas especificações;
V – o valor da causa;
VI – as provas com que o autor pretende demonstrar a verdade dos fatos alegados;
VII – o requerimento para a citação do réu.

3. "Art. 6º. A petição inicial indicará apenas:
I – o Juiz a quem é dirigida;
II – o pedido; e
III – o requerimento para a citação."

4. Art. 6º. [...]
[...]
§ 1º. A petição inicial será instruída com a Certidão da Dívida Ativa, que dela fará parte integrante, como se estivesse transcrita.
§ 2º. A petição inicial e a Certidão de Dívida Ativa poderão constituir um único documento, preparado inclusive por processo eletrônico.
[...].

– pode (e deve) ser diretamente sacado, em rigor, daquel'outro documento (a Certidão de Dívida Ativa), instrumento que, a um só tempo, (i) revela a face objetiva da lide (a "dívida ativa"), (ii) oficia como especial pressuposto processual (título executivo) e, mais ainda, (iii) opera como elemento integrante da petição inicial.

Não é à toa, portanto, que se impõe que o *Termo de Inscrição de Dívida Ativa* (documento que "espelha" a Certidão de Dívida Ativa) contenha "o nome do devedor, dos corresponsáveis e, sempre que conhecido, o domicílio ou residência de um e de outros" (art. 2º, § 5º, da Lei Federal 6.830/80) – não fosse tal previsão, a Certidão de Dívida Ativa restaria "capenga" em relação a tal informação, contaminando, do ponto de vista subjetivo passivo, a inicial do processo.

Tais constatações nos levam a uma curiosa conclusão: em nível de execução fiscal, como a Certidão de Dívida Ativa é, simultaneamente, instrumento revelador da relação de fundo e elemento integrante da petição inicial, a apuração do conceito de *parte passiva legítima* suscita verdadeira sobreposição conceitual: se é certo que ela, Certidão de Dívida Ativa, como elemento integrante da petição inicial, aponta quem são os sujeitos do processo, é igualmente certo que, como instrumento informador da relação de fundo, ela própria os qualifica, por presunção, como legitimados, tudo de modo a fazer, quando menos *a priori*, simplíssima a tarefa de aferir a presença (ou não) do decantado predicado (da legitimidade) – para tanto, bastaria a consulta, repita-se, à Certidão de Dívida Ativa.

Por isso mesmo, quiçá, o Superior Tribunal de Justiça tenha firmado o entendimento – em casos como os dos Recursos Especiais 1.104.900/ES (Relatora Ministra Denise Arruda, Primeira Seção) e 1.110.925/SP (Relator Ministro Teori Albino Zavascki, Primeira Seção), ambos submetidos ao procedimento previsto no art. 543-C do CPC/73[5] – de que "a CDA

5. Nota do editorial: o art. 543-C do CPC/73 corresponde ao art. 1.036 do CPC/2015.

goza da presunção de legitimidade, o que implica transferir ao sócio, nela incluído, o ônus de demonstrar a ausência de responsabilidade tributária [...]".[6]

Em síntese conclusiva: os sujeitos apontados sob a condição de credor e devedor, no bojo da Certidão de Dívida Ativa, seriam tidos não só como *partes*, formalmente falando, senão como *partes presumivelmente legítimas*, já que, além de elemento integrante da petição inicial, aquele documento responde, materialmente, pela revelação em linguagem (juridicamente hábil) da obrigação de fundo.

Paralelamente a essa ideias, cabe advertir: a questão vai para muito além dessas proposições!

Nos termos do art. 4º da Lei Federal 6.830/80, a classe dos potenciais executados em nível fiscal é constituída não só pela figura do *devedor* – vocábulo que serve para designar aquele cujo nome se vê apontado na inicial e seu "apêndice", a *Certidão de Dívida Ativa*.[7]

Prescreve o mencionado dispositivo legal, com efeito:

> Art. 4.º A execução fiscal poderá ser promovida contra:
>
> I – o devedor;
>
> II – o fiador;
>
> III – o espólio;
>
> IV – a massa;

---

6. Reiterando a mesma ideia – de que a presunção de legitimidade assegurada à CDA impõe ao executado, que figura no título executivo o ônus de demonstrar a inexistência de sua responsabilidade –, cabe consultar, dentre muitos, os acórdãos exarados no Agravo Regimental no Agravo 2010/0030603-9, Primeira Turma, Relator Ministro Luiz Fux, *DJE* 30.04.2010, e no Agravo Regimental no Recurso Especial 2008/0100281-2, 2ª T., Relator Ministro Mauro Campbell Marques, *DJE* 19.05.2010.

7. Ensina Regina Helena Costa, sobre o tema:
"O *sujeito passivo*, por sua vez, é aquele que responde pelo débito inerente à obrigação tributária. Usualmente, é o *contribuinte*, aquele que protagoniza a situação fática descrita na hipótese de incidência. No entanto, há diversas modalidades de sujeição passiva tributária." (*Curso de direito tributário* – Constituição e Código Tributário Nacional, 2 ed., São Paulo: Saraiva, 2012, p. 207)

> V – o responsável, nos termos da lei, por dívidas, tributárias, ou não, de pessoas físicas ou pessoas jurídicas de direito privado; e
>
> VI – os sucessores a qualquer título.
>
> [...].

Para além da figura do *devedor*, o sistema normativo, como se vê, defere à Fazenda Pública a possibilidade de canalizar sua pretensão executória em vista de pessoas outras, conceitualmente alojadas fora dos limites daquele vocábulo (*devedor*, repita-se), mas que com ele mantêm algum vínculo reputado juridicamente relevante – o *fiador* (figura de que trata o inciso II) ostenta essa condição em relação ao *devedor* (pense-se nos casos em que a execução é garantida por carta de fiança); o *espólio* (inciso III), da mesma forma, é figura pertinente ao *devedor* (tomem-se em conta os casos de morte do devedor pessoa física, com a consequente consumação de "sucessão material" e, se já instaurado o processo, de "sucessão processual", ambas *causa mortis*);[8] a *massa* a que se refere o inciso IV não é diferente, devendo ser assim entendida a sucessora processual do *devedor* que se pôs alvo de processo falimentar ou congênere.

Numa hipótese, porém (a do inciso V, pertinente ao "responsável, nos termos da lei", justamente a que dá ensejo às preocupações que inspiraram este estudo), o raciocínio desenhado falha.

Fixemos uma premissa: todos os legitimados "especiais" descritos pelos incisos II, III, IV e VI (fiador, espólio, massa, sucessores a qualquer título) mantêm evidente vínculo jurídico com o devedor, vínculo esse que, boa parte das vezes (ou melhor, todas as vezes, à exceção do caso prescrito pelo inciso II), se explica pela noção de sucessão. Usando outros termos: tirante o fiador, cuja legitimidade é haurida em função do compromisso por ele assumido no curso do processo

8. Art. 43. Ocorrendo a morte de qualquer das partes, dar-se-á a substituição pelo seu espólio ou pelos seus sucessores, observado o disposto no art. 265. (CPC/73)

executivo, todos os outros (espólio, massa, sucessores a qualquer título) recebem, do sistema, o rótulo da legitimidade passiva em função de sua condição jurídica de sucessores do devedor; sua legitimidade deriva, pois, de verdadeiro imperativo lógico: os eventos deflagradores da sucessão (morte, falência, por exemplo) são implicativos do desaparecimento jurídico da pessoa do *devedor*, circunstância que impõe, de duas uma, ou o cometimento da legitimidade a outro sujeito (o sucessor, materialmente falando, do devedor), ou a extinção do processo executivo, à falta de sujeito passivo.

Pois, reafirme-se: nada disso se aplica – não pelo menos em princípio – aos casos do inciso V.

A responsabilidade a que se refere o dispositivo em questão, com efeito, não está ligada a um evento implicativo do desaparecimento do *devedor*, não se apresentando vinculada, portanto, à noção de sucessão processual. Por outros termos: não é possível falar que o sistema tenha cometido legitimidade ao *responsável* pensando-o como sucessor do *devedor*.[9]

Por isso, aliás, é que essa legitimidade "especial" supõe, no mais das vezes, o emprego do litisconsórcio[10] (coisa que

---

9. Nesse sentido, destaque-se que os casos de "responsabilidade por sucessão", explicitamente contemplados pelo Código Tributário Nacional, arts. 130 a 133, põem-se abrangidos pelas hipóteses dos incisos III, IV e VI do art. 4º da Lei 6.830/80, sendo possível dizer, portanto, que o elemento determinante da alocação dos sujeitos ali descritos no polo passivo de uma dada execução seria não sua (simples) *responsabilidade*, senão sua condição de *sucessores* (e, portanto, *responsáveis*).

10. Art. 113, CPC/2015. Duas ou mais pessoas podem litigar, no mesmo processo, em conjunto, ativa ou passivamente, quando:
I – entre elas houver comunhão de direitos ou de obrigações relativamente à lide;
II – entre as causas houver conexão pelo pedido ou pela causa de pedir;
III – ocorrer afinidade de questões por ponto comum de fato ou de direito.
Art. 46, CPC/73. Duas ou mais pessoas podem litigar, no mesmo processo, em conjunto, ativa ou passivamente, quando:
I – entre elas houver comunhão de direitos ou de obrigações relativamente à lide;
II – os direitos ou as obrigações derivarem do mesmo fundamento de fato ou de direito;
III – entre as causas houver conexão pelo objeto ou pela causa de pedir;
IV – ocorrer afinidade de questões por um ponto comum de fato ou de direito.
[...].

não ocorreria nos casos de sucessão): a Fazenda Pública maneja a pretensão executiva contra o devedor e, a um só tempo, contra o responsável.

Para tanto, todavia, não basta a vontade da Fazenda; impõe-se que o fato implicativo da responsabilidade desse outro sujeito esteja materializado – tanto quanto o fato deflagrador da obrigação exequenda ("fato gerador" no sentido estrito da expressão).

Expliquemos: (i) a obrigação executada opõe-se, de ordinário, à figura do contribuinte (processualmente chamado de *devedor*), pessoa que, por presunção, se encontra juridicamente vinculada ao fato imponível; (ii) a par disso, essa mesma obrigação (tributária) pode ser canalizada em face de um terceiro, desde que demonstrado que, para além do fato gerador daquela (a obrigação tributária), ele (o terceiro) incorreu, deu à luz algum evento considerado normativamente relevante para esse fim – esses eventos a que nos referimos vêm essencialmente descritos no art. 135 do CTN;[11] (iii) como esses eventos (implicativos da responsabilidade do terceiro) guardam referibilidade, de algum modo, com o fato gerador da obrigação tributária, natural que sua evocação só seja admitida, se exercido pela Fazenda Pública o direito de ação executiva contra o contribuinte (devedor) e, no mesmo contexto, contra o terceiro (responsável).[12] Eis aí, reforce-se, a noção de litisconsórcio se aparelhando.

---

11. "Art. 135. São pessoalmente responsáveis pelos créditos correspondentes a obrigações tributárias resultantes de atos praticados com excesso de poderes ou infração de lei, contrato social ou estatutos:
I – as pessoas referidas no artigo anterior;
II – os mandatários, prepostos e empregados;
III – os diretores, gerentes ou representantes de pessoas jurídicas de direito privado."

12. "Já a *responsabilidade stricto sensu* (por transferência) surgirá quando o legislador, embora definindo um sujeito passivo pela verificação do fato jurídico tributário, determina, em virtude de *outro fato* (diverso do fato jurídico tributário), que outra pessoa passará a ser responsável (solidariamente ou não) pelo recolhimento do tributo devido pelo primeiro." (Luís Eduardo Schoueri, *Direito tributário*. São Paulo: Saraiva, 2011, p. 479)

Mas não é só: caminhando adiante, cabe-nos distinguir, observados os fins a que se destina o presente estudo, os casos de litisconsórcio *inicial* dos de litisconsórcio *ulterior*.

De fato, tomado como referência o tempo de sua formação, pode o litisconsórcio se qualificar de um ou de outro desses modos: (i) *inicial*, se constituído já no momento do ajuizamento do executivo; (ii) *ulterior*, se constituído, por excludência, em momento processual posterior.

Pois, retomemos – esse é o momento – a ideia (já assentada) de que a Certidão de Dívida Ativa é normativamente considerada como elemento integrante da petição inicial: se a cruzarmos com as constatações (há pouco feitas) sobre os tipos de litisconsórcio, teremos que admitir: o litisconsórcio passivo *inicial*, em sede executiva fiscal, só é articulável se os nomes de todos os litisconsortes – devedor e responsável – constarem daquele documento, a Certidão de Dívida Ativa.[13] Para isso, no entanto, necessário que, administrativamente, os fatos implicativos da obrigação tributária e da corresponsabilidade tenham sido regularmente apurados e documentados – afinal de contas, a Certidão de Dívida Ativa não é, por si, documento constitutivo do crédito tributário e tampouco da responsabilidade de terceiros, reportando-se, como verdadeiro canal de metalinguagem, a outro plano, o do lançamento.[14]

13. "Se a dívida é inscrita em nome de uma pessoa, não pode a Fazenda ir cobrá-la de outra nem tampouco pode a cobrança abranger outras pessoas não constantes do termo e da certidão, salvo, é claro, os sucessores, para quem a transmissão do débito é automática e objetiva, sem reclamar qualquer acertamento judicial ou administrativo. Em suma, corresponsabilidade tributária não pode, em regra, decorrer de simples afirmação unilateral da Fazenda no curso da execução fiscal". (Humberto Theodoro Júnior, citando Silva Pacheco, *Lei de execução fiscal*, 11 ed., São Paulo: Saraiva, 2009, p. 40).

14. Embora fosse teoricamente possível falar, nesse mesmo contexto, do "autolançamento", preferimos não mencioná-lo, aqui e agora, por uma razão simples: se a premissa com a qual estamos trabalhando é a de que, além do fato gerador da obrigação tributária, haveria um outro fato juridicamente relevante a considerar (o implicativo da responsabilidade de terceiro), inevitável tomar em conta a prévia instalação, administrativamente, de procedimento fiscal. Natural: o fato que deflagra a responsabilidade, porque ilícito, não seria alcançável pelas declarações providenciadas, via "autolançamento", pelo contribuinte.

Portanto, para que uma dada pretensão executiva seja de pronto direcionada em face do afirmado responsável, necessário que a respectiva inicial (nela incluída, reforce-se, a Certidão de Dívida Ativa), além do *devedor*, também o refira;[15] se o fizer, dada a especial presunção de que se reveste,[16]

---

15. Nesse contexto, a propósito, cabe mencionar a Portaria PGFN 180/2010 (*DOU* 26.02/.2010), em especial seus arts. 1º, 2º, *caput* e incisos, 4º, 5º, *caput*, e 6º, *caput*; confira-se:
"Art. 1º. Para fins de responsabilização com base no inciso III do art. 135 da Lei 5.172, de 25 de outubro de 1966 – Código Tributário Nacional, entende-se como responsável solidário o sócio, pessoa física ou jurídica, ou o terceiro não sócio, que possua poderes de gerência sobre a pessoa jurídica, independentemente da denominação conferida, à época da ocorrência do fato gerador da obrigação tributária objeto de cobrança judicial.
Art. 2º. A inclusão do responsável solidário na Certidão de Dívida Ativa da União somente ocorrerá após a declaração fundamentada da autoridade competente da Secretaria da Receita Federal do Brasil (RFB) ou da Procuradoria-Geral da Fazenda Nacional (PGFN) acerca da ocorrência de ao menos uma das quatro situações a seguir:
I – excesso de poderes;
II – infração à lei;
III – infração ao contrato social ou estatuto;
IV – dissolução irregular da pessoa jurídica.
[...]
Art. 4º. Após a inscrição em dívida ativa e antes do ajuizamento da execução fiscal, caso o Procurador da Fazenda Nacional responsável constate a ocorrência de alguma das situações previstas no art. 2º, deverá juntar aos autos documentos comprobatórios e, após, de forma fundamentada, declará-las e inscrever o nome do responsável solidário no anexo II da Certidão de Dívida Ativa da União.
Art. 5º. Ajuizada a execução fiscal e não constando da Certidão de Dívida Ativa da União o responsável solidário, o Procurador da Fazenda Nacional responsável, munido da documentação comprobatória, deverá proceder à sua inclusão na referida certidão.
[...]
Art. 6º. Ante a não comprovação, nos autos judiciais, das hipóteses previstas no art. 2º desta Portaria, o Procurador da Fazenda Nacional responsável, não sendo o caso de prosseguimento da execução fiscal contra o devedor principal ou outro codevedor, deverá requerer a suspensão do feito por 90 (noventa) dias e diligenciar para produção de provas necessárias à inclusão do responsável solidário na Certidão de Dívida Ativa da União, conforme disposto no art. 4º desta Portaria.
[...]"

16. Art. 3º. A Dívida Ativa regularmente inscrita goza da presunção de certeza e liquidez.
Parágrafo único. A presunção a que se refere este artigo é relativa e pode ser ilidida por prova inequívoca, a cargo do executado ou de terceiro, a quem aproveite. (Lei 6.830/80)

impor-se-á ao responsável o ônus de descaracterizar, formal e/ou materialmente, sua legitimidade/responsabilidade.

A par dessas convicções, lembremos que o fato implicativo da corresponsabilidade do terceiro pode vir a ser apurado após o ajuizamento da execução fiscal, sendo exemplo disso o do chamado "encerramento inidôneo" da pessoa jurídica, proclamado pela Súmula 435 do Superior Tribunal de Justiça:

> Súmula 435. Presume-se dissolvida irregularmente a empresa que deixar de funcionar no seu domicílio fiscal, sem comunicação aos órgãos competentes, legitimando o redirecionamento da execução fiscal para o sócio-gerente.

O vocabulário empregado na construção do referido enunciado, perceba-se, faz intuir a peculiaridade de que se reveste o caso: não se fala, aqui, em *direcionamento*, senão em *redirecionamento*; vale dizer, a ação executiva, de início proposta contra o contribuinte, é *ulteriormente* aparelhada contra o terceiro-responsável, firmando-se clara hipótese de litisconsórcio, agora não mais *inicial*, mas sim *ulterior* – tudo, frise-se, porque o fato deflagrador da responsabilidade do terceiro, intercorrentemente apurado, não habilitaria, por si, a instauração do processo em regime litisconsorcial inicial, senão apenas posteriormente.

Para esses casos, o que há de mais notável a se considerar, porém, é o fato de o corresponsável, porque identificado como tal no *curso* (e não no nascimento) do processo, não figurar como *parte passiva* no(s) instrumento(s) que seria(m) o(s) "natural(is)" para tanto – inicial e documento correlato, a Certidão de Dívida Ativa. Mais ainda: nem mesmo no documento constitutivo do crédito tributário (lançamento), documento esse que daria base (fundamento) à ereção do título executório, tal(s) sujeito(s) figuraria(m).

Seria de se indagar, então: como se constitui a obrigação exequenda em face de referido(s) sujeito(s), o(s) terceiro(s) cuja responsabilidade é apurada intercorrentemente?

Em qual(is) instrumento(s) ela se corporifica? Existe, juridicamente, essa mesma obrigação antes da produção desse(s) instrumento(s)?

Partamos da premissa, focados em tais perguntas, que à revelia de linguagem hábil, o direito não se instala.[17] É certo dizer, portanto, e já de logo, que as indagações lançadas são extremamente relevantes – trazê-las a contexto significa, em última razão, especular sobre os meios (leia-se: canais de linguagem juridicamente hábeis) que o direito reconhece como competentes para identificação de uma obrigação, assim especificamente a que é portada pelo tal terceiro-responsável, obrigação essa que, vale lembrar, não se confunde com a que lhe precede, temporal e logicamente (a saber, a obrigação portada pelo contribuinte, pessoa identificada como *devedor* no bojo do título agregado à inicial do executivo fiscal).

Pois vejamos, então: se a obrigação do corresponsável não é constituída administrativamente (via lançamento ou ato equivalente) – como de fato não o é nos casos de "encerramento inidôneo" constatado no curso da execução fiscal –, isso significa que sua constituição se dá em nível judicial. Por outra: a autoridade judicial (e não a administrativa, como ordinariamente ocorreria) seria a responsável pela tradução em linguagem juridicamente relevante do "fato gerador" da obrigação pertinente ao corresponsável – assim como dela própria, a obrigação em questão. E tudo isso, no curso do processo que serviria de base para a cobrança do crédito respectivo... tudo, absolutamente tudo, fora, portanto, do padrão usual.

Poder-se-ia dizer, na tentativa de se negar esse perfil anômalo de que se investiria a hipótese, que a obrigação do terceiro-responsável não é diversa da do contribuinte, estando, pois, desde antes constituída por meio do instrumento "convencional" – lançamento ou "autolançamento", conforme o caso. Mais ainda seria possível dizer: o juiz da execução não

---

17. CARVALHO, Paulo de Barros. *Direito tributário:* fundamentos jurídicos da incidência. São Paulo: Saraiva, 1999, p. 17.

constituiria, por si, o fato propulsor da corresponsabilidade, senão apenas o "declararia" – tal como se diz, por vezes, em relação ao "lançamento".

Tais objeções não prosperam. Por referir-se à pessoa diversa da do contribuinte, a obrigação que se opõe ao terceiro não se confunde com a que a precede, muito embora com ela mantenha clara relação de identidade quanto ao objeto – ambas as obrigações, tanto a portada pelo contribuinte, como a que é dirigida ao terceiro, vinculam-se idealmente ao mesmo crédito. Objeto, e apenas objeto, porém, é o que se demarca por identidade nessa situação; e isso, admitamos, não basta para que as obrigações em questão se confundam – uma relação jurídica não se define como tal olhando-se apenas para seu objeto, senão para todos os elementos que a constituem.

No mais, sobre o suposto timbre declaratório de que se vestiria o ato judicial determinativo do redirecionamento, basta que se lembre: o direito não atua, eficacialmente, à míngua de linguagem que o constitua; não é possível falar em crédito, obrigação, exigibilidade, corresponsabilidade, não é possível falar em nada, enfim, que traga à cena o terceiro supostamente responsável, sem a prévia constituição desse seu *status*. E isso, insistamos, se não decorre dos atos-fatos contidos no lançamento e na Certidão de Dívida Ativa, só pode estar constituído sob direto comando judicial – fala-se, aqui, em comando judicial "direto", dada a postura ativa assumida pelo juiz em tais situações, bem diversa da que se estabelece quando o juiz é chamado a controlar a higidez de ato por outrem (autoridade administrativa) praticado.

Usando outros termos: em casos como o do "encerramento inidôneo" incidentalmente constatado, o juiz, a um só tempo, (i) constitui o "fato gerador" da corresponsabilidade (e para tanto toma, a título de linguagem referencial, a certidão produzida, por exemplo, por seu oficial de justiça); (ii) constitui, da mesma forma, a obrigação derivada daquele fato; (iii) atribui força executiva a essa obrigação, (iv) faz inserir, no polo passivo da demanda executiva já instaurada, esse outro sujeito (o terceiro-responsável); (v) ordena a canalização dos atos de execução em seu desfavor.

E é certo dizer, para além da mera referência a esse plexo de atos, que os dos itens (i) e (ii) revelam, em rigor, atividade tal qual a que, administrativamente, se qualificaria como lançamento. Mais: o ato referido no item (iii) equivale, eficacialmente, ao de inscrição em dívida ativa; os dos itens (iv) e (v), finalmente, representam atividade perfeitamente equiparável à de ajuizamento da execução fiscal. Tudo, com o óbvio detalhe, de estar sendo diretamente efetivado por mãos judiciais.

À pergunta sobre como se constitui a obrigação tributária em face do(s) terceiro(s), cuja responsabilidade é apurada intercorrentemente, responderíamos, então: por meio do juiz que preside a execução; quanto à questão sobre o(s) instrumento(s) para tanto utilizado(s): o ato judicial decisório que, a requerimento do exequente, pugna pelo reconhecimento do evento deflagrador da corresponsabilidade ("encerramento inidôneo", por exemplo). Ao final de tudo, sobre se existe (ou não), juridicamente, essa mesma obrigação antes da produção de referido ato decisório, diríamos: não, definitivamente não, à medida que, se indeferido o pedido do exequente (tendente ao reconhecimento do "fato gerador" da corresponsabilidade), nada opor-se-á ao terceiro – força efetivamente constitutiva da obrigação/corresponsabilidade, a qual se vê cravada, pois, no ato judicial decisório.

De todas essas proposições, algumas consequências mostram-se inevitáveis, em especial, se avançamos na direção de temas como o da decadência e da prescrição.

É que se o redirecionamento implica, como constatamos, a constituição do "fato gerador" da corresponsabilidade e da obrigação dele derivada, é natural (e imperativo, diríamos) que seja ele (redirecionamento) modulado, temporalmente, pela ideia de decadência; da mesma forma, se o redirecionamento implica, num'outra perspectiva, o aparelhamento de "nova" execução, natural (e igualmente imperativo) que se o regule a partir da noção de prescrição.

Nos casos de que falamos, entretanto, um aspecto precisa ser reiterado: o evento, cuja constituição em linguagem é providenciada pelo ato judicial impositivo do redirecionamento, implica, de uma só "tacada", a constituição da obrigação tributária contra o terceiro e o aparelhamento, contra ele, da execução. Isso quer significar que decadência e prescrição, no que se refere à obrigação portada pelo terceiro, "resolver-se-iam" por um mesmo instrumento, e isso, não por outra razão, senão porque os prazos em foco, decadencial e prescricional, transitariam, em hipóteses de redirecionamento fundado em fato aferido no processo, a partir de um único termo – justamente o que se encerra na linguagem referencial (a certidão do oficial de justiça, por exemplo), tomada pelo juiz como critério para formular (ou não) a decisão determinativa do redirecionamento – decisão essa que, para muito além de representar uma só decisão interlocutória, constitui dois fatos relacionais importantíssimos para o direito tributário: a obrigação (relativa ao terceiro) e a correlata execução.

Detectado, pois, o evento social implicativo do redirecionamento – o encerramento irregular da pessoa jurídica (persistamos nesse exemplo) – disporia, a Fazenda, credora de 5 (cinco) anos – que fluiriam, desde quando operado aquele evento – para requerer o exercício, pelo juiz que preside a execução já instalada, da (anômala) função constitutiva do crédito e da execução contra o terceiro – o que se daria, na prática, com a emissão da ordem de inclusão daquele sujeito na lide executiva. Se eventualmente decorridos mais de 5 (cinco) anos desde quando verificado o evento social deflagrador da corresponsabilidade, dir-se-á operada a decadência (com a consequente impossibilidade de constituição do crédito/obrigação, em desfavor do terceiro, quando menos com base naquele motivo) e, a um só tempo, a prescrição da correspondente ação executória (a significar, em suma, a inviabilidade da formação do litisconsórcio passivo a que o redirecionamento induziria).

RESPONSABILIDADE TRIBUTÁRIA DO ADMINISTRADOR (CTN, 135, III). CIRCUNSTÂNCIAS MATERIAIS E PROCESSUAIS: CAUSAS E EFEITOS NOS PLANOS ADMINISTRATIVO E JUDICIAL (EXECUÇÃO FISCAL)

Rodrigo G. N. Massud[1]

Sumário: 1. Introdução – 2. Sujeição passiva e o ápice da relação jurídica de direito material – 3. O "fato gerador" da norma jurídica de responsabilidade do administrador: materialidade e temporalidade – 4. A norma da responsabilidade e a questão da prova. Efeitos nos planos administrativos e judicial: redirecionamento e integração da execução desconsideração da personalidade – 5. A questão da desconsideração da personalidade jurídica – 6. A aplicabilidade do incidente de desconsideração da personalidade jurídica na responsabilidado do administrador – 7. Conclusões.

---

1. Mestre em Direito Tributário pela PUC-SP. Pós-Graduado em Direito Processual Civil e em Direito Tributário pela PUC-SP/COGEAE. Advogado.

1. Introdução[2]

Por meio do presente estudo, pretendemos analisar, a partir de conceitos e estruturas das teorias gerais do direito e do processo tributário,[3] o "fato gerador" da responsabilidade do administrador fundada no art. 135, inciso III, do CTN, sua constituição por meio da linguagem das provas, hipóteses, causas e momentos possíveis, problemas na esfera administrativa e judicial e a relação de direito processual dela, responsabilidade, decorrente: responsabilidade patrimonial, legitimidade passiva, redirecionamento executivo e desconsideração da personalidade jurídica, seguindo roteiro que ao final possa responder satisfatoriamente questões cotidianas que assim resumimos:

1 – Quais as hipóteses e como se dá a constituição do fato gerador da responsabilidade tributária do administrador (CTN, art. 135, III)? Quais são os vínculos subjetivos que se estabelecem nos planos material e processual? Em que momentos isso é possível? Quais são as provas relacionadas?
2 – Como ocorre a integração do polo passivo da execução fiscal? Há diferenças entre redirecionamento executivo e desconsideração da personalidade jurídica?

2. **Nota de atualização:** Nesta versão revista e atualizada, tratamos essencialmente de contemplar as referências aos dispositivos legais do Código de Processo Civil de 2015 e incluir, ao final, nossas primeiras impressões acerca da aplicabilidade do incidente de desconsideração de personalidade jurídica (arts. 133 a 137) ao fenômeno do redirecionamento executivo para a responsabilização tributária do administrador.

3. Eliminando, com isso, as confusões entre relação jurídica de direito material (sistema normativo primário) e relação jurídica de direito processual (sistema normativo secundário); conceitos de direito privado e conceitos de direito público; ciência do direito e direito positivo, o que muitas vezes prejudica a discussão em torno do tema e tende a extravasar os limites estritamente jurídicos.

2. Sujeição passiva e o ápice da relação jurídica de direito material tributário: execução fiscal e seus vínculos subjetivos

O processo tributário,[4] não obstante a diversidade semântica que o termo sugere, exerce, primordialmente, a função de produção de atos normativos com o fim de implementar alterações materiais nas relações intersubjetivas entre Fisco e contribuinte, havendo participação e interação direta entre as partes e o juiz.[5]

Temos, portanto, o clíclo de positivação do direito tributário,[6] no qual a obrigação tributária se desenvolve sobre a perspectiva do início (geral abstrato) e término (extinção) da relação jurídica de direito material e que culmina, em última instância, na expropriação forçada de bens do devedor por meio do processo de execução.

A execução fiscal, desta feita, situa-se no ápice da relação de direito material tributário, inaugurando o sistema normativo secundário[7] e tendo por antecedente (pressuposto) o descumprimento da norma primária (dispositiva ou

---

4. Instrumento por meio do qual se exerce o direito constitucional de ação e correlato dever estatal de jurisdição (em torno disso gira o pilar da Teoria Geral do Processo: Ação → Processo → Jurisdição).

5. Trata-se de uma relação angular e dialética, onde os sujeitos do processo participam da produção do ato normativo em paridade. Atualmente, com o novo CPC, fala-se em relação triangular, dada a ampliação dos poderes diretivos das partes no desenvolvimento dos atos processuais.

6. Positivação do direito tributário, na linha de Paulo de Barros Carvalho, nada mais significa do que a gradual concretização dos antecedentes normativos abstratos e individualização de seus consequentes gerais. Ou seja, é a transição da norma geral e abstrata até a individual e concreta.

7. Trabalhamos, aqui, conforme proposta de Rodrigo Dalla Pria, com a ideia de sistema normativo primário e secundário, em substituição ao modelo bimembre de norma primária e norma secundária, utilizado, dentre outros, pelo saudoso Lourival Vilanova, o que possibilita uma análise mais ampla da atividade jurisdicional e de suas relações com os preceitos de direito material.

sancionatória) que estabelece, em seu consequente, a relação jurídica de direito material tributário.[8]

Há, portanto, não somente um vínculo de interdependência sintático-normativa entre os dois sistemas (primário e secundário), mas uma verdadeira relação semântica e pragmática, pois a execução fiscal colhe, em seu antecedente, o consequente (descumprido) da relação jurídica subjacente, na exata extensão e dimensão dos sujeitos que a compõem, além do que não há que se falar em fenômeno jurídico sem a necessária relação entre as normas de direito material e de direito processual.[9]

Verifica-se, com isso, a indissociabilidade prática entre os sujeitos que compõem a relação jurídica do sistema primário e do sistema secundário, de modo que a autonomia do direito processual existe apenas no plano abstrato.

As partes que integram a relação de direito material tributário (sujeito pretensor que detém o direito subjetivo de crédito e sujeito pretendido que detém o dever jurídico de débito), dessa forma, são ordinariamente os legitimados para figurar e compor os polos ativo e passivo da ação de execução fiscal.[10]

---

8. Norma jurídica do sistema primário é aquela que estabelece a relação de direito material, podendo ser dispositiva e também sancionatória. Já a norma jurídica do sistema secundário, desconsiderando a proposta de Herbert Hart e adotando a terminologia de Kelsen, seguida por Lourival Vilanova e Paulo de Barros Carvalho, é aquela que estabelece a relação jurídica de direito processual, decorrente do descumprimento da relação de direito material, ou seja, trata-se de uma relação jurisdicional. Portanto, a diferença entre a norma jurídica do sistema primário e norma do sistema secundário não está na sanção, mas sim, na necessidade ou não de intervenção do Estado-Juiz.

9. Nesse sentido, são as lições de Lourival Vilanova, para quem: "norma primária e norma secundária (oriunda de norma de direito processual objetivo) compõem a bimembridade da norma jurídica: a primária sem a secundária desjuridisciza-se; a secundária sem a primária reduz-se a instrumento, meio, sem fim material, a adjetivo sem o suporte do substantivo." (*Causalidade e relação no direito*, 4ª ed. São Paulo: Ed. RT, 2000, p. 190).

10. Até porque, nos termos do art. 6º do CPC/73: "Ninguém poderá pleitear, em nome próprio, direito alheio, salvo quando autorizado por lei." [Nota do editorial: o

Em outras palavras, a relação jurídico-processual que se estabelece na execução fiscal encontra seu fundamento e origem em outra relação jurídica, a de direito material tributário (estabelecida, em regra, no ato do lançamento tributário).[11]

É clara, portanto, a relação entre direito material e processual que, para além dos vínculos lógico-sintáticos, exige e impõe diversos laços de ordem semântica, pragmática e axiológica que atrelam as normas dos sistemas primário e secundário.

Essa indissociabilidade entre as relações de direito material e processual, todavia, não nos impede de isolá-las para fins de possibilitar uma melhor compreensão dos fenômenos materiais e processuais da responsabilidade tributária, identificando e operando suas espécies segundo premissas que respeitem o instituto. Devemos eliminar, assim, as confusões conceituais entre os planos materiais e processuais.

Para tanto, em primeiro lugar, cumpre observar que as relações jurídicas de direito material tributário, estabelecidas no consequente da regra-matriz de incidência, podem contemplar diversos tipos de sujeição passiva, a partir dos conceitos de contribuinte e responsável, definidos no art. 121 do CTN.

Verifica-se, deste modo, que existe o sujeito passivo suposto (ou anteposto) na regra-matriz de incidência (sujeição passiva *stricto sensu*),[12] e o sujeito passivo previsto em outras

---

art. 6º do CPC/73 corresponde ao art. 18, *caput*, do CPC/2015.]

11. Nessa perspectiva, observa Paulo César Conrado: "É precisamente isso que se chama, via de regra, de legitimidade ordinária, atributo que qualifica os sujeitos da relação processual (partes) em razão de sua presença na relação jurídica de direito material posta (efetiva) ou pressuposta (potencial)." (*Processo Tributário*. São Paulo: Quartier Latin, 2004, fls. 31).

12. "A expressão sujeição passiva tributária pode ser tomada em sentido amplo ou em sentido estrito. Em sentido estrito, representa a classe das pessoas de quem se exige o cumprimento da prestação pecuniária objeto da relação jurídica do tributo. Em sentido amplo, por outro lado, é a classe bem mais ampla que alcança toda e qualquer pessoa que se encontre obrigada ao cumprimento de deveres relaciona-

normas (sujeição passiva *lato sensu*), dentre elas as que estabelecem a relação de responsabilidade de terceiros (e do administrador). O sujeito passivo, assim, é sempre aquele que pratica a conduta prevista abstratamente no antecendete da norma e, com isso, tem o dever de pagar o tributo ou quantia a ele equivalente. A questão é saber de qual norma estamos falando.

Dentro de nosso escopo, nos deteremos à norma da responsabilidade do administrador que decorre da prática de atos ilícitos, construída a partir do art. 135, inciso III, do CTN.[13]

Independentemente dos cortes ou das classificações que se adotem relativamente às espécies de sujeição passiva, em qualquer caso, haverá os sujeitos da relação jurídica de direito material e, correlatamente, os sujeitos da relação executiva de direito processual, ou seja: contribuinte e responsável inspirados no direito material; devedor, codevedor e litisconsorte inspirados no direito processual. O responsável patrimonial, por sua vez, sujeito passivo da relação jurídica de direito processual, deverá guardar necessário vínculo com o sujeito passivo da relação jurídica de direito material. De forma analítico-comparativa, vejamos as vinculações normativas horizontais entre os sujeitos passivos das relações de direito material e processual:

dos à fiscalização ou arrecadação de tributos, o que inclui tanto os deveres instrumentais, como as obrigações pecuniárias, inclusive as de caráter sancionatório relacionadas à satisfação do interesse fiscal no recebimento do crédito tributário." (Andréa M. Darzé, *Responsabilidade tributária*: solidariedade e subsidiariedade. São Paulo: Noeses, 2010, p. 67).

13. Art. 135. São pessoalmente responsáveis pelos créditos correspondentes a obrigações tributárias resultantes de atos praticados com excesso de poderes ou infração de lei, contrato social ou estatutos: [...] III – os diretores, gerentes ou representantes de pessoas jurídicas de direito privado.

<table>
<tr><th>Relações jurídicas de direito material</th><th colspan="2">Relações jurídicas de direito processual</th></tr>
<tr><th>CTN</th><th>CPC/2015</th><th>LEF</th></tr>
<tr><td>Art. 121. Sujeito passivo da obrigação tributária é a pessoa obrigada ao pagamento de tributo ou penalidade pecuniária. Parágrafo único. O sujeito passivo da obrigação principal diz-se: I - contribuinte, quando tenha relação pessoal e direta com a situação que constitua o respectivo fato gerador; II - responsável, quando, sem revestir a condição de contribuinte, sua obrigação decorra de disposição expressa de lei.</td><td>Art. 779. A execução pode ser promovida contra: I – o devedor, reconhecido como tal no título executivo; II – o espólio, os herdeiros ou os sucessores do devedor; III - o novo devedor que assumiu, com o consentimento do credor, a obrigação resultante do título executivo; IV - o fiador do débito constante em título extrajudicial; V - o responsável titular do bem vinculado por garantia real ao pagamento do débito; VI - o responsável tributário, assim definido em lei.</td><td rowspan="2">Art. 4º. A execução fiscal poderá ser promovida contra: I – o devedor; II – o fiador; III – o espólio; IV - a massa; V - o responsável, nos termos da lei, por dívidas, tributárias ou não, de pessoas físicas ou pessoas jurídicas de direito privado; e VI – os sucessores a qualquer título. § 1º - Ressalvado o disposto no art. 31, o síndico, o comissário, o liquidante, o inventariante e o administrador, nos casos de falência, concordata, liquidação, inventário, insolvência ou concurso de credores, se, antes de garantidos os créditos da Fazenda Pública, alienarem ou derem em garantia quaisquer dos bens administrados, respondem, solidariamente, pelo valor desses bens.</td></tr>
<tr><td>Art. 135. São pessoalmente responsáveis pelos créditos correspondentes a obrigações tributárias resultantes de atos praticados com excesso de poderes ou infração de lei, contrato social ou estatutos: I - as pessoas referidas no artigo anterior; II – os mandatários, prepostos e empregados; III - os diretores, gerentes ou representantes de pessoas jurídicas de direito privado.</td><td>Art. 790. São sujeitos à execução os bens: I - do sucessor a título singular, tratando-se de execução fundada em direito real ou obrigação reipersecutória; II – do sócio, nos termos da lei; III - do devedor, ainda que em poder de terceiros; IV – do cônjuge ou companheiro, nos casos em que seus bens próprios ou de sua meação respondem pela dívida; V - alienados ou gravados com ônus real em fraude à execução; VI - cuja alienação ou gravação com ônus real tenha sido anulada em razão do reconhecimento, em ação autônoma, de fraude contra credores; VII - do responsável, nos casos de desconsideração da personalidade jurídica.</td></tr>
</table>

Assim, constata-se que o vínculo processual do sujeito passivo da exigência tributária, e a correlata responsabilidade patrimonial (fenômenos processuais), decorrem da relação jurídica de direito material e dela são, em regra, inseparáveis.

3. O "fato gerador" da norma jurídica de responsabilidade do administrador: materialidade e temporalidade

Não obstante a sujeição passiva estabelecida na regra-matriz de incidência tributária (sujeição passiva *stricto sensu*), existe a norma da responsabilidade de terceiros que se acopla[14] àquela estrutura originária, instaurando e constituindo outra relação jurídica de direito material tributário (sujeição passiva *lato sensu*), construída pelo lançamento (em regra), de forma inaugural ou derivada (a *posteriori*).

Assim sendo, a responsabilidade tributária, incluída a do administrador, é norma de conduta que, acoplando-se à regra-matriz, influi na fixação da sujeição passiva, por isso envolve o cálculo de relações de segunda ordem (relações que se estabelecem entre normas, ou relações interproposicionais).

Recortando e organizando metodologicamente as causas de responsabilidade tributária do administrador, desde logo constatamos que o art. 135, III, do CTN, veicula uma pluralidade disjuntiva (e não conjuntiva) de hipóteses, matéria reservada, em Lógica, à Teoria das Classes, na medida em que o pressuposto da norma exige apenas um elemento conector

14. Conforme Luciano Amaro, "a presença de um responsável como devedor da obrigação traduz uma modificação subjetiva no polo passivo da obrigação, na posição que, naturalmente, seria ocupada pela figura do contribuinte. Esta alteração ocorre desde o momento da ocorrência do fato ou em razão de certos eventos futuros (sucessão do contribuinte, p. ex.)." (Direito Tributário brasileiro, 11ª edição. São Paulo: Saraiva, 2005, p. 295). Nessa linha, também se manifesta Maria Rita Ferragut: "Como proposição descritiva, a responsabilidade é norma jurídica deonticamente incompleta (norma *lato sensu*), de conduta, que, a partir de um fato não tributário, implica a inclusão do sujeito que o realizou no critério pessoal passivo de uma relação jurídica tributária." (*Responsabilidade tributária e o Código Civil de 2002*. São Paulo: Noeses, 2005, p. 33).

(partícula operatória "ou") para que possa propagar os efeitos jurídicos do consequente.[15]

Em outras palavras, exige-se do agente (terceiro), como condição de sua responsabilização, que o crédito tributário tenha decorrido[16] ou esteja inadimplido em função de uma das seguintes condutas:[17] **(i)** prática de atos com excesso de poderes; ou **(ii)** prática de atos com infração de lei; ou **(iii)** prática de atos com infração ao contrato social ou estatutos.

De antemão, verificamos que a simples condição do sujeito arrolado no inciso III do art. 135 não é suficiente para implicar a relação de responsabilidade tributária, pois ainda se exige a realização de ato ilícito,[18] impondo-se o elemento dolo.[19]

---

15. Nesse sentido: "O fato é que o legislador, na produção dos textos jurídicos e o intérprete, na construção do sentido destes, podem combinar: (i) uma só hipótese para uma só consequência (H' → C'); (ii) várias hipóteses para uma só consequência (H', H", H'" → C'); (iii) uma só hipótese para várias consequências (H' → C', C", C'"...); ou (iv) várias hipóteses para várias consequências (H', H", H'"... → C', C", C'"...); associando-as conjuntiva ou disjuntivamente. Mas, como sublinha LOURIVAL VILANOVA, 'não pode arbitrariamente construir uma outra estrutura além destas." (Aurora Tomazini Carvalho, *Curso de teoria geral do direito*, São Paulo: Noeses, 2010, p. 304).

16. Obviamente, não é o ato ilícito que gera a obrigação tributária, pois senão contrariaria o disposto no art. 3º do CTN. O ato ilícito diz respeito à prática do fato jurídico tributário (lícito). Por exemplo, é o administrador que, em infração ao contrato social, realiza operações industriais, gerando obrigações tributárias a título de IPI.

17. "[...] deve ser fato que represente obstáculo à positivação da regra-matriz de incidência, nos termos inicialmente fixados. Descumprido dever que, direta ou indiretamente, dificulte ou impeça a arrecadação de tributos, irrompe uma relação jurídica de caráter sancionatório, consubstanciada na própria imputação da obrigação que inclui no seu objeto o valor do tributo." (Andréa M. Darzé, *Responsabilidade tributária: solidariedade e subsidiariedade*. São Paulo: Noeses, 2010, p. 96).

18. Diversas são as classificações possíveis dos atos ilícitos, mas fiquemos com as ideias transmitidas pelo Código Civil em seus arts. 186 e 187, nos seguintes termos: "Art. 186. Aquele que, por ação ou omissão voluntária, negligência ou imprudência, violar direito e causar dano a outrem, ainda que exclusivamente moral, comete ato ilícito. Art. 187. Também comete ato ilícito o titular de um direito que, ao exercê-lo, excede manifestamente os limites impostos pelo seu fim econômico ou social, pela boa-fé ou pelos bons costumes."

19. Conforme Maria Rita Ferragut: "Para que identifiquemos o fato típico e antijurí-

Além do mais, tem-se que o sujeito destinatário da norma não é definido pela mera posição de sócio, assim como a não condição de sócio igualmente não exclui o sujeito da sua responsabilidade. O que gera a responsabilidade tributária é a condição de administrador/gestor, ou seja, aquela específica condição de quem detém poderes decisórios na sociedade.

Desse modo, se o sócio não possui cargo com poder de administração e não pratica atos de gestão relacionados às obrigações tributárias, não poderá ser responsabilizado pelos débitos fiscais da empresa, e o inverso é verdadeiro, conforme entendimento consolidado no Superior Tribunal de Justiça (STJ).[20] Restam então fixadas as primeiras premissas para que haja a atribuição de responsabilidade do sócio: **(i)** a prática de ato ilícito doloso; e **(ii)** a condição de administrador (pessoa física ou jurídica),[21] cabendo lembrar que, apesar da confusão conceitual nos próprios julgados, a responsabilidade, segundo entendemos, por ser pessoal,[22] exclui o vínculo originário da

dico previsto no art. 135, a conduta do agente deve ser necessariamente dolosa. O elemento subjetivo, aqui, significa que a responsabilidade nasce somente se o administrador agir intencionalmente, com o animus de praticar a conduta típica [...]." (Obra citada, p. 120).

20. "[...] O sócio-gerente responde por ser gerente, não por ser sócio. [...]" (REsp n. 382.469/RS, Ministro Humberto Gomes de Barros, Primeira Turma, *DJ* 24.02.2003).

21. Anote-se a divergência doutrinária existente em relação à possibilidade ou não de uma pessoa jurídica figurar como administradora de outra sociedade, diante da previsão contida nos arts. 997, VI e 1.062, §2º, ambos do Código Civil. Vejam-se, por oportuno, as observações de Maria Rita Ferragut: "Define-se por administrador a *pessoa física* que, segundo os poderes que lhe são outorgados pela pessoa jurídica, pratica atos de gestão. [...] Dentre os requisitos para o exercício do cargo, *temos a obrigatoriedade de que o membro seja pessoa natural e residente no Brasil.*" (Obra citada, p. 7). Não adentraremos nessa discussão, até porque a jurisprudência tributária não faz tal distinção e o próprio art. 21 da Lei de Recuperação Judicial (Lei 11.101/2005) prevê a hipótese de pessoa jurídica figurar como administradora. O que não se pode admitir, todavia, é a responsabilização "por salto", ou seja, a responsabilização dos gestores da pessoa jurídica administradora. De modo que: ou se admite que o administrador só pode ser pessoa física, ficando sujeito a eventual responsabilidade pessoal, ou se admite o administrador pessoa jurídica, hipótese em que a responsabilidade seria desta pessoa jurídica, e não dos seus sócios-gestores.

22. Seguem, por oportuno, as observações de Maria Rita Ferragut: "[...] a responsabilidade poderá ser pessoal, subsidiária ou solidária. Será pessoal se competir ex-

empresa,[23] constituindo uma ineficácia técnica sintática que atua sobre a relação jurídica inaugural ou primitiva.[24]

Identificado o sujeito, passemos à análise das condutas hipotéticas que ensejam a responsabilidade pessoal do administrador, consubstanciadas na prática de atos *"com* **(i)** *excesso de poderes ou* **(ii)** *infração de lei,* **(iii)** *contrato social ou estatutos."*

As condutas com excesso de poderes ou com infração ao contrato social ou estatutos (itens **'i'** e **'iii'**) possuem significações semânticas que se aproximam: as ações do gestor em representação da pessoa jurídica devem sempre ser limitadas às atribuições que lhes são conferidas pelo contrato social ou estatuto, ou pela procuração que a sociedade lhes outorgou. Dessa forma, se o administrador extrapola dolosamente tais atribuições em atos de representação da sociedade, gerando obrigações tributárias, dificultando ou impedindo a arrecadação, poderá ser punido com a responsabilização pessoal

---

clusivamente ao terceiro adimplir a obrigação, desde o início (responsabilidade de terceiros, por infrações e substituição). [...] Nada impede, finalmente, que mais de uma dessas características seja simultaneamente aplicada – em que pese nem todas as combinações serem ontologicamente possíveis – como, por exemplo, a subsidiária e a solidária, a pessoal e a solidária etc." (*Responsabilidade tributária e o Código Civil de 2002*. São Paulo: Noeses, 2005, pp. 34/35).

23. Apesar das divergências e oscilações da jurisprudência, que de forma ampla assim não admite, essa é a posição majoritária na doutrina, como por exemplo: "[...] verifica-se que esse dispositivo exclui do polo passivo da obrigação a figura do contribuinte (que, em princípio, seria a pessoa em cujo nome e por cuja contra agiria o terceiro), ao mandar que o executor do ato responda pessoalmente. A responsabilidade pessoal deve ter aí o sentido (que já se adivinha no art. 131), de que ela não é compartilhada com o devedor 'original' ou 'natural'". (Luciano Amaro, *Direito Tributário Brasileiro*, 12 ed. São Paulo: Saraiva, p. 327).

24. "Ao afirmar que a responsabilidade do terceiro é pessoal, deixou claro que a inserção da norma da responsabilidade no sistema revoga ou mesmo impede a incidência daquela outra na qual o contribuinte ocupa o lugar sintático de sujeito passivo. Essa variação de efeitos, é bom que se esclareça, leva em conta apenas o estágio do processo de positivação no qual se certifica a ocorrência do ilícito – se anterior ou posterior à lavratura da norma individual e concreta em face do contribuinte [...]" (Andréa M. Darzé, *Responsabilidade tributária*: solidariedade e subsidiariedade". São Paulo: Noeses, 2010, pp. 177/178).

por seus atos.[25] Trata-se, portanto, e em verdade, de norma voltada à proteção da sociedade contra atos indevidamente praticados por seus gestores em prejuízo da empresa (ilícitos societários).

A constituição da prova desses fatos, contudo, dificilmente é alcançada, pois exige uma análise minuciosa dos atos de gestão ou até mesmo perícia técnica, motivo pelo qual tais hipóteses de responsabilização são pouco utilizadas pelas fazendas públicas (mas podem ser utilizadas como matéria de defesa da empresa).[26] As condutas que normalmente geram a responsabilização pessoal do administrador decorrem de atos praticados com "infração de lei" (item '**ii**'), termo extremamente vago e sujeito a interpretações indesejavelmente subjetivas.

A doutrina e a jurisprudência, assim, vêm entendendo que tal responsabilidade decorre de infração à legislação empresarial/societária, pois é esta que delimita as competências, deveres e obrigações dos sócios na sociedade.[27] Como exemplo mais comum de infração de lei apta a ensejar a

---

25. Conforme Maria Lucia Aguilera, "[...] nesse contexto, releva destacar que a lei, o contrato social e os estatutos nada mais são do que veículos introdutórios das normas de competência e dos limites de atuação regular dos administradores." (*in Responsabilidade tributária*, coordenação Maria Rita Ferragut e Marcos Vinicios Neder. São Paulo: Dialética, 2007, p. 132). E isso, assim, se alinha e permanece consentâneo com as normas gerais de responsabilização dos administradores nas sociedades limitadas e anônimas, previstas nos arts. 47 do Código Civil e 158 da Lei 6.404/76.

26. Assim se manifesta Maria Lucia Aguilera: "É da sociedade o ônus da prova de que os atos foram praticados pelos administradores fora dos limites de sua competência e contra os interesses e finalidades da pessoa jurídica. E, em assim sendo, deve-se admitir que a prova necessária à imputação da responsabilidade aos administradores seja feita, pela sociedade lesada, não apenas durante o procedimento de fiscalização, mas também em sede de recurso administrativo contra o lançamento ou no processo de execução, mediante pedido de redirecionamento da execução." (*in Responsabilidade tributária*, coordenação Maria Rita Ferragut e Marcos Vinicios Neder. São Paulo: Dialética, 2007, p. 137).

27. Os deveres do administrador estão previstos genericamente no art. 1.011 do Código Civil e são orientados por diversos dispositivos (arts. 1.013, 1.015, 1.017, 1.020, 1.021, 1.072, 1.078).

responsabilização pessoal, citamos a dissolução irregular da sociedade, que inclusive se encontra consolidada no STJ.[28]

Note-se que não basta a mera caracterização do CNPJ da empresa como "suspenso" ou "inapto", sendo necessária a certificação do encerramento irregular da sociedade por meio de diligências da autoridade administrativa competente quando do lançamento ou pelo oficial de justiça no curso da execução fiscal.[29] Verifica-se, ainda, que a falta de comunicação da mudança de endereço aos órgãos públicos gera presunção de dissolução irregular e, portanto, pode acarretar a responsabilização pessoal, conforme consolidado na Súmula 435 do STJ.[30] Já a simples falta de pagamento do tributo não caracteriza infração à lei, não permitindo a responsabilização pessoal do gestor, nos termos da Súmula 430 do STJ.[31]

A ideia que gira em torno da norma de responsabilidade, é importante destacar, está ligada à coibição/punição de atos ilícitos dolosos praticados pelo administrador com a intenção de fraudar (mediante má-fé) e a fim de prejudicar o Fisco, impedindo o ciclo da obrigação tributária, tratando-se, por isso,

---

28. "[...] 4. Doutrina abalizada situa a dissolução irregular como hipótese de infração à lei, contida no *caput* do art. 135 do CTN, que prescreve as condutas dolosas ensejadoras da responsabilidade pessoal do agente [...] (Precedente: AgRg no REsp 1085943/PR, Rel. Ministro Castro Meira, 2ª T., j. 01.09.2009)." (REsp 1.104.064/RS, Relator Ministro Luiz Fux, Primeira Turma, *DJ* 14.12.2010).

29. Observamos, contudo, que em recente julgado representativo da controvérsia, o STJ entendeu que a mera certificação do oficial de justiça não é suficiente para comprovar o encerramento irregular da sociedade. Veja-se: "[...] Certificação do oficial de justiça de que a empresa não funciona no local indicado nos registros fiscais, que, à míngua de outros elementos indiciários, é insuficiente para o pronto redirecionamento. [...]" (AgRg no REsp 1.268.993, Rel. Min. Napoleão Nunes Maia Filho, 1ª T., *DJ* 08.05.12).

30. 435. "Presume-se dissolvida irregularmente a empresa que deixar de funcionar no seu domicílio fiscal, sem comunicação aos órgãos competentes, legitimando o redirecionamento da execução fiscal para o sócio-gerente."

31. 430. "O inadimplemento da obrigação tributária pela sociedade não gera, por si só, a responsabilidade solidária do sócio-gerente."

de uma sanção.[32] É a partir desse prisma que a norma de responsabilidade do administrador deve ser interpretada.

Por outro lado, observe-se que o administrador que se retira regularmente da sociedade, sem extinguir a empresa e sem que se comprove a prática de atos com excesso de mandato ou infração de lei, contrato social ou estatuto, não pode ser responsabilizado, conforme posição majoritária do STJ.[33]

Abstraindo as materialidades das hipóteses da norma de responsabilidade do administrador, temos a seguinte estrutura hipotético-condicional:

Hipótese	Consequente
Dado o fato de o sujeito com poder decisório de gestão ter gerado ou acarretado a obrigação tributária, dificultando ou impedindo a arrecadação do crédito tributário mediante a prática de atos dolosos com excesso de poder ou infração relativamente ao que dispõe o contrato social ou estatuto, ou ainda mediante prática de infrações à legislação societária.	Deve ser a sua responsabilidade pessoal pelo pagamento de valor equivalente ao crédito tributário.

Por outro lado, passando para as condições temporais em que a norma de responsabilidade do administrador atua, delimitando as condutas ilícitas praticadas no tempo para que seja possível responsabilizar/punir justa e precisamente aquele terceiro infrator, mostra-se pertinente trabalhar com os conceitos de tempo *do* fato e tempo *no* fato, pautados no art. 144 do CTN.[34]

---

32. Conforme Paulo de Barros Carvalho: "Cremos haver demonstrado a natureza do vínculo que se instala, sempre que pessoa externa ao acontecimento do fato jurídico tributário é transportada para o tópico de sujeito passivo. Teremos uma relação jurídica, de cunho obrigacional, mas de índole sancionatória – sanção administrativa." (*Curso de direito tributário*, 22ª edição. São Paulo: Saraiva, 2010, p. 390).

33. "[...] 3. Não é responsável por dívida tributária, no contexto do art. 135, III, CTN, o sócio que se afasta regularmente da sociedade comercial, sem ocorrer extinção ilegal da empresa, nem ter sido provado que praticou atos com excesso de mandato ou infração à lei, contrato social ou estatutos." (Embargos de Divergência no REsp n. 100.739-SP, Rel. Min. José Delgado, 1ª Seção, *DJ* 28.02.2000).

34. Art. 144. O lançamento reporta-se à data da ocorrência do fato gerador da obri-

Ou seja, a autoridade (judicial ou administrativa) que constituir – enunciar em linguagem competente – a relação de responsabilidade tributária, deverá buscar, na data do evento (tempo *no* fato), quem é o agente da hipótese ilícita imputada.

Desse modo, no caso de responsabilização pautada em *crédito tributário que tenha decorrido* da prática dolosa de ilícito no fato jurídico tributário, responde pessoalmente com seus bens o administrador ao tempo da obrigação tributária gerada indevidamente. No caso de responsabilização pautada em *crédito tributário inadimplido ou turbado,* por conta de ato ilícito doloso que represente obstáculo ao ciclo de positivação da obrigação (exemplo da dissolução irregular da sociedade), deve responder o administrador ao tempo da ação que dificultou ou impediu a arrecadação tributária. É por isso que o administrador, ao tempo do "fato gerador do tributo", tendo regularmente se retirado da sociedade, não responde na hipótese de encerramento irregular da empresa em momento posterior.[35]

Lembremos: a norma da responsabilidade é norma de conduta primária (do sistema primário) sancionatória, sendo por isto que se deve buscar o administrador que praticou o ato ilícito ao tempo da infração imputada.

4. A norma da responsabilidade e a questão da prova. Efeitos nos planos administrativo e judicial: redirecionamento e integração da execução desconsideração da personalidade

Em primeiro lugar, observamos que a incidência normativa, ato humano de interpretação e aplicação do direito

gação e rege-se pela lei então vigente, ainda que posteriormente modificada ou revogada. [...]

35. "[...] o pedido de redirecionamento da execução fiscal, quando fundado na dissolução irregular da sociedade executada, pressupõe a permanência de determinado sócio na administração da empresa no momento da ocorrência dessa dissolução, que é, afinal, o fato que desencadeia a responsabilidade pessoal do administrador". (REsp n. 1.279.422/SP, 2ª Turma, *DJ* 13.03.2012).

(operação lógica e não cronológica); de subsunção do evento à hipótese; ou conversão do evento em linguagem jurídica competente, pressupõe, na produção da norma individual e concreta da responsabilidade tributária, suporte probatório, vale dizer, embasamento do fato constitutivo da obrigação tributária contra o terceiro, apresentando-se, por isso, como dever do Fisco (e não mero ônus).[36]

Logo, visando à imputação normativa para a inclusão de um terceiro no polo passivo da relação jurídica de direito material, constituindo ou alterando o vínculo obrigacional previsto ou suposto originalmente na regra-matriz de incidência, imprescindível a utilização de procedimento específico de provas para que se alcance a "verdade lógica",[37] pois somente será considerado jurídico aquele fato que subsistir à aplicação das provas em direito admitidas.[38]

No plano administrativo, só podemos falar em processualidade (como instrumento de resolução de lide, onde é exercida jurisdição) a partir da noção de conflituosidade/litigiosidade, juridicamente qualificada com o ato do lançamento tributário[39] (condição necessária, mas não suficiente), mo-

---

36. Segundo José Souto Maior Borges, "O Fisco, entretanto, tem o dever – não o ônus – de verificar a ocorrência da situação jurídica tributária conforme ela se desdobra no mundo fáctico [...]." (*Lançamento tributário*, 2ª edição. São Paulo: Malheiros, 1995, p. 121).

37. Conforme Fabiana Del Padre Tomé, "A verdade que se busca no curso do processo de positivação do direito, seja ele administrativo ou judicial, é a verdade lógica, quer dizer, a verdade em nome da qual se fala, alcançada mediante a constituição de fatos jurídicos, nos exatos termos prescritos pelo ordenamento: a verdade jurídica." (*A prova no direito tributário*. São Paulo: Noeses, 2005, p. 25).

38. A teoria geral das provas, portanto, não é tema de processo, mas sim de teoria geral do direito, pois é a linguagem das provas que constrói a realidade. Nesse sentido: "Ainda se discute muito sobre a natureza jurídica das normas relativas à prova, indagando-se se seriam processuais ou de direito material. [...] Por essa razão, a prova também pertence ao direito material. [...] E o motivo pelo qual se opera essa transposição entre direito material e processual é o fato de que a categoria prova transcende ao plano do direito positivo vigente, encontrando raízes na Teoria Geral do Direito." (Fabiana Del Padre Tomé, obra citada, p. 205/206).

39. De acordo com Paulo César Conrado, "[...] se é verdade que o processo antiexacional judicial pode ocorrer antes ou depois da constituição da obrigação tributária,

mento em que a autoridade administrativa, com competência para tanto, realiza o cálculo de relações de segunda ordem (relação entre regra-matriz e norma de responsabilidade) e, identificando o vínculo interventivo doloso do administrador, lhe imputa a sujeição passiva.[40] Nesse momento, devem ser carreadas as provas que embasam a exigência, nos termos, inclusive, do art. 9º do Decreto 70.235/72,[41] que dispõe sobre o processo administrativo federal, e conforme também exige a Portaria RFB n2.284/2010,[42] que disciplina os procedimentos a serem adotados pela autoridade fazendária nos casos de responsabilidade de terceiros no plano federal, devendo-se oportunizar o pleno exercício do contraditório e da ampla defesa.[43]

---

não é menos verdade que o administrativo só é viável após tal ocorrência; (ii) o sistema dota o contribuinte de legitimidade para produzir linguagem de resistência perante a própria Administração apenas quando já edificada a norma individual e concreta do lançamento ou 'autolançamento' [...]. Mais: enquanto 'processo', visto de uma maneira geral, é relação jurídica implicada pelo fato conflito, 'processo administrativo' (tributário) é relação jurídica implicada por conflito especialmente qualificado pela prévia fixação da norma individual e concreta do lançamento ou do 'autolançamento'." (*Processo tributário*. São Paulo: Quartier Latin, 2004, p. 101).

40. Observamos que isso somente se mostra possível na modalidade de lançamento de ofício, já que no chamado autolançamento incumbe ao particular demonstrar a veracidade dos fatos, deixando à disposição da fiscalização os documentos relativos ao fato relatado no antecedente da norma individual e concreta por ele produzida, não havendo instauração de processo administrativo a ensejar a composição do conflito.

41. Art. 9º, *caput*. A exigência do crédito tributário e a aplicação de penalidade isolada serão formalizados em autos de infração ou notificações de lançamento, distintos para cada tributo ou penalidade, os quais deverão estar instruídos com todos os termos, depoimentos, laudos e demais elementos de prova indispensáveis à comprovação do ilícito.

42. "[...] Art. 2º Os Auditores-Fiscais da Receita Federal do Brasil, na formalização da exigência, deverão, sempre que, no procedimento de constituição do crédito tributário, identificarem hipóteses de pluralidade de sujeitos passivos, reunir as provas necessárias para a caracterização dos responsáveis pela satisfação do crédito tributário lançado. § 1º A autuação deverá conter a descrição dos fatos e o enquadramento legal das infrações apuradas e do vínculo de responsabilidade. [...]."

43. Conforme já decidiu o próprio STF no RE 608.426, Rel. Min. Joaquim Barbosa, 2ª T., j. 04.10.2011: "[...] Os princípios do contraditório e da ampla defesa aplicam-se plenamente à constituição do crédito tributário em desfavor de qualquer espécie de sujeito passivo, irrelevante sua nomenclatura legal (contribuintes, responsáveis, substitutos, devedores solidários, etc.) [...]."

No plano judicial, mais especificamente da ação exacional de execução fiscal, igualmente se faz presente a ideia de conflituosidade (fato jurídico conflito edificado pela petição inicial), com a particular diferença de que a relação jurídica de direito material já se encontra ajustada e consolidada, devidamente espelhada no título executivo, qual seja, a Certidão de Dívida Ativa (CDA). Da mesma forma, porém, qualquer alteração ou inovação na relação entre os sujeitos pretensor e pretendido também submete a autoridade fazendária ao dever probatório, num processo dialógico e angular que, nesse caso, envolve o juiz.

Nessa ordem de ideias, a autoridade investida da competência lançadora, tomando conhecimento do fato da responsabilidade de terceiro ao tempo do lançamento, deve constituir o crédito tributário e instaurar a relação jurídica de direito material contra este, de acordo com as hipóteses do art. 135, III, do CTN.[44]

Após o lançamento e no curso da execução, a autoridade igualmente deve produzir a norma individual e concreta da responsabilidade com o fim de revisar a exigência fiscal diante de fato não conhecido ou não provado por ocasião do lançamento anterior (CTN, 149, VIII),[45] com a diferença de que depende do ato de fala judicial: a norma da responsabilidade, nesse caso, imprescinde de decisão judicial (seu veículo

44. É o próprio art. 142 do CTN que traz em seu bojo essa sistemática, delegando à autoridade administrativa a identificação do sujeito passivo. Compete à autoridade administrativa, no ato do lançamento, identificar o sujeito passivo. No plano federal, veja-se a Portaria RFB 2.284/2010.

45. "Como vimos é relativamente comum, em especial diante de casos de solidariedade dependente, que a responsabilidade de terceiros somente seja apurada quando já em curso o processo administrativo ou de execução fiscal, não por negligência do Fisco, mas por artifícios do próprio sujeito passivo na tentativa de ocultar a sua ocorrência ou pela simples circunstância de o evento da solidariedade ter sido praticado em um segundo instante. [...] como o erro da Administração ao emitir o ato do lançamento foi provocado por culpa, omissão, dolo, fraude ou simulação do próprio sujeito passivo ou de terceiros, autorizada está a sua revisão de ofício, nos termos de quase todos os incisos do art. 149, do CTN." (Andréa M. Darzé, *Responsabilidade tributária:* solidariedade e subsidiariedade. São Paulo: Noeses, 2010, p. 384).

processual constitutivo ou introdutor). É o juiz, portanto, realizando atividades materiais no curso do processo executivo.

Ao terceiro responsabilizado, por sua vez, compete provar a existência de fatos impeditivos, modificativos ou extintivos, de acordo com a dinâmica dos arts. 336, 350 e 373, II, do CPC/2015, tudo isso dirigido à autoridade administrativa com competência julgadora (portanto imparcial) ou ao juiz, destinatários desse conjunto probatório. Nesse contexto, o direito material é responsável por determinar os conteúdos probatórios possíveis, admitindo-se, assim, até mesmo prova testemunhal, se o caso, para a comprovação de que o administrador agiu ou não com excesso de poderes, infração à lei, ao contrato social ou estatuto.[46]

Constituída a relação de responsabilidade pelo lançamento de forma inaugural, é contra esse responsável que o processo executivo deverá ser originariamente proposto, havendo, em regra, apenas um veículo introdutor de norma individual e concreta que estabelecerá os sujeitos das duas relações (de direito material e de direito processual).[47]

46. Isso porque, os conteúdos possíveis das provas são incontroláveis, pois seu objeto são os fatos, e estes são inesgotáveis, de modo que o controle é do meio, e não da mensagem.

47. Nesse sentido, explica Maria Rita Ferraguti: "Se a responsabilidade for por substituição, *de terceiros* ou por infrações, teremos tido uma norma individual e concreta introduzida: a de responsabilidade propriamente dita, tendo em vista que o realizador do fato jurídico, ou um outro responsável, não terão figurado no polo passivo da norma de constituição do crédito (desconsideramos, para essa afirmação, a possibilidade de uma norma individual e concreta ter sido equivocadamente constituída em face do contribuinte, e somente num momento posterior o fato que enseja a responsabilidade ser conhecido. A premissa adotada para nossa conclusão é de como deve ser)." (*Responsabilidade tributária e o Código Civil de 2002*. São Paulo: Noeses, 2005, p. 36). Já Andréa Darzé, analisando o fenômeno normativo das normas de responsabilidade, entende que "dois são os efeitos mais comuns que provoca: i. a ineficácia técnico-sintática do enunciado sobre sujeição passiva que compõe a regra-matriz de incidência em sentido amplo; ou ii. a necessidade de positivação de nova norma individual e concreta que ii.1 revoga parcialmente ou ii.2 que irá existir conjuntamente com a norma que constitui o crédito tributário em face do sujeito que realizou o fato tributado." (*Responsabilidade tributária:* solidariedade e subsidiariedade. Noeses, 2010, p. 96).

Por outro lado, constituída a relação de responsabilidade tributária do terceiro, de forma derivada (a *posteriori*), no curso do processo executivo, o que é possível nas hipóteses em que o ato ilícito (materialidade da norma de responsabilidade) seja realizado num momento seguinte, haverá uma segunda norma jurídica individual e concreta que se sobreporá e alterará a relação jurídica de direito material e, consequentemente, a relação jurídica de direito processual e respectiva responsabilidade patrimonial, acarretando, com isso, o chamado redirecionamento executivo. Trata-se, portanto, de uma solução processual para se responsabilizar o terceiro no curso da ação executiva, não havendo como exigir, nessa situação, prévio processo administrativo ou mesmo a nulidade da CDA,[48] assim como não há a transmudação da natureza e tipo da responsabilidade.

Veja-se, portanto, que só há redirecionamento na hipótese de prática posterior do "fato gerador da responsabilidade" (o que se verifica geralmente nos lançamentos por homologação, onde não há prévio procedimento fiscalizatório e instauração de processo administrativo; ou nos casos de infração à lei por encerramento irregular da sociedade), pois do contrário não se trata de redirecionamento, mas sim de correção da exigência irregularmente constituída, o que é vedado pelo CTN em seu art. 146 e, aí sim, ensejaria a nulidade do título executivo, trazendo um problema de decadência. Deve a autoridade fazendária, igualmente, produzir as provas necessárias[49] e requerer ao juiz o redirecionamento dos atos processuais visando à expropriação patrimonial.

---

48. A questão inclusive já foi enfrentada há muito pelo STF, que assim se manifestou: "A execução fiscal pode incidir contra o devedor ou contra o responsável tributário, não sendo necessário que conste o nome deste na certidão de dívida ativa." (RE 95.028-1, *DJU* de 25.08.1981). Cabe lembrar, ainda, o disposto na Súmula 392 do STJ, segundo a qual: "A Fazenda Pública pode substituir a certidão de dívida ativa (CDA) até a prolação da sentença de embargos, quando se tratar de correção de erro material ou formal, vedada a modificação do sujeito passivo da execução."

49. Reitere-se: não basta a mera frustração da execução e indicação do nome do responsável no título.

Portanto, é plenamente possível, e necessária,[50] a existência de processualidade no curso do processo executivo, sobretudo diante da atual tendência de sincretizar os processos de conhecimento, cautelar e executivo. Operando o processo executivo, não somente no interesse do credor/exequente, mas também, do devedor/executado, que sofrerá a responsabilidade patrimonial, é natural se permitir a discussão da responsabilidade de terceiro no bojo da própria execução fiscal, sem a necessidade de garantia e oposição de embargos, sendo produzida, com isso, tutela cognitiva no processo de execução fiscal, o que a rigor não deveria causar maiores surpresas, até porque é nos autos da execução que até mesmo os embargos produzem seus efeitos materiais, ou seja: cognoscibilidade exercida na execução.

Note-se, todavia, que em regra, frustrada a execução fiscal contra a pessoa jurídica, a autoridade fazendária de imediato requer, indistintamente, a responsabilização e redirecionamento do processo aos sócios, não comprovando as condutas que materializariam a norma da responsabilidade de terceiro, pedido esse que já vem acompanhado de providências constritivas de patrimônio muito gravosas.

Por essa razão, após muitos debates, o STJ fixou entendimento no sentido de que, caso o sócio seja apontado na CDA (o que pressupõe prévio acertamento ou cálculo de relações estabelecendo a responsabilidade do terceiro), será seu o ônus da prova da não ocorrência das condutas infracionais, já que o título executivo da Fazenda Pública detém presunção de liquidez e certeza. Caso seu nome não conste na CDA, ao contrário, o ônus da prova será da autoridade fazendária.[51-52]

---

50. Já que não há prévio processo administrativo no redirecionamento executivo.

51. Recurso Especial 1.104.900/ES, submetido ao regime do art. 543-C do CPC/73, Primeira Seção, Relatora Ministra Denise Arruda, *DJe* 01.04.2009.

52. Encampando e incorporando em grande parte esse entendimento, no âmbito federal, a Procuradoria Geral da Fazenda Nacional e a Receita Federal do Brasil editaram, respectivamente, as Portarias PGFN 180/2010 e RFB 2.284/2010, por meio das quais disciplinaram as suas atuações no tocante à responsabilização do admi-

Por outro lado, e caminhando para as conclusões, verifica-se que a responsabilidade apurada no curso do processo executivo está sujeita ao prazo prescricional para inclusão do administrador na relação jurídica de direito processual e, nesse sentido, a posição majoritária na jurisprudência do STJ é a de que a autoridade fazendária possui 5 (cinco) anos, a contar da data da citação da empresa executada, para adotar tal providência e instruir o correlato redirecionamento da execução.[53]

5. A questão da desconsideração da personalidade jurídica

Para finalizar, cumpre-nos tecer algumas considerações sobre o instituto da desconsideração da personalidade jurídica. Pois bem, vimos, no decorrer deste trabalho, que o vínculo processual do sujeito passivo da exigência tributária e a correlata responsabilidade patrimonial (fenômenos de direito processual) decorrem da relação jurídica de direito material e dela são, em regra, inseparáveis.

A desconsideração da personalidade jurídica, por sua vez, diferentemente da responsabilização pessoal do administrador, é fenômeno de direito processual, não constituindo, alterando ou inovando a relação jurídica de direito material tributário, não influenciando nos institutos como decadência, prescrição, CND, dentre outros reflexos tipicamente tributários.

Desse modo, se é verdade que a responsabilização do administrador implica, fenomenologicamente, a desconsideração

---

nistrador, entendendo se tratar, todavia, de solidariedade.

53. Anote-se, todavia, que a questão atualmente está afetada à Primeira Seção do STJ pelo rito dos recursos repetitivos (REsp 1.201.993-SP). De qualquer forma, segue posição majoritária: "[...] é firme da jurisprudência deste Superior Tribunal de Justiça que o redirecionamento da execução fiscal contra os sócios deve se dar no prazo de cinco anos contados da citação da pessoa jurídica. [...]" (AgRg no REsp 1.185.838/AM, Min. Hamilton Carvalhido, 1ª Turma, 21.09.2010).

da personalidade jurídica da empresa[54] (mera consequência patrimonial, sem que isso signifique dizer que estamos diante do instituto da desconsideração), o inverso não é verdadeiro. Assim o é porque o pressuposto (hipótese de incidência) da desconsideração da personalidade, nos termos do art. 50 do CC/2002, é o *"abuso de personalidade jurídica, caracterizado pelo desvio de finalidade, ou pela confusão patrimonial (...)"*, norma voltada ao direito processual que não estabelece e nem modifica as relações de direito material, não havendo qualquer responsabilidade tributária pessoal dos administradores, mas sim, solidariedade executiva. E nem poderia ser diferente, na medida em que a responsabilidade tributária é matéria reservada à lei complementar, nos termos do art. 146, III, "b", da Constituição Federal.

Por outro lado, a desconsideração da personalidade volta-se aos sócios indistintamente, não se limitando, como na responsabilidade de terceiros, ao administrador. Além do que, a desconsideração somente pode ser constituída jurisdicionalmente, e não administrativamente.

A ideia, aqui, é de que o contribuinte ou responsável esteja praticando uma simulação patrimonial com o fim de furtar-se da expropriação forçada (e não excesso de poder, fraude à lei, contrato social ou estatuto *de que resultem obrigações tributárias*), camuflando seus bens por meio de estruturas societárias aparentes, configuradoras de confusão patrimonial, ou utilizando-se de "laranjas", daí porque o art. 790, incisos III, V e VII do CPC/2015, determina que: *são sujeitos à execução os bens (...) do devedor, ainda que em poder de terceiros"*, *"alienados ou gravados em fraude de execução"* e *"do responsável, nos casos de desconsideração da personalidade jurídica"*, o que não altera a relação de direito material tributário.[55]

---

54. "Nas hipóteses em que houver responsabilização pessoal dos administradores decorrente de ato doloso, tal como preveem os arts. 135 e 137 do CTN, a desconsideração da personalidade jurídica estará sendo aplicada [...]." (Maria Rita Ferragut, obra citada, p. 23).

55. Segundo Heleno Taveira Tôrres: "Quanto aos demais dispositivos do Código

6. A aplicabilidade do incidente de desconsideração da personalidade jurídica na responsabilidade do administrador

Com a racionalização do contencioso, a instrumentalidade das formas e o sincretismo processual, é plenamente possível e desejável a existência de processualidade, ou seja, produção de atos cognitivos, no curso e no bojo do processo de execução, em especial diante da reformulação do conceito de coisa julgada e da ampliação dos seus limites objetivos no CPC/2015, que a partir de então confirma a ideia de imutabilidade decisória material no ambiente executivo.

Dessa forma, a coisa julgada passou a compreender as decisões de mérito (não apenas as sentenças), nos limites das questões principais, do conjunto da postulação e dos fundamentos determinantes da causa, para o que o CPC/2015 encampou, dentre outras diretrizes, o princípio da cooperação (art. 6º), fixando eixos temáticos muito claros, como o diálogo entre as partes (saneamente compartilhado, distribuição dinâmica do ônus probatório e negócios processuais), o tratamento processual paritário, a valorização do contraditório e a não surpresa.[56]

Tributário Nacional, queremos evidenciar que os art. 124 e 135, em nenhuma hipótese, têm o condão de permitir formas de desconsideração da personalidade jurídica, como pensam alguns." (*Desconsideração da Personalidade Jurídica em Matéria Tributária*. São Paulo: Quartier Latin, 2005, p. 59).

56. Art. 7º É assegurada às partes paridade de tratamento em relação ao exercício de direitos e faculdades processuais, aos meios de defesa, aos ônus, aos deveres e à aplicação de sanções processuais, competindo ao juiz zelar pelo efetivo contraditório.
Art. 8º Ao aplicar o ordenamento jurídico, o juiz atenderá aos fins sociais e às exigências do bem comum, resguardando e promovendo a dignidade da pessoa humana e observando a proporcionalidade, a razoabilidade, a legalidade, a publicidade e a eficiência.
Art. 9º Não se proferirá decisão contra uma das partes sem que ela seja previamente ouvida. [...]
Art. 10. O juiz não pode decidir, em grau algum de jurisdição, com base em fundamento a respeito do qual não se tenha dado às partes oportunidade de se manifestar, ainda que se trate de matéria sobre a qual deva decidir de ofício.

Nesse sentido, encontramos os apontamentos de Cássio Scarpinella Bueno: "a visão geral permite, desde que bem construída e demonstrada suas respectivas premissas, o conhecimento mais correto e mais adequado de suas partes."[57]

É dentro desse plexo de mudanças e inter-relacionamentos que o incidente de desconsideração de personalidade jurídica, numa visão constitucional do processo, deve ser analisado.

Desse modo, identificamos, no incidente, antes de tudo, norma de direito processual que se destina, ao mesmo tempo, à garantia prévia do contraditório e da ampla defesa, como também à proteção do crédito litigado, na medida em que torna ineficaz, por fraude à execução, a alineção ou oneração de bens do responsável.

Portanto, como tantas outras orientações do novo Código, o incidente procurou contornar e corrigir patologias do contencioso que acabavam por desigualar e distorcer as relações processuais, como a utilização desmedida e abusiva da desconsideração da personalidade jurídica, muitas vezes deferida sem qualquer vinculação probatória ou fundamentação decisória adequada.

Não obstante, ainda que o novo instituto veicule orientação programática que permeia (a orientação programática) todo o Código, não se trata de estendê-lo, teleologicamente, aos casos de redirecionamento executivo por responsabilização tributária do administrador.

É que, apesar de concluirmos, em item anterior, que a responsabilidade do administrador não se confunde com a desconsideração da personalidade jurídica (ideia, aliás, não amparada na jurisprudência), vimos que, fenomenologicamente, ambos (responsabilidade e desconsideração) incorporam as mesmas consequências patrimoniais e, portanto, são

57. *Novo Código de Processo Civil anotado*. São Paulo: Saraiva, 2015, p. 17.

alcançados de igual maneira pelo bem juridicamente tutelado no incidente.

Ou seja, são os efeitos da responsabilização tributária que, colorindo-a com as marcas da desconsideração da personalidade jurídica, impõem senão a adoção plena do incidente de desconsideração, ao menos suas diretrizes cognoscitivas. Em outras palavras, numa postura de matriz pragmatista, são os efeitos, não a causa, do redirecionamento, que impõem a adoção, ainda que mitigada, do incidente processual em comento à realidade dos executivos fiscais.

E ainda que, processualmente, desconsideração da personalidade jurídica e responsabilização tributária constituam figuras com contornos normativos próprios, fato é que o mero arranjo topológico do incidente de desconsideração no título da intervenção de terceiros no Novo Código, não inibe sua eficácia garantista quando se fala de redirecionamento executivo.[58]

Em primeiro lugar, as deficiências classificatórias do legislador nunca constituíram obstáculos sintáticos para que superássemos problemas práticos, como por exemplo, quando tínhamos um conceito também topológico de sentença (ato pelo qual se colocava fim a processo), porém ainda assim, em certos casos, agravável (exemplo da decisão que julga a liquidação de sentença, ou a exceção de pré-executividade). Ou seja, topologicamente, uma sentença, porém agravável.

Por outro lado, a defesa cabível na hipótese de desconsideração da personalidade jurídica igualmente vascila na jurisprudência (ora se entendendo pelos embargos de terceiro, ora pelos embargos de devedor), não constituindo critério seguro de discrímen que permita limitar a amplitude do incidente de desconsideração, o qual não pode ter seus traços jurídicos definidos a partir do regime de impugnação ou do regime recursal a que está sujeito.

---

58. Até porque, logo no art. 1º do CPC/2015, temos que "o processo civil será ordenado, disciplinado e interpretado conforme os valores fundamentais estabelecidos na Constituição da República Federativa do Brasil [...]."

Mas não é só, se o redirecionamento executivo para a responsabilização tributária do administrador representa autêntico lançamento (fenômeno de direito material que, portanto, altera a própria relação jurídico-tributária), ainda por maior razão este deve observar as garantias do contraditório e da ampla defesa, não se podendo admitir um regime processual mais gravoso quando comparado à responsabilização na esfera administrativa,[59] ou mesmo se comparado com a "mera" desconsideração de personalidade jurídica, sob pena de se desigualar situações iguais.

Assim, dentro do pequeno espaço de uma atualização, em resumo, a não aplicação do incidente de desconsideração da personalidade jurídica para os casos de redirecionamento executivo: **(i)** ofende a garantia estrutural do CPC/2015 e o modelo constitucional de processo; **(ii)** valoriza um silogismo lógico incompatível com a nova racionalidade; **(iii)** atribui regime jurídico-processual mais oneroso e desfavorável para o responsabilizado tributário na fase judicial em comparação à fase administrativa, e mesmo face aos casos de "mera" desconsideração da personalidade jurídica; **(iv)** assegura maiores garantias para situações material e processualmente menos gravosas; e **(v)** acaba por permitir a responsabilização por salto, sem a garantia do incidente, nas hipóteses de redirecionamento ao sócio administrador com base no art. 135 do CTN, seguida de desconsideração da peresonalidade jurídica às avessas de grupos empresariais e outras empresas que porventura tenham relação, com base no art. 50 do CC/2002.

7. Conclusões

A responsabilização do administrador, no curso do processo executivo, configura hipótese de constituição do crédito tributário pelo juiz (o que já ocorre no âmbito da ação

59. Lembramos que as próprias Portarias PGFN 180/2010 e RFB 2.284/2010 garantem o contraditório e a ampla defesa em caso de responsabilização administrativa.

trabalhista, em relação às contribuições previdenciárias), havendo, nesse ato jurisdicional, típica atividade material. Apesar disso, não há plena autonomia e independência da norma processual em relação ao direito material, o que se verifica apenas no plano abstrato, não havendo como sustentar, também, a rígida e clássica distinção entre processos de conhecimento, executivo e cautelar, por conta do que se passou a chamar de sincretismo processual.

Na responsabilidade tributária do administrador, reafirma-se a dependência entre relação jurídica de direito material e relação jurídica de direito processual, havendo não somente uma vinculação sintática entre as normas do sistema primário e secundário, como também inequívocos laços semânticos e pragmáticos.

Identificado o vínculo interventivo (doloso) do terceiro no curso do lançamento, a autoridade fiscal deverá construir uma única norma individual e concreta estabelecendo a responsabilidade pessoal do administrador, operando uma ineficácia técnica sintática em relação à regra-matriz de incidência, sendo possível a constituição da responsabilidade no curso do processo executivo somente se os atos ilícitos tenham sido praticados posteriormente.

Finalmente, não há que se confundir redirecionamento executivo com o instituto da desconsideração da personalidade jurídica, pois esta não está relacionada com infrações originadas de excesso de poder ou infração à lei, contrato social ou estatutos *de que resultem obrigações tributárias*, além de atingir indistintamente os sócios, não apenas agente do ato ilícito doloso. Não obstante, deve-se submeter ao incidente de desconsideração da personalidade jurídica, ainda que mitigado.

EXCEÇÃO DE PRÉ-EXECUTIVIDADE E SEU JULGAMENTO: IMPACTO EM OUTROS PROCESSOS (ADMINISTRATIVO, DECLARATÓRIO, ANULATÓRIO)

Luís Claudio Ferreira Cantanhede[1]

Sumário: 1. Introdução – 2. Processo de positivação das normas jurídicas – 3. O comportamento do contribuinte como contingência que determina o aparecimento do Processo no ciclo de positivação das normas tributárias – 4. O comportamento específico consistente no inadimplemento da obrigação tributária e o Processo de Execução no Ciclo de Positivação – 5. A ampla defesa e o processo de execução – 6. O exercício anômalo da ampla defesa na execução fiscal via exceção de pré-executividade – 7. Exceção de pré-executividade e seu julgamento – preclusão, coisa julgada e prejudicialidade – perspectivas frente aos processos judiciais declaratórios, anulatórios e administrativos: 7.1 Exceção de pré-executividade julgada procedente e sua influência nos processo declaratórios e anulatórios; 7.2 Exceção de pré-executividade julgada improcedente e sua influência nos processos declaratórios e anulatórios – 8. Conclusão.

---

1. Mestre em Direito Tributário pela PUC/SP. Especialista em Direito Tributário pela PUC/SP. Especialista em Direito do Estado pela Escola Superior da Procuradoria Geral do Estado de São Paulo-ESPGE. Professor no Instituto Brasileiro de Estudos Tributários e na Escola Superior da Procuradoria Geral do Estado de São Paulo/SP. Juiz do Tribunal de Impostos e Taxas do Estado de São Paulo. Procurador do Estado de São Paulo.

1. Introdução

A questão objeto de análise diz respeito aos efeitos que a decisão proferida em razão do julgamento de uma exceção de pré-executividade gerará em outros processos, de natureza anulatória ou declaratória.

Para tanto, partir-se-á do pressuposto de que a exceção de pré-executividade foi admitida e julgada, sendo que a partir do resultado do julgamento e da norma posta por esta decisão intentar-se-á analisar como ela ingressará no ciclo de positivação da obrigação tributária, bem como o modo que influenciará outras relações processuais surgidas neste mesmo ciclo.

Nessa linha será analisada a fenomenologia da incidência jurídico-tributária tendo em conta a intervenção do processo de execução e, consequentemente, a decisão proferida em sede de exceção de pré-executividade, cujo palco é, necessariamente, este fenômeno de natureza processual.

Finalmente, esclarece-se que a metodologia adotada para aproximação e estudo do objeto jurídico vê no aplicador/intérprete do direito a figura central sem a qual não haverá incidência e não se constituirão relações jurídicas vinculando os sujeitos titulares de direitos e deveres, sendo certo, ainda, que deverá valer-se, para o regular exercício de seu mister, de linguagem competente, ou seja, aquela à qual o direito reconhece aptidão para fazer ingressar em seu sistema o relato dos eventos sociais e das respectivas consequências normativas.

2. Processo de positivação das normas jurídicas

O processo de positivação é o mecanismo por meio do qual se dá a incidência do direito, percorrendo o caminho que vai das normas gerais e abstratas às individuais e concretas.

As primeiras representam comandos que não são idôneos a obrigar as pessoas de modo individualizado, isto é, somente apresentam as notas que os fatos devem conter para serem aptos a produzir efeitos jurídicos, encontrando-se, por assim dizer, em estado potencial. As segundas, por sua vez, quando relatadas em linguagem competente, trazem enunciados denotativos de fatos ocorridos e de seus consequentes efeitos jurídicos, instaurando os liames abstratos que vinculam os sujeitos da relação jurídica.

Fincados na visão constitutivista do direito, desde já se esclarece que para este desenrolar é imprescindível a atuação humana, traduzindo os eventos sociais em fatos jurídicos e estabelecendo os efeitos daí decorrentes, a saber, as relações jurídicas surgidas. Para tanto, é de rigor o seu relato em linguagem competente, razão pela qual, sem a intervenção humana, não há positivação do direito e, consequentemente, incidência normativa.

Neste sentido, vejamos a lição do Professor Paulo de Barros Carvalho, citando Gaston Jèze:

> No mesmo estilo de concepção do fenômeno jurídico da incidência, Gaston Jèze já tecera o seguinte comentário: *um fato material não é nunca, desde o ponto de vista da técnica jurídica, mais que a condição de aplicação a um indivíduo de um "status" legal, ou a condição para o exercício de um poder legal. Mas, jamais um fato, um ato material, cria uma situação jurídica qualquer. A situação jurídica geral não pode ser criada mais que por uma manifestação de vontade denominada lei ou regulamento; a situação jurídica individual não pode ser criada mais que por uma manifestação unilateral ou bilateral de vontade. Em outros termos, requer-se sempre um ato jurídico, uma manifestação de vontade no exercício de um poder jurídico.*[2]

Este mecanismo de incidência jurídica, no que concerne às normas tributárias, respeitadas as regras de competência estabelecidas na Constituição Federal, parte da regra-matriz de incidência tributária, passa, necessariamente, pela norma individual e concreta que constitui a obrigação tributária

2. CARVALHO, Paulo de Barros. *Direito tributário fundamentos jurídicos da incidência.* 9ª ed. São Paulo: Saraiva, 2004, p. 179.

para, finalmente, chegar à norma individual e concreta que põe no ordenamento jurídico o fato extintivo da mesma obrigação, sendo esta a sequência lógica que compreende a incidência das normas tributárias impositivas.

3. O comportamento do contribuinte como contingência que determina o aparecimento do Processo no ciclo de positivação das normas tributárias

No item anterior, viu-se que o ciclo de positivação da regra-matriz de incidência tributária visa à extinção da obrigação constituída, ou seja, da relação jurídica que impõe o dever de pagar ao contribuinte, o que se dará quando da constituição em linguagem competente do fato extintivo.

Esse transcurso pode ocorrer sem qualquer conflituosidade e não demandará intervenção de cunho processual. De outro lado, surgindo conflito, desde que traduzido em linguagem competente, surgirá o ensejo para o desenvolvimento da atividade processual que terá por escopo sua solução.

A análise da fenomenologia da incidência tributaria permite inferir que será a atitude do contribuinte que determinará o aparecimento de processualidade no ciclo de positivação do direito tributário.

Assim, se ele se opuser à obrigação contra si constituída valendo-se do meio escolhido pelo ordenamento jurídico (petição inicial quando judicial ou defesa/impugnação quando administrativo) ou furtar-se à prática de qualquer ato que importe na suspensão ou na extinção da obrigação tributária, dará ensejo à conflituosidade no ciclo de positivação, abrindo portas à processualidade, tendo em conta que é o processo o instrumento que viabilizará a produção da tutela necessária à solução do conflito.

Aqui cabem as lições de Rodrigo Dalla Pria, que elucidam o papel instrumental da relação processual:

> Sabemos, de antemão, que norma jurídica é estrutura hipotético-condicional composta de antecedente (delineamento de um determinado fato), denominado hipótese, cuja efetiva ocorrência dará ensejo a uma consequência, que, invariavelmente, será uma relação jurídica que vinculará dois ou mais sujeitos-de-direito, situados em polos opostos.
>
> Esta estrutura possui natureza dual, podendo ser desmembrada em duas outras: a norma jurídica primária, que prevê o nascimento de uma relação jurídica de direito material, prescritiva de direitos e deveres entre os sujeitos que a integram; e a norma jurídica secundária, que surge do descumprimento da relação jurídica de direito material, sendo esta sua hipótese, dando oportunidade ao nascimento de outra relação jurídica, agora de natureza processual, cuja finalidade é dar cabo da conflituosidade verificada no âmbito substancial.[3]

Em outros termos, pode-se afirmar que o comportamento do contribuinte determina o aparecimento ou não do processo contencioso no ciclo de positivação da norma tributária, porquanto se efetuado o pagamento espontâneo da obrigação tributária, dentro do prazo e no montante cobrado, não surgirá qualquer conflito entre os sujeitos da relação jurídica, motivo pelo qual não caberá falar em processo contencioso. O mecanismo de incidência tributária, desde a constituição da obrigação até sua extinção pelo pagamento, prescindirá da solução de qualquer contenda.

4. O comportamento específico consistente no inadimplemento da obrigação tributária e o Processo de Execução no Ciclo de Positivação

Quando se fala de processo tributário, imediatamente vem à mente uma relação jurídica primária de natureza tributária que se tornou conflituosa. Esse conflito deve, necessariamente, estar vertido em linguagem competente, veiculada por meio da petição inicial, no caso dos processos de natureza

---

3. PRIA, Rodrigo Dalla. "O direito ao processo". In: *Processo tributário analítico* – Coordenação de Paulo Cesar Conrado. São Paulo: Noeses, 2011, p. 5.

judicial, ou por meio de uma defesa ou impugnação, quando se trate do contencioso administrativo.

Relembre-se que antes se afirmou que um dos conflitos possíveis no âmbito da relação jurídica tributária é o não adimplemento do tributo, tomado este vocábulo no sentido de prestação correspondente ao dever jurídico do sujeito passivo e seu contraposto direito subjetivo, de que é titular o sujeito ativo.[4]

Nesse caso, conquanto a atitude do contribuinte inadimplente desencadeie a conflituosidade, impende observar que é o ente tributante, ou outra pessoa por ele indicada, para ser titular da sujeição ativa, quem constitui, em linguagem competente, o fato-conflito provocando o Estado-Juiz a fim de que este, substituindo-o, faça valer o seu direito de crédito.[5]

A constituição em linguagem competente do fato inadimplemento se dá na fase administrativa da cobrança, quando a autoridade fiscal determina que se inscreva o crédito tributário vencido e não pago na dívida ativa e se extraia a respectiva certidão.

É importante frisar que antes da inscrição do crédito em dívida ativa e da extração da referida certidão, falta ao sujeito ativo da relação jurídica tributária o direito de execução. Pode-se afirmar que o tributo definitivamente lançado e com

---

4. CARVALHO, Paulo de Barros. *Curso de direito tributário*. 22 ed. São Paulo: Saraiva, 2010, p. 51.

5. Isso porque, no ordenamento jurídico nacional, a obrigação tributária não dispõe do atributo da autoexecutoriedade, o que impede ao Estado-fisco exigir compulsoriamente o seu adimplemento, impondo que se socorra do Judiciário. Neste sentido, merece destaque a lição de Lúcia Valle Figueiredo:
"*Exigibilidade* É a possibilidade de a administração determinar a terceiros o cumprimento de obrigação veiculada pelo ato. É necessário, para que o ato seja exigível, já ser dotado de eficácia. Dá-se como exemplo o ato de lançamento. No dia em que deve ser implementado o pagamento, o cumprimento da obrigação é exigível. A exigibilidade distingue-se da autoexecutoriedade; enquanto que, por força da exigibilidade, pode ser cobrada atuação do particular (como, *v.g.*, acrescentando-se multas e sanções administrativas ao inadimplemento), na autoexecutoriedade, a prestação pode ser compulsoriamente exigida". (FIGUEIREDO, Lúcia Valle. *Curso de direito administrativo*. 9ª ed. São Paulo: Malheiros, p. 191).

prazo para pagamento vencido torna-se exigível, mas para ser executável, depende de sua inscrição em dívida ativa e da extração da consequente Certidão.

Neste sentido, merece destaque a lição de Paulo Cesar Conrado:

> Ainda pelo que se consignou em 9.3.1.1, toda execução, por opção firmada no art. 583 do Código de Processo Civil, embasar-se-ia em título executivo, assim entendido o documento que espelha, por presunção, a existência de uma obrigação.
>
> Mais: o papel de título executivo no caso das execuções fiscais em matéria tributária não seria desempenhado pelo lançamento ou "autolançamento", senão pela denominada *Certidão de Dívida Ativa*, documento ao qual o sistema conferiu, por estipulação, foros de executabilidade – vale reiterar: a obrigação tributária, exigível desde quando posta pelo lançamento ou "autolançamento", avança para o plano da exequibilidade(executabilidade), se e quando construído o documento (Certidão de Dívida Ativa) que, consoante o sistema, encarnaria aqueloutra força (executabilidade, repita-se).[6]

Constituído em linguagem competente o fato inadimplemento e aperfeiçoado o título executivo específico denominado Certidão de Dívida Ativa, resta ao Estado-Fisco ajuizar a execução fiscal, constituindo, agora em linguagem jurídico-processual, o fato conflituoso por meio da petição inicial e pedindo ao Estado-juiz que ingresse no patrimônio do sujeito passivo e, substituindo-o, separe parte de seus bens para o pagamento do crédito, ou seja, em termos científicos, que lhe preste a tutela jurisdicional executiva.

5. A ampla defesa e o processo de execução

Com a propositura da execução fiscal tem-se o estabelecimento da relação processual vinculando o Estado-Fisco ao Estado-juiz, entretanto, a eficácia de qualquer provimento

---

6. CONRADO, Paulo Cesar. *Processo tributário*. 3ª edição. São Paulo: Quatier Latin, 2012, p. 261.

jurisdicional depende do estabelecimento da relação entre este e o sujeito passivo da relação jurídica primária, que passará a ser chamado de executado, completando-se a relação processual.

Este vínculo depende da citação, que, no caso específico do processo executivo fiscal, convocará o executado a pagar o débito, ou garantir a execução (art. 8º da Lei 6.830/80). Caso este pretenda defender-se em face da cobrança, deverá garantir integralmente a dívida e valer-se do processo autônomo de embargos à execução (art. 16 da Lei 6.830/80).

Isso acontece porque o sistema do direito positivo atribui à obrigação, devidamente inscrita em dívida ativa e objeto da consequente certidão, a presunção de certeza, liquidez e exigibilidade, o que, excepcionalmente, afasta o exercício imediato da ampla defesa.

Notadamente, o processo de execução tem por escopo a realização material do direito subjetivo, sua finalidade é colocar, no mundo jurídico, a norma que estabelece o modo pelo qual a obrigação será adimplida e não mais discuti-la. O Estado-juiz diz, quando profere tutela executiva, como se deve cumprir, visto que aquilo que deve ser cumprido já se encontra definido no título executivo, seja ele judicial ou extrajudicial.

Percebe-se, até aqui, que, ordinariamente, para defender-se, o devedor deve submeter-se à constrição de seus bens, seja ou não espontânea. Nesse contexto, mesmo que evidente o caráter ilegal da cobrança, caso o Juízo não a reconheça de ofício, nos casos em que lhe cabe assim atuar, à parte não sobrará alternativa, a não ser sofrer a constrição e opor embargos.

6. O exercício anômalo da ampla defesa na execução fiscal via exceção de pré-executividade

O processo, analisado pela perspectiva do réu, pode ser visto como uma relação jurídica que lhe permite o exercício do contraditório e da ampla defesa. Geralmente, o exercício destes direitos se dá em momentos cronologicamente sequenciais, como se vê com evidência solar nos processos de conhecimento, quando o requerido é citado (contraditório – comunicação da existência da demanda) para defender-se (resistir à demanda – ampla defesa).

Na execução, este modelo não é seguido, como já referido no tópico anterior, não havendo sequência cronológica entre o contraditório e a ampla defesa, visto que o executado é citado para pagar ou indicar bens em garantia (contraditório), postergando-se o momento de sua defesa para a ocasião em que a dívida estiver garantida, por penhora de bens, por exemplo, quando poderá, em processo autônomo, resistir à pretensão (ampla defesa), opondo embargos à execução.

Ocorre que, os aplicadores do direito perceberam algumas situações limítrofes em que, claramente, faltava ao processo executivo condições mínimas de obtenção da tutela jurisdicional pretendida, seja em razão da ausência de direito ao processo, pela falta de pressupostos de existência ou desenvolvimento regular, seja pela inexistência do direito de ação, seja, ainda, em casos que a pretensão de executar extinguiu-se em momento anterior à propositura da demanda executiva, pela prescrição por exemplo.

Neste sentido, harmonizam-se perfeitamente as lições de Araken de Assis:

> Embora não haja qualquer previsão legal explícita, se o órgão judiciário, por lapso, tolerar a falta de algum pressuposto, é possível ao executado requerer seu exame, quiçá promovendo a extinção da demanda executória, a partir da citação e, até mesmo, antes do chamamento, mercê do seu comparecimento espontâneo (art. 214, §1.º).[7] Tal provocação de matéria passível de conhecimento de ofício pelo juiz prescinde de penhora, e, *a fortiori*, do oferecimento de embargos. [...]
>
> [...]

7. Nota do editorial: o art. 214, §1º, do CPC/73 corresponde ao art. 239, §1º, do CPC/2015.

> Por outro lado, há casos em que a pretensão a executar se extinguiu, antecedentemente à instauração da execução, ou no seu curso, mostrando-se flagrante a situação. É o caso da prescrição da pretensão a executar (Súmula 150 do STF): os dados cronológicos já se encontram no processo, e ao juiz cabe conhece-la e decretá-la de imediato (art. 219, §5.º), mas o pormenor escapou-lhe à atenção.
>
> Pois bem: a jurisprudência pátria já enfrentou casos escandalosos – p. ex., a falsidade do autógrafo do executado no título –, em que se afigura injusto e até abusivo submeter o patrimônio do devedor aparente, e por tempo indeterminado à penhora, cujos efeitos são graves e sérios. [...]
>
> Pela via do progressivo consenso da doutrina e da jurisprudência, passou-se a reconhecer a possibilidade de o executado provocar o órgão judiciário interinamente. Mas o regime particular da oposição do executado, através de embargos, que exigia, no procedimento expropriatório, a segurança do "juízo" - requisito que, hoje, permanece na execução fiscal, a teor do art. 16, I a III da Lei 6.830/1980 –, suscitou viva controvérsia sobre a possibilidade de o devedor provocar a apreciação dessa matéria na própria execução por quantia certa.[8]

Justamente para evitar o gravame da constrição de bens do devedor em uma execução impingida por nulidades insanáveis, ou mesmo que traga como objeto dívidas claramente inexistentes ou inexigíveis, que se desenvolveu o instituto da exceção de pré-executividade, cuja proposição independe de qualquer garantia da dívida exequenda.

Trata-se de meio de defesa à disposição do executado para ser utilizado no curso da execução.[9] Historicamente, no

---

8. ASSIS, Araken de. *Manual da execução*. 12 ed. São Paulo: Ed. RT, 2009, pp. 1.148/1149.

9. "E, de fato, o mecanismo criado pela jurisprudência, e respaldado pela doutrina, representa um meio de reação ou de oposição, em sentido lato, contra a execução, e gera um incidente no processo. Sua finalidade é inobscurecível. Daí a reconhecer-lhe natureza de incidente processual, *tout court*, vai um passo largo, pecando por alguma inexpressividade. Nada se esclarece, concretamente, acerca da natureza do instituto através dessa fórmula genérica. Reconhecido o incidente como categoria própria, em geral identifica-se ele como um meio de introduzir questões no processo. Mas, como se acentuou, o objetivo do executado consiste em provocar a extinção da execução. Neste sentido, o instituto melhor se afeiçoa a um meio de impugnação,

Brasil, segundo lição de Alexandre Freitas Câmara, ingressou por meio de um parecer dado por Pontes de Miranda, em caso clássico assim relatado pelo autor:

> Trata-se do famoso "caso Mannesmann", ocorrido em 1966, em que diversas executivas (inclusive de natureza concursal, através de requerimentos de falência) foram ajuizadas em face da Companhia Siderúrgica Mannesmann, com base em títulos falsos, demandas estas que geravam um grave problema para a demandada, que, para embargar a execução, precisaria garantir o juízo através do oferecimento de bens à penhora (embora os títulos fossem, sabidamente, falsos). Surge, então, do parecer de Pontes de Miranda, esta segunda forma de defesa do executado, dentro do próprio processo executivo, a que se deu o nome de "exceção de pré-executividade".[10]

Embora se costume afirmar que o instituto prescinde de parâmetros legislativos que o fundamentem, parece claro que o inciso LV do art. 5º da Constituição Federal serve-lhe de supedâneo, o qual, aliado ao disposto no parágrafo único, do art. 3º da Lei das Execuções Fiscais, torna ainda mais claro e evidente seu cabimento, pelo menos no âmbito da cobrança judicial dos créditos inscritos em dívida ativa.

As hipóteses de seu cabimento não encontram unanimidade na doutrina e na jurisprudência, havendo quem sustente que somente questões de ordem pública podem ser ventiladas, enquanto outros afirmam que são admissíveis quaisquer questões, desde que comprovadas de plano, em outras palavras, desde que não demandem dilação probatória, sendo a última a postura adotada neste estudo.[11]

---

que, na maioria das vezes, renova o procedimento, 'refazendo uma segunda vez o caminho'". (ASSIS, Araken de. *Manual da Execução*. 12 edição. São Paulo: Ed. RT, 2009, p. 1.150.)
Também entende a exceção de pré-executividade como meio de defesa Alexandre Freitas Câmara. (CÂMARA, Alexandre Freitas. *Lições de direito processual civil, volume II*. 17ª ed. Rio de Janeiro: Lumen Juris, 2009. p. 389.).

10. CÂMARA, Alexandre Freitas. *Lições de direito processual civil, volume II*. 17ª ed. Rio de Janeiro: Lumen Juris, 2009. Pag. 389.

11. O Superior Tribunal de Justiça, a quem cabe a interpretação das normas federais,

7. Exceção de pré-executividade e seu julgamento – preclusão, coisa julgada e prejudicialidade – perspectivas frente aos processos judiciais declaratórios, anulatórios e administrativos

Partindo do pressuposto que a exceção de pré-executividade é admissível para qualquer matéria comprovável de plano, entrar-se-á especificamente na análise da influência que seu julgamento terá sobre outros processos, judiciais ou administrativos, pendentes.

Certos de que a atividade jurisdicional executiva tem por fim a satisfação concreta do direito crédito, através da invasão do patrimônio do executado,[12] infere-se que a execução fiscal terá normal desfecho quando satisfizer o crédito tributário objeto da Certidão de Dívida Ativa, sendo, portanto, coerente afirmar que a procedência da exceção de pré-executividade impingirá desfecho anormal ao processo.

Além disso, como a exceção serve para trazer ao bojo da execução atividade jurisdicional de conhecimento, demandará, para sua solução, a produção de linguagem (Sentença ou

---

por meio da Súmula 393 fixou o entendimento de que "A exceção de pré-executividade é admissível na execução fiscal relativamente às matérias conhecíveis de ofício que não demandem dilação probatória". Conquanto a literalidade do texto leve a crer que a exceção caberia somente para ventilar questões de ordem pública, a sua melhor interpretação vai ao sentido de permitir a oposição de exceção sempre que a matéria alegada não demande dilação probatória.

No sentido do que se defende nesta nota, veja-se o decidido no REsp 1.104.900/ES: "Por outro lado, é certo que, malgrado serem os embargos à execução o meio de defesa próprio da execução fiscal, *a orientação desta Corte firmou-se no sentido de admitir a exceção de pré-executividade nas situações em que não se faz necessária dilação probatória ou em que as questões possam ser conhecidas de ofício pelo magistrado*, como as condições da ação, os pressupostos processuais, a decadência, a prescrição, entre outras." (grifos nossos)

Conclui-se, confortavelmente, que o essencial para aferir o cabimento da exceção de pré-executividade é que a matéria alegada não demande dilação probatória, tendo em vista o intransponível limite procedimental dos processos executivos, que não estão vocacionados ao exercício de atividade cognitiva.

12. CÂMARA, Alexandre Freitas. *Lições de direito processual civil volume II*. 17ª ed. Rio de Janeiro: Lumen Juris, 2009, p. 142.

decisão interlocutória – forma) que terá por conteúdo norma individual e concreta de cunho material ou estritamente processual, que repercutirá no ciclo de positivação da obrigação tributária para, no caso de procedência, reconhecer: 1) a extinção da obrigação; 2) a ausência do direito de ação executiva; ou 3) a inexistência do direito ao processo de execução.

Por outra perspectiva, quando a decisão for de rejeição da exceção, a citada norma terá por conteúdo manter lídima a executabilidade do crédito tributário. Se julgada improcedente, entende-se que a norma retornará ao ciclo de positivação para decretar, de modo absoluto, a solução do conflito de interesses que constitui seu objeto.

Partindo desse quadro de possibilidades, analisar-se-á a influência que os conteúdos normativos postos pelas decisões proferidas em julgamento de exceção de pré-executividade exercerão sobre outros processos, administrativos e/ou judiciais, que tenham por objeto uma mesma obrigação tributária.

7.1 Exceção de pré-executividade julgada procedente e sua influência nos processos declaratórios e anulatórios

Os processos declaratórios têm por escopo produzir norma individual e concreta impeditiva da constituição da obrigação tributária. Por sua vez, os anulatórios têm por desiderato produzir linguagem que implique a anulação da obrigação já constituída. Estes podem ser judiciais ou administrativos. Já os primeiros somente conhecem a via judicial.[13]

Pode-se afirmar que não produzirá qualquer efeito sobre as referidas demandas a exceção de pré-executividade julgada procedente para reconhecer que o Fisco não detém direito de ação executiva, ou mesmo direito ao processo de execução.

13. Essa afirmação aplica-se ao ordenamento jurídico brasileiro, no qual, pelo menos até o presente tempo histórico, a oportunidade de apresentação de defesa administrativa se dá após a constituição da obrigação tributária.

Nesse caso, o julgamento da exceção impõe apenas a extinção do processo, sem nada afirmar sobre a obrigação tributária, a qual, inclusive, pode ser novamente executada, desde que saneado o defeito que levou à extinção da execução fiscal.

Pense, por exemplo, em uma execução ajuizada contra terceira pessoa, que não aquela que figura como sujeito passivo da obrigação descrita na certidão de dívida ativa. Após citada, ela adquire a posição de executada e opõe exceção alegando que não é parte legítima para figurar no polo passivo da execução fiscal, visto que foi assim posta na petição inicial por erro na elaboração do documento.

Com o julgamento de procedência da exceção, ter-se-á como conteúdo norma individual e concreta a reconhecer que dado o equívoco na elaboração da petição inicial, deve ser a extinção do processo sem apreciação do mérito em razão da ausência de condição da ação consistente na ilegitimidade de parte passiva, norma que não afetará a obrigação tributária, a qual poderá ser novamente objeto de execução em face do sujeito legitimado.[14]

De outra senda, gerará intensos efeitos sobre os processos pendentes, sejam anulatórios ou declaratórios, o julgamento de procedência da exceção para reconhecer a extinção da obrigação tributária. Neste caso, a decisão produz linguagem

---

14. (CPC/2015) Art. 486. O pronunciamento judicial que não resolve o mérito não obsta a que a parte proponha de novo a ação. § 1º No caso de extinção em razão de litispendência e nos casos dos incisos I, IV, VI e VII do art. 485, a propositura da nova ação depende da correção do vício que levou à sentença sem resolução do mérito. [...].
Art. 485. O juiz não resolverá o mérito quando:
[...]
IV – verificar a ausência de pressupostos de constituição e de desenvolvimento válido e regular do processo;
VI – verificar ausência de legitimidade ou de interesse processual;
[...].
Não se cuida, aqui, de questões relativas à prescrição, ou outras normas extintivas do crédito tributário, que poderiam, naturalmente, impedir o ajuizamento da nova execução.

normativa de cunho individual e concreto que retorna ao ciclo de positivação do direito tributário, pondo-lhe um fim.

Essa norma terá por veículo uma Sentença, visto que, do mesmo modo que no exemplo anterior, também decretará a extinção da relação processual executiva, entretanto, em razão do caráter cognitivo exauriente que lhe caracteriza e do conteúdo de mérito que lhe é inerente, visto que julga a própria relação jurídico-tributária, será atingida pela eficácia da coisa julgada material, prejudicando os demais processos que discutem a mesma obrigação.

Abre-se, aqui, parênteses, para explicar que a afirmação de que as sentenças proferidas em sede de execução não possuem conteúdo de mérito e, portanto, não poderiam ser alcançadas pela eficácia da coisa julgada material[15] não deve ser entendida de modo absoluto, visto que, as mesmas razões que servem para infirmar tal efeito à maioria dessas sentenças, notadamente àquelas que extinguem a execução com fulcro no art. 924 do CPC/2015 (art. 794 do CPC/73), sustentam a tese de que àquelas que apreciarem o direito material em cognição exauriente, ensejando a formação de juízo de certeza por parte da autoridade jurisdicional, deve ser reconhecida a potência de formar coisa julgada material.[16]

Retomando, com a decretação da extinção da obrigação tributária faltará, aos demais processos que a discutem, o

---

15. Por todos, leia-se: CÂMARA, Alexandre Freitas. *Lições de direito processual civil, volume II*. 17ª ed. Rio de Janeiro: Lumen Juris, 2009, p. 397.

16. Corroborando com o exposto, afirmando a possibilidade de formação de coisa julgada material em processos cautelares, desde que haja cognição exauriente e juízo de certeza acerca do direito material, traz-se a lume a lição de Luiz Guilherme Marinoni e Sérgio Cruz Arenhart: "Esquece-se a doutrina que, nessa hipótese, esse provimento gera coisa julgada material pelo fato de que aí o juiz decide com base em um juízo de 'certeza', e não de 'aparência'. [...] Considerando que, nessa hipótese, o juiz tem condições de chegar a um juízo de certeza sobre a questão (até porque se trata de mera questão de direito, em que não há necessidade de prova), evidente que sobre esse julgamento haveria de incidir coisa julgada material." (MARINONI, Luiz Guilherme e ARENHART, Sérgio Cruz. *Curso de Processo Civil, volume 2* Processo de Conhecimento. 7ª ed, São Paulo: Ed. RT, 2008, p. 645).

atributo da necessidade, visto que a finalidade por eles perseguida já estará posta no sistema como conteúdo de outra decisão, o que os tornará despiciendos e exigirá sejam extintos sem apreciação do mérito pela falta de interesse processual superveniente.

O Código de Processo Civil de 2015 alberga esta postura quando no art. 493 dispõe que o Juiz, por ocasião do julgamento do mérito, deve considerar os fatos extintivos, modificativos ou constitutivos do direito do autor ocorridos após a propositura da demanda, o que, notadamente, se aplica no caso de superveniente perda do interesse processual.

Essa conclusão é plenamente aplicável aos processos administrativos, que se caracterizam como anulatórios, visto que também restarão prejudicados, pelos mesmos motivos declinados acima.

7.2 Exceção de pré-executividade julgada improcedente e sua influência nos processos declaratórios e anulatórios

Firmou-se no item anterior: a Sentença de procedência da exceção de pré-executividade que tem por conteúdo norma individual e concreta que infirma algum dos elementos constitutivos da relação jurídica tributária é alcançada pela eficácia da coisa julgada material e retorna ao ciclo de positivação para findá-lo, prejudicando todas as demais demandas que estejam discutindo a legitimidade da mesma obrigação.

A grande questão que se põe neste tópico concerne em saber se o mesmo efeito decorrente da coisa julgada material também abarca a decisão de improcedência da exceção de pré-executividade.

Para tanto, é preciso, em primeiro lugar, apartar o regime jurídico aplicável à decisão que rejeita a exceção por ser incabível, daquela que a julga improcedente, pois a primeira, certamente, não trará norma jurídica de cunho material que retorne ao ciclo de positivação para solucionar o conflito de interesses surgido, pelo contrário, apenas dirá que o meio de defesa escolhido, naquele caso específico, não se mostra cabível para veicular a matéria pretendida.

Como a norma veiculada pela decisão de rejeição de exceção não apresenta conteúdo de direito material, jamais poderá ser alcançada pela eficácia da coisa julgada material, gerando, portanto, somente a preclusão da matéria, que não mais poderá ser discutida dentro da relação processual executiva, uma vez que, quanto a ela, ficou estabelecido o descabimento de sua oposição por aquela via excepcional.

O exemplo clássico dessa situação é a rejeição porque a matéria debatida depende de dilação probatória. Nesse caso, nada impede que seja novamente levada à apreciação judicial pela via dos Embargos à Execução, que é instrumento processual que permite ampla produção probatória, tampouco haverá qualquer prejudicialidade aos demais processos que, porventura, estejam discutindo a mesma obrigação.

Situação oposta e que também gera efeitos divergentes é a da decisão que julga improcedente a exceção de pré-executividade, visto que esta tem por conteúdo uma norma individual e concreta de natureza material que retorna ao ciclo de positivação da regra matriz de incidência tributária para afirmar que os fundamentos fáticos deduzidos não servem para infirmar nenhum dos elementos constitutivos da relação jurídica tributária.

Neste caso, considerando o conteúdo meritório da decisão prolatada, a referida norma é alçada aos foros de imutabilidade decorrentes dos efeitos advindos da coisa julgada material, solucionando, de modo definitivo, o conflito de interesses manifestado por meio da exceção de pré-executividade.

Pode-se levantar em face desta afirmação que a limitação relativa à produção probatória característica das exceções pré-executividade impediria uma efetiva apreciação de mérito e, portanto, vedaria foros de coisa julgada à decisão de improcedência, permitindo ao executado retomar a mesma matéria em sede de embargos.

Essa oposição não parece procedente, pois aplicável ao caso de rejeição da exceção e não de sua improcedência. Ora, se o Juiz analisa o caso e forma sua convicção pela efetiva improcedência da defesa veiculada por exceção, certamente decidiu o mérito da causa com base em cognição exauriente, produzindo, portanto, norma individual e concreta que, desde que não submetida a recurso, resolve o conflito de modo definitivo.

Neste sentido, traz-se à colação a lição de Cassio Scarpinella Bueno, tratando da coisa julgada no Mandado de Segurança, que também se caracteriza pela limitação da produção probatória:

> O que importa ter presente, contudo, é que as decisões proferidas no âmbito do mandado de segurança têm aptidão para revestir-se de coisa julgada *material* toda vez que enfrentam o *mérito*, isto é, o *pedido* do impetrante, com cognição exauriente. Como escrito pelo n. 11, *supra*, é indiferente que a decisão seja favorável ou desfavorável ao impetrante mas, apenas e tão somente, que ela seja de mérito, proferida com base em cognição *exauriente*.[17]

Não fosse assim, ter-se-ia que entender que toda e qualquer decisão proferida em sede de Mandado de Segurança, no qual, da mesma forma que na exceção de pré-executividade, exige-se prova pré-constituída, jamais poderia ter seu conteúdo alcançado pela coisa julgada material, o que, sabe-se, não é a posição mais prestigiada.

Outra questão que também poderia ser suscitada para negar foros de coisa julgada material à norma posta na decisão de improcedência da exceção de pré-executividade refere-se ao fato de ser veiculada, por meio de decisão interlocutória, o

---

17. BUENO, Cassio Scarpinella. *A nova Lei do Mandado de Segurança* – Comentários Sistemáticos à Lei 12.016, de 7-8-2009. 2ª ed. São Paulo: Saraiva, 2010

que decorreria da interpretação literal do disposto no art. 467 do CPC/73,[18] que denomina coisa julgada material a eficácia que torna imutável e indiscutível a *Sentença* não mais sujeita a recurso ordinário ou extraordinário.

Aqui há uma confusão clara entre veículo introdutório da norma (*Sentença ou Decisão Interlocutória)* e o seu conteúdo, ou seja, a própria norma individual e concreta posta. Assim o é porque a imutabilidade não atinge a sentença (veículo introdutório), mas a norma por meio dela veiculada, desde que tenha natureza meritória, ou seja, refira-se de modo direto ao direito material e seja baseada em cognição exauriente, justamente o que acontece na decisão interlocutória que julga improcedente a exceção de pré-executividade.

Já depunha a favor dessa interpretação, no regime jurídico do CPC/73, o disposto no §6º do art. 273, quando se vê que a parcela incontroversa do pedido pode ser objeto de tutela antecipada, sendo esclarecedoras sobre o assunto as palavras de Alexandre Freitas Câmara:

> É preciso notar que esta tutela antecipada é prestada com base em cognição exauriente, isto é, com base em juízo de certeza (certeza esta que decorre do fato de ser incontroversa a matéria sobre a qual versa a decisão). Sendo assim, o provimento jurisdicional que concede a tutela antecipada com fulcro no art. 273, § 6º, embora seja uma decisão interlocutória (porque não põe fim ao módulo processual) é apto a alcançar a autoridade de coisa julgada material."[19]

E o Código de Processo Civil de 2015 soluciona a pendenga, albergando o posicionamento aqui defendido ao afirmar, no art. 502, que "*Denomina-se coisa julgada material a autoridade que torna imutável e indiscutível a decisão de mérito não mais sujeita a recurso*", excluindo a referência restritiva que fazia seu antecessor (art. 467 do CPC/73) à sentença, e

---

18. Nota do editorial: o art. 476 do CPC/73 corresponde ao art. 502 do CPC/2015.

19. CÂMARA, Alexandre Freitas. *Lições de direito processual civil, volume I.* 17ª ed. Rio de Janeiro: Lumen Juris, 2009, p. 86.

que tanta celeuma gerava quando se tratava de atribuir imutabilidade ao conteúdo das decisões de mérito veiculadas por interlocutórias.

Festejando esta alteração, Cassio Scarpinella Bueno afirma, comentando o art. 502 do CPC/2015:

> O art. 502 conserva a iniciativa do art. 467 do CPC atual de conceituar a coisa julgada. Ao fazê-lo, contudo, abandona a palavra "eficácia" em prol de "autoridade", o que aproxima, na perspectiva teórica, o conceito legal às lições de Liebman sobre o instituto.
>
> Também cabe destacar o emprego da palavra "decisão de mérito" no lugar de "sentença", o que é absolutamente consentâneo com o sistema do novo CPC, que admite decisões interlocutórias de mérito.[20]

Portanto, a improcedência da exceção tem o condão de solucionar com foros de definitividade o conflito de interesses nela veiculado, contudo, diferentemente do que ocorre com o julgamento de procedência, não prejudica outras demandas que se refiram à mesma obrigação, visto que não serão coincidentes as causas de pedir,[21] o que manterá o interesse no prosseguimento dos outros processos.

---

20. BUENO, Cassio Scarpinella. *Novo Código de Processo Civil Anotado*. São Paulo: Saraiva, 2015, p. 333.

21. Como a posição adotada vai ao sentido de admitir a eficácia decorrente da coisa julgada material à decisão proferida em sede de julgamento de exceção de pré-executividade, desde que veicule norma individual e concreta de cunho material, caso houvesse identidade entre a causa de pedir e o pedido da exceção e de outra ação, a solução correta seria a rejeição da exceção naquilo que coincidisse com a demanda anteriormente ajuizada. Neste sentido: "A litispendência faz com que seja proibido o ajuizamento de uma segunda ação, idêntica à que se encontra pendente, porquanto a primeira receberá a sentença de mérito, sendo desnecessária uma segunda ação igual à primeira." (NERY JUNIOR, Nelson e NERY, Rosa Maria de Andrade. *Código de Processo Civil Comentado e Legislação Extravagante*. 11ª edição. São Paulo: Ed. RT, p. 594).

8. Conclusão

Após a análise da questão posta no introito, que respeita a influência da decisão proferida no julgamento da exceção de pré-executividade sobre outros processos que também tenham por objeto a solução de conflitos referentes ao ciclo de positivação da mesma obrigação tributária, pode-se formular as seguintes proposições, a título de resposta.

No caso de rejeição da exceção, nenhum efeito sofrerão os demais processos. O mesmo ocorrerá se for procedente para reconhecer tão somente que ao Estado-Fisco falta o direito ao processo executivo ou à ação executiva.

No que concerne às decisões que analisam o direito material tributário e, por isso, trazem como conteúdo norma individual e concreta desta natureza, pode-se afirmar que, se procedentes, retornam ao ciclo de positivação para findá-lo, visto que extinguem a obrigação tributária, motivo pelo qual prejudicarão todos os demais processos que tratem da mesma obrigação, os quais padecerão de falta de interesse processual superveniente.

Finalmente, se a decisão for de improcedência, os demais processos não serão prejudicados, pois ainda haverá interesse nos seus objetos, sempre respeitando o momento em que se encontra o ciclo de positivação da obrigação tributária, o que não se tratará aqui, pois demandaria um outro estudo, talvez maior do que aqui empreendido.

A RECUPERAÇÃO JUDICIAL E SEU IMPACTO NAS EXECUÇÕES FISCAIS

Camila Campos Vergueiro[1]

Sumário: 1. Caso concreto – 2. Questões – 3. Considerações iniciais – 4. A recuperação judicial da empresa: um novo contexto para a pragmática da execução fiscal – 5. O diálogo entre a jurisdição do processo de recuperação judicial e da execução fiscal: 5.1 A sujeição da execução fiscal à demanda do juízo da recuperação judicial; 5.2 A jurisprudência do Superior Tribunal de Justiça: a competência para dispor sobre o patrimônio da empresa é exclusivo do juízo em que é processada a recuperação judicial – 6. Análise do caso concreto: respostas às questões propostas.

1. Caso concreto

Empresa do ramo de cimentos está em recuperação judicial e grande parte de seu patrimônio está comprometido em seu plano de recuperação para ser alienado e quitar dívidas de credores privados e trabalhistas.

Contudo, nos últimos meses, vem enfrentando constantes problemas com ordens judiciais de constrição de seu patrimônio proferidas nos autos de diversas execuções fiscais

---

1. Mestre em direito tributário – PUC/SP. Advogada em São Paulo. Professora dos cursos de Pós-Graduação do IBET, do IGA-IDEPE, da PUC/COGEAE, do IBDT, do GV*Law*, da Faculdade Damásio de Jesus – FDDJ, dentre outras instituições.

propostas pela Fazenda Nacional e pela Fazenda do Estado de São Paulo. Em um desses executivos fiscais, inclusive, foi proferida ordem de bloqueio *on-line* de seus ativos financeiros.

Preocupada com o risco de decretação da sua falência, o que justamente quis evitar com o pedido de recuperação judicial, cujo plano está sendo cumprido regularmente, coloca em dúvida a regra da Lei federal 11.101/2005 (Lei de Recuperação Judicial e Falência) que autoriza o prosseguimento dos processos executivos, prevista no seu art. 6º, §7º, que assim dispõe:

> Art. 6º. A decretação da falência ou o deferimento do processamento da recuperação judicial suspende o curso da prescrição e de todas as ações e execuções em face do devedor, inclusive aquelas dos credores particulares do sócio solidário.
>
> [...]
>
> § 7º. As execuções de natureza fiscal não são suspensas pelo deferimento da recuperação judicial, ressalvada a concessão de parcelamento nos termos do Código Tributário Nacional e da legislação ordinária específica.

2. Questões

a) *Quando uma empresa está em recuperação judicial, o juízo da execução fiscal é competente para promover atos de constrição e alienação patrimonial?*

b) *É possível suspender o trâmite da execução fiscal ainda que a Lei de Recuperação Judicial e Falência autorize o seu prosseguimento?*

c) *Se o magistrado do juízo em que tramita a execução fiscal promover atos de alienação de bens de empresa em recuperação judicial, o valor arrecadado ficará à sua disposição para extinguir o crédito tributário?*

3. Considerações iniciais

Com o advento da Lei de Recuperação de Empresas e Falência - Lei federal 11.101/2005 –, muito se discutiu sobre os impactos de suas disposições nas relações tributárias, o que ensejou a alteração de alguns dispositivos[2] do Código Tributário Nacional (CTN) por meio da Lei Complementar 118/2005, adequando as proposições dos respectivos âmbitos normativos em função das inovações que o texto da referida Lei federal trazia.

Se houve cuidado na atualização de regras a respeito da relação jurídica de direito material entre o Fisco e o contribuinte em função das inovações trazidas com a nova Lei de Recuperação de Empresas e Falência, o mesmo não se pode dizer no que toca ao processo de cobrança da obrigação tributária[3] (execução fiscal)[4] em função dos impactos que sofre diretamente quando está tramitando a recuperação judicial.

---

2. *Art. 155-A* - inclusão dos parágrafos 3º e 4º: previsão da necessidade de instituição, por lei, de parcelamento especial para a empresa em recuperação judicial.
Art. 186 e parágrafo único: estabelece que o crédito tributário não prefere aos créditos extraconcursais e nem aos créditos com garantia real até o limite do bem gravado.
Art. 187: adequação da redação do artigo para incluir que o crédito tributário não se sujeita a habilitação em recuperação judicial.
Art. 188: prevê que os fatos geradores de tributos ocorridos no curso da falência são créditos extraconcursais, de modo que deverão ser pagos preferencialmente, à luz do que prescreve o art. 83 da Lei Federal 11.101/2005.
Art. 191-A: dispositivo que condiciona o deferimento da recuperação judicial à apresentação de certidão de regularidade fiscal de todas as esferas políticas.

3. Entende-se por obrigação tributária o vínculo abstrato que se instaura entre Fisco e contribuinte em que, ao primeiro, é acometido o direito subjetivo à percepção do objeto da prestação, o tributo, enquanto prestação pecuniária, e, ao segundo, o dever jurídico de cumpri-la. É com este conteúdo semântico que a expressão "obrigação tributária" será utilizada neste artigo.

4. Execução Fiscal é a ação exacional do Fisco por excelência, por meio da qual a tutela jurisdicional é provocada para que sejam promovidos atos tendentes à invasão e alienação patrimonial para a satisfação do crédito tributário.

Isto porque, de acordo com art. 50[5] da Lei Federal 11.101/2005, a empresa em crise econômica e financeira que pretenda dar continuidade ao exercício de sua atividade pode comprometer parte do seu patrimônio no plano de recuperação que venha a ser homologado pelo juízo da recuperação.

Tal regra tem impacto direto na exigência do crédito tributário,[6] via execução fiscal, já que, consoante o §7ºdo art. 6º da Lei de Recuperação de Empresas e Falência, não se suspende o processo de cobrança do tributo[7] (salvo se houver o

---

5. Art. 50. Constituem meios de recuperação judicial, observada a legislação pertinente a cada caso, dentre outros:
I – concessão de prazos e condições especiais para pagamento das obrigações vencidas ou vincendas;
II – cisão, incorporação, fusão ou transformação de sociedade, constituição de subsidiária integral, ou cessão de cotas ou ações, respeitados os direitos dos sócios, nos termos da legislação vigente;
III – alteração do controle societário;
IV – substituição total ou parcial dos administradores do devedor ou modificação de seus órgãos administrativos;
V – concessão aos credores de direito de eleição em separado de administradores e de poder de veto em relação às matérias que o plano especificar;
VI – aumento de capital social;
VII – trespasse ou arrendamento de estabelecimento, inclusive à sociedade constituída pelos próprios empregados;
VIII – redução salarial, compensação de horários e redução da jornada, mediante acordo ou convenção coletiva;
IX – dação em pagamento ou novação de dívidas do passivo, com ou sem constituição de garantia própria ou de terceiro;
X – constituição de sociedade de credores;
XI – venda parcial dos bens;
XII – equalização de encargos financeiros relativos a débitos de qualquer natureza, tendo como termo inicial a data da distribuição do pedido de recuperação judicial, aplicando-se inclusive aos contratos de crédito rural, sem prejuízo do disposto em legislação específica;
XIII – usufruto da empresa;
XIV – administração compartilhada;
XV – emissão de valores mobiliários;
XVI – constituição de sociedade de propósito específico para adjudicar, em pagamento dos créditos, os ativos do devedor.

6. A expressão crédito tributário está sendo utilizada no texto deste trabalho no sentido de prestação pecuniária, objeto da obrigação tributária.

7. Expressão utilizada como sinônimo de crédito tributário enquanto prestação pecuniária.

parcelamento da dívida tributária, nos termos da Lei Federal), ao contrário do que ocorre com todas as demais ações e execuções propostas em face do devedor, as quais, com o deferimento da recuperação judicial, têm sua tramitação suspensa pelo prazo de 180 (cento e oitenta)[8] dias, assim como a fluência do prazo de prescrição.

Importante aqui destacar que esse prazo de 180 (cento e oitenta) dias de suspensão das ações e execuções contra a empresa recuperanda vem sendo relativizado pela jurisprudência[9] do Superior Tribunal de Justiça (STJ), admitindo que tal suspensão perdure enquanto o plano de recuperação judicial estiver sendo cumprido.[10]

---

8. "Art. 6º [...] § 4º Na recuperação judicial, a suspensão de que trata o caput deste art. em hipótese nenhuma excederá o prazo improrrogável de 180 (cento e oitenta) dias contado do deferimento do processamento da recuperação, restabelecendo-se, após o decurso do prazo, o direito dos credores de iniciar ou continuar suas ações e execuções, independentemente de pronunciamento judicial."

9. As afirmações do Ministro Hélio Quaglia Barbosa, relator do CC 73380/SP, muito bem refletem essa orientação: "[...] uma vez aprovado e homologado o plano, contudo, não se faz plausível a retomada das execuções individuais após o mero decurso do prazo legal de 180 dias; a consequência previsível e natural do restabelecimento das execuções, com penhoras sobre o faturamento e sobre os bens móveis e imóveis da empresa em recuperação implica em não cumprimento do plano, seguido de inevitável decretação da falência que, uma vez operada, resultará, novamente, na atração de todos os créditos e na suspensão das execuções individuais, sem benefício algum para quem quer que seja. [...]" (Segunda Seção, julgado em 28.11.2007, DJe 21.11.2008). Ver ainda, no mesmo sentido: CC 68173/SP, Rel. Ministro Luis Felipe Salomão, Segunda Seção, j. 26.11.2008, *DJe* 04.12.2008; CC 79170/SP, Rel. Ministro Castro Meira, Primeira Seção, j. 10.09.2008, *DJe* 19/09/2008; AgRg no CC 119.624/GO, Rel. Ministro Luis Felipe Salomão, Segunda Seção, j. 13.06.2012, *DJe* 18/06/2012; AgRg no CC 117.211/GO, Rel. Ministro Luis Felipe Salomão, Segunda Seção, j. 08.02.2012, *DJe* 14/02/2012; AgRg no CC 101.628/SP, Rel. Ministro João Otávio De Noronha, Segunda Seção, julgado em 25.05.2011, *DJe* 01.06.2011; AgRg no CC 113.001/DF, Rel. Ministro Aldir Passarinho Junior, Segunda Seção, j. 14.03.2011, *DJe* 21/03/2011; AgRg no CC 111.614/DF, Rel. Ministra Nancy Andrighi, Segunda Seção, j. 10.11.2010, *DJe* 19.11.2010.

10. Afirma o Ministro Luis Felipe Salomão a esse respeito: "De fato, o simples decurso do prazo fixado na lei não pode ocasionar, por si só, o malogro de todos os esforços para soerguimento da empresa, certamente desenvolvidos até aquele momento." – *in Recuperação judicial, extrajudicial e falência* – Teoria e prática. 1ª edição, Rio de Janeiro: Forense, 2012, p. 27.

Deveras, a Lei Federal 11.101/2005 prevê a possibilidade de suspensão da execução fiscal quando o crédito tributário for objeto de parcelamento, o qual foi regulado pela (i) Fazenda Nacional por meio da Lei Federal 13.043/2014, que incluiu o art. 10-A na Lei federal 10.522/2002 que trata, dentre outros assuntos, do parcelamento ordinário, e (ii) assegurado aos Estados a possibilidade de edição de lei a partir da edição do Convênio CONFAZ 59/2012 que autorizou os o parcelamento de débitos em até 84 meses pelas empresas em recuperação.[11]

Muito embora tenha sido suprida por alguns Fiscos a falta de regulamentação do parcelamento previsto naquela Lei Federal, isso não implicou a solução do problema para as empresas em recuperação, pois, as regras são rígidas e não se coadunam com a situação delicada da empresa, demonstrando uma nítida falta de intenção do Fisco de ceder sua sanha arrecadatória em prol do bem maior que a Lei de Recuperação Judicial e Falência pretende promover, a recuperação da empresa e a manutenção dos empregos. Alguns Fiscos fizeram a sua "parte", editaram as Leis, cumpriram sua atribuição formal de produzir Lei, mas, materialmente, deixaram a desejar, porque instituíram parcelamentos, ou que não serão cumpridos pelas recuperandas, ou que sequer serão objeto de adesão.

Bem, devido ao conteúdo do §7º do art. 6º da Lei Federal 11.101/2005, ou seja, da não suspensão das execuções fiscais propostas em face do devedor em recuperação judicial, há que se reconhecer que a atividade jurisdicional executiva deverá ser conduzida no sentido da constrição e alienação do patrimônio desse devedor em busca da realização do crédito tributário.

---

11. Alguns Estados possuem leis definindo as regras de parcelamento para as empresas em recuperação judicial, como Minas Gerais (Lei Estadual 21.794/2015) e Pernambuco (Lei Complementar 148/2009).

Isso significa que, sem a suspensão da execução fiscal, o magistrado estaria autorizado a dar pleno prosseguimento à cobrança do tributo, afinal, é este o objetivo da tutela jurisdicional executiva, a promoção de atos para satisfação do crédito do exequente, dentre os quais estão inseridos os atos de alienação dos bens do contribuinte executado, bens esses que, contudo, podem ter sido comprometidos no plano de recuperação da empresa.

Como se dá no caso da empresa de cimentos em comento, um dos meios legítimos de promoção da recuperação judicial da empresa é a alienação de parte do seu patrimônio. Exatamente neste aspecto, está o nó górdio da questão suscitada e que será tratada no presente trabalho.

Não há dúvida, a Lei federal 11.101/2005 é peremptória ao estabelecer que o processo de execução fiscal seguirá seu curso normal de forma autônoma e independente da tramitação do procedimento de recuperação da empresa, ressalvada a hipótese de parcelamento específico (desde que suas regras sejam plausíveis). Todavia, pragmaticamente, em razão da insuficiência de regramento mais cuidadoso a respeito da questão, depara-se com situações que autorizam concluir que, de fato, não será possível dar seguimento regular ao processo executivo da cobrança da dívida tributária, contrariando-se, assim, a literalidade do §7º do seu art. 6º.

Há uma clara dissonância entre a regra que prevê o prosseguimento das execuções fiscais propostas contra a empresa em recuperação judicial e aquilo que concretamente é possível ocorrer em função dos princípios basilares da recuperação, porque, em decorrência da função social da empresa, não será possível dar plena eficácia ao que dispõe o mencionado §7º do art. 6º da Lei Federal 11.101/2005.

O comprometimento de parcela do patrimônio da empresa em recuperação judicial é sempre uma opção dos planos de recuperação, uma vez que concretiza a arrecadação de numerário para a quitação das dívidas, sendo que os débitos trabalhistas e privados com garantia real, por força de expressa disposição da mesma Lei federal (art. 83),[12] preferem ao crédito tributário. Diante desse quadro, depara-se com um verdadeiro choque de interesses, o do particular (privado) e o do Fisco.

O tema é relevante, porque a Lei federal 11.101/2005 nada dispõe sobre o comprometimento no plano de recuperação da empresa dos bens que estejam penhorados em execução fiscal e, também, não fixa limite ao procedimento de constrição e expropriação no processo executivo fiscal. É aqui que se instauram os problemas: bens comprometidos no plano de recuperação da empresa para satisfazer o crédito de particulares; execução fiscal em andamento com a constrição desses mesmos bens; designação de leilão desses mesmos bens;

---

12. Art. 83. A classificação dos créditos na falência obedece à seguinte ordem:
I – os créditos derivados da legislação do trabalho, limitados a 150 (cento e cinqüenta) salários-mínimos por credor, e os decorrentes de acidentes de trabalho;
II - créditos com garantia real até o limite do valor do bem gravado;
III – créditos tributários, independentemente da sua natureza e tempo de constituição, excetuadas as multas tributárias;
IV – créditos com privilégio especial, a saber:
a) os previstos no art. 964 da Lei 10.406, de 10 de janeiro de 2002;
b) os assim definidos em outras leis civis e comerciais, salvo disposição contrária desta Lei;
c) aqueles a cujos titulares a lei confira o direito de retenção sobre a coisa dada em garantia;
V – créditos com privilégio geral, a saber:
a) os previstos no art. 965 da Lei 10.406, de 10 de janeiro de 2002;
b) os previstos no parágrafo único do art. 67 desta Lei;
c) os assim definidos em outras leis civis e comerciais, salvo disposição contrária desta Lei;
VI – créditos quirografários, a saber:
a) aqueles não previstos nos demais incisos deste artigo;
b) os saldos dos créditos não cobertos pelo produto da alienação dos bens vinculados ao seu pagamento;
c) os saldos dos créditos derivados da legislação do trabalho que excederem o limite estabelecido no inciso I do *caput* deste artigo;
VII – as multas contratuais e as penas pecuniárias por infração das leis penais ou administrativas, inclusive as multas tributárias;
VIII – créditos subordinados, a saber:
a) os assim previstos em lei ou em contrato;
b) os créditos dos sócios e dos administradores sem vínculo empregatício.
[...].

penhoras *on-line* ou do faturamento da empresa na execução fiscal etc.

Como deverão atuar concomitantemente a jurisdição da recuperação judicial e a jurisdição executiva fiscal em prol da continuidade da empresa? É o que será abordado a seguir.

4. A recuperação judicial da empresa: um novo contexto para a pragmática da execução fiscal

O clamor empresarial (quiçá social) pela reformulação das regras da antiga Lei de Falência, Decreto-lei 7.661, de 21 de junho de 1945, está muito bem refletido na exposição de motivos do projeto de lei convolado na Lei federal 11.101/2005, que enunciou a necessidade de ser atualizada a legislação falimentar, porque, a até então vigente regulamentação, não mais atendia *"aos reclamos da sociedade, fazendo-se necessária a edição de nova lei, mais ágil e moderna"*, em função das transformações econômicas e sociais pelas quais o país vinha passando.

Se na vigência da legislação anterior a preocupação era o pagamento da dívida pela ampliação dos prazos de liquidação, sem o conhecimento prévio dos credores e segundo os interesses do devedor, esse contexto mudou com a Lei federal 11.101/2005, pois, a partir dela, o credor e a empresa em dificuldades passaram a ser o centro dos interesses na regulamentação.

Isto porque, com a Lei federal 11.101/2005, busca-se resguardar a continuidade da atividade econômica e a participação do credor privado na decisão sobre o recebimento de suas dívidas. É o que consta na exposição de motivos do Projeto de Lei 4.376/93, posteriormente convertido na citada Lei federal:

> a proposta legislativa mencionada visa a, primordialmente, proteger credores e devedores, salvaguardando, também a empresa.

Como bem ressalta Alexandre Alves Lazzarini,[13] a Lei federal 11.101/2005:

> dá uma nova característica à empresa, deslocando-a de uma condição limitada ao interesse de seus sócios, para a elevar [sic] ao patamar de interesse público, ou seja, passa a ser considerada como uma instituição e não mais uma relação de natureza contratual. Deixa de ter a dependência da vontade dos sócios para, no caso, passar a atender outros interesses (a função social, os empregados, os credores etc.) que se sobrepõem ao interesse dos sócios.

A Lei de Recuperação de Empresas e Falência, portanto, passou a prestigiar o soerguimento da empresa, a superação de sua crise econômica e financeira, tudo isso objetivando manter a fonte produtora, preservar os empregos, o direito creditório e, consequentemente, resguardar a própria arrecadação tributária.[14]

A ideia é conservar a fonte econômica, porque, diretamente é mantida a circulação de bens e serviços, bem como os empregos e, ainda que indiretamente, os cofres públicos são sustentados por meio da arrecadação de tributos. É o que se pode concluir da leitura da seguinte parte de sua exposição de motivos:

> adota-se a recuperação da empresa em substituição à concordata suspensiva, com a finalidade de proteger o interesse da economia nacional, e o dos trabalhadores na manutenção dos seus empregos.

Ou ainda, o que se pode rematar com a posição firmada pelo Plenário do Supremo Tribunal Federal (STF) a respeito da Lei Federal 11.101/2005:

---

13. Reflexões sobre a Recuperação Judicial de Empresas. *In* LUCCA, Newton de, DOMINGUES, Alessandra de Azevedo. *Direito recuperacional* – Aspectos teóricos e práticos. 1ª edição, São Paulo: Quartier Latin, 2009, pp. 124/125.

14. Consoante Maximilianus Cláudio Américo Führer, "o objetivo da nova lei é evitar a decretação da falência, oferecendo uma oportunidade para a recuperação de empresas em dificuldades." – *In Roteiro das Recuperações e Falências*. 21ª edição. São Paulo: Ed. RT, 2008, p. 25.

> [...]
>
> IV – Diploma legal que objetiva prestigiar a função social da empresa e assegurar, tanto quanto possível, a preservação dos postos de trabalho.
>
> V – Ação direta julgada improcedente.[15]

Como muito bem ressalta Manoel Justino Bezerra Filho, a tentativa de recuperação prende-se ao "valor social da empresa em funcionamento, que deve ser preservado não só pelo incremento da produção, como principalmente, pela manutenção do emprego, elemento de paz social".[16]

Tamanha relevância assumiu esse valor refletido na exposição de motivos, que foi ele positivado no texto da Lei de Recuperação de Empresas e Falência como *princípio nuclear*, trespassando a fase pré-legislativa, que está fora do Direito, para, então, compor o ordenamento jurídico:

> Art. 47. A recuperação judicial tem por objetivo viabilizar a superação da situação de crise econômico-financeira do devedor, a fim de permitir a manutenção da fonte produtora, do emprego dos trabalhadores e dos interesses dos credores, promovendo, assim, a preservação da empresa, sua função social e o estímulo à atividade econômica.

Nesse artigo, reconhecem a doutrina e a jurisprudência dos Tribunais Superiores, está estampado o princípio da preservação da empresa que deixa muito clara a preocupação que pautou a *mens legis* nesse momento histórico: a função social da empresa em face da sociedade.[17] Tal princípio, de

---

15. ADI 3934, Relator(a): Min. Ricardo Lewandowski, Tribunal Pleno, j. 27.05.2009, *DJe*-208 Divulg. 05.11.2009 Public 06.11.2009 Ement Vol. 02381-02 PP-00374 *RTJ* Vol. 215, p. 227.

16. *In Lei de Recuperação de Empresas e Falência – Lei 11.101/2005 Comentada art. por artigo.* 7ª edição, São Paulo: Ed. RT., 2011, p. 134.

17. PERIN JUNIOR, Écio. *Curso de direito falimentar e recuperação de empresas.* 4ª ed. São Paulo: Saraiva, 2011, p. 41.

fato, deu operatividade ao parágrafo único do art. 170,[18] c.c. o art. 1º, inciso IV,[19] ambos da CF/88, ou seja, ao princípio do livre exercício da atividade econômica e ainda ao inciso II,[20] do seu art. 3º.

Como bem destacou o Min. Castro Meira no julgamento do Conflito de Competência (CC) 79170/SP:

> [...] Como se vê, o princípio da continuidade da empresa ajusta-se ao interesse coletivo por importar, dentre outros benefícios, em geração de empregos, pagamento de impostos e no desenvolvimento das comunidades.
>
> [...] (Rel. Ministro Castro Meira, Primeira Seção, j. 10.09.2008, *DJe* 19.09.2008).

Fabio Ulhoa Coelho preleciona que a recuperação judicial visa ao "saneamento da crise econômico-financeira e patrimonial, preservação da atividade econômica e dos seus postos de trabalho, bem como o atendimento aos interesses dos credores."[21]

Por força desse princípio basilar, que a empresa, em estado de crise econômica e financeira, pode propor e negociar, com seus credores, plano de recuperação judicial, sendo que é na Lei de Recuperação de Empresas e Falência que estão as

---

18. Art. 170. [...]
Parágrafo único. É assegurado a todos o livre exercício de qualquer atividade econômica, independentemente de autorização de órgãos públicos, salvo nos casos previstos em lei.

19. "Art. 1º A República Federativa do Brasil, formada pela união indissolúvel dos Estados e Municípios e do Distrito Federal, constitui-se em Estado Democrático de Direito e tem como fundamentos:
[...]
IV — os valores sociais do trabalho e da livre iniciativa;"

20. Art. 3º Constituem objetivos fundamentais da República Federativa do Brasil:
[...]
II – garantir o desenvolvimento nacional; [...].

21. *Comentários à Nova lei de falências e de recuperação de empresas (Lei n. 11.101, de 9-2-2005)*. 5ª ed., São Paulo: Saraiva, 2008, p. 114.

regras que propiciam a ampla negociação das dívidas com os credores, exceto as dívidas tributárias que são indisponíveis.

É no seu art. 50 que está a relação, não taxativa, dos meios para que o desiderato de soerguimento da empresa se aperfeiçoe, dentre os quais está a venda parcial dos bens da empresa em recuperação judicial.

A preocupação do legislador da Lei federal 11.101/2005 foi permitir que o estabelecimento empresarial pudesse dar continuidade à sua atividade, promover o pagamento de seus credores e, com isso, evitar os nefastos prejuízos sociais decorrentes do fechamento da empresa, como a demissão de empregados e o encerramento da fonte de riquezas e, portanto, de tributos. Também se preocupou com os interesses do Fisco, pois, como mencionado alhures, excepcionou a execução fiscal da regra de suspensão das ações e execuções propostas contra a empresa em recuperação judicial, autorizando o seu prosseguimento.

Entretanto, essa regra que autoriza a continuidade da execução fiscal esbarra no dispositivo que permite a livre disposição de parte dos bens do devedor para quitação das dívidas com os credores particulares na hipótese de pedido de recuperação judicial da empresa em situação econômica e financeira periclitante.

Ao positivar o princípio da preservação da empresa (art. 47), a Lei de Recuperação de Empresas e Falência optou por dar condição de preeminência ao interesse dos trabalhadores e do setor privado em detrimento do interesse fiscal no que tange à disponibilização dos bens da empresa em recuperação para a liquidação de suas dívidas.

É uma mudança de paradigma radical, mas, a realidade que se apresenta é esta: o interesse do particular em obter a satisfação do seu crédito sobrepõe-se ao do Fisco. É uma inversão da gradação[22] do valor que anteriormente era prefe-

---

22. Sobre a tendência à graduação hierárquica dos valores: CARVALHO, Paulo de

rencial, pois, o que se admite como "normal" é a prevalência do interesse do Fisco (público) sobre o interesse privado, mas, isso, até a entrada em vigor da Lei federal 11.101/2005, e desde que a empresa esteja em recuperação judicial.

Como ressalta Manoel Justino Bezerra Filho:

> para a correta interpretação desta nova Lei, é de fundamental importância ter sempre à vista os princípios que a norteiam, princípios que são as disposições primeiras que influenciam o entendimento dos artigos como um todo, compondo-lhes o espírito e, ao mesmo tempo, definindo a lógica e a racionalidade do sistema.[23]

Helena Delgado Ramos Fialho Moreira afirma que tal Lei federal implicou a "relativização da tutela do crédito tributário em face da necessidade de proteção do mercado e das relações negociais".[24]

Essas inovações trazidas pela Lei de Recuperação de Empresas e Falência contaminaram o projeto de lei, posteriormente convolado na Lei Complementar 118/2005, que alterou o Código Tributário Nacional, que também colocou o interesse pelo crédito tributário em segundo plano, circunstância, essa, destacada na exposição de motivos do referido projeto. Alí está claro que os "privilégios" do crédito tributário não mais se justificam numa ordem social que almeja o desenvolvimento de sua economia e a competitividade no mercado internacional, veja-se:

Barros. *In Direito Tributário Linguagem e Método*. 3ª ed. São Paulo: Noeses, 2009, pp. 173/179.

23. BEZERRA FILHO, Manoel Justino *apud* PROENÇA, José Marcelo Martins. *Ibidem*, p. 51.

24. *O Impacto, nos Executivos Fiscais, das Inovações trazidas à Disciplina Tributária pela Lei Complementar 118 e pela Nova Lei de Falências*. *In* Revista do Tribunal Regional Federal da 3ª Região nº 80. 1ª edição. São Paulo: IOB Thomson, 2006, p. 119.

> A participação do setor público, com prioridade na partilha dos bens da massa, encontra justificativa na defesa do bem-estar social, financiado, em regra, por recursos públicos.
>
> Não obstante, outros efeitos desta participação prioritária acabam geralmente alijados do debate. A posição preferencial dos créditos públicos geram (i) menor probabilidade de recuperação do capital dos credores privados (aumento do risco e do custo do capital), (ii) aumento da probabilidade de falências em cascata dos credores e, consequentemente, (iii) perda de bem-estar social.
>
> De outra parte, a experiência demonstra que os custos do Poder Público com a cobrança judicial de créditos públicos de massas falidas relativamente à condenação de honorários e verbas de sucumbência em sede de embargos do devedor são significativos, e, não raro, superam as quantias efetivamente recuperadas na falência.
>
> De tudo, conclui-se que a preferência legal ao crédito tributário, hoje em vigor, prejudica a formação de um ambiente econômico que propicie o desenvolvimento. Assim, vê-se a necessidade de modificação desse quadro, redefinindo o papel do crédito fiscal no processo de quebra de empresas e agentes econômicos.[25]

O que se nota, então, é uma manifesta desarmonia entre o objetivo da Lei de Recuperação de Empresas e Falência (preservação da empresa com a adoção dos meios autorizados legalmente) e a regra que determina o prosseguimento da execução fiscal.

Mas, tal regra está posta e os magistrados que conduzem o processo executivo fiscal podem dar-lhe plena aplicabilidade, tal como vem ocorrendo nas execuções fiscais propostas contra a empresa de cimentos em recuperação judicial.

Então, há a necessidade de compatibilizar a regra que autoriza a livre disposição de bens da empresa em recuperação judicial com aquela que permite o prosseguimento da execução fiscal consoante a nova ordem instaurada pela Lei federal 11.101/2005. Isto, para que o princípio da preservação da empresa em recuperação seja operacionalizado.

25. Trecho extraído do PLC 72/3003, que deu origem à LC 118/2005.

5. O diálogo entre a jurisdição do processo de recuperação judicial e da execução fiscal

5.1 A sujeição da execução fiscal à demanda do juízo da recuperação judicial

Processualmente,[26] o crédito tributário não se submete ao juízo falimentar ou ao da recuperação judicial, tendo em vista o que está disposto no art. 187, *caput,* do CTN cuja redação foi atualizada pela Lei Complementar 118/2005:

> Art. 187. A cobrança judicial do crédito tributário não é sujeita a concurso de credores ou habilitação em falência, recuperação judicial, concordata, inventário ou arrolamento.[27]

Muito embora esse artigo esteja inserido no CTN, que foi editado para regular a relação de direito material entre o Fisco e o contribuinte, seu conteúdo tem natureza processual, uma vez que fixa a competência jurisdicional para a cobrança da dívida tributária.

Assim, o art. 187 do CTN não tem *status* de Lei Complementar em sentido material,[28] trata-se de regra

---

26. Consoante José Frederico Marques, processo é o "'instrumento de que o Estado se serve' para a aplicação jurisdicional do direito objetivo, da vontade concreta da lei" - *in Instituições de Direito Processual Civil.* 1ª Edição atualizada. Campinas: Millennium, 2000, vol. I, p. 13.

27. Redação original: "Art. 187. A cobrança judicial do crédito tributário não é sujeita a concurso de credores ou habilitação em falência, concordata, inventário ou arrolamento."

28. A distinção entre lei complementar e lei ordinária é feita em razão da matéria que a primeira deve dispor, tendo em vista expressa disposição no texto Constitucional. A fixação de regras sobre direito processual não estão inseridas dentre aquelas que exigem lei complementar, de modo que o CTN ao prever o juízo competente para processar a execução da dívida tributária tratou de matéria de lei ordinária. Como afirma Frederico Araújo Seabra de Moura: "só há juridicamente lei complementar quando conjugados seus dois elementos essenciais: forma e fundo" - *in Lei Complementar Tributária.* 1ª edição. São Paulo: Quartier Latin, 2009, p. 108.

formalmente complementar, mas, materialmente, ordinária,[29] Não se está afirmando que o CTN não é lei complementar, apenas que "a parte da lei que não trata de matéria reservada é simplesmente considerada lei ordinária".[30]

Há uma diferença abissal entre o conteúdo e a função das regras que regulam as relações entre o Fisco e o contribuinte, para as quais se exige lei complementar (art. 146, III, da CF/88), e aquelas que tratam do processo tributário, para as quais a Constituição Federal de 1988[31] não demanda lei complementar, sendo suficiente o *quorum* de lei ordinária.

O Direito Tributário compreende o "conjunto de normas jurídicas que disciplinam a instituição, a arrecadação e a fiscalização de tributos",[32] enquanto as regras de processo tributário têm a função de, mediante atividade do Estado juiz, compor a lide entre o Fisco e o contribuinte quando se estabelece o processo[33] via a mola propulsora da petição inicial.[34] Dentre

---

29. Como consagrado no Supremo Tribunal Federal no julgamento do RE 377.457 (*DJe* 18.12.2008) a distinção entre lei complementar e ordinária é pelo conteúdo da disposição normativa, portanto, material e não hierárquica formal.

30. CARVALHO, Jeferson Moreira de. *Leis Complementares*. 1ª ed. São Paulo: Themis, 2000, p. 47.

31. Art. 22. Compete privativamente à União legislar sobre:
I - direito civil, comercial, penal, processual, eleitoral, agrário, marítimo, aeronáutico, espacial e do trabalho;
[...].
Art. 62. Em caso de relevância e urgência, o Presidente da República poderá adotar medidas provisórias, com força de lei, devendo submetê-las de imediato ao Congresso Nacional.
§ 1º É vedada a edição de medidas provisórias sobre matéria:
I - relativa a:
b) direito penal, processual penal e processual civil;
[...].

32. COSTA, Regina Helena. *Curso de Direito Tributário - Constituição e Código Tributário Nacional*. 1ª edição. São Paulo: Saraiva, 2009, p. 10.

33. Relação jurídica que se instaura em função do descumprimento de uma norma jurídica que, mediante um conjunto de atos ordenados lógica e cronologicamente, objetiva solucionar o conflito de interesses (a lide).

34. Instrumento de linguagem previsto no ordenamento jurídico habilitado para provocar a tutela jurisdicional e instaurar o conflito de interesses (a lide).

essas últimas espécies normativas, é que está inserido o art. 187 do CTN, pois, como mencionado, ele fixa o órgão jurisdicional competente para processar a execução fiscal, apenas isso.

A manifestação de Maria Helena Rau de Souza, a respeito do conteúdo do art. 187 do CTN, confirma a assertiva aqui feita de que se trata de previsão com expediente de natureza processual:[35]

> significa a desnecessidade de habilitação do crédito tributário nos juízos universais a que a regra se reporta, assegurada, à Fazenda Pública, a execução de seus créditos através de ação própria, perante juízo, cuja competência é fixada de acordo com as regras pertinentes (art. 578, CPC),[36] excluída a competência de qualquer outro, por mais abrangente ou especializado que seja.

O teor desse artigo do CTN é reiterado no art. 5º[37] da Lei de Execução Fiscal (Lei Federal 6.830/80 - LEF), cuja redação não foi atualizada com a entrada em vigor da Lei de Recuperação de Empresas e Falência, de modo que não faz referência à "recuperação judicial".

A justificativa para a libertação[38] da competência jurisdicional da execução fiscal da jurisdição de qualquer juízo universal, ou de qualquer outro mais específico, decorreu de um contexto que com a vigência da atual Lei de Recuperação de Empresas e Falência reputa-se não mais existir, qual seja, o da prevalência do interesse público em preservar a arrecadação tributária, tal como constou da exposição de motivos da LEF:

---

35. *In Código Tributário Nacional Comentado* – Doutrina e jurisprudência. *In* FREITAS, Vladimir Passos de. 4ª edição. São Paulo: Revista dos Tribunais, 2007, p. 872.

36. Nota do editorial: o art. 578 do CPC/73 corresponde ao art. 46, §5º, do CPC/2015.

37. Art. 5º. A competência para processar e julgar a execução da Dívida Ativa da Fazenda Pública exclui a de qualquer outro Juízo, inclusive o da falência, da concordata, da liquidação, da insolvência ou do inventário.

38. CÂMERA, Miriam Costa Rebollo. *In* FREITAS, Vladimir Passos de. *Execução Fiscal – Doutrina e Jurisprudência.* 1ª edição. São Paulo: Saraiva, 1998, p. 111.

> O art. 5º preserva o princípio da preeminência do crédito da Fazenda Pública, no mesmo sentido do entendimento fixado pelo Tribunal Federal de Recursos, em sua composição plenária, quando da decisão de conflitos de jurisdição, em face de execução fiscal instaurada em data anterior à da decretação da falência de um mesmo devedor.[39]

Com a interferência do princípio da preservação da empresa que está em recuperação judicial, este cenário desenhado pelo CTN e pela LEF, ou seja, a cobrança do crédito tributário em juízo especializado é um privilégio meramente processual do Fisco, ou seja, as execuções fiscais continuam a tramitar nas varas ou juízos de execução fiscal, mas, a satisfação do crédito tributário sofre ingerência direta do direito que tem a empresa de permanecer desenvolvendo suas atividades e cumprir o plano de recuperação que foi homologado pelo juízo competente para processá-la. Enfim, houve uma nítida relativização da preeminência do crédito[40] da Fazenda Pública nos casos de empresa em recuperação judicial.

Deveras, a prioridade na satisfação do crédito tributário em seu aspecto material passou a ser secundária na nova ordem instaurada pela Lei de Recuperação de Empresas e Falência, muito embora sob o enfoque processual tenha sido mantida a jurisdição privilegiada para tramitação do processo executivo.

Então, como resolver o problema se a regra é a do prosseguimento da execução fiscal?

Como muito bem ressalta Júlio Kahan Mandel, o §7º, do art. 6º, da Lei federal 11.101/2005 criou

> uma proteção injustificável para a Fazenda Pública, proteção essa nociva aos interesses da lei, que é a manutenção da unidade produtiva [...] O "FISCO" deveria dar a sua contribuição para a recuperação da empresa, abrindo mão de seus privilégios, pois

39. Exposição de motivos n· 223, de 20.06.1980.

40. Expressão crédito utilizada no sentido de direito subjetivo.

em tese a Fazenda/Governo são os maiores interessados na manutenção de uma unidade produtiva.[41]

Como o processo é instrumento para realização do direito material em conflito, se a condição do crédito tributário[42] tornou-se secundária, o processamento da medida judicial que vai à busca de sua satisfação, também perde seu *status*, então, não há que se falar mais em "privilégio" da Fazenda Pública. Apesar da determinação para o regular prosseguimento da execução fiscal, aspectos de ordem material impedem-no.

O processamento da recuperação judicial perfaz uma verdadeira prejudicial externa à satisfação do crédito tributário, que, pragmaticamente, tem o condão de bloquear o regular andamento da execução fiscal, apesar do que determina a própria Lei de Recuperação de Empresas e Falência (art. 6º, §7º).

Isto é, ainda que esse dispositivo autorize o processamento da execução fiscal, devido às prioridades imputadas ao crédito trabalhista, acidentário e ao privado com garantia, atos que comprometam ou possam comprometer o patrimônio da empresa em recuperação judicial, ou que impliquem a exclusão de parte dele, não podem ser manipulados pelo juízo da execução fiscal, mas, sim, por aquela jurisdição em que tramita a recuperação judicial.

Desta forma, em relação aos bens do executado em recuperação judicial, os interesses sobre o seu patrimônio serão resguardados pelo juízo da recuperação judicial, exclusivamente por ele.

Há uma limitação do âmbito de aplicação do conteúdo dos dispositivos do CTN (art. 187) e da LEF (art. 5º), quiçá do seu próprio §7º do art. 6º, pela Lei de Recuperação de Empresas e

41. *Nova lei de falências e recuperação de empresas anotada.* 1ª edição, São Paulo: Saraiva, 2005, p. 27.

42. Nesta passagem a expressão crédito tributário está sendo utilizada como direito subjetivo do sujeito ativo da obrigação tributária à percepção do tributo.

Falência quando o contribuinte está em recuperação judicial. Não que seja afastada a execução fiscal como processo adequado para a cobrança do crédito tributário ou a jurisdição própria para o seu processamento, mas, os atos tendentes à constrição e alienação do patrimônio da empresa em recuperação judicial produzidos na execução fiscal ficam restringidos. Isto, por força do que dispõe o mencionado art. 47 da Lei federal 11.101/2005, que assegura o princípio da preservação da empresa e, ainda, pelo conteúdo do seu art. 83 que indica a ordem de preferência para pagamento dos créditos existentes contra o devedor e que colocou o crédito tributário em "quarto lugar".

A ordem de classificação dos credores com a nova Lei de Recuperação de Empresas e Falência sofreu profunda alteração, pois, a partir dela, preferem ao crédito tributário, (i) os créditos derivados da legislação do trabalho (limitados a 150 salários-mínimos por credor), (ii) os créditos decorrentes de acidentes de trabalho e (iii) os créditos com garantia real até o limite do valor do bem gravado.

Esse art. 83 está previsto no Capítulo V, da Lei Federal 11.101/2005, que trata "Da Falência", porém, é fundamento mais do que suficiente para justificar a existência dessa prejudicial externa que impede que a execução fiscal alcance a satisfação do crédito tributário antes dos demais credores; isto porque, em função de seu conteúdo, é possível reconhecer que a Lei de Recuperação de Empresas e Falência dá prioridade à quitação de créditos decorrentes da legislação do trabalho, acidentária e àqueles com garantia real (até o limite do bem gravado) em prejuízo do pagamento de tributos.

Admitir o contrário poderia trazer consequências práticas desastrosas, negando-se vigência às próprias disposições da Lei de Recuperação de Empresas e Falência, tornando-a deveras letra morta, já que o prosseguimento da execução fiscal poderia ensejar:

(i) a quitação do débito tributário com os frutos da alienação de bens do patrimônio do contribuinte em recuperação antes do pagamento dos créditos preferenciais; ou

(ii) a constrição de parcela do patrimônio poderia inviabilizar o cumprimento do plano de recuperação ocasionando, inclusive, a decretação da falência da empresa em recuperação, nos termos do art. 73, IV[43], c.c. o § 1º[44] do art. 61, ambos da Lei federal 11.101/2005; ou

(iii) a alteração na composição do quadro geral de credores delimitado no plano apresentado para recuperação judicial da empresa, "passando na frente" o Fisco que, agora, é o "quarto da fila".

Entretanto, que fique muito claro que essa prejudicialidade, que se opera sobre o processo executivo fiscal, somente poderá compor-se a partir do momento em que a jurisdição da execução fiscal for implementar atos de constrição e/ou alienação de bens da empresa em recuperação. Não antes, pois o problema não permeia o ajuizamento e o seguimento da execução fiscal em si, mas, os limites à prática de atos executórios que afetem a disposição do patrimônio do contribuinte em recuperação judicial.

Assim, a suspensão do curso do processo executivo tributário é necessária e possível, apesar do teor do §7º do art. 6º da Lei federal 11.101/2005 e a partir do instante em que serão

---

43. Art. 73. O juiz decretará a falência durante o processo de recuperação judicial:
[...]
IV – por descumprimento de qualquer obrigação assumida no plano de recuperação, na forma do § 1º do art. 61 desta Lei.

44. Art. 61. Proferida a decisão prevista no art. 58 desta Lei, o devedor permanecerá em recuperação judicial até que se cumpram todas as obrigações previstas no plano que se vencerem até 2 (dois) anos depois da concessão da recuperação judicial.
§ 1º Durante o período estabelecido no caput deste artigo, o descumprimento de qualquer obrigação prevista no plano acarretará a convolação da recuperação em falência, nos termos do art. 73 desta Lei.
[...].

iniciados os atos constritivos ou de alienação de bens do patrimônio do contribuinte em recuperação judicial, isso para que não sejam consolidados os problemas acima apontados e, *in fine*, o princípio da preservação da empresa alcance plena efetividade, já que é o *"núcleo duro"* da referida Lei federal e das alterações do CTN preconizadas pela Lei Complementar 118/2005.

Como ressalta Júlio Kahan Mandel, citado por Mario Sergio Milani:

> prosseguindo a execução fiscal e penhorando-se os bens da empresa devedora durante a negociação do plano de recuperação com os demais credores, o plano apresentado correrá riscos de ser inviabilizado.[45]

Há que se reconhecer, portanto, a necessidade de suspensão dos atos de constrição e alienação patrimonial na execução fiscal diante do processamento da recuperação judicial com fundamento no art. 265, IV, "a"[46] do CPC/73, ou no art. 313, V, "a"[47] do CPC/2015. Veja-se que a sugestão é a suspensão do processo executivo, e não sua extinção, de modo que é temporária e proíbe "no período de paralisação, a prática de qualquer ato processual".[48]

---

45. *Lei de recuperação judicial, recuperação extrajudicial e falência comentada.* 1ª ed, São Paulo: Malheiros, 2011, p. 98.

46. Art. 265. Suspende-se o processo:
IV – quando a sentença de mérito:
a) depender do julgamento de outra causa, ou da declaração da existência ou inexistência da relação jurídica, que constitua o objeto principal de outro processo pendente;
[..]

47. Art. 313. Suspende-se o processo:
[...]
V – quando a sentença de mérito:
a) depender do julgamento de outra causa ou da declaração de existência ou de inexistência de relação jurídica que constitua o objeto principal de outro processo pendente;
[...]

48. MARQUES, José Frederico. *Instituições de direito processual civil.* 1ª Edição

A literalidade do texto deve ser adequada à realidade do processo de execução fiscal, já que nele não há sentença de mérito, o que significa admitir que a norma[49] se refere à *"promoção de atos executórios"* dependentes do julgamento de outra causa (a de recuperação judicial) e não *"sentença de mérito"*. Construindo[50] a norma do art. 265, IV, "a" do CPC/73 (art. 313, V, "a" do CPC/2015), nesses termos, não há senão que admitir a suspensão da execução fiscal, a fim de compatibilizar os fins almejados pela Lei de Recuperação de Empresas e Falência e o processamento da execução fiscal.

Reconhecida a necessidade da suspensão de atos processuais de constrição e alienação de bens, ou omissão de sua prática no processo de execução fiscal, mister aplicar-se a regra da interrupção de fluência do prazo de prescrição prevista no *caput*, do art. 6º, da Lei federal 11.101/2005, já que não poderia se imputar um ônus à Fazenda Pública (a suspensão dos atos executórios) que ainda acabasse por prejudicar o exercício do seu direito de cobrar o crédito tributário.

Admite-se a suspensão da execução fiscal e aplica-se a disposição que suspende o curso de prescrição, porque são situações (suspensão da execução e da prescrição) que o texto do *caput* do art. 6º da Lei federal 11.101/2005 autoriza a aplicação concomitantemente, uma vez que estão conectadas pela partícula "e", cuja função é conjuntiva,[51] de modo que a construção da norma desse dispositivo pressupõe a "soma" do ato de suspensão do processo de execução fiscal e do transcurso do prazo de prescrição, dandose o primeiro (suspensão da execução fiscal), necessariamente deve encerrar-se o segundo (suspensão da prescrição).

---

atualizada. Campinas: Millennium, 2000, vol. IV, p. 281.

49. Adotamos a concepção de norma jurídica como o juízo que se extrai da leitura do texto de lei, consoante lições de Paulo de Barros Carvalho.

50. Carvalho, Paulo de Barros. *Curso de Direito Tributário*. 17 ed, São Paulo: Saraiva, 2007.

51. COPI, Irving M. *In Introdução à lógica*. 2ª edição. São Paulo: Ed. Mestre Jou, 1978, p. 227.

5.2 A jurisprudência do Superior Tribunal de Justiça: a competência para dispor sobre o patrimônio da empresa é exclusiva do Juízo em que é processada a recuperação judicial

O Superior Tribunal de Justiça (STJ) definiu[52] que a alçada para analisar conflitos de competência entre juízos que profiram decisões que afetem o patrimônio da empresa em recuperação judicial é da sua 2ª Seção, tendo em vista o conteúdo do art. 9º, § 2º, IX,[53] de seu Regimento Interno.

Provocado diversas vezes para se manifestar sobre casos em que empresas em recuperação judicial se depararam com constrições patrimoniais promovidas em processos de execução fiscal, o STJ reconheceu que somente ao juízo da recuperação judicial compete praticar atos de disposição do patrimônio da empresa em recuperação judicial.

O risco de tornar inviável a recuperação judicial, por meio de atos de outros juízos que comprometem o patrimônio do devedor em recuperação, é o critério que funda todas as decisões do STJ de sua 2ª Seção que tratam dos atos de constrição/alienação promovidos em execuções fiscais propostas contra empresas em recuperação judicial.

Podem ser citados, exemplificativamente, os seguintes julgados do STJ para confirmar a assertiva de que é o juízo da recuperação judicial o único habilitado para dispor do patrimônio das empresas em recuperação judicial: Agravo Regimental no Conflito de Competência (AgRg no CC) nº 81.922; CC nº 114.987;[54] AgRg no CC nº 117.713; CC nº 61.272; CC nº 112.402;

52. AgRg no CC 112.638, AgRg no CC 117.713 e QO no CC 120.432.

53. "Art. 9º. A competência das Seções e das respectivas Turmas é fixada em função da natureza da relação jurídica litigiosa.
§ 2º À Segunda Seção cabe processar e julgar os feitos relativos a:
IX – falências e concordatas;"

54. CONFLITO DE COMPETÊNCIA – RECUPERAÇÃO JUDICIAL – EXECUÇÃO FISCAL – PRINCÍPIO DA PRESERVAÇÃO DA EMPRESA.
1) Apesar de a execução fiscal não se suspender em face do deferimento do pedi-

CC n· 115.275; CC n· 116.213; AgRg no CC n· 104.638.[55]

A competência do juízo da recuperação judicial para definir o "destino" do patrimônio da empresa em recuperação judicial perdura mesmo depois da edição de lei de parcelamento pelo ente tributante e ainda que a recuperanda não tenha promovido sua adesão.

Convocado para se pronunciar sobre caso em que a Fazenda Nacional pretendia o prosseguimento do processo executivo com a constrição de bens do devedor, porque, mesmo depois da edição da Lei Federal 13.043/2014, a empresa em recuperação judicial não havia aderido ao parcelamento, o STJ reafirmou sua jurisprudência mantendo a competência exclusiva do juízo da recuperação judicial para dispor sobre o seu patrimônio, tendo sido afirmado no voto-vencedor:

> [...]
>
> Nada obstante o rico e detalhado voto do em. Ministro Raul Araújo, entendo, com a devida vênia, que *a edição da Lei n. 13.043, de 13.11.2014, por si, não descaracteriza o conflito de competência nem implica modificação da jurisprudência desta Segunda Seção acerca do tema.*

---

do de recuperação judicial (art. 6º, §7º, da LF n. 11.101/05, art. 187 do CTN e art. 29 da LF n. 6.830/80), submetem-se ao crivo do juízo universal os atos de alienação voltados contra o patrimônio social das sociedades empresárias em recuperação, em homenagem ao princípio da preservação da empresa.

2) Precedentes específicos desta Segunda Secção.

3) Conflito conhecido para declarar a competência do juízo de direito da 8a Vara Cível de São José do Rio Preto - SP para a análise dos atos constritivos sobre o ativo das empresas suscitantes." (CC 114987/SP, Rel. Ministro Paulo de Tarso Sanseverino, 2ª S., j. 14.03.2011, *DJe* 23.03.2011)

55. CONFLITO DE COMPETÊNCIA - AGRAVO REGIMENTAL - RECUPERAÇÃO JUDICIAL - DESIGNAÇÃO DO JUÍZO ONDE SE PROCESSA A RECUPERAÇÃO PARA AS MEDIDAS URGENTES - LEILÃO - MANUTENÇÃO - AGRAVO REGIMENTAL NÃO PROVIDO.

1. Após o deferimento da recuperação judicial, é do Juízo onde esta se processa a competência para prática de atos expropriatórios.

2. Agravo regimental a que se nega provimento. (AgRg no CC 104638/SP, Rel. Ministro Vasco Della Giustina (Desembargador convocado do TJ/RS), 2º S., j. 10.03.2010, *DJe* 28.04.2010).

A orientação desta Corte, atenta ao objetivo da Lei n. 11.101, de 9.2.2005, está ancorada na interpretação harmônica do §7º do art. 6º e do art. 47, ambos do referido diploma, que assim estabelecem:

Art. 6º. [...]

[...]

§ 7º As execuções de natureza fiscal não são suspensas pelo deferimento da recuperação judicial, ressalvada a concessão de parcelamento nos termos do Código Tributário Nacional e da legislação ordinária específica.

[...]

Art. 47. A recuperação judicial tem por objetivo viabilizar a superação da situação de crise econômico-financeira do devedor, a fim de permitir a manutenção da fonte produtora, do emprego dos trabalhadores e dos interesses dos credores, promovendo, assim a preservação da empresa, sua função social e o estímulo à atividade econômica.

Com fundamento no princípio da preservação da empresa, que mantém empregos e viabiliza o pagamento de credores, estimulando, portanto, a atividade econômica, a jurisprudência se firmou no sentido de que, apesar de a recuperação judicial não acarretar a suspensão das execuções fiscais, as decisões a respeito das constrições e das alienações dos bens da empresa executada, atingidos pelo processo executivo, deveriam se concentrar na competência do Juízo da recuperação.

[...]

Entendo que, de fato, a possibilidade de parcelamento ainda permanece como aspecto relevante para efeito de definir qual o juízo competente para decidir acerca de constrições e alienações de bens pertencentes à empresa em recuperação judicial, devedora em ação de execução fiscal. Entretanto, considerando o princípio da preservação da empresa, devo concluir, com a devida vênia, que *a simples edição de lei que viabilize o parcelamento de dívidas de sociedades em recuperação não me parece suficiente, por si, para descaracterizar o conflito nem para afastar a competência do Juízo da recuperação judicial.*

É preciso aferir os efeitos concretos e imediatos da nova lei na recuperação, na execução e nos bens da empresa, devendo-se examinar os requisitos para a concessão do parcelamento e as consequências do futuro deferimento em relação aos bens constritos, necessários ao soerguimento da pessoa jurídica.

[...]

De plano, percebe-se que o parcelamento não é automático, cabendo à empresa requerê-lo, demonstrar que preenche os requisitos legais e aguardar a decisão administrativa. Sob esse enfoque, *permaneceriam os bens constritos em execução sujeitos a alienação durante o trâmite do procedimento administrativo, tornando necessário, em tais situações, manter a competência do Juízo falimentar ao menos até decisão final do procedimento.*

O § 2º, por sua vez, deixa claro que, em relação aos débitos que se encontrarem sob discussão judicial, "o sujeito passivo deverá comprovar que desistiu expressamente e de forma irrevogável da impugnação ou do recurso interposto, ou da ação judicial, e, cumulativamente, renunciou a quaisquer alegações de direito sobre as quais se fundem a ação judicial". *A lei, portanto, obsta o exercício de direito constitucionalmente garantido (art. 5º, XXXV, da CF), impedindo que a empresa discuta seus débitos judicialmente.* Em tal circunstância, em tese, mesmo sendo indevido o tributo cobrado pela Fazenda, ou parte dele – o que não é raro –, *a empresa estaria compelida a renunciar ao seu direito, o que pode dificultar ou inviabilizar a recuperação econômica da pessoa jurídica. Observe-se que, na hipótese, a sociedade estaria obrigada ao pagamento de quantia indevida à Fazenda Pública, afetando patrimônio indispensável para o seu soerguimento.*

O princípio da preservação da empresa é contrariado, igualmente, pelo § 6º. Sob esse enfoque, destaco que (i) a norma legal referida (§ 6º) estabelece que os bens e os direitos da empresa executada, constituídos em garantia dos créditos, não serão liberados, e que (ii) a Primeira Seção desta Corte, no julgamento do REsp n. 957.509/RS, processado sob o rito do art. 543-C do CPC, Rel. Ministro LUIS FUX, *DJe* de 25.8.2010, decidiu que, em relação ao parcelamento da dívida fiscal, "a suspensão da exigibilidade do crédito tributário, perfectibilizada após a propositura da ação, ostenta o condão somente de obstar o curso do feito executivo e não de extingui-lo". *Nessa situação, mesmo suspensa a execução, o conflito de competência persistiria. Na hipótese, por exemplo, de o juiz da recuperação precisar alienar bens da sociedade vinculados à execução, terá que resolver se prevalecerá (i) a ordem de penhora emanada do juízo da execução fiscal ou (ii) a decisão de venda proferida pelo magistrado da recuperação.* A nova lei, portanto, não evita o conflito, decorrente da necessidade de se saber a quem compete decidir acerca da disposição do referido patrimônio. Mantida a competência do juízo da recuperação, poderá a Fazenda Pública, naturalmente, recorrer de decisões que entenda contrárias à legislação em vigor. *O mais importante*

> *aqui é manter concentrado em um único juízo – no caso o da recuperação judicial, mais aparelhado para definir as necessidades da pessoa jurídica recuperanda – o poder de decidir acerca do destino dos bens pertencentes à empresa em recuperação.*
>
> Com efeito, *ainda que momentaneamente suspenso o processo executivo, não se pode afastar a possibilidade de o juízo da execução proferir, no futuro, decisões provocadas por fatos novos, viabilizando a alienação dos bens atingidos por penhoras. Tal probabilidade recomenda manter a competência do juízo da recuperação para decidir a propósito de eventuais disposições de bens da sociedade em recuperação.*
>
> Em síntese, *a edição e a publicação da Lei n. 13.043/2014 não repercute na jurisprudência desta Corte a respeito da competência do Juízo da recuperação, sob pena de afrontar o princípio da preservação da empresa.* [...] (AgRg no CC 136.130/SP, Rel. Ministro RAUL ARAÚJO, Rel. p/ Acórdão Ministro Antonio Carlos Ferreira, 2ª S., j. 13.05.2015, *DJe* 22.06.2015 – grifos nossos).

6. Análise do caso concreto: respostas às questões propostas

a) Quando uma empresa está em recuperação judicial o juízo da Execução Fiscal é competente para promover atos de constrição e alienação patrimonial?

Não, por força do princípio da preservação da empresa em recuperação judicial, previsto no art. 47 da Lei federal 11.101/2005, e ainda em função do risco de alteração do plano de recuperação, da ordem legal de preferência dos créditos e da decretação da falência, é de competência exclusiva do juízo em que tramita a recuperação judicial promover atos de constrição e alienação patrimonial.

b) É possível suspender o trâmite da Execução Fiscal ainda que a Lei de Recuperação Judicial e Falência autorize o prosseguimento do processo executivo?

Sim, apesar do §7º do art. 6º, da Lei Federal 11.101/2005 autorizar o prosseguimento da execução fiscal, e das restrições impostas pela legislação específica que concede parcelamento às empresas em recuperação, a recuperação judicial corporifica-se como uma prejudicial externa àquela, de modo que o juiz deve determinar a suspensão da execução fiscal relativamente aos atos de constrição e alienação de bens da empresa em recuperação judicial, aplicando o art. 265, IV, "a", do CPC/73 ou o art. 313, V, "a", do CPC/2015.

A regra do mencionado §7º do art. 6º deve ser interpretada de forma a serem atendidos os fins sociais e as exigências do bem comum da referida Lei Federal, consoante a previsão contida no art. 5º da Lei de Introdução às Normas do Direito Brasileiro – LINDB e no art. 8º do CPC/2015:

> Art. 5º. Na aplicação da lei, o juiz atenderá aos fins sociais a que ela se dirige e às exigências do bem comum.
>
> Art. 8º. Ao aplicar o ordenamento jurídico, o juiz atenderá aos fins sociais e às exigências do bem comum, resguardando e promovendo a dignidade da pessoa humana e observando a proporcionalidade, a razoabilidade, a legalidade, a publicidade e a eficiência.

Importante destacar, a respeito dessa sugestão, que a suspensão deve ser pelo período em que perdurar a recuperação judicial, consoante a orientação do STJ a que se fez referência, bem como implicará a suspensão do prazo de prescrição. E, uma vez que a Lei de Recuperação Judicial e Falência fala em suspensão da prescrição, cessada a causa suspensiva, o prazo prescricional voltará a fluir de onde parou.

c) *Se o magistrado do juízo em que tramita a Execução Fiscal promover atos de alienação de bens de empresa em recuperação judicial, o valor arrecadado ficará à sua disposição para quitar o crédito tributário?*

Muito embora, como foi respondido acima, faleça competência ao juízo da execução fiscal para praticar atos de constrição e alienação do patrimônio de empresa em recuperação judicial, na hipótese desse evento acontecer, os valores arrecadados com a alienação judicial deverão ser repassados integralmente ao juízo da recuperação por força da *vis* atrativa daquele juízo, a fim de que tanto o plano aprovado, como a ordem de preferência prevista na Lei federal 11.101/2005 sejam respeitados. Nesse sentido é a jurisprudência do STJ.[56]

---

56. AGRAVO REGIMENTAL - CONFLITO DE COMPETÊNCIA - EXECUÇÃO FISCAL - RECUPERAÇÃO JUDICIAL - ALIENAÇÃO DE BENS PERANTE O JUÍZO FISCAL - ART. 6°, § 7°, DA LEI N. 11.101/2005 - DESTINAÇÃO DOS VALORES OBTIDOS EM HASTA PÚBLICA - COMPETÊNCIA DO JUÍZO ESTADUAL - DECISÃO AGRAVADA MANTIDA - IMPROVIMENTO.

[...]

3. Observado o art. 6°, §7°, da Lei 11.101/2005, ressalva-se que o valor obtido com a eventual alienação de bens perante o Juízo Federal deve ser remetido ao Juízo Estadual, entrando no plano de recuperação da empresa.

4. O agravo não trouxe nenhum argumento novo capaz de modificar a conclusão alvitrada, a qual se mantém por seus próprios fundamentos.

5. Agravo Regimental improvido. (AgRg no AgRg no AgRg no CC 117184/RS, Rel. Ministro Sidnei Beneti, 2ª S., j. 09.11.2011, *DJe* 29.11.2011)

"DIREITO PROCESSUAL CIVIL - CONFLITO POSITIVO DE COMPETÊNCIA - EMPRESA EM RECUPERAÇÃO JUDICIAL - EXECUÇÃO FISCAL.

1. As execuções fiscais não são suspensas pelo deferimento da recuperação judicial, contudo, após o deferimento do pedido de recuperação e aprovação do respectivo plano, pela Assembléia Geral de Credores, é vedada a prática de atos que comprometam o patrimônio da devedora, pelo Juízo onde se processam as execuções. Precedentes.

2. Apesar de não se configurar, em regra, o conflito entre o Juízo da Recuperação Judicial e o Juízo Fiscal a respeito do processamento e julgamento dos feitos que perante cada qual tramitam, o que a suscitante discute é a competência para determinar o destino do produto da alienação de bens perante o Juízo Fiscal. Nesse caso, o valor obtido com a eventual alienação de bens perante o Juízo Federal deve ser remetido ao Juízo Estadual, entrando no plano de recuperação da empresa.

3. Agravo Regimental improvido. (AgRg no CC 114.657/RS, Rel. Ministro Sidnei Beneti, 2ª S., j. 10.08.2011, *DJe* 06.09.2011).

HIPÓTESE DE EXCLUSÃO DA RESPONSABILIDADE TRIBUTÁRIA EM RAZÃO DA AQUISIÇÃO DO ESTABELECIMENTO EMPRESARIAL EM PROCESSO DE RECUPERAÇÃO JUDICIAL

Thathyanny Fabricia Bertaco Peria[1]

Sumário: 1. Caso concreto – 2. Responsabilidade fiscal dos sucessores – 3. Sucessão tributária do art. 133 do CTN – 4. Aquisição dos bens da empresa em recuperação judicial – 5. A defesa do adquirente de bens em recuperação judicial ou falência no curso da execução fiscal – 6. Conclusão.

1. Caso concreto

Analisaremos, no presente artigo, a exclusão da responsabilidade tributária dos adquirentes de fundo de comércio ou estabelecimento comercial, industrial ou profissional em processo de recuperação judicial, nos termos do art. 133 e parágrafos do CTN, bem como arts. 60, parágrafo único e 141, inciso II, da Lei Federal 11.101/2005, a qual regulamenta a

1. Mestre em Direito Tributário pela Pontifícia Universidade Católica de São Paulo (PUC-SP). Especialista em Direito Tributário Internacional pelo *International Tax Centre – ITC, em Leiden, Holan*da. Especialista em Direito Tributário pelo IBET-SP. Advogada em São Paulo.

Recuperação Judicial, Extrajudicial e a Falência do empresário e da sociedade empresária.

O caso concreto em comento é o de uma empresa que adquiriu, em 2006, um dos parques industriais de outra empresa em processo de recuperação judicial, que atua no mesmo setor industrial e, posteriormente, foi citada em execução fiscal ajuizada originalmente contra a empresa alienante.

Diante de tal cenário, iremos abordar neste texto (i) os requisitos para a configuração da sucessão tributária, nos termos do art. 133 do CTN; (ii) a exclusão da responsabilidade tributária do adquirente do estabelecimento empresarial nos casos em que o objeto da aquisição pertencia à empresa em processo de falência ou em recuperação judicial; e (iii) as defesas judiciais cabíveis em execução fiscal pelo adquirente dos bens, suposto sucessor tributário.

2. Responsabilidade fiscal dos sucessores

Em virtude da aplicação do Princípio Constitucional da Tipicidade Tributária, a definição do sujeito passivo da hipótese de incidência tributária, bem como a atribuição a terceiro da responsabilidade pelo recolhimento de um tributo, somente podem ser delineadas por lei. Para que não se percam as palavras da norma, ao eleger o sujeito passivo tributário, o legislador infraconstitucional está adstrito ao delimitado pela competência impositiva constitucional aos entes tributantes. Em outras palavras, o legislador deve eleger um contribuinte que faça parte da relação jurídica tributária que praticou o evento tributário descrito dentre os elementos da hipótese da regra-matriz de incidência tributária.

O Código Tributário Nacional (Lei Federal 5.172/66) estabelece em seu art. 121, que o sujeito passivo da obrigação tributária é a pessoa obrigada por lei a pagar tributo e arcar com as penalidades inerentes ao inadimplemento desse mesmo tributo. Este diploma legal prevê a possibilidade de atribuir, de forma integral, subsidiária ou solidária a terceiros, a responsabilidade pelo recolhimento do tributo.

Entendemos que a norma que determina a responsabilidade tributária de terceiro (definido aqui como aquele que não praticou o fato gravado na regra-matriz de incidência tributária), aplicável aos casos de sucessão tributária está prevista no art. 133 do CTN, a qual possui natureza sancionadora, uma vez que regulamenta um vínculo obrigacional decorrente de um evento considerado ilícito.[2]

Este sucessor tributário será responsável pelas exações fiscais cujos fatos geradores tenham ocorrido antes da causa originária da sucessão, ainda que constituídos no futuro.[3] Isto porque a constituição do crédito tributário deve se reportar à data da ocorrência do fato gerador do tributo, o que fará nascer a relação jurídica obrigacional tributária (art. 144, *caput*, do CTN).[4]

---

2. Vide, nesse sentido, Paulo de Barros Carvalho, partilhando o mesmo entendimento: "Não sucede o mesmo quando o legislador deixa os limites factuais, indo à procura de uma pessoa estranha àquele acontecimento do mundo, para fazer dele o responsável pela prestação tributária, quer de forma supletiva, quer na condição de sujeito passivo exclusivo. Não é demasia repetir que a obrigação tributária só se instaura com o sujeito passivo que integre a ocorrência típica, seja direta ou indiretamente unido ao núcleo objetivo da situação tributada. A ênfase afirmativa está fundamentada num argumento singelo, mas poderoso: o legislador tributário não pode refugir dos limites constitucionais da sua competência, que é oferecida de maneira discreta, mediante a indicação de meros eventos ou de bens. [...] Cremos haver demonstrado a natureza do vínculo que se instala, sempre que pessoa externa ao acontecimento do fato jurídico tributário é transportada para o tópico de sujeito passivo. Teremos uma relação jurídica de cunho obrigacional, mas de índole sancionatória - sanção administrativa". (*Curso de direito tributário.* 14ª ed., São Paulo: Saraiva, 2002, p. 317 e 320).

3. Sobre a matéria, importante citar as palavras de Aliomar Baleeiro: "Por outras palavras, a responsabilidade de terceiro, por sucessão do contribuinte, tanto pode ocorrer quanto às dívidas fiscais deste, pré-existentes, quanto às que vierem a ser lançadas ou apuradas posteriormente à sucessão, desde que o fato gerador haja ocorrido até a data dessa sucessão". (*Direito tributário brasileiro.* 5ª ed. São Paulo: Malheiros, 1998, p. 744).

4. Esta afirmação tem fundamento na distinção realizada pelo Código Tributário Nacional entre obrigação tributária e crédito fiscal. Numa ordem cronológica, primeiro o legislador tributário traça os elementos da regra-matriz de incidência tri-

Ademais, importante esclarecer que inexiste uma limitação legal sobre o valor a ser pago pelo sucessor no cumprimento pela obrigação tributária nos casos de aquisição do estabelecimento empresarial, pouco importando o valor da sua alienação.

A sucessão tributária pode ocorrer de diversas formas,[5] tais quais:

(i) sub-rogação, em que os adquirentes dos bens imóveis são responsabilizados:

- pelos impostos relacionados à propriedade ou ao domínio útil de bens;
- pelas taxas devidas pela prestação de serviços referentes a estes bens; ou
- pelas contribuições de melhoria relacionadas à propriedade dos bens.[6]

(ii) aquisição ou remissão, em que o adquirente ou remitente torna-se responsável pelos tributos relativos aos bens móveis[7] (art. 131, inciso I, do CTN);

(iii) herança, legado, ou meação, em que herdeiros, legatários ou cônjuge meeiro, tornam-se responsáveis pelos tributos devidos pela pessoa falecida. Esta responsabilidade está limitada ao quinhão do seu legado ou meação (art. 131, inciso II, do CTN);

---

butária, que após a subsunção de um fato a esta norma geral e abstrata, fará nascer uma relação jurídica tributária obrigacional e com isto o crédito tributário (art. 139 do CTN).

5. Regulamentado pelos arts. 129 a 133 do CTN.

6. Nos casos em que conste do título a prova do pagamento dos tributos (art. 130 do CTN), ou nos casos de arrematação pública, a sub-rogação ocorre sobre o respectivo preço (parágrafo único do art. 130 do CTN).

7. Entendemos que, em relação à aquisição de bens imóveis, aplica-se o disposto no art. 130 do CTN.

(iv) em caso de falecimento do responsável, por disposição legal, o espólio torna-se responsável pelos tributos devidos pelo falecido (art. 131, inciso III, do CTN);

(v) fusão, transformação ou incorporação de empresas, casos em que a entidade resultante torna-se responsável pelos tributos devidos até a data do ato societário, respectivamente, pelas empresas fusionadas, transformadas ou incorporadas (art. 132 do CTN);[8]

(vi) extinção de pessoa jurídica, no caso em que a exploração da atividade da pessoa extinta seja continuada por qualquer sócio remanescente (ou espólio) sob a mesma ou outra razão social, ou sob a forma de firma individual (parágrafo único do art. 132 do CTN); e, finalmente,

(vii) por aquisição de fundo de comércio ou estabelecimento comercial, industrial ou profissional de outra empresa que continuar o negócio integralmente ou parcialmente do alienante, caso em que o adquirente torna-se responsável pelos tributos gerados até a data da aquisição (art. 133 do CTN), que é a hipótese que interessa para o presente trabalho.

3. Sucessão tributária do art. 133 do CTN

Para que ocorra a sucessão tributária, a pessoa física ou jurídica que adquirir, por qualquer título, fundo de comércio ou estabelecimento empresarial, e continuar a explorar a respectiva atividade do alienante, responde pelos tributos decorrentes destes ativos gerados até a data do ato de alienação. Esta responsabilidade poderá ser integral, se o alienante cessar sua atividade, ou subsidiária, se no período de seis meses da data da alienação, iniciar ou continuar atividade no mesmo ou em outro ramo empresarial.[9]

---

8. Conforme afirmado acima, o sucessor tributário será responsável pelos tributos devidos, ainda que não estejam constituídos no momento do ato societário.

9. CTN: Art. 133. A pessoa natural ou jurídica de direito privado que adquirir de

Considerando que o *caput* do art. 133 supracitado prevê que a responsabilidade tributária limita-se ao estabelecimento ou fundo de comércio adquirido, podemos concluir que, havendo a aquisição apenas de uma das unidades produtivas do alienante como ocorre no caso concreto analisado, a empresa adquirente não poderá responder pelo recolhimento dos tributos gerados pela exploração de outra unidade de negócio do alienante.

De acordo com a norma que rege a responsabilidade integral acima citada, o adquirente responde por todo o débito fiscal gerado pelo estabelecimento ou fundo de comércio adquirido, podendo ser, portanto, incluído no polo passivo do executivo fiscal.

Contudo, isto não quer dizer que no caso da responsabilidade integral por sucessão o adquirente será o responsável exclusivo pelo recolhimento do tributo. Entendemos que sobre os fatos geradores constituídos, ou não, até o ato da alienação, o alienante permanece obrigado também pelos tributos. Até porque não faria sentido excluir do polo passivo o contribuinte que diretamente participou da realização do fato gerador do tributo.

Por outro lado, com relação à responsabilidade subsidiária, se houver a exploração da mesma ou outra atividade da empresa alienante dentro do prazo de seis meses, deve-se observar que antes da nomeação do adquirente como sucessor tributário é necessário que a Fazenda tenha esgotado todas as formas de recebimento do tributo do alienante, sujeito passivo originário da obrigação tributária para, posteriormente, o

---

outra, por qualquer título, fundo de comércio ou estabelecimento comercial, industrial ou profissional, e continuar a respectiva exploração, sob a mesma ou outra razão social ou sob firma ou nome individual, responde pelos tributos, relativos ao fundo ou estabelecimento adquirido, devidos até à data do ato:
I – integralmente, se o alienante cessar a exploração do comércio, indústria ou atividade;
II – subsidiariamente com o alienante, se este prosseguir na exploração ou iniciar dentro de seis meses a contar da data da alienação, nova atividade no mesmo ou em outro ramo de comércio, indústria ou profissão.
[...].

adquirente ser considerado responsável subsidiário do tributo, em razão do respeito ao benefício de ordem previsto neste dispositivo.

Outra questão relevante sobre o presente estudo é o entendimento predominante da nossa jurisprudência, especialmente em matéria tributária, relativo à prevalência da substância sobre a forma, razão pela qual é possível comprovar a ocorrência da sucessão tributária pela compra disfarçada dos ativos corpóreos e incorpóreos da empresa devedora, ainda que faltem instrumentos contratuais para a formalização da referida aquisição.[10]

É importante ressaltar que não há consenso na doutrina quanto às expressões "estabelecimento" e "fundo de comércio", empregadas na redação da referida norma, ora como expressões sinônimas, ora como expressões distintas. Porém, não restam dúvidas de que a responsabilidade por sucessão prevista no art. 133 do CTN decorre da aquisição de uma universalidade de bens materiais ou imateriais reunidos e organizados para o exercício de pessoa jurídica, por empresário ou sociedade empresária, tal qual definido no art. 1.142 do Código Civil.[11]

Dessa forma, a responsabilidade tributária por sucessão prevista no art. 133 do CTN, decorrente de aquisição do fundo de comércio ou estabelecimento comercial, industrial ou profissional, deriva da aquisição de uma universalidade de bens suficientes para a continuação do negócio jurídico pré-existente.[12]

10. Entendemos que para a comprovação da aquisição de um bem corpóreo ou incorpóreo não é necessário um documento formal, posto que é apenas uma das formas de prova admitidas no direito. Compartilha desse pensamento Oscar Barreto Filho: "Importa gizar que a sucessão não precisa sempre ser formalizada, admitindo a jurisprudência a sua presunção desde que existentes indícios e provas convincentes (matéria de fato, caso a caso)". (*Teoria do estabelecimento comercial.* 2ª ed. São Paulo: Saraiva, 1988, p. 740).

11. Art. 1.142 do CC/2002: Considera-se estabelecimento todo complexo de bens organizado, para exercício da empresa, por empresário, ou por sociedade empresária.

12. Ratificamos os ensinamentos de Hugo de Brito Machado ao dispor que: "Um ou

Nos exatos termos do que dispõe o art. 133 do CTN, esta continuidade, na unidade de negócio adquirida, deve ser a mesma desenvolvida pelo alienante, sendo necessário analisar se houve a assunção da atividade operacional da empresa alienante em face da venda total ou parcial de seus ativos.

Tampouco o arrendamento ou a locação de todos ou parte dos referidos bens pode caracterizar a sucessão tributária, já que não se pode atribuir à expressão "adquirir por qualquer título", prevista no art. 133 do CTN, sentido tão amplo que abarque fatos não qualificados juridicamente como "alienação".[13]

4. Aquisição dos bens de empresa em recuperação judicial

O art. 133 do CTN foi alterado para se ajustar às inovações legislativas veiculadas pelos arts. 60 e 141 da Lei Federal 11.101/2005, segundo os quais a alienação judicial de ativos no

---

alguns elementos isolados em princípio não configuram fundo de comércio nem estabelecimento. Assim, a aquisição isolada de um ou de alguns dos elementos que integram qualquer desses dois conceitos pode não implicar a responsabilidade tributária em questão. Mas pode implicar, se os elementos adquiridos forem suficientes para transferir ao adquirente os bens imateriais como a fama, e consequentemente, a clientela do sucedido. Por isto mesmo, aliás, a norma de que se cuida exige para surgimento da responsabilidade do adquirente que este continue a respectiva exploração". (*Comentários ao Código Tributário Nacional* – Artigos 96 a 138. 1ª ed., São Paulo: Atlas, 2004, v. II, p. 561-562).
Nesse sentido, Hugo Barreto Sodré Leal, estipula dois requisitos cumulativos para que uma alienação destacada de alguns bens possa ser caracterizada como uma alienação indireta do próprio estabelecimento, quais sejam: "(i) o alienante deve ficar privado dos meios necessários ao desempenho da sua atividade econômica; e (ii) os ativos alienados devem proporcionar ao adquirente a fruição do aviamento/clientela". (*Responsabilidade tributária na aquisição do estabelecimento empresarial.* 1ª ed., São Paulo: Quartier Latin, 2007, p. 271).

13. Atribuímos à palavra alienação o conteúdo semântico de transferência de propriedade. Sobre este tema, importante citar os ensinamentos de Maria Rita Ferragut: O início do *caput* do artigo 133 refere-se ao vocábulo adquirir, que significa obter, conseguir, alcançar, comprar, passar a ter. Nesse sentido, se não houver aquisição, não haverá responsabilidade por sucessão. (*Responsabilidade tributária e o Código Civil de 2002.* 1ª ed., São Paulo: Noeses, 2005, p. 87).

curso da recuperação judicial ou na falência estará livre de quaisquer ônus, inclusive os de natureza tributária.

Em razão da inclusão do §1º no art. 133 do CTN pela Lei Complementar 118/2005, a partir de 09 de junho de 2005 não ocorrerá sucessão tributária quando a aquisição do estabelecimento ou fundo de comércio ocorrer:

> I - em processo de falência; ou
>
> II - de filial ou unidade produtiva isolada, em processo de recuperação judicial.[14]

Essa exceção à regra impositiva sancionatória de sucessão tributária não será aplicada quando houver simulação na operação de compra, ou seja, quando o adquirente for:

I – sócio da sociedade falida ou em recuperação judicial, ou sociedade controlada pelo devedor falido ou em recuperação judicial;

II – parente, em linha reta ou colateral até o 4º (quarto) grau, consanguíneo ou afim, do devedor falido ou em recuperação judicial ou de qualquer de seus sócios; ou

III – identificado como agente do falido ou do devedor em recuperação judicial com o objetivo de fraudar a sucessão tributária (art. 133, § 2º do CTN e art. 141, §1º da Lei Federal 11.101/2005).

---

14. Concordamos com Hugo Barreto Sodré Leal para quem: "A terminologia utilizada na redação do inciso II é criticável, pois não guarda uniformidade com aquela do *caput* do art. 133 do CTN. O seu sentido, contudo, não varia. Nesse contexto, o conceito de 'unidade produtiva isolada' é o mesmo de estabelecimento ou fundo empresarial. Por outro lado, a referência feita à 'filial' também não se justifica, pois tanto as filiais, como também a matriz, sucursais ou agências são espécies de unidade produtiva ou de estabelecimentos empresariais, podendo qualquer deles ser alienado judicialmente no processo de recuperação judicial, sem que o adquirente responda pelos correspondentes passivos fiscais". (*Responsabilidade tributária na aquisição do estabelecimento empresarial.* São Paulo: Quartier Latin, 2007, p. 224). Portanto, no caso concreto estudado, a unidade fabril adquirida tem o mesmo conteúdo semântico de estabelecimento ou fundo de comércio, considerando que houve uma transferência parcial da unidade de negócio do alienante.

Hipóteses, portanto, em que se configurará a sucessão tributária nos termos da regra contida no art. 133, *caput*, do CTN.

Logo, diante das disposições legais supramencionadas, concluímos que a empresa do caso concreto analisado não poderia ser responsabilizada pelo pagamento dos tributos executados, uma vez que adquiriu de boa-fé, no exercício de 2006, em processo de recuperação judicial, os bens da empresa alienante devedora do Fisco, portanto, quando a norma tributária já estava em pleno vigor.[15]

Esclarecemos que a alienação de bens no processo falimentar ou de recuperação judicial possui procedimento específico e complexo, devendo ser aprovada pelo Administrador Judicial, Ministério Público, Assembleia Geral de Credores (inclusive com a constituição de sociedade de credores ou dos empregados do próprio devedor, com a participação, se necessária, dos atuais sócios ou de terceiros), para posteriormente, ser ordenada pelo juiz (arts. 139 a 141 da Lei Federal 11.101/2005).

Da análise da Lei Federal 11.101/2005, podemos concluir que o seu legislador deu preferência à alienação da empresa de forma unificada, para que seja mantida a unidade produtiva, além de possuir um potencial de arrecadação maior na venda do que a soma de cada um dos bens alienados separadamente.[16] Consequentemente, a referida Lei atinge seu próprio

---

15. Neste sentido é também o entendimento do Superior Tribunal de Justiça: TRIBUTÁRIO E PROCESSO CIVIL. -AÇÃO RESCISÓRIA - ALIENAÇÃO JUDICIAL DE TODO O ACERVO DA MASSA FALIDA - RESPONSABILIDADE TRIBUTÁRIA DO ADQUIRENTE - CARACTERIZAÇÃO OU NÃO DA SUCESSÃO. [...] Portanto, não paira qualquer dúvida de que não há sucessão que importe na responsabilidade tributária da empresa arrematante em relação aos débitos da massa falida, configurando-se a violação literal ao disposto no art. 133 do CTN. [...]. (REsp 948857, Relator Ministro Luiz Fux, j. 08.09.2009, Data da Publicação 17.09.2009).

16. É o que se pode inferir do art. 140 da Lei 11.101/2005: A alienação dos bens será realizada de uma das seguintes formas, observada a seguinte ordem de preferência:
I - alienação da empresa, com a venda de seus estabelecimentos em bloco;
II - alienação da empresa, com a venda de suas filiais ou unidades produtivas isoladamente;
III - alienação em bloco dos bens que integram cada um dos estabelecimentos do devedor;

desiderato, que é a manutenção da unidade produtiva, dos empregos e, enfim, a própria arrecadação tributária.

Uma questão importante a ser analisada sobre a matéria é a exigência imposta pelo art. 57 da Lei Federal 11.101/2005, que determina que após a juntada aos autos do plano de recuperação judicial aprovado pela Assembleia Geral de Credores, ou decorrido o prazo de 30 (trinta) dias da apresentação e na ausência de objeção dos credores, o devedor deverá apresentar certidões *negativas* de débitos tributários, para posteriormente o juiz conceder a recuperação judicial.

A análise da aplicação da norma supracitada ao presente caso concreto é essencial para o deslinde do caso estudado no presente artigo, uma vez que, caso consideremos que no momento prévio à alienação dos bens em processo falimentar ou em recuperação judicial a empresa devedora não poderá ter débitos fiscais, a referida compra pelo adquirente seria ilegal, o que poderia torná-lo responsável pelas dívidas do alienante.

Todavia, entendemos que tal interpretação não pode prevalecer, pois violaria o *animus legis* da Lei de Recuperação Judicial e Falência, que tem por fundamento o Princípio da Preservação da Empresa. O referido Princípio encontra-se explícito no art. 47 desta Lei, segundo o qual:

> Art. 47. A recuperação judicial tem por objetivo viabilizar a superação da situação de crise econômico-financeira do devedor, a fim de permitir a manutenção da fonte produtora, do emprego dos trabalhadores e dos interesses dos credores, promovendo, assim, a preservação da empresa, sua função social e o estímulo à atividade econômica.

De forma reiterada, o Tribunal de Justiça de São Paulo tem entendido que enquanto não houver uma norma que

---

IV – alienação dos bens individualmente considerados.
[...].
§ 3º A alienação da empresa terá por objeto o conjunto de determinados bens necessários à operação rentável da unidade de produção, que poderá compreender a transferência de contratos específicos. [...].

regulamente um parcelamento fiscal específico para as empresas em recuperação judicial ou falidas, nos termos do art. 68 da Lei 11.101/2005 não há que se exigir a suspensão ou extinção dos débitos tributários, mediante a apresentação de certidões de regularidade fiscal.[17]

Ademais, tal cobrança de um débito tributário seria abusiva, posto que feriria o princípio da proporcionalidade e razoabilidade; bem como coercitiva em excesso, posto que a sanção política é rechaçada pelo nosso sistema jurídico tributário, conforme Súmulas 70[18], 323[19] e 547[20] do Supremo Tribunal Federal.[21]

Nestes casos, o aplicador do direito deverá interpretar a norma segundo o seu fim social e às exigências do bem comum a ser resguardado, conforme prevê o art. 5º da Lei de Introdução às Normas do Direito brasileiro – LINDB.

---

17. Cite-se: RECUPERAÇÃO JUDICIAL - CERTIDÕES NEGATIVAS DE DÉBITOS - EXIGÊNCIA PARA HOMOLOGAÇÃO DO PLANO APROVADO PELOS CREDORES - DESCABIMENTO EM FACE DA OMISSÃO DO PODER EXECUTIVO QUE NÃO CUIDOU DE PROPICIAR INSTRUMENTO NORMATIVO QUE PERMITISSE PARCELAMENTO ADEQUADO DOS DÉBITOS FISCAIS - DISPENSA - RECURSO PROVIDO PARA ESSE FIM. (Agravo de Instrumento n. 0287000-74.2011.8.26.0000, Relator: Araldo Telles, Órgão julgador: 2ª Câmara Reservada de Direito Empresarial, j. 07.08.2012).
Sobre esta matéria encontramos inúmeros outros julgados, que exemplificativamente podemos citar: Agravo de Instrumento n. 0299211-45.2011.8.26.0000, Relator: Elliot Akel, Órgão julgador: Câmara Reservada à Falência e Recuperação, j. 17.04.2012; Agravo de Instrumento n. 0194057-38.2011.8.26.0000, Relator: Pereira Calças, Órgão julgador: Câmara Reservada à Falência e Recuperação, j. 17.04.2012; e Recuperação Judicial n. 9044730-36.2006.8.26.0000; Relator: Romeu Ricupero.

18. 70. É inadmissível a interdição de estabelecimento como meio coercitivo para cobrança de tributo.

19. 323. É inadmissível a apreensão de mercadorias como meio coercitivo para pagamento de tributos.

20. 547. Não é lícito à autoridade proibir que o contribuinte em débito adquira estampilhas, despache mercadorias nas alfândegas e exerça suas atividades profissionais.

21. Para obtenção de mais informações e considerações a respeito deste assunto, remetemos o leitor para artigo constante deste livro de autoria de Camila Vergueiro. "A Recuperação Judicial e seu impacto em relação às Execuções Fiscais".

Da mesma forma, a aplicação do art. 185 do CTN[22] deve ser afastada quando se tratar de alienação de bens no curso do processo falimentar ou de recuperação judicial, pois tais procedimentos estão previstos em lei e não podem ser considerados como meios fraudulentos de "esvaziamento" de ativos nos casos em que a empresa falida ou em recuperação possui débitos inscritos em dívida ativa.

Acrescente-se que normalmente os bens da alienante em recuperação judicial ou falência não são suficientes para a quitação de todos os seus débitos fiscais e nem por isto sua condição financeira pode caracterizá-la como fraudulenta.

Sabemos que nos termos do § º do art. 6º da Lei Federal 11.101/2005[23] e arts. 5º e 29 da Lei Federal 6.830/80,[24] o curso da Execução Fiscal não deveria ser suspenso pelo deferimento da recuperação judicial; porém, tampouco é possível cumprir os compromissos fixados no plano de recuperação judicial de uma empresa, inclusive aqueles firmados com credores com preferência sobre os créditos fiscais,[25] sem que haja o compro-

---

22. Art. 185. Presume-se fraudulenta a alienação ou oneração de bens ou rendas, ou seu começo, por sujeito passivo em débito para com a Fazenda Pública, por crédito tributário regularmente inscrito como dívida ativa.
Parágrafo único. O disposto neste artigo não se aplica na hipótese de terem sido reservados, pelo devedor, bens ou rendas suficientes ao total pagamento da dívida inscrita.

23. Lei Federal 11.101/2005 – Art. 6º A decretação da falência ou o deferimento do processamento da recuperação judicial suspende o curso da prescrição e de todas as ações e execuções em face do devedor, inclusive aquelas dos credores particulares do sócio solidário. [...]
§ 7º As execuções de natureza fiscal não são suspensas pelo deferimento da recuperação judicial, ressalvada a concessão de parcelamento nos termos do Código Tributário Nacional e da legislação ordinária específica. [...].

24. Lei Federal 6830/80 – Art. 5º. A competência para processar e julgar a execução da Dívida Ativa da Fazenda Pública exclui a de qualquer outro Juízo, inclusive o da falência, da concordata, da liquidação, da insolvência ou do inventário.
Art. 29. A cobrança judicial da Dívida Ativa da Fazenda Pública não é sujeita a concurso de credores ou habilitação em falência, concordata, liquidação, inventário ou arrolamento. [...].

25. Lei Federal 11.101/2005 – Art. 83. A classificação dos créditos na falência obedece à seguinte ordem:

metimento de parte do seu patrimônio.

Há um nítido conflito de interesse entre o Fisco e os demais credores da empresa falida ou em recuperação judicial, conflito este que parece ter sido sopesado após as inovações legislativas de 2005 pela Lei Ordinária Federal 11.101 e pela Lei Complementar n. 118, que privilegiou o Princípio da Preservação das Empresas e a necessidade de desenvolvimento econômico.

Sendo assim, em razão da qualidade temporária da empresa em recuperação judicial, que processualmente pretende restabelecer-se dos problemas financeiros visando a manter-se ativa para cumprir os compromissos firmados no seu plano de recuperação sob pena de ser decretada a sua falência, entendemos que os atos de constrição ou de satisfação do crédito fiscal devem ser suspensos pelo período em que estiver em curso a recuperação judicial.[26]

5. A defesa do adquirente de bens em recuperação judicial ou falência no curso da execução fiscal

De acordo com o caso concreto objeto deste estudo, o adquirente de bens no curso da recuperação judicial foi citado para compor o polo passivo de execução fiscal, originalmente proposta contra o alienante. Podemos agora analisar quais medidas judiciais são cabíveis, para demonstrar a ilegitimidade do adquirente do estabelecimento empresarial no curso da execução fiscal, em face da exclusão legal da sua responsabilidade tributária.

I – os créditos derivados da legislação do trabalho, limitados a 150 (cento e cinquenta) salários-mínimos por credor, e os decorrentes de acidentes de trabalho;
II – créditos com garantia real até o limite do valor do bem gravado;
III – créditos tributários, independentemente da sua natureza e tempo de constituição, excetuadas as multas tributárias;
[...].

26. Este tema é abordado em artigo constante deste mesmo livro de autoria de Camila Vergueiro: "A Recuperação Judicial e seu impacto em relação às Execuções Fiscais".

A norma individual e concreta necessária para o cumprimento de uma obrigação fiscal inadimplida (certidão em dívida ativa) por meio de uma execução fiscal, é munida de presunção relativa de liquidez, certeza e exigibilidade,[27] e em razão desta presunção, para ser combatida; o executado, em princípio, deve demonstrar a sua capacidade de cumprir o ônus fiscal, mediante apresentação de garantia, para posteriormente apresentar sua defesa, denominada embargos à execução fiscal.[28]

Todavia, diante da existência de sincretismo da tutela do processo executivo e de conhecimento, é possível discutir a legalidade de um débito cobrado judicialmente no próprio curso da execução fiscal, em situações excepcionais em que é possível demonstrar, de plano, a nulidade do título executivo por meio de exceção de pré-executividade.

Dentre as matérias de ordem pública e que podem ser reconhecidas de ofício pelo juiz, sem a necessidade de dilação probatória, destacamos a ilegitimidade passiva,[29] conforme o enunciado n. 393 da Súmula do STJ, que dispõe que: "A exceção de pré-executividade é admissível na execução fiscal relativamente às matérias conhecíveis de ofício que não demandem dilação probatória".[30]

---

27. (Lei 6.830/80) Art. 3º. A Dívida Ativa regularmente inscrita goza da presunção de certeza e liquidez.
Parágrafo único. A presunção a que se refere este art. é relativa e pode ser ilidida por prova inequívoca, a cargo do executado ou de terceiro, a quem aproveite.

28. CONRADO, Paulo Cesar. *Processo tributário.* 2ª ed., São Paulo: Quartier Latin, 2007, p. 126.

29. Para José Eduardo Soares de Melo poderá ser alegada em exceção de pré-executividade: " [...] os casos de ***ilegitimidade de parte***, falta de interesse processual, incompetência jurisdicional, capacidade postulatória, litispendência, impossibilidade jurídica do pedido, coisa julgada; bem como a ocorrência de pagamento, decadência, prescrição, remissão, anistia, imunidade, isenção; e ainda, vícios do procedimento administrativo". (*Processo tributário administrativo e judicial.* 2ª ed., São Paulo: Quartier Latin, 2009, p. 349 – grifos nossos).

30. PROCESSUAL CIVIL. AGRAVO REGIMENTAL EM RECURSO ESPECIAL. EXECUÇÃO. REDIRECIONAMENTO. SÓCIO. EXCEÇÃO DE PRÉ-EXECUTIVIDADE. ILEGITIMIDADE PASSIVA *AD CAUSAM*. POSSIBILIDADE DE SER

Esclarecemos que, segundo orientação do Superior Tribunal de Justiça, apenas não é possível discutir a ilegitimidade passiva por meio de exceção de pré-executividade, quando o responsável tributário constar na Certidão em Dívida Ativa, pois a presunção de legitimidade do título executivo impõe ao executado o ônus de comprovar a inexistência de sua responsabilidade tributária via Embargos à Execução Fiscal, precedidos da garantia do juízo. Todavia, tal interpretação não é aplicável ao caso concreto analisado, posto que

---

APRESENTADA MESMO APÓS A PENHORA OU O TRANSCURSO DO PRAZO PARA EMBARGOS. PRESCINDIBILIDADE DE DILAÇÃO PROBATÓRIA. 1. A denominada "exceção de pré-executividade", simples petição nos próprios autos da execução, é servil à suscitação de questões que devam ser conhecidas de ofício pelo juiz, como as atinentes à liquidez do título executivo, aos pressupostos processuais e às condições da ação executiva. 2. A invocação de ilegitimidade passiva *ad causam* pelo executado, via exceção de pré-executividade, afigura-se escorreita, ainda que posterior à penhora ou ao transcurso do prazo para oferecimento de embargos, desde que desnecessária dilação probatória (exceção *secundum eventus probationis)*, como ocorre *in casu (Precedentes: REsp* 929.266/SP, Primeira Turma, *DJU* 29.06.2007; REsp 785.921/MG, Segunda Turma, DJ de 27.02.2007; REsp 818453/MG, Primeira Turma, DJe 02/10/2008; e REsp 220.100/RJ, Quarta Turma, *DJU* 25.10.1999). 3. *In casu,* a análise acerca da legitimidade ou não da recorrente, ora agravada, para figurar no polo passivo da execução promovida em seu desfavor por antigo sócio, objetivando o percebimento de haveres decorrentes da dissolução parcial da sociedade integrada por ambos, demanda apenas a análise de questões de direito, em especial, relativas aos limites da sentença proferida, nos autos da ação de dissolução parcial da sociedade e da possibilidade de se promover o executivo, com base no referido título judicial, em face do patrimônio da sócia e não da sociedade, que se encontra com falência decretada. 4. Agravo regimental a que se nega provimento. (AgRg no AgRg no REsp 1028879 / SP, Relator Ministro Vasco Della Giustina (Desembargador convocado do TJ/RS), 3ª T., j. 04.08.2009, *DJe* 14.08.2009).
TRIBUTÁRIO - EXECUÇÃO FISCAL - POSSIBILIDADE DE APRECIAÇÃO DA MATÉRIA ALEGADA EM EXCEÇÃO DE PRÉ-EXECUTIVIDADE - REDIRECIONAMENTO - ÔNUS DA PROVA - EXECUTADO - VALOR EXCESSIVO - REVISÃO DOS HONORÁRIOS.
1. A exceção de pré-executividade, segundo o Min. Luiz Fux (REsp 573.467/SC), é servil à suscitação de questões que devam ser conhecidas de ofício pelo juiz, como as atinentes à liquidez do título executivo, os pressupostos processuais e as condições da ação executiva. 2. In casu, a questão da ilegitimidade passiva, arguída pelo executado, em exceção de pré-executividade, constitui matéria de ordem pública, por configurar condição da ação que, quando defeituosa ou inexistente, leva à nulidade do processo. Assim, por ser causa extintiva do direito exequente, é possível sua veiculação em exceção de pré-executividade. (...) (AgRg no REsp 980349 / RS, Relator Ministro HUMBERTO MARTINS (1130), 2ª T., j. 10.06.2008, *DJe* 24.06.2008).

sua citação ocorreu apenas no curso do processo executivo.[31]

Outra medida judicial de defesa que poderia ser cogitada seriam os Embargos de Terceiro, os quais são cabíveis nos casos em que o juiz determina a constrição de bens[32] de pessoa que não foi incluída no polo passivo da execução fiscal, seja pela CDA, seja por determinação expressa do juízo.[33] Contudo, também, não são cabíveis Embargos de Terceiros no presente caso concreto, já que o juiz expressamente determinou a citação da empresa para compor a lide executiva.

Considerando que no caso concreto analisado, não é necessária a realização de nova diligência probatória, uma vez que a idoneidade do adquirente foi amplamente discutida e reconhecida no processo de recuperação judicial da alienante,

---

31. PROCESSUAL CIVIL E TRIBUTÁRIO - EXECUÇÃO FISCAL DE SÓCIO-GERENTE CUJO NOME CONSTA DA CDA - PRESUNÇÃO DE RESPONSABILIDADE - ILEGITIMIDADE PASSIVA ARGUIDA EM EXCEÇÃO DE PRÉ-EXECUTIVIDADE - INVIABILIDADE - PRECEDENTES - ENTENDIMENTO FIRMADO PELA PRIMEIRA SEÇÃO NO JULGAMENTO DO RESP 1.110.925/SP, MEDIANTE UTILIZAÇÃO DA SISTEMÁTICA PREVISTA NO ART. 543-C DO CPC/73 E NA RESOLUÇÃO STJ 08/2008.
1. Cabe Exceção de Pré-Executividade quando atendidos simultaneamente dois requisitos, um de ordem material e outro de ordem formal: a) que a matéria invocada seja suscetível de conhecimento de ofício pelo juiz; e b) que a decisão possa ser tomada sem dilação probatória. 2. Conforme assentado em precedentes da Seção, inclusive sob o regime do art. 543-C do CPC/73 (REsp 1.104.900, Min. Denise Arruda, sessão de 25.3.2009), é inadmissível Exceção de Pré-Executividade em Execução Fiscal promovida contra sócio que figura como responsável na Certidão de Dívida Ativa - CDA. 3. A presunção de legitimidade assegurada à CDA impõe ao executado que figura no título executivo o ônus de comprovar a inexistência de sua responsabilidade tributária, demonstração essa que, por demandar prova, deve ser promovida no âmbito dos Embargos à Execução. 4. Orientação reafirmada pela Primeira Seção do STJ no julgamento do Recurso Especial 1.110.925/SP. 5. Agravo Regimental não provido. (AgRg no REsp 1298999 / RJ, Relator Ministro HERMAN BENJAMIN, Órgão Julgador: 2ª T., j. 26.06.2012, *DJe* 01/08/2012). [Nota do editorial: o art. 543-C do CPC/73 corresponde ao art. 1.036 do CPC/2015.]

32. Entenda-se o termo "contrição de bens" como ato de turbação ou esbulho na posse de bens de terceiros por ato de apreensão judicial, em casos como o de penhora, depósito, arresto, sequestro, alienação judicial, arrecadação, arrolamento, inventário e partilha.

33. Arts. 674 a 681 do CPC/2015, correspondentes aos arts. 1.046 a 1.054 do CPC/73.

bem como a aquisição foi plenamente aprovada e homologada pelo juiz; entendemos que todos os requisitos para a exclusão da responsabilidade fiscal do adquirente dos bens podem ser reconhecidos de plano pelo juízo da execução fiscal mediante exceção de pré-executividade.

6. Conclusão

Diante da análise das normas que regem a matéria e do entendimento jurisprudencial de nossos Tribunais Superiores, podemos concluir que, para a caracterização da responsabilidade por sucessão prevista no art. 133 do CTN, é necessária a aquisição de uma universalidade de bens suficientes para a continuação do negócio jurídico pré-existente.

Conforme exposto acima, a partir de 09 de junho de 2005, foi tolhida uma parte do critério material da norma sancionadora de atribuição da responsabilidade fiscal de terceiro que tenha adquirido ativos de outra empresa suficientes para configurar a assunção da atividade operacional da empresa alienante, com a inclusão do § 1º ao art. 133 do CTN, pela Lei Complementar 118/2005, que excluiu a responsabilidade dos adquirentes dos bens em processo falimentar ou de recuperação judicial, desde que não ocorra a simulação desta venda em decorrência da existência de vínculo entre o vendedor e adquirente.

Conclui-se por tudo que foi aduzido neste artigo que o adquirente de boa-fé deste parque fabril em processo de recuperação judicial pode suscitar ilegitimidade de eventual cobrança de dívidas tributárias referentes à vendedora por meio de exceção de pré-executividade, tendo em vista que toda a prova da legalidade de sua compra foi plenamente demonstrada no processo de recuperação judicial e pode ser reconhecida de ofício pelo juiz.

Ademais, não é razoável que no presente caso a adquirente sofra a constrição de seus bens para se defender mediante embargos à execução fiscal, tendo que realizar novas diligências probatórias para comprovar seu direito nos autos da execução fiscal, até mesmo em respeito do princípio da economia processual.

O DIÁLOGO DAS FONTES E A EXIGÊNCIA DE CERTIDÃO DE REGULARIDADE FISCAL COMO CONDIÇÃO PARA O PROCESSAMENTO DA RECUPERAÇÃO JUDICIAL

Camila Campos Vergueiro[1]

Sumário: 1. Caso concreto – 2. Questões – 3. Considerações iniciais – 4. Um pouco da história da certidão de regularidade fiscal – 5. A exigência de certidão de regularidade fiscal como sanção política – 6. A exigência de certidão de regularidade fiscal como condição para acesso à jurisdição – 7. A superioridade hierárquica do art. 191-A do CTN seria argumento plausível para justificar a exigência de certidão de regularidade fiscal como condição para o processamento de recuperação judicial? – 8. Análise do caso concreto: resposta às questões propostas.

1. Caso concreto

A empresa YOOPY Motores do Brasil Ltda., do ramo de motocicletas, está passando por dificuldades econômicas e financeiras, razão pela qual está em vias de requerer sua recuperação judicial. Entretanto, foi alertada por seu advogado que o

---

1. Mestre em direito tributário – PUC/SP. Advogada em São Paulo. Professora dos cursos de Pós-Graduação do IBET, do IGA-IDEPE, da PUC/COGEAE, do IBDT, do GV*Law*, da Faculdade Damásio de Jesus – FDDJ, dentre outras instituições.

art. 191-A do CTN condiciona o processamento da recuperação judicial à apresentação da certidão de regularidade fiscal.

Ciente de que não terá condições de obter tal documento, uma vez que o Fisco é o seu maior credor, cogita a possibilidade de requerer sua recuperação sem a apresentação de tal documento.

2. Questões

a) *Pela Lei de Recuperação Judicial e Falência, a apresentação de certidão de quitação de tributos de todas as esferas políticas (federal, estadual e municipal) é condição para o processamento da Recuperação Judicial?*

b) *Há conflito entre o conteúdo de disposições normativas da Lei de Recuperação Judicial e Falência e o art. 191-A do CTN? Qual disposição deve prevalecer?*

3. Considerações iniciais

Neste trabalho será debatida a necessidade, ou não, de ser apresentada certidão de regularidade fiscal quando do requerimento de recuperação judicial pelas empresas.

Desta forma, serão trabalhados os conteúdos do art. 191-A do CTN e o art. 51 da Lei federal 11.101/2005, abaixo reproduzidos:

> Art. 191-A, CTN. A *concessão* de recuperação judicial *depende* da apresentação da prova de quitação de todos os tributos, observado o disposto nos arts. 151, 205 e 206 desta Lei. (Grifos nossos).
>
> Art. 51, Lei Federal 11.101/2005:
>
> Art. 51. A petição inicial de recuperação judicial será instruída com:
>
> I – a exposição das causas concretas da situação patrimonial do devedor e das razões da crise econômico-financeira;

> II – as demonstrações contábeis relativas aos 3 (três) últimos exercícios sociais e as levantadas especialmente para instruir o pedido, confeccionadas com estrita observância da legislação societária aplicável e compostas obrigatoriamente de:
>
> a) balanço patrimonial;
>
> b) demonstração de resultados acumulados;
>
> c) demonstração do resultado desde o último exercício social;
>
> d) relatório gerencial de fluxo de caixa e de sua projeção;
>
> III – a relação nominal completa dos credores, inclusive aqueles por obrigação de fazer ou de dar, com a indicação do endereço de cada um, a natureza, a classificação e o valor atualizado do crédito, discriminando sua origem, o regime dos respectivos vencimentos e a indicação dos registros contábeis de cada transação pendente;
>
> IV – a relação integral dos empregados, em que constem as respectivas funções, salários, indenizações e outras parcelas a que têm direito, com o correspondente mês de competência, e a discriminação dos valores pendentes de pagamento;
>
> V – certidão de regularidade do devedor no Registro Público de Empresas, o ato constitutivo atualizado e as atas de nomeação dos atuais administradores;
>
> VI – a relação dos bens particulares dos sócios controladores e dos administradores do devedor;
>
> VII – os extratos atualizados das contas bancárias do devedor e de suas eventuais aplicações financeiras de qualquer modalidade, inclusive em fundos de investimento ou em bolsas de valores, emitidos pelas respectivas instituições financeiras;
>
> VIII – certidões dos cartórios de protestos situados na comarca do domicílio ou sede do devedor e naquelas onde possui filial;
>
> IX – a relação, subscrita pelo devedor, de todas as ações judiciais em que este figure como parte, inclusive as de natureza trabalhista, com a estimativa dos respectivos valores demandados.
>
> [...].

Da leitura desses dispositivos, constata-se uma possível contradição entre os comandos normativos, pois, o art. 191-A do CTN condiciona o deferimento do processamento da recuperação judicial à apresentação de certidão de regularidade fiscal, enquanto o art. 51 da Lei de Recuperação Judicial e Falência não exige tal documento para tanto. Por outras palavras, o CTN estabelece que a recuperação da empresa não pode ser processada e o plano deferido sem a prova da regularidade fiscal da empresa que pretende obter sua recuperação judicial.

Depara-se, então, com uma antinomia normativa,[2] já que as disposições do CTN e da Lei de Recuperação Judicial e Falência estão modalizadas deonticamente em sentido oposto:

- o art. 191-A do CTN contém um comando proibitivo (V ou Ph)[3] ao magistrado para deferir o processamento da recuperação judicial;

- o art. 51 da Lei federal 11.101/2005 contém um comando permissivo (P) para o processamento da recuperação judicial sem a apresentação da certidão de regularidade fiscal.

Propor uma solução para este problema é o objetivo deste trabalho, já que a exigência de certidão de regularidade fiscal é medida extremamente protetiva dos interesses das Fazendas Públicas que contraria o desiderato da Lei de Recuperação Judicial e Falência e das próprias alterações que foram promovidas pela Lei Complementar 118/2005 no CTN.

---

2. Sobre quando há antinomia entre normas, preleciona Maria Helena Diniz: "para que haja real incompatibilidade entre duas normas será precisos que: a) ambas as normas sejam jurídicas", "b) ambas sejam vigentes e pertencentes a um mesmo ordenamento jurídico", "c) ambas devem emanar de autoridades competentes num mesmo âmbito normativo, prescrevendo ordens ao mesmo sujeito, "d) ambas devem ter operadores opostos (uma permite, outra obriga) e os seus conteúdos (atos e omissões) devem ser a negação interna um do outro, isto é, uma prescreve o ato e a outra, a omissão", "e) o sujeito, a quem se dirigem as normas conflitantes, deve ficar numa posição insustentável". - *In Conflito de Normas* – De Acordo com o Novo Código Civil *(Lei n. 10.406/2002)*. 5ª ed. São Paulo: Saraiva, 2003, p. 21/23.

3. Como preleciona Paulo de Barros Carvalho a conduta humana é regulada pelo direito em um de três sentidos (ou modais deônticos em suas estritas e precisas palavras), ou a regra jurídica obriga a adoção de determinada conduta (modal deôntico obrigatório O), ou permite que a conduta seja adotada (modal deôntico permissão - P), ou proíbe que a conduta seja adotada (modal deôntico Proibido – V ou Ph) – *in Fundamentos jurídicos da incidência tributária*. 6ª ed. São Paulo: Saraiva, 2008, p. 29.

A Lei de Recuperação de Empresas e Falência pretende a manutenção da atividade econômica e dos empregos mediante o soerguimento da empresa, tal como está prescrito em seu art. 47[4] que prevê o princípio da preservação da empresa.[5]

Desta forma, condicionar o processamento da recuperação judicial à apresentação de documento que prove a quitação de tributos é algo que vai de encontro aos fins pretendidos pela legislação. Sobre isso, são adequadas as palavras de Ives Gandra da Silva Martins e Marilene Talarico Martins Rodrigues, "ora, se a recuperação judicial teve por objetivo amparar as empresas em dificuldades, para que continuassem produtivas, assegurando empregos e recolhimento de tributos, tal exigência de certidões negativas é incompatível com a finalidade da norma legal."[6]

Como bem aponta Harrison Ferreira Leite, esse art. 191-A "acaba por atravancar a finalidade da pertinente lei que visa dar, às empresas, uma chance de continuar no mercado, sempre que sua manutenção for economicamente viável". [7]

Ou segundo Schubert de Farias Machado:

> a obrigatoriedade de apresentação de CND como requisito para o deferimento da recuperação judicial, prevista no art. 191-A do CTN, é sem dúvida inconstitucional.

---

4. Art. 47. A recuperação judicial tem por objetivo viabilizar a superação da situação de crise econômico-financeira do devedor, a fim de permitir a manutenção da fonte produtora, do emprego dos trabalhadores e dos interesses dos credores, promovendo, assim, a preservação da empresa, sua função social e o estímulo à atividade econômica.

5. Mais informações a respeito da função e objetivos da Lei de Recuperação Judicial e Falência podem ser obtidas em outro artigo de nossa autoria contido nesta obra: A Recuperação Judicial e seu impacto em relação às Execuções Fiscais.

6. "Certidões negativas e direitos fundamentais do contribuinte". *In* MACHADO, Hugo de Brito. *Certidões negativas e direitos fundamentais dos contribuintes*. 1ª ed. São Paulo: Dialética, 2007, p. 431.

7. O Entrave do art. 191-A da Lei Complementar 118/2005 para a Concessão de Recuperação Judicial. *In* PEIXOTO, Marcelo Magalhães. *Reflexos Tributários da Nova Lei de Falência (Comentários à LC 118/2005)*. 1ª ed. São Paulo: MP Editora, 2005, p. 38.

> Além disso, tal exigência se mostra incoerente com o próprio instituto da recuperação judicial, pois, exatamente, por enfrentar graves dificuldades financeiras que somente podem ser superadas com a adoção dessa medida legal, as empresas que se encontram em tal situação quase sempre são devedoras de tributo, muitas vezes, o Fisco é o maior credor.[8]

Importante ainda a constatação de Leonardo Araújo Marques:

> Parece haver consenso de que a exigência de apresentação das certidões de regularidade fiscal no início do processo de recuperação inviabilizará a preservação de inúmeras empresas perfeitamente viáveis. Disponibilizar o inovador instituto da recuperação somente às empresas que estiverem em dia com suas obrigações fiscais é, no mínimo, afastar-se por completo da realidade econômico-financeira que vivenciamos.[9]

Assim, sem a flexibilização dessa regra do CTN "poderá ser difícil alcançar os fins do instituto da recuperação (superação da crise, restabelecimento da empresa), haja vista que muitos devedores que a ele acorrem geralmente se encontram em débito com a Fazenda."[10]

A necessidade de ponderação sobre a regra do CTN decorre do fato de, passados anos da publicação da Lei federal 11.101/2005, não terem todas Fazendas Públicas editado regras de parcelamento específicas para as empresas em recuperação, exceção feita à Fazenda Nacional, já que, por meio

---

8. "Certidões negativas e direitos fundamentais do contribuinte". *In* MACHADO, Hugo de Brito. *Certidões negativas e direitos fundamentais do contribuinte.* 1ª ed. São Paulo: Dialética, 2007, ps. 620/621.

9. ARAÚJO, Bruna Feitosa Serra de. *Recuperação Empresarial:* a flexibilização da exigência da certidão negativa de débitos na concessão da recuperação judicial e os pressupostos definidores da Lei nº 11.101/2005 – Disponível em: <https://goo.gl/vF-hxE0>. Acesso em: 25 out. 2016.

10. Certidões Negativas e Direitos Fundamentais: Análise de Algumas Questões. *In* MACHADO, Hugo de Brito. *Certidões negativas e direitos fundamentais do contribuinte.* 1ª ed. São Paulo: Dialética, 2007, p. 505.

da Lei federal 13.043/2014, foi incluído o art. 10-A[11] à Lei federal 10.522/2002 que estabelece os critérios do parcelamento das empresas em recuperação judicial.[12]

Em manifesta contrariedade aos objetivos da referida Lei e aos auspícios da própria sociedade ao editá-la, as Fazendas Públicas, salvo a Fazenda Nacional, mantêm-se inertes, sem dar sua parcela de colaboração para que a empresa em crise econômica e financeira consiga superá-la. Ao contrário, oferecem resistência à recuperação judicial ao deixarem de editar as tão esperadas leis de parcelamento específicas para auxiliar as empresas a se soerguerem. "Essa demora legislativa vem frustrando em grande parte os propósitos da nova legislação, e alguns juízes, vêm optando por afastar – por inconstitucionais – os arts. 57, da Lei 11.101/2005, e 191-A do CTN".[13]

Com relação à União, ainda que ela tenha editado a Lei do parcelamento, a situação não é muito diferente do período anterior à sua edição, pois, analisando as regras que autorizam a sua concessão, fica muito claro que a União não quis ceder o seu direito creditório em benefício de um bem maior, o soerguimento da empresa, a preservação dos empregos e a continuidade do empreendimento.

Deveras, a União editou a Lei, mas, mantem-se tão inerte quanto antes, isto porque, o parcelamento federal:

- autoriza o pagamento em até 84 parcelas, apenas;
- cria um percentual progressivo para o valor das prestações:

---

11. O parcelamento da empresa em recuperação judicial está regulamentado também na Portaria PGFN/RFB 1, de 13.02.2015.

12. Com a edição do Convênio CONFAZ nº 59 nº 59/2012 os Estados e o Distrito Federal estão autorizados a parcelar débitos em até 84 meses pelas empresas em recuperação.

13. GODOI, Marciano Seabra. *Certidões negativas e direitos fundamentais do contribuinte. In* MACHADO, Hugo de Brito. *Certidões negativas e direitos fundamentais dos contribuintes.* 1ª ed. São Paulo: Dialética, 2007, p. 583.

- da 1ª a 12ª prestação – o valor da parcela deve corresponder 0,666% do valor da dívida consolidada;

- da 13ª a 24ª prestação – o valor da parcela deve corresponder 1% do valor da dívida consolidada;

- da 24ª a 83ª prestação – o valor da parcela deve corresponder 1,333% do valor da dívida consolidada;

- a 84ª parcela deve compreender a totalidade do saldo devedor remanescente.

- deve compreender a totalidade do débito da empresa, salvo aqueles que estejam sendo pagos em outra modalidade de parcelamento;

- deve compreender os débitos discutidos judicial ou administrativamente, com sua exigibilidade suspensa ou não, e a respectiva medida (judicial ou administrativa) tem que ser objeto de pedido de desistência e de renúncia ao direito em que se funda a discussão;

- não permite a liberação de eventuais bens ou direitos do devedor, ou dos responsáveis, que estejam garantindo a dívida.

A pergunta que deve ser feita para saber se a regulamentação do § 7º[14] do art. 6º e do art. 68,[15] ambos da Lei federal 11.101/2005, pela União, foi efetivamente cumprida é: o parcelamento autorizado pela União é viável para as empresas em recuperação judicial? A resposta é não.

---

14. Art. 6º. [...]
[...]
§ 7º. As execuções de natureza fiscal não são suspensas pelo deferimento da recuperação judicial, ressalvada a concessão de parcelamento nos termos do Código Tributário Nacional e da legislação ordinária específica.

15. Art. 68. As Fazendas Públicas e o Instituto Nacional do Seguro Social – INSS poderão deferir, nos termos da legislação específica, parcelamento de seus créditos, em sede de recuperação judicial, de acordo com os parâmetros estabelecidos na Lei 5.172, de 25 de outubro de 1966 – Código Tributário Nacional.
[...].

A União instituiu o parcelamento, mas, suas disposições não são suficientes para atender ao desiderato da Lei de Recuperação Judicial e Falência, que é a manutenção da empresa e dos empregos, já que as regras são nitidamente protetivas aos interesses fazendários, não tendo havido minimamente a intenção de dar aplicabilidade ao princípio da preservação da empresa previsto no art. 47 da Lei federal 11.101/2005.

Este trabalho pretende demonstrar que a exigência contida no CTN de certidão de regularidade fiscal como condição para o processamento da recuperação judicial não se sobrepõe à regra da Lei de Recuperação Judicial e Falência, ainda que tenha sido editada, pelo ente tributante, lei específica concessiva do parcelamento se ela não permite, minimamente, a adesão da empresa, quiçá desestimula sua recuperação.

Serão apresentados os fundamentos aptos a demonstrar a invalidade da exigência de certidão de regularidade fiscal para o exercício do direito à recuperação judicial.

4. Um pouco da história da certidão de regularidade fiscal

A certidão de regularidade fiscal, tal como é conhecida nos dias de hoje, foi introduzida na decáda de 1980, no contexto da Reforma Administrativa de 1967, por meio do Programa Nacional de Desburocratização instituído pelo Decreto Federal 83.740, de 18 de julho de 1979, assinado pelo então Presidente da República João Figueiredo, cujos objetivos eram:

- a adoção de medidas de aperfeiçoamento da Administração Pública com o propósito expresso de melhorar a qualidade do atendimento ao público;

- *reduzir a interferência do Governo na atividade do cidadão e do empresário;*

- a eliminação de formalidades e exigências cujo custo econômico ou social seja superior ao risco;
- a eliminação da excessiva exigência de prova documental que constitui um dos entraves à pronta solução dos assuntos.

O objetivo era simplificar as exigências de documentos na relação mantida entre o particular e a Administração Pública. Tudo isso num contexto de confiança recíproca entre esses setores jurídicos, regido pelo (i) *princípio da presunção da veracidade* em que, até prova em contrário, deve-se acreditar que as pessoas estão dizendo a verdade, pela (ii) *necessidade de simplificação processual e agilização das soluções dos assuntos* que tramitam nos órgãos da Administração Pública Federal com a assunção consciente, pelo Poder Público, do risco calculado da confiança, justamente porque *os casos de fraude não representam a regra, mas sim, exceção e não são impedidos pela prévia e sistemática exigência de documentação.*[16]

Por meio do Decreto federal 84.701/1980, foi instituído o Certificado de Regularidade de Situação Jurídico-Fiscal (CRJF), exigido tão somente dos entes privados que participassem de licitações para compras, obras e serviços promovidos pelas entidades da Administração Pública Federal.

Com a edição da Lei federal 7.711/88, novas hipóteses[17] de exigência da certidão[18] de regularidade fiscal foram estabelecidas,

16. Decreto Federal 83.936, de 06.09.1979.

17. Hipóteses de exigência de certidão de regularidade fiscal constantes na Lei federal 7.711/1988: (i) transferência de domicílio para o exterior; (ii) habilitação e licitação promovida por órgão da administração federal; (iii) registro ou arquivamento de contrato social, alteração contratual e distrato social no registro público competente; (iv) registro de contrato ou outros documentos em Cartórios de Registro de Títulos e Documentos; (v) registro em Cartório de Registro de Imóveis; e (vi) operação de empréstimo e de financiamento em instituição financeira, exceto quando destinada a saldar dívidas para com as Fazendas Nacional, Estaduais ou Municipais.

18. Art. 1º.
[...]
§ 3º A prova de quitação prevista neste artigo será feita por meio de certidão ou outro documento hábil, emitido pelo órgão competente."

nitidamente restringindo o exercício de atividades lícitas pelos particulares, desvirtuando a função do documento e fazendo letra morta dos valores (escopo) que ensejaram a sua instituição.

Nos anos 1990, a certidão passou a refletir os valores do Programa Federal de Desregulamentação, instituído pelo Presidente Collor, "pacote" esse pautado no princípio da liberdade individual e que tinha por finalidade (i) fortalecer a iniciativa privada, (ii) *reduzir a interferência do Estado na vida e nas atividades do indivíduo*; e (iii) contribuir para a maior eficiência e o menor custo dos serviços prestados pela Administração Pública Federal. Mais uma vez tudo não passou de tinta no papel.

E, a partir daí, para a prática de mais e mais atos da vida privada a certidão de regularidade fiscal passou a ser a "carta de alforria", validadora da saúde da empresa.[19]

Ao contrário da "intensão" legislativa inicial, a experiência prática e o tempo demonstram que a certidão acabou e vem sendo utilizada como instrumento coercitivo para o pagamento de tributos, verdadeiro meio indireto de cobrança do crédito tributário pelos Fiscos (Federal, Estadual, Municipal e do Distrito Federal).

5. A exigência de certidão de regularidade fiscal como sanção política

Atualmente, de posse da CND,[20] o particular está habilitado a praticar todos os seus atos e negócios, como se ela fosse a garantia da saúde financeira e idoneidade da empresa. A

---

19. Outras leis federais que estabelecem hipóteses de exigência de CND: (i) Lei federal 8.036, de 11.05.1990 – estabelece regras sobre o Fundo de Garantia do Tempo de Serviço (FGTS); (ii) Lei federal 8.212, de 24.07.1991 – estabelece regras de organização da Seguridade Social e institui o Plano de Custeio; (iii) Lei federal 8.666/1993 – instituiu normas sobre licitações e contratos da Administração Pública; (iv) Lei federal 11.033, de 21.12.2004 – instituiu a exigência da certidão para o levantamento de depósito decorrente de precatório judicial.

20. Utilizamos a expressão CND em sentido amplo para abarcar também a certidão positiva com efeitos de negativa prevista no art. 206 do CTN.

relevância dada à CND é tão grande que a falta desse documento pela pessoa jurídica é o seu atestado de mal pagador de tributos, tornando-a "ficha suja".

No momento histórico atual, à CND, contudo, é atribuída uma potência totalmente distinta daquela para a qual foi criada, como apontado no tópico imediatamente anterior.

A CND é utilizada como ferramenta de (re)pressão para o contribuinte pagar o que consta no seu "extrato de pendências" desviando a regra constitucional do *due process legal* prescrita nos incisos LIV e LV do art. 5º[21] da Constituição Federal (CF/88).

Sobre os limites semânticos dos incisos acima referidos, no julgamento da Ação Cautelar 2156 REF-MC (j. 02.10.2008), o Plenário do Supremo Tribunal Federal (STF) firmou posição de que esses incisos do art. 5º da CF/88 são disposições assecuratórias do princípio de mais alta magnitude (o devido processo legal) e, por isso, não podem ser ignorados pela Administração Pública.[22]

---

21. Art. 5º. [...]
[...]
LIV – ninguém será privado da liberdade ou de seus bens sem o devido processo legal;
LV – aos litigantes, em processo judicial ou administrativo, e aos acusados em geral são assegurados o contraditório e ampla defesa, com os meios e recursos a ela inerentes;
[...].

22. LIMITAÇÃO DE DIREITOS E NECESSÁRIA OBSERVÂNCIA, PARA EFEITO DE SUA IMPOSIÇÃO, DA GARANTIA CONSTITUCIONAL DO DEVIDO PROCESSO LEGAL. A Constituição da República estabelece, em seu art. 5º, incisos LIV e LV, considerada a essencialidade da garantia constitucional da plenitude de defesa e do contraditório, que ninguém pode ser privado de sua liberdade, de seus bens ou de seus direitos sem o devido processo legal, notadamente naqueles casos em que se viabilize a possibilidade de imposição, a determinada pessoa ou entidade, seja ela pública ou privada, de medidas consubstanciadoras de limitação de direitos. – A jurisprudência dos Tribunais, notadamente a do Supremo Tribunal Federal, tem reafirmado a essencialidade do princípio da plenitude de defesa, nele reconhecendo uma insuprimível garantia, que, instituída em favor de qualquer pessoa ou entidade, rege e condiciona o exercício, pelo Poder Público, de sua atividade, ainda que em sede materialmente administrativa ou no âmbito político-administrativo, sob pena de nulidade da própria medida restritiva de direitos, revestida, ou

O devido processo legal a que alude os incisos LIV e LV do art. 5º da CF/88 e que precisa ser observado pelo Poder Público para cobrar o seu crédito tributário é o da produção do ato constitutivo da dívida[23] seguido da Execução Fiscal, quando verificado o inadimplemento da obrigação.

Infelizmente, muitas vezes, antes de serem manipuladas essa categorias processuais que habilitam os Fiscos a cobrar o crédito tributário, eles "bloqueiam" a certidão de regularidade fiscal do contribuinte, o que afeta umbilicalmente o regular exercício de suas atividades e, para o que interessa ao presente trabalho, impede, nos termos do art. 191-A do CTN, a utilização do próprio sistema de recuperação judicial pela empresa em dificuldade financeira.

Ora, se há instrumento processual próprio para a cobrança do crédito tributário, o que é essa atitude dos Fiscos de "bloquear" a emissão da certidão de regularidade fiscal do contribuinte, senão um meio indireto de forçá-lo a pagar o que o sujeito ativo entende devido. E, para o caso de exigência da certidão como condição para o processamento da recuperação judicial, não é senão uma forma de restrição à provocação da tutela jurisdicional objetivando a recuperação. Ponto esse que será abordado em item a seguir.

Exigir a CND da empresa que está em vias de requerer sua recuperação judicial é, incontestavelmente, uma forma indireta de exigir o pagamento do crédito tributário "em aberto" da pessoa jurídica.

Contra atitudes desse quilate, há orientação pacífica da jurisprudência do STF afastando a possibilidade de utilização de sanções políticas com nítido intuito arrecadatório

---

não, de caráter punitivo. Doutrina. Precedentes. (AC 2156 REF-MC, Relator(a): Min. Celso De Mello, Tribunal Pleno, j. 02.10.2008, *DJe*-104 Divulg 04.06.2009 Public 05.06.2009 Ement Vol-02363-01, pp-00159).

23. Cumpre esclarecer que partilhamos o entendimento doutrinário de que o ato constitutivo do crédito tributário pode ser produzido, tanto pelo contribuinte (lançamento por homologação ou autolançamento), como pelo Fisco (lançamento).

e reconhecendo a impossibilidade de utilização de sanções políticas objetivando a arrecadação de tributos.

No julgamento proferido nas Ações Declaratórias de Inconstitucionalidade (ADIN) 173 e n.394 (*DJe* 20.03.2009),[24] restou delineado o conceito de "sanção política" como a restrição não razoável ou desproporcional ao exercício da atividade econômica ou profissional lícita utilizada como forma de indução ou coação ao pagamento de tributos.

Esse julgado afirmou ainda que a sanção política viola o *substantive due process of law*, já que implica o abandono dos mecanismos previstos no sistema jurídico de formação e cobrança do crédito tributário (execução fiscal, frise-se), consubstanciando total falta de proporcionalidade e razoabilidade o estabelecimento, pelo Poder Público, de medidas gravosas que se predisponham a substituir esse aparelho de cobrança do crédito tributário.

A eficiência desse julgado para justificar a impossibilidade de se condicionar a exigência da CND para processamento da recuperação judicial não afasta a necessidade de se aludir a outros

---

24. CONSTITUCIONAL – DIREITO FUNDAMENTAL DE ACESSO AO JUDICIÁRIO – DIREITO DE PETIÇÃO – TRIBUTÁRIO E POLÍTICA FISCAL – REGULARIDADE FISCAL – NORMAS QUE CONDICIONAM A PRÁTICA DE ATOS DA VIDA CIVIL E EMPRESARIAL À QUITAÇÃO DE CRÉDITOS TRIBUTÁRIOS – CARACTERIZAÇÃO ESPECÍFICA COMO SANÇÃO POLÍTICA. AÇÃO CONHECIDA QUANTO À LEI FEDERAL 7.711/1988, Art. 1º, I, III E IV, §§1º A 3º, E ART. 2º. [...] 3. Esta Corte tem historicamente confirmado e garantido a proibição constitucional às sanções políticas, invocando, para tanto, o direito ao exercício de atividades econômicas e profissionais lícitas (art. 170, par. ún., da Constituição), a violação do devido processo legal substantivo (falta de proporcionalidade e razoabilidade de medidas gravosas que se predispõem a substituir os mecanismos de cobrança de créditos tributários) e a violação do devido processo legal, manifestado no direito de acesso aos órgãos do Executivo ou do Judiciário, tanto para controle da validade dos créditos tributários, cuja inadimplência pretensamente justifica a nefasta penalidade, quanto para controle do próprio ato que culmina na restrição. É inequívoco, contudo, que a orientação firmada pelo Supremo Tribunal Federal não serve de escusa ao deliberado e temerário desrespeito à legislação tributária. Não há que se falar em sanção política se as restrições à prática de atividade econômica objetivam combater estruturas empresariais que têm na inadimplência tributária sistemática e consciente sua maior vantagem concorrencial. Para ser tida como inconstitucional, a restrição ao exercício de atividade econômica deve ser desproporcional e não-razoável. [...] (ADI 173, Relator(a): Min. Joaquim Barbosa, Tribunal Pleno, j. 25.09.2008, *DJe*-053 Divulg 19.03.2009 Public 20.03.2009, Ement vol-02353-01, pp-00001).

precedentes do STF que afirmam a impossibilidade do Poder Público adotar meios indiretos (típicas sanções políticas) para forçar o particular pagar tributos, como por exemplo, as manifestações contidas no: AI 639040 AgR;[25] AI 79468 AgR;[26] RE 207946;[27] RE 413782;[28] RE 591033;[29] ADI 3453.[30]

---

25. AGRAVO REGIMENTAL NO AGRAVO DE INSTRUMENTO – ICMS – REGIME ESPECIAL – RESTRIÇÕES DE CARÁTER PUNITIVO – LIBERDADE DE TRABALHO – Inadmissível a apreensão de mercadorias com o propósito de coagir o contribuinte ao pagamento de tributos, em face da incidência do enunciado da Súmula 323 do Supremo Tribunal Federal. Violação da garantia constitucional da liberdade de trabalho. Agravo regimental a que se nega provimento. (Relator(a): Min. Eros Grau, 2ª T., j. 12.06.2007, *DJe*-047 Divulg 28.06.2007, Public 29.06.2007, *DJ* 29.06.2007, pp-00107, Ement vol-02282-32, pp-06648).

26. ILEGITIMIDADE DE SANÇÕES ADMINISTRATIVAS QUE IMPLIQUEM EM RESTRIÇÃO A ATIVIDADE DO CONTRIBUINTE EM DÉBITO, COMO MEIO DE ALCANÇAR O PAGAMENTO DE TRIBUTO – ENTRE ELAS NÃO SE INCLUI A PROIBIÇÃO DE CELEBRAR O DEVEDOR REMISSO NEGÓCIO COM BANCO OFICIAL. AGRAVO REGIMENTAL IMPROVIDO. (, Relator(a): Min. Djaci Falcao, 2ª T., j. 02.12.1980, *DJ* 27.02.1981, pp-01305, Ement Vol-01201-02, pp-00551 *RTJ* Vol-00100-03, pp-00109).

27. TRIBUTO – PAGAMENTO – ATO COERCITIVO IMPRÓPRIO – PARTICIPAÇÃO SOCIETÁRIA. Descabe condicionar integração, a quadro societário, de pessoa jurídica de direito privado ao fato de o pretendente estar em dia com as obrigações tributárias. (, Relator(a): Min. Menezes Direito, Relator(a) p/ Acórdão: Min. Marco Aurélio, 1ª T., j. 20.05.2008, *DJe*-104 Divulg 04.06.2009, Public 05.06.2009, Ement Vol-02363-03, pp-00600 *RDDT* n. 167, 2009, p. 133-136).

28. DÉBITO FISCAL – IMPRESSÃO DE NOTAS FISCAIS – PROIBIÇÃO – INSUBSISTÊNCIA. Surge conflitante com a Carta da República legislação estadual que proíbe a impressão de notas fiscais em bloco, subordinando o contribuinte, quando este se encontra em débito para com o fisco, ao requerimento de expedição, negócio a negócio, de nota fiscal avulsa. (Relator(a): Min. Marco Aurélio, Tribunal Pleno, j.17.03.2005, *DJ* 03.06.2005, pp-00004 Ement vol-02194-03, pp-00618 LEXSTF v. 27, n. 320, 2005, p. 286-308 *RT* v. 94, n. 838, 2005, p. 165-176 *RDDT* n. 120, 2005, p. 222).

29. TRIBUTÁRIO – PROCESSO CIVIL – EXECUÇÃO FISCAL – MUNICÍPIO – VALOR DIMINUTO – INTERESSE DE AGIR – SENTENÇA DE EXTINÇÃO ANULADA – APLICAÇÃO DA ORIENTAÇÃO AOS DEMAIS RECURSOS FUNDADOS EM IDÊNTICA CONTROVÉRSIA. [...] 4. Não é dado aos entes políticos valerem-se de sanções políticas contra os contribuintes inadimplentes, cabendo-lhes, isto sim, proceder ao lançamento, inscrição e cobrança judicial de seus créditos, de modo que o interesse processual para o ajuizamento de execução está presente. 5. Negar ao Município a possibilidade de executar seus créditos de pequeno valor sob o fundamento da falta de interesse econômico viola o direito de acesso à justiça. 6. Sentença de extinção anulada. 7. Orientação a ser aplicada aos recursos idênticos, conforme o disposto no art. 543-B, § 3º, do CPC//73. (RE 591033, Relator(a): Min. Ellen Gracie, Tribunal Pleno, j. 17.11.2010, Repercussão Geral, Mérito *DJe*-038, Divulg 24.02.2011, Public 25.02.2011 Ementa Vol-02471-01, pp-00175).

30. AÇÃO DIRETA DE INCONSTITUCIONALIDADE – PRECATÓRIOS – ART. 19 DA LEI NACIONAL 11.033, DE 21 DE DEZEMBRO DE 2004 – AFRONTA AOS ARTS. 5º,

Ainda há as Súmulas 70[31] 323[32] e 547[33] editadas pelo STF justamente por ter esse Tribunal consolidado o seu repúdio às medidas retaliativas do Fisco contra o particular com o único intuito de arrecadar e que, mesmo de forma indireta, afetam o livre exercício de atividade profissional lícita.

Sem dúvida que os casos já analisados pelo STF não se referem diretamente à exigência de CND como condição para o processamento da recuperação judicial, porém, o raciocínio

---

INC. XXXVI, E 100 DA CONSTITUIÇÃO DA REPÚBLICA. 1. O art. 19 da Lei n. 11.033/04 impõe condições para o levantamento dos valores do precatório devido pela Fazenda Pública. 2. A norma infraconstitucional estatuiu condição para a satisfação do direito do jurisdicionado – constitucionalmente garantido – que não se contém na norma fundamental da República. 3. A matéria relativa a precatórios não chama a atuação do legislador infraconstitucional, menos ainda para impor restrições que não se coadunam com o direito à efetividade da jurisdição e o respeito à coisa julgada. 4. O condicionamento do levantamento do que é devido por força de decisão judicial ou de autorização para o depósito em conta bancária de valores decorrentes de precatório judicial, estabelecido pela norma questionada, agrava o que vem estatuído como dever da Fazenda Pública em face de obrigação que se tenha reconhecido judicialmente em razão e nas condições estabelecidas pelo Poder Judiciário, não se mesclando, confundindo ou, menos ainda, frustrando pela existência paralela de débitos de outra fonte e natureza que, eventualmente, o jurisdicionado tenha com a Fazenda Pública. 5. Entendimento contrário avilta o princípio da separação de poderes e, a um só tempo, restringe o vigor e a eficácia das decisões judiciais ou da satisfação a elas devida. 6. Os requisitos definidos para a satisfação dos precatórios somente podem ser fixados pela Constituição, a saber: a requisição do pagamento pelo Presidente do Tribunal que tenha proferido a decisão; a inclusão, no orçamento das entidades políticas, das verbas necessárias ao pagamento de precatórios apresentados até 1º de julho de cada ano; o pagamento atualizado até o final do exercício seguinte ao da apresentação dos precatórios, observada a ordem cronológica de sua apresentação. 7. A determinação de condicionantes e requisitos para o levantamento ou a autorização para depósito em conta bancária de valores decorrentes de precatórios judiciais, que não aqueles constantes de norma constitucional, ofende os princípios da garantia da jurisdição efetiva (art. 5º, inc. XXXVI) e o art. 100 e seus incisos, não podendo ser tida como válida a norma que, ao fixar novos requisitos, embaraça o levantamento dos precatórios. 8. Ação Direta de Inconstitucionalidade julgada procedente. (ADI 3453, Relator(a): Min. Cármen Lúcia, Tribunal Pleno, j. 30.11.2006, *DJ* 16.03.2007, pp-00020 Ement vol-02268-02, pp-00304 *RTJ* Vol-00200-01, pp-00070 *RT* v. 96, n. 861, 2007, p. 85-95 *RDDT* n. 140, 2007, p. 171-179 RDDP n. 50, 2007, p. 135-144).

31. Súmula 70 do STF. É inadmissível a interdição de estabelecimento como meio coercitivo para cobrança de tributo.

32. 323 do STF. É inadmissível a apreensão de mercadorias como meio coercitivo para pagamento de tributos.

33. 547 do STF. Não é lícito à autoridade proibir que o contribuinte em débito adquira estampilhas, despache mercadorias nas alfândegas e exerça suas atividades profissionais.

desenvolvido nesses julgados em tudo se aplica à hipótese sob comento, pois, impor a certidão de regularidade fiscal como condição para o processamento e o deferimento da recuperação judicial não só (i) inviabiliza a continuidade e o desenvolvimento da atividade profissional lícita que, consoante a regra do parágrafo único do art. 170 da Constituição Federal é livre e independe de condições, como (ii) estabelece verdadeira condição para o acesso à jurisdição, (iii) rompe a ordem de preferência no pagamento dos créditos da empresa em recuperação, já que o crédito tributário está em "quarto lugar"[34] e (iv) altera o próprio plano de recuperação judicial.[35]

Como bem relembra Adriano Pinto:

> Na verdade, hoje, o maior instrumento de sanção política como forma de cobrar tributos é a certidão negativa de débitos fiscais, operacionalizada em detrimento de todas as garantias constitucionais, inclusive ao direito de propriedade (CF/88, art. 5º, XXII), ao chamado "devido processo legal" (CF/88, art. 5º, LV), a liberdade do exercício das profissões CF/88, art. 5º, XIII) e a liberdade de qualquer atividade econômica (CF/88, art. 170).[36]

Assim, forçoso reconhecer que a exigência da certidão de regularidade fiscal da empresa como condição para o processamento e deferimento da sua recuperação judicial é irrazoável e desproporcional à garantia constitucional do livre exercício da atividade econômica lícita e ao direito de seu soerguimento quando está em crise financeira e econômica, nos termos da Lei federal 11.101/2005.

---

34. Mais informações sobre a ordem de preferência no pagamento dos créditos da empresa em recuperação judicial, reportamo-nos ao artigo "A Recuperação Judicial e seu impacto em relação às Execuções Fiscais".

35. Reconhece Luiz Antonio Caldeira Miretti, que a exigência da CND é manifestamente incompatível com o cumprimento da recuperação judicial. – *Os créditos tributários no processo de recuperação de empresas e de falência. In Comentários à nova lei de falência e recuperação de empresas* – Doutrina e Prática. 2ª ed. São Paulo: Quartier Latin, 2007, p. 297.

36. *Certidões Negativas e Direitos Fundamentais do Contribuinte. In* MACHADO, Hugo de Brito. *Certidões Negativas e Direitos Fundamentais dos Contribuintes.* 1ª ed. São Paulo: Dialética, 2007, p. 19.

6. A exigência de certidão de regularidade fiscal como condição para acesso à jurisdição

Na atual ordem jurídica brasileira, a solução de conflitos de interesse foi colocada nas mãos do Poder Judiciário, longa *manus* do Estado, a quem incumbe o dever de prestar a tutela jurisdicional entregando a um (no mínimo) dos sujeitos que contende o direito que entende aplicável ao caso concreto.

Contraponto esse dever do Estado, exercido pelo Poder Judiciário, está o direito de ação que, em nosso ordenamento vem previsto no texto Constitucional, no inciso XXXV de seu art. 5º:

> Art. 5º [...]
>
> XXXV – a lei não excluirá da apreciação do Poder Judiciário lesão ou ameaça a direito;
>
> [...]

O direito de ação, outorgado ao sujeito que afirma ter um direito subjetivo violado, compreende a permissão constitucional de acionamento do sujeito que tem o correlato dever (Estado-Juiz) de solucionar o conflito de interesses posto pela via da petição inicial,[37] independentemente da conclusão ser favorável ou não ao proponente da medida judicial.

Sobre o conceito de direito de ação, preleciona Paulo Cesar Conrado:[38]

> ao se impor a jurisdição como sistema de composição de conflitos, necessário que se garanta o acesso dos jurisdicionados aos órgãos responsáveis por aquela atividade.

---

37. Petição inicial é a linguagem que o direito reputa competente para retirar o poder jurisdicional da sua condição de inércia e exercer sua função compositiva do conflito de interesses.

38. *In* Introdução à Teoria Geral do Processo Civil. 1ª ed, São Paulo: Max Limonad, 2000, p. 152.

> E é justamente daí que retiramos a noção básica do direito de ação: falamos em última instância, do direito de acessar o Estado-juiz, para dele cobrar o exercício da função jurisdicional, para dele cobrar, enfim, o fornecimento de uma decisão que componha um certo conflito de interesses.

Na mesma linha afirma Rodrigo Dalla Pria:[39]

> se jurisdição é o dever estatal caracterizado pela atividade de composição de conflitos substanciais, exercida por meio da produção de normas individuais e concretas (tutelas jurisdicionais), sendo este seu objeto, por ação só se pode designar o direito subjetivo de exigir o cumprimento deste dever.

Pelo conteúdo do art. 191-A do CTN, a exigência da certidão de regularidade fiscal é condição específica para o processamento da recuperação judicial, documento sem o qual restará inviabilizado o acesso ao Poder Judiciário e, indiretamente, ao próprio direito à recuperação judicial.

A incompatibilidade desse dispositivo com o inciso XXXV do art. 5º do texto Constitucional é evidente, pois, ele assegura como garantia constitucional o princípio da inafastabilidade à jurisdição (ou princípio do livre acesso ao Judiciário), operacionalizado via direito de ação, segundo o qual qualquer tentativa normativa de limitação ao acesso à Justiça deve ser reconhecida como inconstitucional.[40]

Esse artigo da Constituição Federal é um comando com função proibitiva ao legislador (mas, não só a ele, ao aplicador também), o qual está impedido de elaborar Leis que impeçam ou restrinjam o acesso ao Poder Judiciário.[41]

---

39. O Direito ao Processo. *In* CONRADO, Paulo Cesar. *Processo tributário analítico.* 1ª ed. São Paulo: Noeses, 2011, p. 43.

40. Como muito bem apontado por Zaiden Geraige Neto: "Infere-se deste comando que lei alguma poderá autoprevenir-se contra a apreciação do Poder Judiciário no que respeita à sua constitucionalidade, jamais podendo conter o seu texto previsão de sua intangibilidade pelos jurisdicionados perante o órgão judicante." – *In O Princípio da inafastabilidade do controle jurisdicional* – Art. 5º, inciso XXXV, da Constituição Federal. 1ª ed. São Paulo: Ed. RT, 2003, p. 34.

41. Neste sentido afirma Nelson Nery Júnior: "não pode o legislador e ninguém mais

Sobre a impossibilidade de serem criados óbices infraconstitucionais ao acesso ao Poder Judiciário, merecem ser lembradas as discussões do STF que culminaram na edição da Súmula Vinculante 28,[42] pois, nesta ocasião, ao dar interpretação conforme o texto constitucional do dispositivo de Lei federal, que condicionava o acesso à jurisdição ao prévio depósito judicial do valor do crédito tributário, os Ministros daquele Tribunal deixaram bem claro que o espírito da decisão foi exatamente o de *"evitar que se coloque obstáculos ao acesso à Justiça"*,[43] tendo em vista o princípio da inafastabilidade da jurisdição.

É visível que o mencionado art. 191-A do CTN não se coaduna com o princípio do livre acesso ao Poder Judiciário (ou da inafastabilidade da jurisdição, como preferir), uma vez que configura verdadeira restrição ao direito de acionamento da tutela jurisdicional objetivando a recuperação judicial assegurada pela Lei federal 11.101/2005.

Ora, pelo Código Tributário Nacional, sem a certidão de regularidade fiscal, a empresa não tem direito à recuperação, de modo que se está diante de manifesta restrição do acesso ao Judiciário por aquelas empresas que objetivem o seu soerguimento econômico e financeiro, quiçá, trata-se de uma regra que inviabiliza a própria pretensão de recuperação.

Ressaltam Aristóteles de Queiroz Câmara, Deborah Sales e Tiago Asfor Rocha Lima, em artigo elaborado em conjunto, sobre a imposição contida no art. 191-A do CTN, que:

> essa exigência foi um ponto falho da nova legislação, porque ignorou que a alta carga tributária vigente no País é uma das principais causas para que se instaure na empresa o estado de crise econômico-financeira que a leva a requerer a recuperação judicial.

---

impedir que o jurisdicionado vá a juízo deduzir pretensão." – *in Princípios do processo civil na Constituição Federal.* 5ª e., 2ª tiragem. São Paulo: Ed. RT, 1999, p. 92.

42. "É inconstitucional a exigência de depósito prévio como requisito de admissibilidade de ação judicial na qual se pretenda discutir a exigibilidade de crédito tributário."

43. Manifestação do Ministro Ricardo Levandowski.

> Assim, exigir a adimplência das obrigações fiscais da empresa como pressuposto para o deferimento da recuperação judicial é evidente contrassenso às finalidades para os quais foi o benefício instituído.[44]

Ou como destaca Ítalo Farias Pontes, "a exigência da certidão negativa, para a concessão de recuperação judicial, esvazia a finalidade da lei."[45]

7. A superioridade hierárquica do art. 191-A do CTN seria argumento plausível para justificar a exigência de certidão de regularidade fiscal como condição para o processamento da recuperação judicial?

Até aqui foi demonstrada a inconstitucionalidade da exigência contida no art. 191-A do CTN, porém, enquanto não houver sua revogação ou sua declaração de inconstitucionalide ela poderá ser aplicada.

Um argumento que é invocado pela Fazenda Pública para justificar a necessidade de exigência da CND como condição para o processamento e o deferimento da recuperação judicial é o, aparente, *status* hierárquico desse artigo em relação ao art. 51 da Lei federal 11.101/2005, afinal de contas o art. 191-A foi introduzido via Lei Complementar e está estampado no CTN, que foi recepcionado pela CF/88 como Lei Complementar.

Entretanto, não é bem assim, de modo que neste item será apresentada a *resposta*, que, adianta-se, é *não*, à *pergunta* que é feita em seu título.

---

44. "Certidões negativas e direitos fundamentais do contribuinte". *In* MACHADO, Hugo de Brito. *Certidões negativas e direitos fundamentais dos contribuintes.* 1ª ed. São Paulo: Dialética, 2007, p. 153.

45. "Certidões negativas e direitos fundamentais do contribuinte". *In* MACHADO, Hugo de Brito. *Certidões negativas e direitos fundamentais dos contribuintes.* 1ª ed. São Paulo: Dialética, 2007, p. 384.

A ordem jurídica não é um sistema de normas jurídicas ordenadas no mesmo plano, situadas uma ao lado das outras, mas é uma construção escalonada de diferentes camadas ou níveis de normas jurídicas". É a estrutura piramidal do ordenamento jurídico proposta por Hans Kelsen, em que uma norma inferior encontra seu fundamento de validade em outra que lhe é hierarquicamente superior, estando no ápice dessa pirâmide o texto Constitucional.[46]

Em função desse princípio basilar do sistema jurídico, constantemente se afirma que a regra posta pelo Código Tributário Nacional limita o conteúdo da Lei Ordinária em relação à matéria que é tratada por ambos instrumentos normativos, tendo em vista a superioridade hierárquica da Lei Complementar em relação à Lei Ordinária (para o assunto tratado neste artigo, no exclusivo contexto do processo de recuperação judicial). Assim, se o conteúdo da Lei Complementar e da Lei Ordinária diferem, em função do princípio da hierarquia das leis que rege o ordenamento jurídico, é a disposição da Lei Complementar que deve prevalecer.

Essa hierarquia da Lei Complementar decorreria de seu processo legislativo de produção diferenciado, uma vez que exige votação da maioria absoluta dos membros das duas Casas Legislativas (Câmara dos Deputados e Senado Federal) para se aprovar o projeto de Lei complementar, à luz do que prescreve o art. 69[47] da CF/88, enquanto a Lei Ordinária exige *quórum* simples (art. 47[48] da CF/88).

O raciocínio desenvolvido pela Fazenda Pública é resumidamente o seguinte: pelos termos do CTN, a apresentação da CND é condição para o processamento da recuperação judicial (art. 191-A do CTN) porque se trata de Lei Complementar e, sendo assim, deve prevalecer sobre a disposição de Lei Ordinária (art. 51 da Lei federal 11.101/2005).

---

46. KELSEN, Hans. *In Teoria pura do direito*. 4ª ez. Coimbra: Arménio Amado, 1979, p. 310.

47. Art. 69. As leis complementares serão aprovadas por maioria absoluta.

48. Art. 47. Salvo disposição constitucional em contrário, as deliberações de cada Casa e de suas Comissões serão tomadas por maioria dos votos, presente a maioria absoluta de seus membros.

Contudo, para rebater a tese fazendária, sobre essa questão da hierarquia do CTN, começamos com as lições de Gabriel Ivo:[49]

> a hierarquia não é determinada, simplesmente, por meio do instrumento introdutor de normas. As normas de estrutura são as que determinam qual instrumento introdutor é competente para veicular enunciado prescritivo com um específico conteúdo. O enunciado-enunciado, que deveria ser veiculado por um instrumento introdutor de inferior hierarquia, em face do seu fundamento de validade previsto na Constituição, não muda de *status* hierárquico por ter sido expressado por um instrumento introdutor de superior hierarquia.

Desta forma, muito embora o art. 191-A do CTN tenha sido introduzido formalmente no ordenamento jurídico pela porta de entrada da Lei Complementar, ele preceitua condição para o processamento da recuperação judicial, portanto, regra da ordem do direito processual, e não regra sobre a relação material tributária. É disposição de conteúdo do art. 22, I,[50] da CF/88, de modo que poderia ter sido veiculada por Lei Ordinária.

As leis complementares no ordenamento jurídico vigente distinguem-se das leis ordinárias pela conjugação do seu aspecto formal e material,[51] (i) o formal,[52] está atrelado à neces-

---

49. IVO, Gabriel. A produção abstrata de enunciados prescritivos. *In* Santi, Eurico Marcos Diniz de. *Curso de especialização em direito tributário:* estudos analíticos em homenagem a Paulo de Barros Carvalhos. 1ª ed, Rio de Janeiro: Forense, 2005.

50. Art. 22. Compete privativamente à União legislar sobre:
I – direito civil, comercial, penal, processual, eleitoral, agrário, marítimo, aeronáutico, espacial e do trabalho;
[...].

51. No mesmo sentido, afirma Alexandre de Moraes: "a lei complementar se diferencia da lei ordinária em dois aspectos: o material e o formal. São duas as diferenças entre lei complementar e lei ordinária. A primeira é material, uma vez que somente poderá ser objeto de lei complementar a matéria taxativamente prevista na Constituição Federal, enquanto todas as demais matérias deverão ser objeto de lei ordinária. Assim, a Constituição Federal reserva determinadas matérias cuja regulamentação, obrigatoriamente, será realizada por meio de lei complementar. A segunda é formal, e diz respeito ao processo legislativo, na fase de votação. Enquanto o quórum *(sic)* para aprovação da lei ordinária é de maioria simples (art. 47), o quórum *(sic)* para aprovação da lei complementar é de maioria absoluta (art. 69), (...)." – *In Direito constitucional.* 14ª ed, São Paulo: Atlas, 2003, p. 548.

52. Veja-se precedente do STF que confirma a assertiva de que a forma é elemento

sidade de *quorum* qualificado para sua aprovação (art. 69 da CF/1988) e (ii) o material,[53] refere-se ao assunto que deve dispor, tendo em vista determinação constitucional. É a Constituição Federal, portanto, que "prescreve que as disposições sobre tais e quais matérias devem ser inseridas no sistema por meio de lei complementar".[54-55]

Isso significa que o art. 191-A do CTN trata de matéria de Lei Ordinária, uma vez que não trata de conflito de competência, não regula limitação constitucional ao poder de tributar e nem estabelece norma geral em matéria de legislação tributária relativa às situações prescritas alíneas do inciso III do art. 146 da CF/1988, ou seja, a matéria que tal artigo versa não foi reservada pela Constituição a Lei Complementar, por isso tem conteúdo de Lei Ordinária, assumindo o mesmo *status* hierárquico das disposições da Lei de Recuperação de Empresas e Falência, a qual em seu art. 51 não impõe a CND

---

distintivo da Lei Complementar:
MINISTÉRIO PÚBLICO DO ESTADO DE SANTA CATARINA - ANTES DA EMENDA CONSTITUCIONAL N. 7 DE 1977, A ORGANIZAÇÃO DO MINISTÉRIO PÚBLICO ERA PREVISTA EM LEI ORDINÁRIA - SÓ EM VIRTUDE DA DISPOSIÇÃO DO PARÁGRAFO ÚNICO ACRESCENTADO AO ART. 96 DA CONSTITUIÇÃO FEDERAL, A LEI ORGÂNICA DA INSTITUIÇÃO ASCENDEU À HIERARQUIA DE LEI COMPLEMENTAR, SÓ PODENDO SER ALTERADA OU REVOGADA POR OUTRA LEI COMPLEMENTAR. NORMAS DE LEI ORDINÁRIA ATINENTES À REMUNERAÇÃO, PODEM SER REVOGADAS POR LEI DA MESMA HIERARQUIA RECURSO CONHECIDO E PROVIDO, EM PARTE. (RE 103.184/SC, 2ª T., Rel. Min. Carlos Madeira, *DJ* 18.04.1986)

53. Veja-se precedentes do ADComplementar:
Ação rescisória. Decisão proferida nos autos do Agravo de Instrumento n.º 101.740-6/RJ. Demanda sobre litígio decorrente de relação estatutária de serviço público civil. 2. O conteúdo da lei complementar não é arbitrário, mas a própria Lei Maior prevê as hipóteses em que a disciplina se dará por essa via legislativa. Não é a lei complementar instrumento legislativo formalmente adequado no que concerne à fixação de vencimentos dos servidores públicos. 3. Não é de ver, na decisão rescindenda, julgado a ferir o art. 485, V, do CPC/73. 4. Ação rescisória improcedente." (AR 1.264/RJ, Tribunal Pleno, Rel. Min. Néri da Silveira, *DJ* 31.05.2002)

54. CARVALHO, Aurora Tomazini de. *Curso de teoria geral do direito*. 1ª ed.. São Paulo: Noeses, 2009, p. 661.

55. O STF reconheceu isso no julgamento do RE 419629 em que foi discutida se a revogação da isenção da COFINS das sociedades uniprofissionais por Lei Ordinária era inválida, tendo em vista que tal isenção foi instituída por Lei Complementar.

como um dos documentos que deve instruir a petição inicial da recuperação judicial.

Na Lei federal 11.101/2005, a regularidade fiscal do devedor e o documento que a comprove não são condições para o processamento da recuperação da empresa e nem para o seu deferimento.

Aqui está o problema, pois, o art. 191-A do CTN e o art. 51 da Lei de Recuperação de Empresas e Falência dispõem sobre o mesmo assunto, mas, os respectivos comandos estão em sentido diametralmente opostos, permitindo identificar uma contradição entre as duas regras, a qual, contudo, não pode ser remediada pelos recursos tradicionais de solução de conflito entre normas (hierarquia, especialidade e posteridade), como será demonstrado a seguir.

Como ambos dispositivos têm conteúdo material de Lei Ordinária estão no mesmo patamar hierárquico no ordenamento jurídico, de modo que o recurso à hierarquia não solve o problema; e, ainda, como a Lei Complementar 118/2005 que inseriu o art. 191-A no CTN e a Lei federal 11.101/2005 foram publicadas no mesmo dia (*Diário Oficial* de 09.02.2005 – edição extra), é impossível aplicar a temporalidade de publicação da lei, também, como critério para solução do conflito apontado.

Quanto à especialidade, a antinomia segue a mesma sorte (ou azar), pois ambas são Leis especiais, uma ao tratar da relação processual tributária (CTN) e a outra da relação material e processual na recuperação judicial (Lei federal 11.101/2005).

Então, para esse impasse, a melhor opção é recorrer à teoria do "diálogo das fontes",[56] por meio do qual se apura "o

56. A expressão "fontes" utilizada pela teoria do diálogo das fontes não assume o mesmo conteúdo de significação daquela adotada pela linha de pesquisa seguida pelo Professor Paulo de Barros Carvalho, para quem fontes do direito são "os focos ejetores de regras jurídicas, isto é, os órgãos habilitados pelo sistema para produzirem normas, numa organização escalonada, bem como a própria atividade desenvolvida por esses entes, tendo em vista a criação de normas" (*in Curso de Direito Tribu-*

núcleo essencial que caracteriza e qualifica o bem jurídico, objeto da controvérsia, e, ato contínuo, mediante uma análise sistemática, finalística, contextual (e não apenas textual), seja verificado qual norma jurídica melhor atende ao conteúdo, que concretiza e materializa a finalidade desse bem jurídico".[57]

Consoante Claudia Lima Marques:

> Aceite-se ou não a pós-modernidade, a verdade é que, na sociedade complexa atual, com a descodificação, a tópica e a microrrecodificação (como a do CDC) trazendo uma forte pluralidade de leis ou fontes, a doutrina atualizada está à procura de uma harmonia ou coordenação entre estas diversas normas do ordenamento jurídico (concebido como sistema). É a denominada "coerência derivada ou restaurada" ("cohérence dérivée ou restaurée"), que procura uma eficiência não só hierárquica, mas funcional do sistema plural e complexo de nosso direito contemporâneo. [...]
>
> Há mais convivência de leis com campos de aplicação diferentes, do que exclusão e clareza. Seus campos de aplicação, por vezes, são convergentes e, em geral diferentes, mas convivem e coexistem em um mesmo sistema jurídico que deve ser ressistematizado. O desafio é este, aplicar as fontes em diálogo de forma justa, em um sistema de direito privado plural, fluido, mutável e complexo.[58]

Para evitar que a possibilidade de recuperação das empresas seja arruinada pelo exacerbado protecionismo da previsão contida no art. 191-A em comento, permitindo-se a aplicação "simultânea, coerente e coordenada das plúrimas fontes legislativas convergentes com finalidade de proteção efetiva",

---

tário. 22 ed. São Paulo: Saraiva, 2010, p. 79). "Fontes" para a teoria em comento corresponde ao veículo introdutor de regras jurídicas, ou seja, Lei em sentido lato.

57. VIANNA, José Ricardo Alvarez. "A teoria do diálogo das fontes". Jus Navigandi, Teresina, ano 16, n. 2755, 16 jan. 2011. Disponível em: <https://goo.gl/62NzBg>. Acesso em: 25 out. 2016.

58. Superação das Antinomias pelo Diálogo das Fontes: "O Modelo Brasileiro de Coexistência entre o Código de Defesa do Consumidor e o Código Civil de 2002". *Revista da Escola Superior da Magistratura de Sergipe*, n. 07. 2004 – Disponível em: <https://goo.gl/th43iq>. Acesso em: 25 out. 2016.

reputa-se que a exigência da CND somente tem cabimento se houver lei que regule o parcelamento do débito tributário e que as disposições de tal lei permitam o desiderato da Lei federal 11.101/2005 que é a recuperação das empresas.[59]

A edição da Lei para "cumprir tabela", sem a mínima preocupação com a condição especialíssima da empresa em recuperação judicial, sem disposições que efetivamente possibilitem a adesão ao parcelamento, não passa de uma "pseudo" lei, um "tapa-buraco" que não cumpre o objetivo de dar efetividade ao projeto da referida Lei federal 11.101/2005, açoitando seu princípio nuclear, o da preservação da empresa.

Admitir-se o contrário, acatando-se a aplicação literal do art. 191-A do CTN (e de uma Lei de parcelamento inócua) restaria totalmente inviabilizada a possibilidade de recuperação judicial das empresas, o que não se pode cogitar diante dos auspiciosos e progressistas valores emplacados no momento histórico de produção da Lei de Recuperação de Empresas e Falência, os quais são muito bem apontados por José da Silva Pacheco, para quem essa lei está "fundada nos princípios constitucionais de valorização do trabalho humano e da livre iniciativa, de garantir o desenvolvimento nacional e promover o bem de todos".[60]

A partir do raciocínio exposto, pode-se dizer que, numa hipótese em que existam regras tributárias e regras decorrentes da legislação de recuperação judicial incidindo, em princípio, com igual força, a teor do que dispõem os arts. 1º, IV, 3º II e 170, parágrafo único, todos da CF/88, a solução deve ser aquela que melhor represente as aspirações constitucionais, significa dizer *in casu*: a prevalência da regra que autoriza a recuperação judicial da empresa em crise econômica e financeira em detrimento da cobrança do crédito tributário. "Aqui, pois, a essência do Diálogo das Fontes, a tutela eficaz e efetiva do

59. *Idem.*

60. *Processo de Recuperação Judicial, Extrajudicial e Falência.* 2ª ed. Rio de Janeiro: Forense, 2007, p. 113.

bem jurídico em simetria com os postulados Constitucionais, mesmo que isso, aos menos desavisados, possa contrariar, por exemplo, o princípio da especialidade. Não contraria; implementa-o, embora não nos moldes clássicos".[61]

Então, não há que se impor a exigência do art. 191-A do CTN à empresa em recuperação judicial, até que a lei prevendo o parcelamento especial do art. 68 e §7º do art. 6º, ambos da Lei de Recuperação de Empresas e Falência sejam capazes de permitir a recuperação da empresa.

Há sim que se temperar o conteúdo semântico desse art. 191-A com valor que assume *status* hierárquico superior à sua literalidade e que está positivado no art. 47 da Lei federal 11.101/2005, do qual irradiam as significações das demais regras que estejam atreladas com a recuperação judicial das empresas, inclusive as de natureza material e processual tributária.

8. Análise do caso concreto: resposta às questões propostas

a) *Pela Lei de Recuperação Judicial e Falência, a apresentação de certidão de quitação de tributos de todas as esferas políticas (federal, estadual e municipal) é condição para o processamento da Recuperação Judicial?*

A resposta a essa pergunta é negativa. Nos termos da Lei de Recuperação Judicial, a certidão de regularidade fiscal não é documento que deve instruir a petição inicial por meio do qual a empresa requer a sua recuperação, tal exigência está prevista no Código Tributário Nacional.

61. VIANNA, José Ricardo Alvarez. "A teoria do diálogo das fontes". *Jus Navigandi*, Teresina, ano 16, n. 2755, 16 jan. 2011. Disponível em: <https://goo.gl/62NzBg>. Acesso em: 25 out 2016.

b) Há conflito entre o conteúdo de disposições normativas da Lei de Recuperação Judicial e Falência e o art. 191-A do CTN? Qual disposição deve prevalecer?

Sim, há conflito entre a regra do Código Tributário Nacional e a da Lei de Recuperação Judicial que, em direito, chama-se antinomia. Entretanto, adotando-se a proposta de solução de antinomias do "diálogo das fontes", por força do princípio da preservação da empresa, insculpido no art. 47 da Lei federal 11.101/2005, e dos fins sociais pretendidos por tal legislação, a regra do CTN sede passo à da Lei de Recuperação, de modo que deve prevalecer o art. 51 dessa última.

A Corte Especial do Superior Tribunal de Justiça manifestou-se pela impossibilidade de exigência da certidão de regularidade fiscal como condição para o processamento e deferimento do plano de recuperação judicial, tendo sido afirmado no acórdão ali proferido:

> [...] 3. Analisando a questão pelo ângulo do direito concursal, penso que a solução para o caso concreto deve observar que, no caso da recuperação judicial da empresa, esta não pode ser observada a partir da amesquinhada visão de que o instituto visa a proteger os interesses do empresário, em detrimento de outros não menos legítimos. Na verdade, o valor primordial a ser protegido é o da ordem econômica, bastando analisar com mais vagar os meios de recuperação da empresa legalmente previstos (como, por exemplo, os incisos III, IV, V, XIII e XIV do art. 50 da LRF), para se perceber que, em alguns casos, é exatamente o interesse individual do empresário que é sacrificado, em deferência da preservação da empresa como unidade econômica de inegável utilidade social. Cumpre sublinhar também que, em se tratando de recuperação judicial, a nova Lei de Falências traz uma norma-programa de densa carga principiológica, constituindo a lente pela qual devem ser interpretados os demais dispositivos. Refiro-me ao art. 47, que serve como um norte a guiar a operacionalidade da recuperação judicial, sempre com vistas ao desígnio do instituto, que é "viabilizar a superação da situação de crise econômico-financeira do devedor, a fim de permitir a manutenção da fonte produtora, do emprego dos trabalhadores e dos interesses dos credores, promovendo, assim, a preservação da empresa, sua função social e o estímulo à atividade econômica".

Com feito, a hermenêutica conferida à Lei n. 11.101/05, no particular relativo à recuperação judicial, deve sempre se manter fiel aos propósitos do diploma. Vale dizer, em outras palavras, nenhuma interpretação pode ser aceita se dela resulta circunstância que – além de não fomentar – inviabilize a superação da crise empresarial, com consequências perniciosas ao objetivo de preservação da empresa economicamente viável, à manutenção da fonte produtora e dos postos de trabalho, além de não atender a nenhum interesse legítimo dos credores.

Por essa ótica, como já se percebe, a interpretação literal do art. 57 da LRF e do art. 191-A do CTN inviabiliza toda e qualquer recuperação judicial, e conduz ao sepultamento por completo do novo instituto.

Isso porque, em regra, com a forte carga de tributos que caracteriza o modelo econômico brasileiro, é de se presumir que a empresa em crise possua elevado passivo tributário, quando não a verdadeira causa da deblaque. Assim, a exigência peremptória de regularidade fiscal dificulta, ou melhor, impede, o benfazejo procedimento da recuperação judicial, o que não satisfaz o interesse nem da empresa nem dos credores, incluindo aí o Fisco, uma vez que é somente com a manutenção da empresa economicamente viável que se realiza a arrecadação, seja com repasse tributário direto da pessoa jurídica à Fazenda Pública, seja indiretamente, como, por exemplo, por intermédio dos tributos pagos pelos trabalhadores e das demais fontes de riquezas que orbitam uma empresa em atividade. [...] (REsp 1187404/MT, Rel. Ministro Luis Felipe Salomão, Corte Especial, j. 19.06.2013, *DJe* 21.08.2013).

A RECLAMAÇÃO CONSTITUCIONAL COMO INSTRUMENTO DE INTERVENÇÃO DE TERCEIROS NOS PRECEDENTES GENERALIZADORES (JULGADOS EM SEDE DE REPERCUSSÃO GERAL E RECURSOS REPRESENTATIVOS DE CONTROVÉRSIA)

Leandro Martinho Leite[1]

Sumário: 1. Introdução – 2. Delimitação do objeto de estudo e metodologia – 3. O processo de generalização do entendimento jurisprudencial – 4. A Repercussão Geral e os Recursos Representativos de Controvérsia como instrumentos de generalização e os limites constitucionais de competência pelas Cortes Superiores – 5. Da Reclamação Constitucional e sua aplicabilidade como elemento limitador da competência na edição de precedentes jurisprudenciais generalizadores – 6. Conclusão.

1. Introdução

O atual sistema jurisdicional brasileiro, tal como idealizado, tem como diretriz básica a individualidade dos casos e a liberdade para que os órgãos jurisdicionais, fundados exclusivamente na lei e no convencimento próprio, julgassem os casos que lhe fossem submetidos, exteriorizando a solução

---

1. Especialista em Direito Tributário pelo COGEAE/PUC/SP, Mestrando em Direito Tributário pela PUC/SP, Advogado.

que melhor entendessem para as lides, de forma independente dos demais órgãos integrantes do mesmo Poder.

Contudo, a natural evolução desse sistema, com uma demanda cada vez maior em proporção aos recursos disponíveis, caminhou para o desenvolvimento de mecanismos que modificam radicalmente essa premissa.

De um sistema em que vigia o princípio do livre convencimento do Poder Judiciário, que estava adstrito apenas à observância das normas editadas pelo Poder Constituinte e pelo Poder Legislativo, migra-se agora para um sistema em que a interpretação tarifada por outros órgãos do próprio Poder Judiciário tende a se tornar a regra.

A criação de precedentes generalizadores, dos quais atualmente se destacam as Súmulas Vinculantes e o mecanismo da Repercussão Geral no âmbito do Supremo Tribunal Federal, e os Recursos Representativos de Controvérsia no âmbito do Superior Tribunal de Justiça, alteraram, de formal brutal, o exercício da atividade do Poder Judiciário.

Ou seja, o Poder Judiciário passa, ainda que em caráter de subordinação à lei (direito codificado), à função de editar normas de caráter geral e abstrato, que passarão a direcionar e vincular, não apenas o entendimento dos demais órgãos jurisdicionais, mas até mesmo dos órgãos da administração pública. Trata-se do que Diego Diniz Ribeiro, autor do artigo "Coisa Julgada, Direito Judicial e Ação Rescisória em Matéria Tributária", publicado neste livro, denomina como *"direito jurisprudencial"*.

Tal mudança exige e ainda demandará profundas adaptações e reflexões a respeito do funcionamento de todo o sistema. Atenção especial merece a forma de atuação dos profissionais operadores do processo, especialmente em ramos do direito em que a multiplicidade de demandas é regra, como o direito tributário.

Passam os operadores do direito a terem que se preocupar, além da administração dos processos individuais e coletivos, com a forma de interação com os processos de terceiros submetidos ao julgamento generalizador, uma vez que o entendimento constante da decisão proferida deverá ser aplicado aos demais casos.

As decisões judiciais pelas Cortes Superiores, antes adstritas a solucionar conflitos de interesses de forma individual e concreta, quando proferidas em caráter generalizador, passam a exteriorizar, além de normas que regulam as disputas originalmente postas à apreciação, normas gerais e abstratas, de caráter vinculante (com maior ou menor grau de amplitude e rigidez), que servirão de baliza para posteriores decisões do Poder Judiciário.

Especialmente no Supremo Tribunal Federal, em que a Repercussão Geral já passou a figurar como "condição" para admissibilidade e julgamento dos Recursos Extraordinários,[2] todos os precedentes passam a conter tal natureza vinculante.

Considerando que uma infinidade de demandas são propostas concomitantemente, e que apenas uma ou algumas das manifestações postas pelas partes são analisadas no momento da formulação dos precedentes generalizadores, importantíssima à normatização, delimitação e estudo dos mecanismos que possibilitem aos jurisdicionados participarem da elaboração e correção da edição de tais precedentes.

Dentre os diversos mecanismos colocados pelo sistema à disposição dos jurisdicionados como formas de intervenção em tais precedentes, encontra-se a Reclamação Constitucional.[3]

---

2. Após a edição da Emenda Constitucional 45/2004, que incluiu o §3º ao art. 102 da Constituição Federal e a Lei 11.418/2006, acrescentando os arts. 543-A 543-B ao Código de Processo Civil de 1973, podemos admitir que todos os Recursos Extraordinários admitidos pelo Supremo Tribunal Federal, ao vincularem a admissibilidade de outros Recursos Extraordinários que versem sobre a mesma matéria, acabam, de certa forma, figurando como normas gerais e abstratas, uma vez que o respectivo entendimento é projetado e aplicado em cada caso posterior de análise de admissibilidade dos respectivos recursos.

3. Instrumento processual destinado a resguardar a competência e assegurar o cumprimento das decisões proferidas pelo Supremo Tribunal Federal e Superior

Dentre suas aplicações, a utilização da Reclamação Constitucional como mecanismo de resguardo da competência dos Tribunais Superiores adquire status de elevada importância.

No desenvolvimento deste estudo, será dado enfoque à utilização da Reclamação Constitucional como instrumento de intervenção de terceiros na delimitação do exercício da competência constitucionalmente atribuída ao Supremo Tribunal Federal e ao Superior Tribunal de Justiça, na exteriorização de precedentes generalizadores (julgados em sede de Repercussão Geral e Recursos Representativos de Controvérsia).

2. Delimitação do objeto de estudo e metodologia

O objeto do presente trabalho consiste na análise da utilização da Reclamação Constitucional como mecanismo de intervenção de terceiros na invocação dos limites a que estão adstritos os Tribunais Superiores na edição de precedentes generalizadores.

Tribunal de Justiça:
Art. 102. Compete ao Supremo Tribunal Federal, precipuamente, a guarda da Constituição, cabendo-lhe: I – processar e julgar, originariamente:
[...]
l) a reclamação para a preservação de sua competência e garantia da autoridade de suas decisões; [...]
Art. 103-A. [...]
[...]
§ 3º Do ato administrativo ou decisão judicial que contrariar a súmula aplicável ou que indevidamente a aplicar, caberá reclamação ao Supremo Tribunal Federal que, julgando-a procedente, anulará o ato administrativo ou cassará a decisão judicial reclamada, e determinará que outra seja proferida com ou sem a aplicação da súmula, conforme o caso.
Art. 105. Compete ao Superior Tribunal de Justiça:
I – processar e julgar, originariamente:
[...]
f) a reclamação para a preservação de sua competência e garantia da autoridade de suas decisões;
[...].

Após uma breve exposição a respeito da sistemática de generalização dos precedentes, e comparação de nosso sistema com o sistema da *common law*, passaremos à análise dos limites constitucionais ao exercício da competência pelos Tribunais Superiores, seguindo com a análise das hipóteses de cabimento Reclamação Constitucional, legitimidade e aplicabilidade na correção do exercício positivo e negativo da jurisdição.

Para desenvolvimento do estudo, utilizaremos o método analítico, com enfoque para a interpretação sintática das normas que instituem os instrumentos de criação dos precedentes jurisprudenciais generalizadores.

Como forma de direcionar o estudo e delimitar o objeto do trabalho, partiremos de duas questões processuais vinculadas a um mesmo debate jurídico, nas quais se verifica a aplicabilidade da Reclamação como forma de limitar, positiva e negativamente, a atuação dos Tribunais Superiores.

A questão jurídica que servirá de referência é a polêmica alteração do prazo prescricional para a repetição de tributos sujeitos à metodologia de constituição denominada "lançamento por homologação", trazida pela Lei Complementar 118/2005.[4]

Após longa e acalorada discussão, o Superior Tribunal de Justiça, em julgamento concluído no âmbito de sua Corte Especial,[5] e externado novamente em sede de julgamento de

4. Lei Complementar 118/2005:
Art. 3º Para efeito de interpretação do inciso I do art. 168 da Lei 5.172, de 25 de outubro de 1966 – Código Tributário Nacional, a extinção do crédito tributário ocorre, no caso de tributo sujeito a lançamento por homologação, no momento do pagamento antecipado de que trata o § 1º do art. 150 da referida Lei.
Art. 4º Esta Lei entra em vigor 120 (cento e vinte) dias após sua publicação, observado, quanto ao art. 3º, o disposto no art. 106, inciso I, da Lei 5.172, de 25 de outubro de 1966 – Código Tributário Nacional.

5. AI nos ERESP 644736/PE: Transcrição de parte do voto condutor: "[...] Admitir a aplicação do art. 3º da LC 118/2005, sobre os fatos passados, nomeadamente os que são objeto de demandas em juízo, seria consagrar verdadeira invasão, pelo Legislativo, da função jurisdicional, comprometendo a autonomia e a independência do

Recurso Representativo de Controvérsia pela 1ª Seção dessa Corte,[6] concluiu pela inconstitucionalidade da parte final do art. 4º da referida norma, que previa a aplicação retroativa da regra que alterou o prazo prescricional.

Referidos julgamentos exteriorizaram, além da inconstitucionalidade da alteração, a aplicação da regra de direito intertemporal já pacificada no âmbito do Superior Tribunal de Justiça no sentido de que, para os fatos jurídicos constituídos anteriormente à edição da norma, aplicar-se-ia o prazo previsto na lei anterior, limitado à propositura da ação dentro do prazo previsto pela nova legislação.

Poder Judiciário. Significaria, ademais, consagrar ofensa à cláusula constitucional que assegura, em face da lei nova, o direito adquirido, o ato jurídico perfeito e à coisa julgada. Portanto, o referido dispositivo, por ser inovador no plano das normas, somente pode ser aplicado legitimamente a situações que venham a ocorrer a partir da vigência da Lei Complementar 118/2005, que ocorreu 120 dias após a sua publicação (art. 4º), ou seja, no dia 09 de junho de 2005. Tratando-se de norma que reduz prazo de prescrição, cumpre observar, na sua aplicação, a regra clássica de direito intertemporal, afirmada na doutrina e na jurisprudência em situações dessa natureza: o termo inicial do novo prazo será o da data da vigência da lei que o estabelece, salvo se a prescrição (ou, se for o caso, a decadência), iniciada na vigência da lei antiga, vier a se completar, segundo a lei antiga, em menos tempo [...]."

6. Recurso Especial 1.002.932/SP: Trechos da Ementa: "3. [...] a Corte Especial declarou a inconstitucionalidade da expressão 'observado, quanto ao art. 3º, o disposto no art. 106, I, da Lei 5.172, de 25 de outubro de 1966 – Código Tributário Nacional', constante do art. 4º, segunda parte, da Lei Complementar 118/2005 [...]. 5. Consectariamente, em se tratando de pagamentos indevidos efetuados antes da entrada em vigor da LC 118/2005 (09.06.2005), o prazo prescricional para o contribuinte pleitear a restituição do indébito, nos casos dos tributos sujeitos a lançamento por homologação, continua observando a cognominada tese dos cinco mais cinco, desde que, na data da vigência da novel lei complementar, sobejem, no máximo, cinco anos da contagem do lapso temporal (regra que se coaduna com o disposto no art. 2.028, do Código Civil de 2002, segundo o qual: 'Serão os da lei anterior os prazos, quando reduzidos por este Código, e se, na data de sua entrada em vigor, já houver transcorrido mais da metade do tempo estabelecido na lei revogada'.)."
Decisão monocrática proferida nos autos do RE nos Embargos De Divergência em REsp 644.736 - PE: "No julgamento do RE 566.621/RS (Tribunal Pleno, Rel. Min. Ellen Gracie, *DJe* de 11.10.2011), submetido ao regime da repercussão geral, o e. Supremo Tribunal Federal reconheceu a inconstitucionalidade do art. 4º, segunda parte, da Lei Complementar 118/2005, considerando válida a aplicação do novo prazo de 5 (cinco) anos tão somente às ações ajuizadas após o decurso da vacatio legis de 120 dias, ou seja, a partir de 9 de junho de 2005 [...]. *In casu*, o v. acórdão recorrido está em conformidade com o entendimento firmado pela e. Corte Suprema, razão pela qual julgo prejudicado o recurso extraordinário, nos termos do art. 543-B, § 3º, do CPC/73 [...]".

Posteriormente a essa decisão, instado a se manifestar sobre a matéria, o Supremo Tribunal Federal, no julgamento do RE 566.621/RS,[7] confirmou a inconstitucionalidade da aplicação retroativa da alteração do prazo prescricional. Contudo, a Corte Constitucional foi além.

O Voto Condutor, de relatoria da Ministra Ellen Gracie, acompanhada por alguns dos Ministros nessa parte, sob o fundamento de necessidade de "*...definir o limite da inconstitucionalidade que se afasta...*", passou a se pronunciar sobre a interpretação da legislação federal, exteriorizando o entendimento a respeito da regra de direito intertemporal, aplicável aos prazos em curso, limitaria a aplicação do prazo previsto pela lei anterior apenas para as ações ajuizadas no período da *vacatio legis,*[8] (questão essa que, segundo o texto constitucional,[9] caberia ao Superior Tribunal de Justiça).

O Superior Tribunal de Justiça por sua vez, diante da pronúncia do Supremo Tribunal Federal quanto à interpretação da regra de direito intertemporal, apesar da existência de decisão da Corte Especial e Recurso julgado nos termos do art. 543-A, cedeu em seu entendimento, curvando-se ao posicionamento da Corte Constitucional.[10]

---

7. Disponível em: <https://goo.gl/gmCPLO>. Acesso em: 21 out. 2016.

8. Trecho do voto da Ministra Ellen Gracie no RE 566.621/RS: "Diante da inconstitucionalidade reconhecida, cabe, ainda, verificar a partir de quando e com que efeito o novo prazo pode ser validamente aplicado".

9. Constituição Federal, art. 105, inciso III, alínea "c".

10. REsp 1269570: "1. O acórdão proveniente da Corte Especial na AI nos Eresp 644.736/PE, Relator o Ministro Teori Albino Zavascki, *DJ* de 27.08.2007, e o recurso representativo da controvérsia REsp. n. 1.002.932/SP, Primeira Seção, Rel. Min. Luiz Fux, julgado em 25.11.2009, firmaram o entendimento no sentido de que o art. 3º da LC 118/2005 somente pode ter eficácia prospectiva, incidindo apenas sobre situações que venham a ocorrer a partir da sua vigência [...]

2. No entanto, o mesmo tema recebeu julgamento pelo STF no RE 566.621/RS, Plenário, Rel. Min. Ellen Gracie, julgado em 04.08.2011, onde foi fixado marco para a aplicação do regime novo de prazo prescricional levando-se em consideração a data do ajuizamento da ação (e não mais a data do pagamento) em confronto com a data da vigência da lei nova (09.06.2005).

3. Tendo a jurisprudência deste STJ sido construída em interpretação de princí-

Diante de tal contexto, surgem as questões processuais atinentes à legitimidade e aplicabilidade da Reclamação para correção na possível extrapolação ou julgamento aquém dos limites constitucionais ao exercício da jurisdição. As indagações que se pretendem responder são as seguintes:

a) Especificamente quanto à parte da decisão proferida pelo Supremo Tribunal Federal no RE 566.621/RS, que se pronuncia a respeito da regra de direito intertemporal aplicável à alteração do prazo prescricional, caberia Reclamação dirigida ao Superior Tribunal de Justiça, objetivando resguardar sua competência para pronunciamento a respeito da interpretação da legislação federal?

b) Especificamente quanto à decisão proferida pela 1ª Seção do Superior Tribunal de Justiça, que se curvou à decisão do Supremo Tribunal Federal quanto à manifestação a respeito da interpretação da legislação federal (relativa à regra de direito intertemporal aplicável para o caso de alteração do prazo prescricional), caberia Reclamação dirigida à Corte Especial do mesmo Tribunal, objetivando resguardar, de forma positiva, o exercício de sua competência constitucional?

c) Considerando que tanto a decisão proferida pelo Superior Tribunal de Justiça, quanto a proferida pelo Supremo Tribunal Federal, prospectam efeitos para além dos limites subjetivos das respectivas lides, qual o limite da legitimidade para propositura das Reclamações Constitucionais indicadas nas duas situações acima referenciadas?

Delimitada a metodologia e realizados os cortes ao objeto de estudo, passamos à análise dos pontos propostos.

---

pios constitucionais, urge inclinar-se esta Casa ao decidido pela Corte Suprema competente para dar a palavra final em temas de tal jaez, notadamente em havendo julgamento de mérito em repercussão geral (arts. 543-A e 543-B, do CPC/73). [...]

4. Superado o recurso representativo da controvérsia REsp. 1.002.932/SP, Primeira Seção, Rel. Min. Luiz Fux, julgado em 25.11.2009.

[**Nota do editorial**: os arts. 543-A e 543-B correspondem aos arts. 1.035 e 1.036 do CPC/2015.]

3. O processo de generalização do entendimento jurisprudencial

Dentro de sua função histórica e constitucional, tem o Poder Judiciário o *munus* básico de se pronunciar quando provocado pelos jurisdicionados, exercendo a função de dirimir conflitos de interesses mediante enunciados prescritivos de condutas.

Didaticamente, utiliza-se como método dividir a análise dos mecanismos de exercício da jurisdição pelos Tribunais Superiores com base na amplitude dos efeitos das decisões, podendo ser separados em mecanismos de exercício de jurisdição difusa ou concentrada, esta última exercida exclusivamente pelo Supremo Tribunal Federal.

Em linhas gerais, no exercício da jurisdição concentrada, teríamos apenas o controle de constitucionalidade exercido em caráter abstrato pelo próprio Supremo Tribunal Federal, através das Ações Diretas de Inconstitucionalidade, Ações Declaratórias de Constitucionalidade e Arguições de Descumprimento de Preceitos Fundamentais, previstas nos arts. 102, inciso I, alínea "a", §1º e 103, §2º, da Constituição Federal.

Tal como idealizado o sistema atualmente vigente, apenas nesses casos de controle concentrado teríamos o Poder Judiciário exercendo a função de editar normas de caráter geral e abstrato.

Contudo, a evolução, complexidade e, especialmente, o elevadíssimo fluxo de demandas em face da escassez de recursos humanos e materiais para que o Poder Judiciário solucione todos os casos que lhe são submetidos, impuseram, ao nosso sistema processual, um inevitável processo de evolução do exercício da jurisdição.

Considerando a repetitividade das lides, a solução mais coerente e razoável, com vistas a aperfeiçoar o exercício da jurisdição, realmente é a criação de um sistema que tenha por base a formulação de normas generalizadoras que, além de solucionarem os casos individualmente colocados, sirvam de referência para futuros julgamentos.

Iniciado através de previsão da edição de Súmulas, que apesar de caracterizarem instrumentos generalizadores, inicialmente serviam apenas como orientação de entendimento, atualmente, a tendência é de criação de regras ou enunciados vinculantes para o exercício da atividade jurisdicional.

Até o início da criação dos mecanismos de generalização sobre os quais se debruça o presente trabalho, o sistema processual brasileiro, fundado no sistema romano-germânico, tinha como diretriz básica para o exercício da jurisdição, a denominada livre persuasão racional dos integrantes do Poder Judiciário.

Nesse mecanismo, para a solução dos conflitos que lhe são submetidos, encontravam-se os órgãos do Poder Judiciário, adstritos apenas aos comandos normativos originários do Poder Legislativo.

Tal sistema, como qualquer outro, contém características positivas e negativas. Se de um lado possibilita às partes maior amplitude de diálogo e oportunidade de participação na formulação das decisões, de outro, possibilita a convivência de soluções diversas para as mesmas situações de fato.

Característica diversa possui o sistema da *common law*, segundo o qual os precedentes jurisprudenciais constituem uma referência vinculante para futuros julgados.

Com a modificação de tal sistemática, inevitável a comparação entre o sistema até então vigente e os sistemas derivados do direito anglo-saxão.

Denominado *common law* (do inglês “direito comum”), tais sistemas utilizam como base de referência para as novas decisões o entendimento referenciado nas decisões anteriormente proferidas, possibilitando uma maior uniformidade na solução das lides.

Ao utilizar mecanismos de generalização que servem de referência para futuras decisões, apesar de apropriar uma das características do sistema anglo-saxão, o direito brasileiro ainda mantém uma clara e fundamental distinção com aquele.

Isso porque, enquanto no sistema anglo-saxão as decisões tomam por base precedentes anteriores e, na sua ausência, podem inovar, editando efetivas normas jurídicas, o que, como regra, não se admite em nosso sistema.

No direito processual brasileiro, todas as decisões judiciais, ainda que generalizadoras de entendimento, encontram-se, fundamentalmente, vinculadas à aplicação da lei.

Nessa linha, de forma diversa do sistema anglo-saxão, o que continua servindo de referência primordial para os julgados é a lei (direito codificado).

Como leciona Fernanda Donnabella Camano de Souza, no artigo "Efeitos Materiais da Sentença Declaratória. Perspectivas no Tempo e Ruptura destes Efeitos em Face de Precedente do STF em Sentido Contrário", publicado neste mesmo livro, ao discorrer de forma singular e elucidadora a respeito dos pontos que distinguem o sistema brasileiro do anglo-saxão: "No Brasil, o Juiz interpreta o direito codificado e, somente após fazer a subsunção do evento ocorrido no mundo concreto à norma jurídica regente, é que estará apto a proferir a sua decisão".

Apesar de o julgador ter a liberdade para se pronunciar segundo seu convencimento, encontra-se o mesmo adstrito à lei, tanto em seus aspectos materiais como processuais.

Especialmente nos julgados generalizadores de entendimento, a ânsia de solucionar o "problema social" não pode suplantar as regras contidas no direito codificado, que vinculam não apenas os administrados, mas também os órgãos jurisdicionais.

Mesmo em nossas Cortes Superiores, a atual tendência "ativista", apesar de admirável quanto ao seu objetivo finalístico, deve ser exercida com cautela.

Como ensina Fábio Martins de Andrade[11] a respeito dessa tendência,

> [...] nos últimos tempos, o Supremo Tribunal Federal tem adotado um posicionamento dito "consequencialista", vale dizer, bastante atento às consequências práticas de suas decisões. A razão prática tem passado a exercer um papel preponderante na administração da Justiça, sobrepondo-se, por vezes, a razões eminentemente teóricas.

Contudo, na sequência, adverte o autor que: "Tal orientação, no entanto, pode conduzir a eventos indesejáveis". Complementa que a "[...] modulação temporal não pode, em nenhuma hipótese, agravar a situação dos cidadãos [...]." Finaliza, referenciando sustentação oral no julgamento do RE 577.302, realizada por André Martins de Andrade que, "[...] modular efeitos para minimizar perdas financeiras do Estado equivale a reduzir essa Corte Constitucional ao papel de curadora de um Estado que se tem por incapaz".

Diante de brilhante lição, devemos dar especial atenção quanto aos limites a que estão sujeitas as nossas Cortes Superiores, especialmente no caso de precedentes generalizadores, que servirão de referência e serão aplicados a inúmeros outros casos.

4. A Repercussão Geral e a os Recursos Representativos de Controvérsia como instrumentos de generalização, e os limites constitucionais ao exercício da competência pelas Cortes Superiores

Dentre os diversos mecanismos de generalização de entendimento jurisprudencial, o presente trabalho foca-se nos mecanismos instituídos para o exercício da jurisdição pelo Supremo Tribunal Federal e Superior Tribunal de

11. ANDRADE, Fabio Martins de. *Revista Dialética de Direito Tributário* 172/34. São Paulo: Dialética, 2010.

Justiça, na criação de precedentes generalizadores em sede de "Repercussão Geral" e "Recursos Representativos de Controvérsia".

Instituído pela Emenda Constitucional 45/2004, através da inclusão do § 2º ao art. 102, da Constituição Federal, e regulamentada pela Lei 11.418/2006, com a inclusão do dos arts. 543-A e 543-B ao CPC/73, o instituto da Repercussão Geral foi criado como condição para o processamento de Recursos Extraordinários perante o Supremo Tribunal Federal.

Sem pretender maior aprofundamento no instituto, podemos considerar a Repercussão Geral como um filtro e mecanismo de generalização, a partir do qual o Supremo Tribunal Federal passa a limitar o exercício de sua competência aos casos em que o mérito contenha elementos que repercutam além dos limites da lide, passando o entendimento exteriorizado no julgado a servir como vinculante para futuros Recursos Extraordinários que versem sobre a matéria.

Mecanismo semelhante foi instituído no âmbito do Superior Tribunal de Justiça com a edição da Lei 11.672/2008, que instituiu a sistemática de Recursos Representativos de Controvérsia, segundo a qual os julgados submetidos a essa sistemática passam a figurar como filtro e têm efeito vinculante para futuros Recursos Especiais, que versem a mesma questão de fundo.

Nessa linha, as decisões proferidas pelos Tribunais Superiores sob a sistemática de Repercussão Geral e Recursos Representativos de Controvérsia passam, além de solucionar as lides das quais são originárias, a constituir normas gerais e abstratas, vinculantes para os demais recursos interpostos.

Tais decisões, se analisadas do ponto de vista relacional com os sujeitos sobre as quais se projetam, contêm, de um lado, uma projeção de comando normativo individual e concreto, dirigida à solução da lide existente entre autor e réu no processo; de outro, a mesma decisão se projeta como norma geral e abstrata, dirigida e vinculante para todos os órgãos jurisdicionais julgadores de recursos em que a questão seja discutida, propondo uma solução generalizante para todas as demais lides constantes em ações propostas ou que venham a ser.

Contudo tais julgados, independentemente da amplitude que contêm, encontram-se sujeitos aos limites materiais e processuais constantes de nosso sistema codificado, e a que estão adstritos os respectivos órgãos julgadores.

O conteúdo dos julgamentos pelas Cortes Superiores encontra-se rigidamente limitado pelos arts. 102 e 105 da Constituição Federal.

Em resposta ao primeiro caso utilizado como corte metodológico, verifica-se que o exercício da competência constitucional pelas Cortes Superiores encontra-se taxativamente limitado pela Constituição Federal.

Um ponto de salutar importância para o presente trabalho consiste na clássica premissa de que as nossas Cortes Superiores, apesar de exercerem atividades de forma subsequente no caso de recursos concomitantes dirigidos a ambas as Casas, encontram-se em patamar de igual hierarquia.

O que diferencia o exercício da atividade jurisdicional do Superior Tribunal de Justiça, da atividade do Supremo Tribunal Federal, é competência que a Constituição Federal atribuiu a cada um para pronunciamento a respeito de determinadas matérias.

Assim, da mesma forma que não se encontra o Superior Tribunal de Justiça autorizado a se pronunciar sobre matéria de competência do Supremo Tribunal Federal, não pode a Corte Constitucional (apesar do adjetivo que a própria Constituição inclui em sua denominação) invadir a competência do Superior Tribunal de Justiça.

5. Da Reclamação Constitucional e sua aplicabilidade como elemento limitador da competência na edição de precedentes jurisprudenciais generalizadores

Como todo e qualquer procedimento de enunciação de normas, a formulação de decisões pelo Poder Judiciário, permeadas pela inevitável falibilidade a que todo exercício de atividade interpretativa está sujeita, também se encontra sujeita a eventuais falhas.

Da mesma forma que qualquer outra norma integrante do sistema de direito positivo, por mais bem formulado que seja o precedente, a dinâmica social certamente acarretará a necessidade de futura correção ou adequação de diversos comandos interpretativos-normativos.

Nesse ponto, prevê o sistema um arcabouço de instrumentos processuais para a correção das eventuais falhas presentes em tais julgados.

Também para os mecanismos de formulação de precedentes vinculantes, dispõe o sistema de instrumentos processuais destinados a corrigir eventuais desvios na formulação dos enunciados pelas Cortes Superiores.

Considerando que o Poder Judiciário naturalmente se movimenta mediante provocação, também é natural que a modificação do enunciado generalizador se faça mediante provocação.

Para os casos de desvios que digam respeito aos limites do exercício da competência pelas Cortes Superiores, podemos enumerar a possibilidade de utilização da Reclamação Constitucional.

A Reclamação Constitucional encontra-se prevista nos arts. 102, inciso I, letra "l", 103-A e 105, inciso I, letra "f" da Constituição Federal, e regulada pela Lei 8.038/90.

Sua aplicação destina-se a resguardar a efetividade e competência das Cortes Superiores, tendo cabimento no caso de desrespeito de suas decisões ou no caso de desvio do exercício de sua competência.

Aderimos aqui à corrente doutrinária e jurisprudencial de que a Reclamação Constitucional, embora por vezes tenha como objeto modificar um enunciado jurisdicional, se amolda não como Recurso ou Ação Autônoma, mas como instrumento de atribuição de eficácia à força de uma decisão (provocação positiva do exercício da competência) ou correção do exercício de competência.

Tal classificação enquadra a Reclamação como mecanismo do exercício do direito de petição, previsto no art. 5º, inciso XXXIV, "a", da Constituição Federal.[12]

Nessa linha, sempre que o exercício da jurisdição por órgãos do Poder Judiciário (aí incluídas as Cortes Superiores) desrespeitar um limite positivo ou negativo da competência constitucional do Supremo Tribunal Federal ou Superior Tribunal de Justiça, presente é a possibilidade de aplicação do instrumento de Reclamação como forma de corrigir tal desvio.

Ressalte-se que, conforme já referenciado, não se defende a utilização da Reclamação como mecanismo recursal ordinário, mas sim como forma de correção dos limites constitucionais a que as Cortes Superiores estão vinculadas.

Justamente nessa linha, quando verificada uma patologia, presente a possibilidade de manuseio da Reclamação como remédio constitucional, ainda que em face de decisão da própria Corte reclamada.

No que pertine à legitimidade, apesar de alguns julgados limitarem o exercício do instituto da Reclamação Constitucional pelas mesmas pessoas titulares do exercício

12. STF, ADI 2.212/CE: "[...] 1. A natureza jurídica da reclamação não é a de um recurso, de uma ação e nem de um incidente processual. Situa-se ela no âmbito do direito constitucional de petição previsto no art. 5º, inciso XXXIV da Constituição Federal. [...]"

do controle concentrado de constitucionalidade, *data venia,* divergimos.

Isso porque, no momento em que uma decisão extrapola os limites da lide (como é o caso dos julgados em sede de Repercussão Geral e Recursos Representativos de Controvérsia), e tal decisão se pronuncia além ou aquém dos limites constitucionais que delimitam a competência da respectiva Corte, inafastável que terceiros juridicamente interessados intervenham, de forma a corrigir tal anomalia.

Revistando o primeiro trabalho publicado deste Grupo de Estudos, oportuna a referência ao ensinamento contido no artigo de Rodrigo Dalla Pria, intitulado "O Direito ao Processo", segundo o qual: "O direito de petição cabe a qualquer pessoa. Pode ser usado por pessoa física ou jurídica, bastando, para tanto, 'ser sujeito-de-direito'".[13]

Considerada a Reclamação Constitucional como fundada no exercício do direito de petição, e considerando que os julgados em sede de precedentes generalizadores extrapolam e afetam diretamente terceiros alheios à lide originária, tais sujeitos afetados pela decisão possuem o direito de postular eventual correção de desvio de competência contido nos referidos julgados.

Tanto o exercício positivo como negativo da competência são limites que se encontram diretamente vinculados ao exercício do direito de ação.

Quanto a este ponto, verifica-se outra oportuna referência ao ensinamento do Coordenador deste Grupo de Estudos, Paulo Cesar Conrado, na mesma obra inicial anteriormente referida:

> Jurisdição é dever estatal, predominantemente cometido ao Poder Judiciário, que objetiva a composição de conflitos de interesses. Sendo dever, supõe a contrapartida de um direito, de

13. DALLA PRIA, Rodrigo. O direito ao Processo. *In:* CONRADO, Paulo Cesar (coordenador). *Processo tributário analítico.* São Paulo, Noeses: 2011, p. 30.

> molde a preservar a equação segundo a qual a todo dever corresponde um direito: ao direito em foco – contraface do dever jurisdicional – dá-se o nome de ação. [14]

Com efeito, para qualquer exercício anômalo de jurisdição pelas Cortes Superiores, em razão do desrespeito dos limites da competência constitucionalmente atribuída às mesmas, seja em caráter positivo (pronúncia além dos limites), seja em caráter negativo (pronúncia aquém dos limites), encontra aplicabilidade a possibilidade de manuseio da Reclamação Constitucional.

6. Conclusões

Inicialmente, respondendo à questão relativa à legitimidade para manuseio da Reclamação, deve ser ressaltado que, diferentemente dos julgados em sede de controle difuso, os precedentes generalizadores extrapolam os limites das lides trazidas como causa de decidir para a edição dos mesmos, afetando de forma direta indivíduos que não integram as relações processuais originárias.

A partir do momento em que o órgão responsável pela edição do precedente, extrapola ou se posiciona aquém dos limites de competência constitucionalmente atribuídos, como corolário dos princípios da legalidade, inafastabilidade da jurisdição e direito de petição, exsurge, no sistema, a possibilidade de que qualquer individuo, desde que juridicamente interessado, insurja-se contra tal decisão através do instituto da Reclamação Constitucional.

No caso do Tribunal responsável pela edição do precedente, até mesmo a nossa Suprema Corte Constitucional, manifestar-se além da competência que a Constituição lhe atribui, invadindo a alçada da outra Corte Superior, estará presente

14. CONRADO, Paulo Cesar. Tutela Jurisdicional Diferençada (Cautelar e Satisfativa) em Matéria Tributária. *In* CONRADO, Paulo Cesar (coordenador). *Processo tributário analítico*. São Paulo, Noeses: 2011, p. 183.

a possibilidade de manuseio da Reclamação Constitucional dirigida à Corte que teve o exercício de sua jurisdição usurpada, como forma de resguardar sua respectiva competência constitucional.

Dessa forma, concluímos ser afirmativa a resposta quanto à possibilidade de que, diante da invasão da competência do Superior Tribunal de Justiça (no caso, em face da manifestação do Supremo quanto à "interpretação da legislação federal" relativa à regra de direito intertemporal aplicável à alteração do prazo prescricional), ser interposta Reclamação contra o Supremo Tribunal Federal, como o objetivo de resguardar a competência desta Corte.

No que diz respeito à interposição da Reclamação como forma de resguardar, de forma positiva, o exercício da jurisdição (no caso, a manutenção da efetividade das reiteradas decisões do Superior Tribunal de Justiça quanto à regra de direito intertemporal aplicável no caso de alteração de prazo prescricional) a resposta também é afirmativa.

Como leciona Tácio Lacerda Gama, em *Competência tributária*,[15] dependendo do ponto de observação, uma relação jurídica pode ser considerada, ora como permissão, ora como obrigação. O dever de agir do titular da competência caracteriza-se também como direito de terceiros exigirem a respectiva atuação.

No momento em que a Constituição Federal atribui a um Tribunal Superior uma determinada competência, além do dever de que este a exerça, temos, de outro lado, o direito subjetivo de cada indivíduo interessado de exigir que este Tribunal exerça a função que lhe foi confiada.

Assim, confirma-se ser possível a interposição de Reclamação dirigida ao Superior Tribunal de Justiça, como forma de provocar, de forma positiva, o exercício de sua

15. GAMA, Tácio Lacerda. *Competência tributária*: fundamentos para uma teoria da nulidade. São Paulo. Noeses: 2009, p. 86.

competência constitucionalmente atribuída, quando este, ainda que sob o fundamento de rendição ao entendimento da Corte Constitucional, deixar de se pronunciar a respeito de matéria que lhe compete.

PRAGMÁTICA DO RECURSO ESPECIAL AO SUPERIOR TRIBUNAL DE JUSTIÇA

Camila Campos Vergueiro[1]

Sumário: 1. Introdução – 2. Os recursos no contexto do exercício do direito de ação – 3. Pressupostos de admissibilidade do Recurso Especial: 3.1 Pressupostos genéricos de admissibilidade do Recurso Especial: 3.1.1 Legitimidade; 3.1.2 Interesse de recorrer; 3.1.3 Tempestividade; 3.1.4 Cabimento; 3.1.5 Regularidade formal; 3.1.6 Preparo Recursal e Porte de Remessa e Retorno; 3.2 Pressupostos específicos de admissibilidade do Recurso Especial: 3.2.1 Esgotamento prévio das vias ordinárias; 3.2.2 Imprestabilidade para revisão de matéria probatória; 3.2.3 Prequestionamento – 4. Conclusão.

1. Introdução

Um dos grandes desafios que, acreditamos, o advogado (público ou privado) enfrenta é o de atuar nos Tribunais Superiores, já que a condução do processo judicial até o Tribunal de segunda instância tem um objetivo e, a partir de então, nos Tribunais Superiores, o foco é outro.

---

1. Mestre em direito tributário – PUC/SP. Advogada em São Paulo. Professora dos cursos de Pós-Graduação do IBET, do IGA-IDEPE, da PUC/COGEAE, do IBDT, do GVLaw, da Faculdade Damásio de Jesus – FDDJ, dentre outras instituições.

Não são atuações estanques, mas, continuadas, em que desde a primeira instância, os temas de fundo devem ser tratados preocupando-se com o eventual momento no processo em que os Tribunais Superiores serão provocados. É começar o processo olhando para o seu futuro, de modo que não seja prejudicada a análise do direito material, propulsor do processo, pelas instâncias excepcionais.

Em função das peculiaridades, que implicam dificuldades, de atuação no âmbito dos Tribunais Superiores que surgiu a ideia de elaborar o presente artigo, por meio do qual se pretende apresentar os pontos nevrálgicos e as soluções dadas pela jurisprudência para cada um deles, objetivando, enfim, a atuação na instância excepcional com efetividade. Não faremos elucubrações sobre se a opção jurisprudencial para cada uma das situações apresentadas é a melhor ou pior, certa ou errada, já que o objetivo do trabalho é apontar a solução da jurisprudência e fazer com que sejam minimizados os riscos do recurso não ser apreciado pelo Tribunal Superior.

Todo advogado sabe o quão frustrante é ver sua causa, bem trabalhada, barrada na "porta de entrada" do Tribunal Superior. Devido à experiência prática é que foi feita a opção de tratar de assuntos que, no dia a dia, afligem a advocacia e, às vezes, surpreendem o causídico que vê os seus processos encerrados sem que a discussão de fundo seja analisada pelo Tribunal Superior.

Esclareça-se que serão abordadas, neste trabalho, exclusivamente questões relativas ao Recurso Especial dirigido ao Superior Tribunal de Justiça (STJ), isto para podermos trabalhá-las de modo satisfatório, já que discorrer também sobre o Recurso Extraordinário estenderia o artigo demasiadamente, prejudicando a profundidade com que se pretende tratar a pragmática do Recurso Especial.

Sem dúvida, alguns pontos que serão destacados para o Recurso Especial, como os requisitos genéricos de admissibilidade, o prequestionamento etc., podem ser aplicados ao

Recurso Extraordinário, entretanto, não serão tecidos comentários específicos para essa espécie recursal, pois, em algumas situações, há distinção de tratamento no âmbito do STJ e do Supremo Tribunal Federal (STF), evitando-se com isso perder o foco do trabalho que é o Recurso Especial.

Antes de avançar, não é demais fixar alguns conceitos de teoria geral dos recursos para que seja possível compreender por que falamos em desafio e diferença de atuação na instância especial.[2]

2. Os recursos no contexto do exercício do direito de ação

Na atual ordem jurídica brasileira, a solução de conflitos de interesse foi colocada "nas mãos" do Poder Judiciário, longa *manus* do Estado, a quem incumbe o dever de prestar a tutela jurisdicional entregando a um (no mínimo) dos sujeitos que contende o direito que entende aplicável ao caso concreto.

Contraposto a desse dever do Estado, exercido pelo Poder Judiciário, está o direito de ação que, em nosso ordenamento vem previsto no texto Constitucional, no inciso XXXV de seu art. 5º:

> Art. 5º Todos são iguais perante a lei, sem distinção de qualquer natureza, garantindo-se aos brasileiros e aos estrangeiros residentes no País a inviolabilidade do direito à vida, à liberdade, à igualdade, à segurança e à propriedade, nos termos seguintes:
>
> [...]
>
> XXXV – a lei não excluirá da apreciação do Poder Judiciário lesão ou ameaça a direito;

2. Diante da opção de somente abordar no artigo questões relativas ao Recurso Especial, faremos referência exclusiva à instância especial, já que em nossa concepção instância extraordinária se perfaz no âmbito do STF.

O direito de ação, outorgado ao sujeito que afirma ter um direito subjetivo violado, compreende a permissão constitucional de o Estado-Juiz, que tem o correlato dever, de solucionar o conflito de interesses posto pela via da petição inicial,[3] independentemente da conclusão ser favorável ou não ao proponente da medida judicial.

Sobre o conceito de direito de ação preleciona Paulo Cesar Conrado:[4]

> ao se impor a jurisdição como sistema de composição de conflitos, necessário que se garanta o acesso dos jurisdicionados aos órgãos responsáveis por aquela atividade.
>
> E é justamente daí que retiramos a noção básica do direito de ação: falamos em última instância, do direito de acessar o Estado-juiz, para dele cobrar o exercício da função jurisdicional, para dele cobrar, enfim, o fornecimento de uma decisão que componha um certo conflito de interesses.

Na mesma linha afirma Rodrigo Dalla Pria:[5]

> se jurisdição é o dever estatal caracterizado pela atividade de composição de conflitos substanciais, exercida por meio da produção de normas individuais e concretas (tutelas jurisdicionais), sendo este seu objeto, por ação só se pode designar o direito subjetivo de exigir o cumprimento deste dever.

Esse direito de acionamento da jurisdição (ação) inclui também a possibilidade de promover, no mínimo, uma revisão da decisão proferida em sentido contrário ao interesse de qualquer dos litigantes, tendo em vista o que dispõe o inciso

---

3. Petição inicial é a linguagem que o direito reputa competente para retirar o poder jurisdicional da sua condição de inércia e exercer sua função compositiva do conflito de interesses.

4. *In Introdução à teoria geral do processo civil.* 1ª ed. São Paulo: Max Limonad, 2000, p. 152.

5. O Direito ao Processo. *In* CONRADO, Paulo Cesar. *Processo tributário analítico.* 1ª ed. São Paulo: Noeses, 2011, p. 43.

LV,[6] do art. 5º, da Constituição Federal/1988 (CF/1988) que assegura aos litigantes em processo judicial a ampla defesa com os *"recursos a ela inerentes"*.

Tal disposição constitucional garante o direito ao duplo grau de jurisdição e dela é possível deduzir que o julgamento proferido pelo juiz de primeiro grau pode não esgotar o correlato dever de prestação da tutela jurisdicional, já que à parte sucumbente (e até o 3º prejudicado ou o Ministério Público) é outorgada a possibilidade de requerer a revisão do ato primário por órgão superior ou, excepcionalmente, pela mesma autoridade prolatora da decisão.[7] Pode-se afirmar, então, que o recurso é uma extensão, verdadeiro prolongamento, do direito de ação, que operacionaliza a garantia constitucional à ampla defesa.

Por meio do recurso, a parte que sucumbiu (vencida) em sua pretensão (autor ou réu) – ou o terceiro prejudicado e/ou o Ministério Público por força do que está previsto no art. 499, do CPC/73) ou no art. 996,[8] do CPC/2015 – provoca a instância recursal para que a decisão atacada seja revista ou anulada ou integrada, objetivando com isso o reexame do ato judicial (exceção feita aos Embargos Declaração em que a revisão é hipótese excepcional). Nesse sentido são as palavras de José Frederico Marques:[9]

---

6. Art. 5º. [...]
[...]
LV – aos litigantes, em processo judicial ou administrativo, e aos acusados em geral são assegurados o contraditório e ampla defesa, com os meios e recursos a ela inerentes;
[...].

7. Exemplo de exceção à regra de que a revisibilidade do ato judicial deve-se dar por órgão de hierarquia superior pode ser identificada nos seguintes recursos: Embargos de Declaração e Embargos Infringentes do art. 34 da Lei de Execução Fiscal (Lei federal 6.830/80 – instância única em função do valor da causa).

8. Art. 996. O recurso pode ser interposto pela parte vencida, pelo terceiro prejudicado e pelo Ministério Público, como parte ou como fiscal da ordem jurídica.
[...].

9. *In Instituição de direito processual civil.* 1ª ed. atualizada. Campinas: Millennium, 2000, vol. IV, p. 02.

> Os recursos são atos processuais que têm por finalidade a obtenção de novo exame, total ou parcial, de um ato judiciário.

A fase recursal refere-se, portanto, ao momento processual revisivo do ato judicial, promovida pela parte vencida[10] que pretende, ao manipular o recurso, obter uma decisão que lhe seja mais favorável, em outras palavras, o interesse em recorrer decorre da intenção do vencido de obter uma condição mais vantajosa no processo. Ao provocar o Estado-juiz, na instância revisiva, o vencido objetiva (i) imediatamente que seja revisitado o ato jurisdicional praticado e (ii) mediatamente, a composição do conflito de interesses.

O recurso é, portanto, ato promovido pela parte[11] por meio do qual ela demonstra o seu inconformismo e impugna decisão que ainda não transitou em julgado objetivando a sua reforma, anulação ou integração, identificando-se como um prolongamento da relação processual previamente instalada.

Ou como preleciona José Miguel Garcia Medina;[12]

> recurso é meio de impugnação que pode ser utilizado dentro do mesmo processo, em face de decisão que ainda não transitou em julgado, ou em relação à qual ainda não se operou a preclusão.

Constatado que o atual sistema jurídico assegura o direito de revisibilidade, passando para os próximos artigos do texto Constitucional, verifica-se que esse direito é permeado pelo princípio da pluralidade de graus de jurisdição,[13] e não apenas do duplo grau de jurisdição, por força do que dispõem

---

10. Não olvidamos que o 3º interessado e/ou o Ministério Público são entes legitimados para recorrer, ainda que não sejam parte sucumbente, tendo em vista o conteúdo do art. 499, do CPC/73 (art. 996, CPC/2015), já mencionado, contudo, no decorrer do trabalho iremos nos referir apenas à "parte vencida" para facilitar a exposição.

11. Vale a ressalva: o fato do recurso ser ato da parte o distingue da remessa oficial do art. 475 do CPC/73 (remessa necessária do art. 496, CPC/2015).

12. *In Prequestionamento e repercussão geral e outras questões relativas aos recursos especial e extraordinário.* 5ª edição. São Paulo: Ed. RT, 2009, p. 29.

13. *Ibidem*, p. 05.

os arts. 102, III,[14] 105, III,[15] ambos da CF/88, que asseguram a instância extraordinária e especial, por meio do Recurso Extraordinário e do Recurso Especial, respectivamente.

Da análise dos dispositivos constitucionais, então, é possível falar que a ampla defesa pressupõe o direito de revisibilidade, sustentado na pluralidade de graus de jurisdição, justificando-se a existência de diferentes instâncias porque em cada uma delas o recurso objetiva algo distinto.

Deveras, essa distinção de funções dos recursos é identificada da simples leitura dos arts. 102, III e 105, III, da CF/1988.

Em função das especificidades que o texto Constitucional prescreve para a interposição dos Recursos Especial e Extraordinário, distingue a doutrina duas classes de recursos em função da finalidade almejada pelo recorrente quando da respectiva interposição: os ordinários e os excepcionais.

Os denominados recursos ordinários são aqueles que objetivam resguardar o interesse subjetivo da parte, em suma fazer justiça e, como aponta Leonardo Castanho Mendes[16]

---

14. Art. 102. Compete ao Supremo Tribunal Federal, precipuamente, a guarda da Constituição, cabendo-lhe:
[...]
III – julgar, mediante recurso extraordinário, as causas decididas em única ou última instância, quando a decisão recorrida:
a) contrariar dispositivo desta Constituição;
b) declarar a inconstitucionalidade de tratado ou lei federal;
c) julgar válida lei ou ato de governo local contestado em face desta Constituição.
d) julgar válida lei local contestada em face de lei federal.
[...].

15. Art. 105. Compete ao Superior Tribunal de Justiça:
[...]
III – julgar, em recurso especial, as causas decididas, em única ou última instância, pelos Tribunais Regionais Federais ou pelos tribunais dos Estados, do Distrito Federal e Territórios, quando a decisão recorrida:
a) contrariar tratado ou lei federal, ou negar-lhes vigência;
b) julgar válido ato de governo local contestado em face de lei federal;
c) der a lei federal interpretação divergente da que lhe haja atribuído outro tribunal.
[...].

16. *In O Recurso Especial e o controle difuso de constitucionalidade*. 1ª ed. São Paulo:

tem o papel de "propiciar o duplo grau de jurisdição" assegurado no mencionado art. 5º, inciso LV, da CF/1988; enquanto os recursos excepcionais visam à defesa da integridade da ordem jurídica, ou seja, buscam tutelar imediatamente "o direito objetivo e, mediatamente, o direito da parte".[17]

A função do Recurso Extraordinário e do Especial não é a de simples instrumentos revisores das decisões das instâncias inferiores, de modo que não há que atribuir aos Tribunais que os julgam o qualificativo de "terceira" instância, pois a função desses recursos é a de dar unidade de interpretação aos dispositivos constitucionais e federais, de modo a manter intacta a ordem jurídica.

É o que também afirma Ovídio Rocha Barros Sandoval. na atualização e complementação da obra de José Frederico Marques;[18]

> Como é possível verificar-se do texto constitucional (arts. 102, II e III e 105, II e III), de duas categorias são os recursos por ele previstos: a) – recursos ordinários; b) – recurso extraordinário e recurso especial. Predomina nos primeiros a reparação da "sucumbência", enquanto os dois outros, embora tenham por pressuposto aquele fenômeno processual, estão caracterizados, principalmente, pela função altamente política, que a Constituição lhes confere, de manter, na aplicação jurisdicional do direito positivo, respectivamente, o respeito aos preceitos constitucionais e a uniformidade das normas da legislação federal infraconstitucional.

Atentando-se ainda para o texto Constitucional, é possível identificar outro critério para classificação dos recursos, esse, por sua vez, pautado na matéria que pode ser objeto do recurso.

Ed. RT, 2006, p. 95.

17. PESSOA, Roberto Dórea. *Recurso Extraordinário* – Grau de cognição no juízo de mérito. 1ª ed. São Paulo: Saraiva, 2010, p. 22.

18. *Op. Cit.*, p. 21.

Do conteúdo dos arts. 102, III e 105, III, ambos da CF/88, verifica-se que as matérias (causa de pedir) que poderão ser abordadas no Recurso Extraordinário e no Recurso Especial são aquelas especificamente previstas no texto normativo, as quais têm a ver com o cabimento de cada um desses recursos, quais sejam:

- Recurso Extraordinário – hipóteses em que o acórdão: contrariar dispositivo da Constituição Federal; declarar a inconstitucionalidade de tratado ou lei federal; julgar válida lei ou ato de governo local contestado em face da Constituição Federal; julgar válida lei local contestada em face de lei federal;

- Recurso Especial – hipóteses em que o acórdão: contrariar tratado ou lei federal, ou negar-lhes vigência; julgar válido ato de governo local contestado em face de lei federal; der à lei federal interpretação divergente da que lhe haja atribuído outro Tribunal.

Em decorrência dessa vinculação estrita dos argumentos que podem ser invocados na interposição dos Recursos Extraordinário e Especial, são eles destacados de outras modalidades recursais, as quais não possuem limitação aos fundamentos que podem ser invocados na peça recursal. Assim, coabitam, no ordenamento jurídico vigente, recursos de fundamentação livre e recursos de fundamentação vinculada.[19] Nos primeiros, a causa de pedir é aberta, ou seja, "permite à parte lançar mão de todo e qualquer fundamento para o pedido de reforma, invalidação, esclarecimento ou integração",[20] de modo que a parte-recorrente pode "suscitar o reexame de

19. Outro exemplo de recurso de fundamentação vinculada são os Embargos de Declaração, cujas hipóteses de cabimento estão taxativamente previstas nos incisos I e II do art. 535 do CPC/73 (omissão, contradição e obscuridade), art. 1.022 do CPC/2015 (obscuridade, contradição, omissão, erro material, não manifestação sobre tese firmada em julgamento de caso repetitivo ou em incidente de assunção de competência, e nas hipóteses do art. 489 do mesmo Código).

20. Pessoa, Roberto Dórea, op. cit., p. 24.

toda a matéria submetida ao juízo *a quo*";[21] e nos recursos de fundamentação vinculada, a matéria a ser tratada (a causa de pedir recursal) está demarcada no texto normativo, em outras palavras o seu cabimento "cinge-se às hipóteses predeterminadas em lei",[22] no caso do Extraordinário e do Especial no texto Constitucional.

Feitas essas considerações, é possível concluir que o Recurso Especial[23] é instrumento processual da classe dos recursos excepcionais de fundamentação vinculada, cuja função imediata é manter a integridade e a unicidade na interpretação do direito federal, enquanto mediatamente aplicará o direito ao caso concreto (solucionará o conflito de interesses). Ou como ensina Athos Gusmão Carneiro:[24]

> o recurso especial não foi concebido como instrumento para corrigir erros ou injustiças. Seu destino é garantir a boa aplicação da lei federal e unificar-lhe a interpretação em todo o Brasil.

Passemos, então, às generalidades e especificidades do Recurso Especial.

---

21. WAMBIER, Teresa Arruda Avim. *Omissão judicial e embargos de declaração.* 1ª ed. São Paulo: Ed. RT, 2005, p. 187.

22. BRUSCHI, Gilberto Gomes. "Recurso Especial fundado em divergência jurisprudencial". *In* MELLO, Rogerio Licastro Torres de. *Recurso Especial e Extraordinário* – Repercussão Geral e Atualidades. 1ª edição. São Paulo: Método, 2007, p. 108.

23. Apenas para registro histórico, o Recurso Especial foi introduzido no ordenamento jurídico por meio da Constituição Federal/88 absorvendo parte da competência que anteriormente era do Supremo Tribunal Federal, especificamente a que tangia o seu dever de manutenção da unidade na aplicação da lei federal. O Especial veio como a primeira tentativa para solução da crise de desempenho e função do Supremo, pois ele acabou se tornando ao longo dos anos uma "terceira instância", deixando de lado sua função de guardião do texto Constitucional. Primeira porque como o problema não foi solucionado com a criação do STJ e do Especial, já que nesse Tribunal instaurou-se a mesma crise, e com a Emenda Constitucional 45/2004 inaugurou-se uma nova ordem com o que denominamos de "coletivização" da decisão judicial proferida em processos subjetivos que tratem da mesma matéria de direito constitucional, ao instituir-se a Súmula Vinculante e a Repercussão Geral, mais uma tentativa de desafogar o Supremo.

24. *In Recurso Especial, agravos e agravo interno.* 5ª ed. Rio de Janeiro: Forense, 2008, p. 09.

3. Pressupostos de admissibilidade do Recurso Especial

Ao ter em mãos uma peça recursal, o magistrado antes de analisar o seu mérito[25] deve verificar se estão presentes os pressupostos da modalidade recursal que se lhe põe para apreciação, sem os quais restará prejudicada a investigação dos fundamentos invocados para reforma/anulação/integração. Isso significa que sem a observância desses pressupostos, o recurso restará prejudicado[26] de modo que ele não será conhecido, o que autoriza afirmar que ele (recurso) "para" no juízo de admissibilidade.

Como destaca Bruno Dantas, ao analisar os pressupostos de admissibilidade recursal, irá o poder jurisdicional-revisivo analisar se estão preenchidos os requisitos para que a "pretensão recursal seja submetida a julgamento, e o exame desses requisitos precede lógica e cronologicamente o exame do mérito".[27]

Os pressupostos recursais dividem-se, por sua vez, em:

(i) genéricos, identificados em todas as modalidades recursais e compreendem a legitimidade, o interesse, a tempestividade, o cabimento, a regularidade formal e o preparo; e

(ii) específicos, aqui refletidos apenas os do Recurso Especial, por ser ele o recurso objeto de análise, os quais correspondem ao prévio esgotamento das

---

25. Esclareça-se que nem sempre o mérito recursal assume identidade com o mérito da ação, haja vista a possibilidade de ser interposto recurso alegando o descumprimento de dispositivo de lei formal (de norma de procedimento), são os denominados, pela doutrina pátria, vícios de atividade ou *errores in procedendo*.

26. Preleciona Teresa Arruda Alvim Wambier que "serão prejudiciais as questões que, antecedentes, logicamente, ao mérito, exerçam influência, pelo menos parcial, no 'modo' por meio de que esta será dada uma solução". – *In nulidades do processo e da sentença*. 4ª ed., 2ª tiragem. São Paulo: Ed. RT, 1998, p. 89.

27. *In Repercussão Geral* – Perspectivas histórica, dogmática e de direito comparado. 1ª ed. 2ª tiragem. São Paulo: Ed. RT, 2008, p. 150.

instâncias ordinárias, a imprestabilidade para a revisão de matéria fática e o prequestionamento da questão federal.

Vejamos cada um desses pressupostos, anotando os aspectos pragmáticos do Recurso Especial consoante a jurisprudência do STJ, para atingir o objetivo deste trabalho, que é eliminar o risco de surpresas ao travar contato com as decisões daquele Tribunal.

3.1 Pressupostos genéricos de admissibilidade do Recurso Especial

3.1.1 Legitimidade

É no art. 499, do CPC/73 (art. 996 do CPC/2015), que estão indicados textualmente quais são os sujeitos habilitados a recorrer: a parte vencida na demanda, o terceiro interessado e o Ministério Público (no CPC/2015, como parte ou como fiscal da ordem jurídica). De sua leitura deduz-se que parte legítima para recorrer é aquela que sofreu um prejuízo advindo da decisão judicial atacada, ou seja, sucumbiu em sua pretensão e sofreu uma perda em função dela.

A respeito do conceito de legitimidade para fins de interposição de recursos destaca-se da ementa do acórdão do AgRg no REsp 6.978 o seguinte:

> 1. Para recorrer, exige-se o pressuposto do legítimo interesse, que decorre do prejuízo causado à parte ou da sucumbência. (AgRg no REsp 6978/DF, Rel. Ministro Milton Luiz Pereira, 1ª T., j. 15.02.1993, *DJ* 15.03.1993, p. 3779)

Muito bem ressalta Giovanni Mansur Solha Pantuzzo,[28] citando Humberto Theodoro Júnior, que o mero inconformismo

28. *In Prática dos Recursos Especial e Extraordinário.* 3ª ed. Belo Horizonte: Del Rey, 2004, p. 10.

com os fundamentos da decisão não enseja a interposição do recurso (incluindo o Especial) na hipótese da parte ser vencedora, pois, é a conclusão do julgado, ou seja, o seu resultado, que determinará a parte apta a recorrer, a qual deverá sempre ser aquela que sucumbiu.

Para fins de interposição do Recurso Especial parte legitimada é, portanto, aquela que restou vencida, pela conclusão do julgado, no julgamento do recurso na segunda instância, seja ele o de (i) Apelação interposto contra a sentença, seja (ii) o Agravo de Instrumento interposto contra decisão interlocutória, ou, seja ele (iii) o Agravo Interno (arts. 994[29] e 1.021,[30] do CPC/2015) interposto contra a decisão monocrática proferida na segunda instância.[31-32]

3.1.2 Interesse de recorrer

Para que um recurso seja cabível, o recorrente deve ter interesse em recorrer, assim como para o exercício do direito

---

29. Art. 994. São cabíveis os seguintes recursos:
[...]
III – agravo interno;
[...].

30. Art. 1.021. Contra decisão proferida pelo relator caberá agravo interno para o respectivo órgão colegiado, observadas, quanto ao processamento, as regras do regimento interno do tribunal.
[...].

31. Se contra o acórdão do Tribunal de segunda instância houver sido interposto Embargos de Declaração é necessário esperar a publicação do acórdão para interpor o Recurso Especial.

32. O CPC/2015 eliminou a espécie recursal Embargos Infringentes, estabelecendo que na hipótese de votação não unânime no julgamento da Apelação, o julgamento prosseguirá com a convocação de outros julgadores em número suficiente para assegurar a possibilidade de inversão do resultado inicial:
Art. 942. Quando o resultado da apelação for não unânime, o julgamento terá prosseguimento em sessão a ser designada com a presença de outros julgadores, que serão convocados nos termos previamente definidos no regimento interno, em número suficiente para garantir a possibilidade de inversão do resultado inicial, assegurado às partes e a eventuais terceiros o direito de sustentar oralmente suas razões perante os novos julgadores.
[...].

de ação, a parte tem que possuir interesse de agir. O interesse recursal é resultado da conjugação dos elementos necessidade e utilidade, sendo a necessidade decorrente do sucumbimento na pretensão daquele que recorre e a utilidade, por sua vez, a expectativa que tem o recorrente de que a decisão a ser proferida reverterá esse cenário, melhorando a sua situação no processo e, por via de consequência, na própria relação material propulsora da lide. Em suma, a utilidade está atrelada à pretensão do recorrente de mudar sua condição de vencido para vencedor, no processo.

A necessidade se faz presente diante da inexistência de opção senão a interposição do recurso para tentar um provimento jurisdicional útil, ou seja, capaz de modificar a situação desfavorável na qual a parte recorrente se encontra em função da decisão judicial prolatada contra sua pretensão. O recurso abre a oportunidade para o recorrente obter uma melhora de sua condição processual ao ser prolatada uma nova decisão: tornar-se vencedor.

Desta forma, o binômio utilidade-necessidade que consagra o interesse recursal é identificado quando o recurso é o único meio legítimo (necessidade) *"para se alcançar posição mais vantajosa no processo"*[33] (utilidade).

3.1.3 Tempestividade

Tempestivo é o recurso que observa o lapso temporal fixado legalmente para sua interposição. Tratando-se do Recurso Especial, o prazo recursal está fixado no art. 508,[34] do CPC/73 (art. 1.003, § 5º,[35] do CPC/2015) e é de 15 (quinze) dias (a par-

33. PESSOA, Roberto Dórea, *op. cit.*, p. 46.

34. Art. 508. Na apelação, nos embargos infringentes, no recurso ordinário, no recurso especial, no recurso extraordinário e nos embargos de divergência, o prazo para interpor e para responder é de 15 (quinze) dias.
[...].

35. Art. 1.003. O prazo para interposição de recurso conta-se da data em que os ad-

tir da vigência do CPC/2015 os prazos são contados somente durante os dias úteis, à luz do seu art. 219),[36] exceto se a parte-sucumbente for a Fazenda Pública e o Ministério Público quando o prazo para recorrer será contado em dobro, à luz do que dispõe o art. 188[37] do mesmo Código/73.[38]

Esse prazo deve ser contado da data da publicação do acórdão do Tribunal de segunda instância.[39] Contudo, situações delicadas em relação ao momento da interposição do Recurso Especial podem ser verificadas, vejamo-las, bem como a opção da jurisprudência para cada uma delas para que não haja o mínimo risco do Recurso Especial não ser conhecido por ser reputado intempestivo.

Casuística 1: idealizando hipótese em que ambas as partes interpuseram Recurso de Apelação e apenas parcialmente lograram êxito em sua pretensão, o Recurso Especial poderá ser interposto contra a parte da decisão em que ambas restaram vencidas. Ocorre que uma delas interpõe imediata e tempestivamente o Recurso Especial e a outra interpõe Embargos

vogados, a sociedade de advogados, a Advocacia Pública, a Defensoria Pública ou o Ministério Público são intimados da decisão.

[...]

§ 5º Excetuados os embargos de declaração, o prazo para interpor os recursos e para responder-lhes é de 15 (quinze) dias.

36. Art. 219. Na contagem de prazo em dias, estabelecido por lei ou pelo juiz, computar-se-ão somente os dias úteis.

[...].

37. Art. 188. Computar-se-á em quádruplo o prazo para contestar e em dobro para recorrer quando a parte for a Fazenda Pública ou o Ministério Público.

38. No CPC/2015, toda as manifestações do Ministério Público e dos entes públicos serão contados em dobro e não apenas para recorrer .

Art. 180. O Ministério Público gozará de prazo em dobro para manifestar-se nos autos, que terá início a partir de sua intimação pessoal, nos termos do art. 183, § 1º.

Art. 183. A União, os Estados, o Distrito Federal, os Municípios e suas respectivas autarquias e fundações de direito público gozarão de prazo em dobro para todas as suas manifestações processuais, cuja contagem terá início a partir da intimação pessoal.

[...].

39. Tribunais de segunda instância são os Tribunais de Justiça e os Tribunais Regionais Federais.

de Declaração. Para essa situação, a jurisprudência do STJ reputa essencial que após o julgamento dos Embargos de Declaração sejam reiterados os termos do Recurso Especial, anteriormente interposto,[40] dentro do prazo de 15 (quinze) dias da publicação do acórdão que julgou os Embargos de Declaração. É exigida a reiteração do Recurso Especial independentemente do provimento ou desprovimento dos Embargos de Declaração, e ainda que a parte recorrente de Especial seja ou não a mesma que opôs esses Embargos.[41] A jurisprudência do STJ denomina o Recurso Especial interposto antes da publicação do acórdão dos Embargos de Declaração, e que não tenha sido reiterado, de recurso *prepóstero*, determinando sua reiteração por reputar que houve interposição prematura e o não exaurimento da instância ordinária (pressuposto específico do Recurso Especial que será abordado oportunamente).[42]

Casuística 2: situação em que os Embargos de Declaração são opostos depois de transcorrido o prazo do Recurso Especial da outra parte que o havia interposto dentro do seu prazo de 15 (quinze) dias. O STJ afastou a necessidade de reiteração do Recurso Especial porque nesse caso não se perfez o efeito do art. 538,[43] do CPC/73 (suspensão do prazo recursal). A situação

---

40. Súmula 418 – "É inadmissível o recurso especial interposto antes da publicação do acórdão dos embargos de declaração, sem posterior ratificação." (Corte Especial, j. 03.03.2010, *DJe* 11.03.2010)

41. REsp 776265/SC, Rel. Ministro Humberto Gomes de Barros, Rel. p/ Acórdão Ministro Cesar Asfor Rocha, Corte Especial, j. 18.04.2007, *DJ* 06.08.2007, p. 445.

42. Num claro objetivo de derrubar orientação jurisprudencial defensiva do STJ, o art. 218, §4°, do CPC/2015 expressamente dispõe que o ato praticado antes mesmo da fluência do prazo deve ser reputado tempestivo:
Art. 218. Os atos processuais serão realizados nos prazos prescritos em lei.
[...]
§ 4º Será considerado tempestivo o ato praticado antes do termo inicial do prazo.

43. Art. 538. Os embargos de declaração interrompem o prazo para a interposição de outros recursos, por qualquer das partes.
[...].
[Nota do editorial: o art. 538 do CPC/73 corresponde ao art. 1.026, *caput*, do CPC/2015, que apresenta os seguintes termos: "Os embargos de declaração não possuem efeitos

é peculiar, pois, a parte que opôs os Embargos de Declaração era a Fazenda Pública e, em função de sua prerrogativa de intimação pessoal, as intimações não se deram concomitantemente e, por isso, a fluência do prazo recursal foi distinta. Podem ser citados os seguintes precedentes consagradores dessa orientação: AgRg no REsp 929.934 (1ª T., j. 21.09.2007); REsp 901.831 (1ª T., j. 13.11.2007); AgRg no Ag 838.631 (1ª T., j. 05.06.2007); e AgRg no REsp 787.852 (2ª T., j. 04.05.2006).

Casuística 3: situação concreta em que o Recurso Especial foi interposto depois da publicação do resultado do julgamento, mas antes da publicação do acórdão. O STJ reputa tempestivo o Recurso Especial não exigindo a sua reiteração.[44]

Casuística 4: prova da tempestividade na hipótese de feriado local, suspensão do expediente forense, ponto facultativo, suspensão do prazo por ato do Tribunal local, greve, ou recesso forense. A orientação do STJ era firme, até 19.09.2012, no sentido de que o recorrente devia fazer prova da tempestividade do recurso no ato de sua interposição, juntando documento que demonstre a suspensão da fluência do prazo devido à ausência de expediente do Tribunal de origem, feriado local, etc., não bastando a mera alegação na peça recursal e nem tentar suprir tal deficiência juntando o documento em momento posterior à data do protocolo do recurso.[45] Contudo, no julgamento do AREsp 137141/SE, a Corte Especial do STJ mudou essa orientação para admitir a comprovação do feriado local ou a suspensão do expediente forense no Tribunal de origem posteriormente à interposição do Recurso Especial.

Casuística 5: hipótese em que o acórdão da Apelação foi não unânime, reformou a sentença de mérito e a parte vencida

suspensivo e interrompem o prazo para a interposição de recurso."]

44. EDcl no AgRg no Ag 920272/DF, Rel. Ministro Humberto Martins, 2ª T., j. 03.11.2009, *DJe* 17.11.2009.

45. AgRg no Ag 1.307542 (6ª T., j. 10.08.2010); AgRg no Ag 996.425 (3ª T., j. 06.05.2008); AgRg no Ag 678.529 (4ª T, j. 21.02.2006); AgRg no REsp 692.421 (4ª T., j. 17.11.2005); AgRg no Ag 433.957 (4ª T, j. 03.05.2005); e REsp 1.150.729 (2ª T., j. 22.06.2010)

em sua Apelação interpõe Embargos Infringentes fundada no art. 530[46] do Código de Processo Civil fora do prazo ou em medida judicial na qual essa modalidade recursal não é cabível, como no caso de Mandado de Segurança.[47] O STJ entende que na hipótese de Embargos Infringentes incabíveis, não há a suspensão do prazo para a interposição de Recurso Especial, fluindo o prazo recursal de 15 (quinze) dias da publicação do acórdão que julgou a Apelação, por exemplo. São exemplos dessa orientação os seguintes julgados: AgRg no REsp 795.032 (4ª T., j. 19.10.2010); AgRg no REsp 1.202.683 (2ª T., j. 19.10.2010); AgRg no Ag 809.820 (3ª T., j. 14.09.2010); e AgRg no REsp 1.207.536 (1ª T., j. 22.03.2011).

Casuística 6: caso em que o Recurso Especial é interposto antes do julgamento dos Embargos Infringentes. Assim como apontado para o caso de interposição dos Embargos de Declaração, o recorrente de Especial deve reiterar os termos de sua peça recursal, sob pena de ser reconhecida a intempestividade de seu recurso (recurso *prepóstero*). É o que ficou consagrado na orientação do STJ, como demonstram os seguintes julgados: AgRg no Ag 1.156.564 (4ª T., j. 10.05.2011); AgRg no Ag 1.056.581 (4ª T, j. 18.11.2010); EDcl no AgRg no Ag 990.079 (5ª T., j. 17.06.2010).

Casuística 7: protocolo e envio do Recurso Especial pelo correio. Consoante a orientação da jurisprudência do STJ, a tempestividade do Recurso Especial é aferida pela data do carimbo do protocolo constante na peça de interposição recursal e não pela data do envio do documento pelo correio. Veja-se

---

46. Art. 530. Cabem embargos infringentes quando o acórdão não unânime houver reformado, em grau de apelação, a sentença de mérito, ou houver julgado procedente ação rescisória. Se o desacordo for parcial, os embargos serão restritos à matéria objeto da divergência. [Nota do editorial: No CPC/2015, não existe mais a espécie recursal "embargos infringentes".]

47. Lei federal 12.016/2009:
Art. 25. Não cabem, no processo de mandado de segurança, a interposição de embargos infringentes e a condenação ao pagamento dos honorários advocatícios, sem prejuízo da aplicação de sanções no caso de litigância de má-fé. [Vide nota do editorial supra.]

a respeito os seguintes julgados: AgRg no AREsp 3.719 (6ª Turma, j. 24.05.2011); AgRg no Ag 1248723 (4ª T., j. 21.10.2010); AgRg no AgRg nos EREsp 406.948 (1ª Seção, j. 27.04.2005).[48]

Casuística 8: protocolo por fax e apresentação das vias originais. A partir da Lei federal 9.800/99,[49] passou-se a admitir a interposição de recursos via fax, exigindo-se, no entanto, o protocolo da versão original da petição e dos documentos que a instruíram no prazo de 5 (cinco) dias da transmissão. Na hipótese do Recurso Especial ser interposto por fax e não ser feito o protocolo dentro desse prazo, a jurisprudência[50] do STJ é uníssona em reconhecer a intempestividade do recurso.

Casuística 9: protocolo integrado e tempestividade. A questão que se coloca é sobre a possibilidade, ou não, de interposição de recursos dirigidos ao STJ por meio do sistema de protocolo integrado ou descentralizado. Em função da Súmula 256[51] do STJ, a orientação daquela Corte era pelo reconhecimento da intempestividade do Especial protocolado pelo sistema de protocolo integrado. Contudo, no julgamento do AgRg no Ag 792846/SP,[52] a Corte Especial reviu essa orien-

48. Também para combater a jurisprudência defensiva do STJ, o CPC/2015 traz regra nova para a forma de aferição da tempestividade do recurso remetido pelo correio, de maneira que a tempestividade deverá ser avaliada pela data da postagem e não mais do protocolo no Tribunal:
Art. 1.003. [...]
[...]
§ 4º Para aferição da tempestividade do recurso remetido pelo correio, será considerada como data de interposição a data de postagem.

49. Art. 1º É permitida às partes a utilização de sistema de transmissão de dados e imagens tipo fac-símile ou outro similar, para a prática de atos processuais que dependam de petição escrita.

50. AgRg nos EDcl nos EREsp 697.058/RS, Rel. Ministro Castro Meira, 1ª S., j. 23.04.2008, *DJe* 12.05.2008.
AgRg no AREsp 26.575/PR, Rel. Ministro Luis Felipe Salomão, 4ª T., j. 22.11.2011, *DJe* 29.11.2011.

51. "O sistema de 'protocolo integrado' não se aplica aos recursos dirigidos ao Superior Tribunal de Justiça." (Corte Especial, j. 01.08.2001, *REPDJe* 09.06.2008, *DJ* 22.08.2001, p. 338).

52. Rel. Ministro Francisco Falcão, Rel. p/ Acórdão Ministro Luiz Fux, Corte Especial, j. 21.05.2008, *DJe* 03.11.2008.

tação e cancelou a referida Súmula, tendo em vista a alteração na redação do art. 542,[53] do CPC/73, no qual deixou de constar a exigência de que o protocolo se dê "aí"[54] na Secretaria do Tribunal, admitindo o protocolo de recursos direcionados ao STJ pelo sistema integrado quando o Tribunal de origem possui em seu Regimento Interno a regulamentação desse sistema.[55]

3.1.4 Cabimento

O cabimento do recurso está associado à recorribilidade da decisão e enseja a utilização do recurso adequado para atacar a decisão que se pretende reformar/anular/integrar. Em outras palavras, há que se identificar, na legislação processual, (Constitucional e Federal) qual a espécie recursal que ataca aquela dada decisão judicial, bem como se aquela decisão é recorrível, já que o nosso sistema processual civil estabelece que os despachos, que são atos judiciais, não são atacáveis por recurso.[56]

53. Art. 542. Recebida a petição pela secretaria do tribunal, será intimado o recorrido, abrindo-se-lhe vista, para apresentar contrarrazões. – Redação do CPC/1973 com a redação da Lei federal nº 10.352/2001.

54. Art. 542. Recebida a petição pela secretaria do tribunal e aí protocolada, será intimado o recorrido, abrindo-se-lhe vista para apresentar contrarrazões. – Redação do CPC/1973 antes da alteração promovida pela Lei federal 10.352/2001.

55. Diante da redação do art. 1.030 do CPC/2015, tudo indica, que a orientação firmada em função da alteração promovida pela lei federal 10.352/2001 será mantida, pois esse dispositivo também não faz referência a protocolo de recurso "no" Tribunal, contendo um teor muito semelhante ao do art. 542 do CPC/73 na redação da referida Lei de 2001, *verbis*:
Art. 1.030. Recebida a petição do recurso pela secretaria do tribunal, o recorrido será intimado para apresentar contrarrazões no prazo de 15 (quinze) dias, findo o qual os autos serão conclusos ao presidente ou vice-presidente do tribunal recorrido que deverá: [...].

56. Art. 504, CPC/73. Dos despachos não cabe recurso.
Art. 1.001, CPC/2015. Dos despachos não cabe recurso.

As modalidades recursais existentes no âmbito do processo civil (processo não penal) estão previstas taxativamente[57] no Código de Processo Civil. Uma vez que há diferenças entre a "lista" de recursos do CPC/73 e do CPC/2015 optamos por apresentar um quadro comparativo:

CPC/1973	CPC/2015
Apelação	Apelação
Agravo	Agravo de Instrumento
Embargos Infringentes	Agravo Interno
Embargos de Declaração	Embargos de Declaração
Recurso Ordinário	Recurso Ordinário
Recurso Especial	Recurso Especial
Recurso Extraordinário	Recurso Extraordinário
Embargos de Divergência em Recurso Especial	Agravo em Recurso Especial
Embargos de Divergência em Recurso Extraordinário	Agravo em Recurso Extraordinário
	Embargos de Divergência

Ainda prescreve o Código qual o tipo de decisão que cada uma dessas modalidades recursais pode atacar, por exemplo:

– contra a sentença cabe Apelação – art. 513, CPC/1973 e art. 1.009, CPC/2015;

– contra a decisão interlocutória é cabível o Agravo de Instrumento – importante destacar que o CPC/2015 inova ao indicar especificamente quais são as decisões interlocutórias atacáveis por meio de Agravo de Instrumento:

57. Segundo Nelson Nery Júnior, o art. 496 do CPC/73 assegura o princípio da taxatividade dos recursos – *In Teoria geral dos recursos*. 6ª edição. São Paulo: Ed. RT, 2004, p. 49.

Art. 1.015, CPC/2015. Cabe agravo de instrumento contra as decisões interlocutórias que versarem sobre:

I – tutelas provisórias;

II – mérito do processo;

III – rejeição da alegação de convenção de arbitragem;

IV – incidente de desconsideração da personalidade jurídica;

V – rejeição do pedido de gratuidade da justiça ou acolhimento do pedido de sua revogação;

VI – exibição ou posse de documento ou coisa;

VII – exclusão de litisconsorte;

VIII – rejeição do pedido de limitação do litisconsórcio;

IX – admissão ou inadmissão de intervenção de terceiros;

X – concessão, modificação ou revogação do efeito suspensivo aos embargos à execução;

XI – redistribuição do ônus da prova nos termos do art. 373, § 1º;

XII – (Vetado);

XIII – outros casos expressamente referidos em lei.

– contra a decisão proferida por relator cabe Agravo (CPC/73)[58], ou Agravo Interno (CPC/2015),[59] para o órgão colegiado.

Isto porque, rege o sistema recursal o *princípio da singularidade dos recursos ou da unirrecorribilidade*, que significa: para cada ato judicial recorrível há um único recurso cabível previsto no ordenamento.

58. Art. 557. O relator negará seguimento a recurso manifestamente inadmissível, improcedente, prejudicado ou em confronto com súmula ou com jurisprudência dominante do respectivo tribunal, do Supremo Tribunal Federal, ou de Tribunal Superior.
§ 1º-A Se a decisão recorrida estiver em manifesto confronto com súmula ou com jurisprudência dominante do Supremo Tribunal Federal, ou de Tribunal Superior, o relator poderá dar provimento ao recurso.
§ 1º Da decisão caberá agravo, no prazo de cinco dias, ao órgão competente para o julgamento do recurso, e, se não houver retratação, o relator apresentará o processo em mesa, proferindo voto; provido o agravo, o recurso terá seguimento.

59. Art. 1.021, CPC/2015. Contra decisão proferida pelo relator caberá agravo interno para o respectivo órgão colegiado, observadas, quanto ao processamento, as regras do regimento interno do tribunal. [...].

Voltando nossos olhos para o Recurso Especial, suas hipóteses de cabimento estão categoricamente previstas no já transcrito art. 105, III, da CF/1988, e deverão ser demonstradas nas razões recursais, tendo em vista o que dispõe o inciso II, do art. 541, do CPC/73 e o inciso II do art. 1.029, do CPC/2015

> Art. 541 ou 1029. O recurso extraordinário e o recurso especial, nos casos previstos na Constituição Federal, serão interpostos perante o presidente ou o vice-presidente do tribunal recorrido, em petições distintas, que conterão:
>
> [...]
>
> II – a *demonstração do cabimento* do recurso interposto;

Em decorrência dessa exigência, o recorrente de Especial terá que demonstrar:

a) a CONTRARIEDADE PELO ACÓRDÃO RECORRIDO DA DISPOSIÇÃO DE TRATADO OU LEI FEDERAL, caso o recurso seja interposto com fundamento na primeira parte da alínea "a", do inciso III, do art. 105, da CF/88. Na peça de interposição, deve-se expressamente indicar o dispositivo constitucional de cabimento do Especial – artigo, inciso e alínea.

"Contrariar" no referido artigo constitucional significa violar por deficiente interpretação, ensejando a não aplicação da Lei federal ou sua aplicação incorreta ao caso concreto. Nas lições de Bruno Mattos e Silva

> há violação de um dispositivo, seja do seu texto literal, seja do seu sentido, na hipótese em que o acórdão julga aplicável ao caso concreto um dispositivo de lei que não é aplicável ao caso concreto – e assim viola esse dispositivo de lei, uma vez que o aplica ao caso em que ele determina não ser aplicável.[60]

60. SILVA, Bruno Mattos e. *Prequestionamento, Recurso Especial e Recurso Extraordinário* – Roteiro para a Advocacia no STJ e no STF. 1ª ed. Rio de Janeiro: Forense, 2002, p. 37.

Para que o Recurso Especial seja cabível, então, o acórdão efetivamente deverá ter violado o dispositivo de lei federal ou o texto do tratado, do contrário, o recurso não será conhecido por não configurar hipótese de seu cabimento.

É uma questão terminológica: para o STJ, "conhecer" do Especial é admitir que há violação de lei federal ou do tratado, de modo que sua conclusão será no sentido de que o recurso é cabível, o que, por sua vez, enseja o seu provimento em função da violação da lei federal ou do tratado. Porém, afirmando o STJ que não há violação de lei federal ou do tratado, o Recurso Especial não será conhecido, implicando o seu desprovimento e, nessa última hipótese, não há como saber se houve, ou não, a análise do mérito.[61] É exatamente o que parece: a hipótese de cabimento se confunde com o próprio mérito do recurso. O que autoriza que na peça recursal o cabimento e o mérito (demonstração da violação da Lei federal ou do tratado) sejam abordados num mesmo tópico, ou em tópicos separados. Optando-se por trabalhar o tópico do cabimento e do mérito segregadamente, uma estratégia é a de que no tópico do cabimento sejam indicados os dispositivos de lei federal ou o texto do tratado reputado violado e brevemente os fundamentos que justificam a alegação dessa violação pelo acórdão recorrido.

Para melhor compreensão do que foi aludido acerca do conceito de "conhecimento" no Especial, são úteis as seguintes palavras do Ministro Fernando Gonçalves no julgamento do AgRg no REsp 352.745/CE:[62]

> [...] o simples conhecimento pela letra "a" implica, também, no seu provimento, porquanto, conhecer é o mesmo que admitir a alegada vulneração do direito infraconstitucional, vale dizer, provimento.

---

61. EDcl no REsp 613036/RJ, Rel. Ministro Castro Filho, 3ª T., j. 16.09.2004, *DJ* 04.10.2004, p. 295.

62. Rel. Ministro Fernando Gonçalves, 6ª T., j. 06.02.2003, *DJ* 24.02.2003, p. 317.

É essencial que nas razões do recurso seja indicado o dispositivo da Lei federal ou do texto do tratado reputado violado, com a informação do número da lei(s), do(s) artigo(s), inciso(s), alínea(s), bem como os motivos que demonstram a violação da lei federal[63] ou do tratado, ou seja, deve-se atacar cada um dos fundamentos (artigos) invocados no acórdão recorrido, sob pena do Especial não ser conhecido. Na hipótese em que a fundamentação é deficiente, seja por não atacar todos os fundamentos invocados no acórdão recorrido, seja por não terem sido indicados os dispositivos legais ou do tratado reputados infringidos, o STJ vem aplicando a Súmula 284 do STF não admitindo (não conhecendo) o Especial: "é inadmissível o recurso extraordinário, quando a deficiência na sua fundamentação não permitir a exata compreensão da controvérsia".

Ainda para fins de interposição do Recurso Especial, com fundamento na alínea "a", do inciso III, do art. 105, da CF/88, importante saber o que está compreendido no conceito de "Lei federal" e, para tanto, é essencial verificar a jurisprudência[64] do próprio STJ, segundo a qual tal conceito abrange: a Lei (complementar, ordinária ou delegada), a Medida Provisória, o Decreto (autônomo ou regulamentar), o direito estrangeiro.

b) a NEGATIVA DE VIGÊNCIA DA DISPOSIÇÃO DE LEI FEDERAL OU DE TRATADO, caso o recurso seja interposto com fundamento na segunda parte da alínea "a", do inciso III, do art. 105, da CF/88, deve-se demonstrar que determinado dispositivo de Lei federal ou do tratado incidente sobre o caso concreto deixou de ser aplicado.

---

63. AgRg no Ag 284978/SP, Rel. Ministro Antônio de Pádua Ribeiro, 3ª T., j. 21.11.2000, *DJ* 18.12.2000, p. 189.

64. AgRg no Ag 21337/DF, Rel. Ministro Garcia Vieira, 1ª T., j. 10.06.1992, *DJ* 03.08.1992, p. 11261.
REsp 29920/SP, Rel. Ministro Sálvio de Figueiredo Teixeira, 4ª T., j. 25.10.1994, *DJ* 19.12.1994, p. 35319.
REsp 787.396/RS, Rel. Ministro Teori Albino Zavascki, 1ª T., j. 05.05.2009, *DJe* 18.05.2009.
EREsp 663562/RJ, Rel. Ministro Ari Pargendler, Corte Especial, j. 05.12.2007, *DJ* 18.02.2008, p. 21.
REsp 1137441/MG, Rel. Ministra Eliana Calmon, Rel. p/acórdão Ministro Castro Meira, 1ª S., j. 09.06.2010, *DJe* 17.12.2010.

O seguinte precedente do STJ explicita o que esse Tribunal entende por negar vigência à disposição de Lei federal:[65]

> [...] 1 – Nega vigência à Lei federal não só a decisão que afirma não estar a mesma em vigor, mas, também, aquela que deixa de aplicá-la. Inteligência ao art. 105, III, "a", da Constituição Federal. [...] (REsp 243.413/RS, Rel. Ministro Jorge Scartezzini, QUINTA TURMA, j. 16.03.2000, *DJ* 02.05.2000, p. 172).

À época em que a competência para a análise da contrariedade e negativa de vigência de Lei federal era do STF,[66] nas palavras do Ministro Aliomar Baleeiro, encontramos excelente manifestação para compreender o conceito de "negar vigência" que podem ser aplicadas agora ao Recurso Especial e, por isso, são reproduzidas abaixo:

> Nega vigência de lei federal não só a decisão que afirma não estar ela em vigor, porque já não vigora ou ainda não vigora, mas também a que não a aplica, quando é ela a aplicável, ou pretendendo ou fingindo aplicá-la, faz o frontalmente oposto do que diz, na letra e no espírito, o texto traído.[67]

Por fim, destaque-se que o STJ não admite (não conhece) o Recurso Especial fundado em alegação de negativa de vigência de Súmula[68] ou de Resolução[69] por reputar que o preceito desses atos normativos não está contido no conceito de lei federal.

---

65. Vide ainda a respeito da distinção do conceito de violação de lei e negativa de vigência o REsp 4859/SP, Rel. Min. Cláudio Santos, 3ª T., j. 25/09/1990, *DJ* 22.10.1990, p. 11667.

66. Relembremos que o STJ absorveu, a partir da CF/1988, parte da competência que era do STF até então, já que a ele foi outorgada aptidão para julgar as causas em que se debatam a Lei federal.

67. RE 64810 embargos, Relator(a): Min. Aliomar Baleeiro, Tribunal Pleno, j. 16.04.1969, *DJ* 29.12.1969, pp.

68. AgRg no REsp 997.230/RS, Rel. Ministra Denise Arruda, 1ª T., j. 20.10.2009, *DJe* 16.11.2009.
REsp 903047/PR, Rel. Ministro Humberto Martins, 2ª T., j. 20.03.2007, *DJ* 30.03.2007, p. 303.

69. REsp 445.821/DF, Rel. Ministra Denise Arruda, 1ª T., j. 12.12.2006, *DJ* 01.02.2007, p. 393.

c) que o ACÓRDÃO PRESTIGIOU O ATO DE GOVERNO LOCAL CONTESTADO EM FACE DE LEI FEDERAL, quando o recurso for interposto com fundamento na alínea "b", do inciso III, do art. 105, da CF/88. Nesse caso, nas razões do Especial, o recorrente deverá demonstrar que o acórdão atacado privilegiou o conteúdo do ato de governo local em detrimento da norma federal, que assume posição de proeminência em relação a determinadas matérias de competência estadual, municipal ou do Distrito Federal. Deve-se indicar expressamente qual a disposição do ato de governo local que prevaleceu em relação à regra da lei federal, sob pena do Especial não ser conhecido.[70]

O conceito de "ato de governo local" deve ser compreendido a partir do conceito de "lei federal", pois, nesse último, estão compreendidos os decretos regulamentares consoante orientação da jurisprudência do STJ[71]. Assim, pode-se dizer que para fins de interposição do Especial com fundamento na alínea "b", do inciso III, do art. 105, da CF/1988 "ato de governo local" será aquele ato praticado por agentes públicos estaduais, municipais ou do Distrito Federal, dotado de certa parcela de poder, como os governadores, os prefeitos, os secretários de governo, que não está inserido no conceito de "lei federal". É um conceito por exclusão, já que não há definição legal e nem a jurisprudência o fixa.

d) a DIVERGÊNCIA DE INTERPRETAÇÃO DE LEI FEDERAL DADA PELO ACÓRDÃO, caso em que o Recurso Especial é interposto com fundamento na alínea "c", do inciso III, do art. 105, da CF/88. Essa hipótese de cabimento deixa nítida a função de dar unicidade à interpretação da lei federal dessa espécie recursal.

O que primeiramente merece destaque é: a divergência na análise da lei federal deve ser entre acórdãos proferidos por Tribunais distintos, é o que dispõe a Súmula 13, do STJ: "a divergência entre julgados do mesmo tribunal não enseja

70. REsp 810.175/RS, Rel. Ministra Eliana Calmon, 2ª T., j. 17.11.2009, *DJe* 02.12.2009.

71. REsp 1134220/SP, Rel. Ministro Cesar Asfor Rocha, 2ª T., j. 09.08.2011, *DJe* 06.09.2011.

recurso especial". Isto porque, a expressão *"outro tribunal"* do referido inciso compreende qualquer Tribunal que não o prolator do acórdão recorrido, inclusive o STJ, consoante sua jurisprudência[72] e do STF.[73]

Para demonstração da divergência é suficiente a apresentação de um único acórdão que tenha dado interpretação diversa daquela consagrada no acórdão recorrido, entretanto, é necessário que o pronunciamento do acórdão paradigma tenha sido mantido no STJ, ou seja, que a divergência não tenha sido superada naquela Corte, à luz do que estabelece a sua Súmula 83.[74]

Deve o recorrente comprovar analiticamente a divergência, não sendo suficiente transcrever a ementa de acórdãos,[75] já que o art. 255, § 2º,[76] do Regimento Interno do STJ, impõe como requisito formal a transcrição de passagem dos acórdãos (voto e relatório) que demonstrem a convergência fática e a aplicação dissonante da mesma Lei federal. Aqui cabe frisar que a comprovação da divergência na aplicação da Lei

---

72. REsp 74370/ES, Rel. Ministro Eduardo Ribeiro, TERCEIRA TURMA, j. 09.10.1995, *DJ* 20.11.1995, p. 39590.
AgRg no Ag 57.737/DF, Rel. Ministro Adhemar Maciel, Rel. p/ Acórdão Ministro Luiz Vicente Cernicchiaro, 6ª T., j. 15.08.1996, *DJ* 02.12.1996, p. 47726.

73. "Nada impede o conhecimento de recurso especial por divergência entre o acórdão recorrido e outro originário do próprio Superior Tribunal de Justiça. Não ascende ao nível constitucional (art. 5º, LIV) a controvérsia de natureza processual sobre a configuração de erro material." (RE 229227, Relator(a): Min. Octavio Gallotti, 1ª T., j. 09.02.1999, *DJ* 28.05.1999, pp-00027, Ement vol-01952-10, pp-02010).

74. "Não se conhece do recurso especial pela divergência, quando a orientação do Tribunal se firmou no mesmo sentido da decisão recorrida." (Súmula 83, Corte Especial, j. 18.06.1993, *DJ* 02.07.1993, p. 13283)

75. REsp 1249734/SP, Rel. Ministro Mauro Campbell Marques, 2ª T., j. 01.09.2011, *DJe* 08.09.2011.
REsp 938.536/RO, Rel. Ministro Castro Meira, 2ª T., j. 09.08.2011, *DJe* 01.09.2011.

76. Art. 255. [...]
[...]
§ 2º. Em qualquer caso, o recorrente deverá transcrever os trechos dos acórdãos que configurem o dissídio, mencionando as circunstâncias que identifiquem ou assemelhem os casos confrontados.

federal, segundo a orientação do STJ,[77] necessita pautar-se na revelação da similitude dos fatos descritos no caso recorrido e no acórdão paradigma para que seja constatado o tratamento dispare na aplicação da mesma lei federal, sob pena do Especial não ser conhecido. Com o recurso deverá ser juntada, ou cópia autenticada (integral) do acórdão paradigma, ou certidão, ou ser citado o repositório oficial ou credenciado em que foi obtido o acórdão, e quando obtido em mídia eletrônica deverá ser reproduzido[78] integralmente na peça recursal com a indicação da respectiva fonte (parágrafo único[79] do art. 541 do CPC/73).

O CPC/2015 reforça o que já estava previsto no CPC/73 acerca da demonstração analítica dos julgados confrontados, estabelecendo que é obrigatória a demonstração das circunstâncias fáticas que identificam ou assemelham os casos.[80]

---

77. REsp 468.221/DF, Rel. Ministra Denise Arruda, 1ª T., j. 24.06.2008, *DJe* 14.08.2008.
AgRg no REsp 909.113/RS, Rel. Ministro Paulo De Tarso Sanseverino, 3ª T., j. 26.04.2011, *DJe* 02..05.2011.
AgRg no Ag 1315862/PR, Rel. Ministro Ricardo Villas Bôas Cueva, 3ª T., j. 18.10.2011, *DJe* 21.10.2011.
AgRg no REsp 1144647/ES, Rel. Ministro Castro Meira, 2ª T., j. 07.12.2010, DJe 14.02.2011.

78. Para não tornar a peça recursal extensa, pragmaticamente, sugere-se a impressão da cópia integral do acórdão obtido na *internet* e a indicação do *link* do Tribunal em que ele foi obtido no momento em que a ementa for transcrita no recurso, data da obtenção do documento e o link oficial do Tribunal.

79. Art. 541. [...]
Parágrafo único. Quando o recurso fundar-se em dissídio jurisprudencial, o recorrente fará a prova da divergência mediante certidão, cópia autenticada ou pela citação do repositório de jurisprudência, oficial ou credenciado, inclusive em mídia eletrônica, em que tiver sido publicada a decisão divergente, ou ainda pela reprodução de julgado disponível na Internet, com indicação da respectiva fonte, mencionando, em qualquer caso, as circunstâncias que identifiquem ou assemelhem os casos confrontados.

80. (CPC/2015) Art. 1029. [...]
§ 1º. Quando o recurso fundar-se em dissídio jurisprudencial, o recorrente fará a prova da divergência com a certidão, cópia ou citação do repositório de jurisprudência, oficial ou credenciado, inclusive em mídia eletrônica, em que houver sido publicado o acórdão divergente, ou ainda com a reprodução de julgado disponível na rede mundial de computadores, com indicação da respectiva fonte, devendo-se, em qualquer caso, mencionar as circunstâncias que identifiquem ou

Um aspecto interessante e inovador do CPC/2015, posteriormente revogado pela Lei federal nº 13.256/2015 dizia à impossibilidade de os julgadores inadmitirem o Recurso Especial, interposto com fundamento na divergência de interpretação, com base em fundamento genérico de que não há identidade entre as circunstâncias fáticas, sem minimamente apontar a distinção. É o que estava prescrito no §2º[81] do seu art. 1.029. Tratava-se de mais uma disposição do CPC/2015 que confirmava a intenção do legislador de integrar ao nosso ordenamento jurídico o sistema de precedentes, no qual *as situações fáticas* devem ser confrontadas para que o magistrado defina se tal ou qual entendimento firmado em instância superior, seja por meio de recursos repetitivos ou via incidente de resolução de demandas repetitivas, poderá ser utilizado como fundamento para o pronunciamento judicial.

Importante destacar que: fatos idênticos, mas que tenham tratamento jurídico diverso devido à alteração das leis a eles aplicáveis, geram questões jurídicas também distintas,[82] não havendo que se falar em divergência[83] dos respectivos julgamentos diante da ausência de identidade da lei em relação à qual se sustenta a aplicação antagônica.[84]

---

assemelhem os casos confrontados.

81. Art. 1029. [...]
[...]
§ 2o (Revogado pela Lei 13.256/2016).

82. SILVA, Bruno Mattos e, *Op. Cit*, p. 43.

83. AgRg no REsp 733.655/PR, Rel. Ministro Mauro Campbell Marques, 2ª T., j. 09.02.2010, *DJe* 26.02.2010.
REsp 761.121/RS, Rel. Ministro Herman Benjamin, 2ª T., j. 27.02.2007, *DJ* 19.12.2007, p. 1202.

84. Afirma Bruno Mattos e Silva sobre essa questão: "é de se notar que não se presta à configuração de divergência o acórdão que tiver apreciado uma questão, aplicando determinada lei, em face de outro acórdão que, apreciando a questão, aplicou outra lei, caso os fatos questionados sejam de períodos de vigência das leis distintos." – *Ibidem*, p. 42.

Não pode ser olvidada a necessidade de indicação do dispositivo de Lei federal objeto da divergência[85] sob o risco do Especial deixar de ser conhecido.

A peça do Especial interposto com fundamento na divergência é complexa sem dúvida, não só pela necessidade de ser demonstrada analiticamente a divergência fática e jurídica, mas, também, pelo fato de que nela devem ser demonstradas as razões que ensejam a necessidade de prevalência da orientação fixada no paradigma e não aquele contida no acórdão recorrido. Como bem relembra Leonardo Castanho Mendes;[86]

> Quando se diz, por exemplo, que o recurso especial, de competência do STJ, cabe também para rever acórdãos fundados em interpretação de lei federal diversa da que lhe haja dado outro tribunal, o que há de implícito nessa afirmação é que o recorrente, para conseguir reverter a decisão que lhe tenha sido desfavorável, além de simplesmente demonstrar que a Corte recorrida divergira do entendimento de outra, terá evidentemente de convencer o STJ de que a interpretação dada pela decisão paradigma é a melhor, o que pressupõe, claro está, a afirmação de que o tribunal de cuja decisão se recorre, ao recusar a firmar a melhor interpretação acabou por violar a vontade da lei.

Da conclusão da assertiva do autor citado, para evitar surpresas, recomenda-se: sempre que o Recurso Especial for interposto com fundamento na alínea "c", do inciso III, do art. 105, da CF/1988, interpô-lo também com fundamento na alínea "a", porque o STJ ao conhecer do recurso pela alínea "c", indiretamente, estará dizendo também que a interpretação dada à Lei federal pelo acórdão recorrido não foi adequada, ou seja, que houve violação a dispositivo de Lei federal.

Não é demais apontar, por fim, que o Recurso Especial interposto com fundamento no art. 105, III, "c", da CF/88 pode

---

85. REsp 1190834/ES, Rel. Ministra Eliana Calmon, 2ª T., j. 01.06.2010, *DJe* 17.06.2010. AgRg no AG 1291077/RJ, Rel. Ministro Humberto Martins, 2ª T., j. 08.06.2010, *DJe* 24.06.2010.

86. *Op. Cit.*, pp.107/108.

ser conhecido, por ter observado os requisitos de admissibilidade, e improvido, hipótese em que o órgão julgador conclui que a tese do acórdão recorrido é a correta, mas, também, pode rematar que a tese do acórdão paradigma é a incorreta, de maneira que o Recurso Especial será conhecido e provido.

Casuística 1: na hipótese em que o precedente apontado como paradigma é do próprio STJ é possível indicar apenas a página do *site* e o número da página do Diário de Justiça em que o acórdão foi publicado.[87] Atualmente, com a publicação eletrônica, esse entendimento tende a perder o sentido, mas, ainda permanece útil quando o precedente do STJ utilizado como paradigma tenha sido publicado antes da entrada em vigor da legislação sobre a publicação eletrônica de decisões.

Casuística 2: na hipótese em que o precedente apontado como paradigma é do próprio STJ é dispensada a indicação do repositório oficial.[88]

Casuística 3: em casos de divergência notória, o STJ dispensa o cotejo analítico da dissensão com a transcrição de partes do relatório, do voto e a indicação do repositório oficial, abrandando sua exigência,[89] entretanto, não afasta o dever do recorrente de demonstrar a inegável notoriedade do dissídio.[90] Ressalte-se que a jurisprudência não é pacífica sobre esta questão, de modo que merece precaução a interposição do Especial nos moldes do caso retratado.

---

87. RESP 327687/SP, Rel. Min. Ruy Rosado de Aguiar, 4a T., *DJ* 15.04.2002.

88. EREsp 430810/MS, Rel. Ministro José Arnaldo da Fonseca, Rel. p/ Acórdão Ministro Fernando Gonçalves, Corte Especial, j. 01.07.2004, *DJ* 09.02.2005, p. 181.

89. REsp 730.934/DF, Rel. Ministra Laurita Vaz, 5ª T., j. 04.08.2011, *DJe* 22.08.2011.
AgRg no Ag 960.652/RJ, Rel. Ministro Jorge Mussi, 5ª T., j. 19.06.2008, *DJe* 04.08.2008.
EREsp 222525/MA, Rel. Ministro Humberto Gomes De Barros, Corte Especial, j. 06.12.2000, *DJ* 19.03.2001, p. 71.

90. AgRg nos EREsp 690.545/ES, Rel. Ministro João Otávio de Noronha, Corte Especial, j. 18.11.2009, *DJe* 30.11.2009.
AgRg nos EREsp 332972/PI, Rel. Ministro Hamilton Carvalhido, Corte Especial, j. 04.08.2004, *DJ* 13.12.2004, p. 190.

Casuística 4: em caso de divergência entre acórdão e Súmula, o STJ não admite o Recurso Especial se houver a mera transcrição do conteúdo da Súmula, exigindo o cotejo analítico com os precedentes que culminaram na Súmula.[91]

Casuística 5: é possível a demonstração de dissídio entre acórdão do extinto Tribunal Federal de Recursos (TFR)? A orientação do STJ não é pacífica a respeito do assunto, existem antigos precedentes do STJ admitindo[92] o Especial nesses termos, especialmente no início de sua atividade para evitar que o jurisdicionado não restasse prejudicado pela ausência de julgados divergentes, bem como não admitindo.[93] O STF chegou a admitir o cabimento de Recurso Especial pela divergência com paradigma do extinto TFR,[94] quando tinha competência para tratar do que hoje está sob atribuição do STJ.

Casuística 6: é possível a demonstração de dissídio entre acórdão do STF que tenha decidido questão de Lei federal antes do funcionamento do STJ? Na doutrina, sustenta-se que sim, desde que a matéria seja infraconstitucional, uma vez que essa competência foi repassada ao STJ com a promulgação da CF/88. Entretanto, não encontramos precedente

---

91. REsp 338474/PE, Rel. Ministro Francisco Peçanha Martins, 2ª T., j. 06.05.2004, *DJ* 30.06.2004, p. 287.
REsp 469238/SP, Rel. Ministro Jorge Scartezzini, 5ª T., j. 25.02.2003, *DJ* 22.04.2003, p. 265.

92. EREsp 939/PE, Rel. Ministro Cesar Asfor Rocha, 1ª S. j. 12.04.1994, *DJ* 06.06.1994, p. 14198.
REsp 27971/RJ, Rel. Ministro José De Jesus Filho, 2ª T., j. 20/10/1993, DJ 25.04,1994, p. 9232.
REsp 48.572/DF, Rel. Ministro Cesar Asfor Rocha, 1ª T., j. 01.06.1994, *DJ* 27.06.1994, p. 16934.

93. AgRg no REsp 983.904/DF, Rel. Ministro Humberto Martins, 2ª T., j. 06.12.2007, *DJ* 14.12.2007, p. 396.
AgRg no REsp 38.096/SP, Rel. Ministro Demócrito Reinaldo, 1ª T., j. 22.11.1993, *DJ* 07.02.1994, p. 1142.

94. "A extinção do Tribunal Federal de Recursos não invalida a força de jurisprudência de seus acórdãos, para que permaneçam servindo de padrão de divergência, de modo a ensejar o cabimento de recurso especial (art. 105, III, "c", da Constituição)." (AI 142522 AgR, Relator(a): Min. Octavio Gallotti, 1ª T., j. 28.04.1992, *DJ* 22.05.1992, pp-07218, Ement Vol-01662-03, pp-00545. *RTJ* VOL-00141-02, pp-00665).

do STJ tratando da questão, de modo que, pragmaticamente, não é recomendável a utilização de paradigmas do STF exclusivamente.

3.1.5 Regularidade formal

A regularidade formal do Recurso Especial está relacionada com a forma básica de elaboração da petição recursal, nos termos do art. 541 do CPC/173 e art. 1.029 do CPC/2015.

Tem o recorrente de Especial que demonstrar, portanto, a "área" litigiosa do recurso, "contar a história" do processo incluindo o conteúdo das decisões judiciais e a exposição dos fundamentos que justificam a alegação de malferimento das disposições de Lei federal, de aplicação da lei local em detrimento do conteúdo da Lei federal e, tratando-se do recurso interposto com fundamento na alínea "c", do inciso III, do art. 105, da CF/1988, a demonstração analítica da divergência.

Devem ser impugnados todos[95] os fundamentos do acórdão recorrido, sob pena do Especial não ser conhecido por ausência de interesse de recorrer, caso em que o STJ aplica a Súmula 283,[96] do STF.

Na hipótese em que o acórdão recorrido está assentado em duplo fundamento (constitucional e infraconstitucional), o Recurso Extraordinário deve ser interposto simultaneamente ao Recurso Especial, senão nenhum dos dois recursos será conhecido, tendo em vista a jurisprudência pacífica do STJ consagrada em sua Súmula 126[97] (e a do STF que não será abordada neste trabalho).

---

95 REsp 1121605/PR, Rel. Ministro Mauro Campbell Marques, 2ª T., j. 17/06/2010, *DJe* 30.06.2010.
REsp 715.851/SP, Rel. Ministro Castro Meira, 2ª T., j. 08.03.2005, *DJ* 23.05.2005, p. 247.

96. "É inadmissível o recurso extraordinário, quando a decisão recorrida assenta em mais de um fundamento suficiente e o recurso não abrange todos eles."

97. "É inadmissível recurso especial, quando o acordão recorrido assenta em fundamentos constitucional e infraconstitucional, qualquer deles suficiente, por si só, para mantê-lo, e a parte vencida não manifesta recurso extraordinário." (Súmula

Está inserido, nesse pressuposto genérico de admissibilidade do Recurso Especial, em função da necessidade de revelação do cabimento do recurso na peça, a indicação expressa do dispositivo constitucional que ensejou o recurso com o respectivo inciso e alínea, bem como o número da lei(s), do(s) artigo(s), inciso(s), alínea(s) da disposição de lei federal reputada violada e, tratando-se de recurso interposto com fundamento na alínea "b", do inciso III, do art. 105, da CF/1988, a indicação completa dos dispositivos da lei local.[98] Esse aspecto formal da petição do Recurso Especial, quando não observado, consoante a jurisprudência do STJ, dá ensejo à aplicação da Súmula 284 do STF, segundo a qual "é inadmissível o recurso extraordinário, quando a deficiência na sua fundamentação não permitir a exata compreensão da controvérsia".

Ainda em relação aos aspectos formais do Especial, a jurisprudência[99] do STJ é rigorosíssima quanto à necessidade do signatário da peça recursal ter procuração (ou substabelecimento) nos autos, considerando inexistente o recurso interposto por advogado sem procuração: *"Súmula 155 - na instância Especial é inexistente recurso interposto por advogado sem procuração nos autos"* (Corte Especial, j. 27.10.94, *DJ* 07.11.1994 p. 30050). Inclusive, a orientação do STJ não dá oportunidade ao advogado regularizar sua representação processual posteriormente à interposição do recurso, chegando a afastar a aplicação do art. 13,[100] do CPC/73 (art. 76[101]

126, Corte Especial, j. 09.03.1995, *DJ* 21.03.1995, p. 6369)

98. AgRg no Ag 12.797/PE, Rel. Ministro Claudio Santos, 3ª T., j. 17.09.1991, *DJ* 28.10.1991, p. 15257.

99. AgRg no REsp 1265604/RS, Rel. Ministro Luis Felipe Salomão, 4ª T., j. 25.10.2011, *DJe* 03.11.2011.
EREsp 899436/SP, Rel. Ministro José Delgado, Rel. p/ Acórdão Ministra Eliana Calmon, 1ª S., j. 14.11.2007, *DJ* 19.12.2007, p. 1139.

100. Art. 13. Verificando a incapacidade processual ou a irregularidade da representação das partes, o juiz, suspendendo o processo, marcará prazo razoável para ser sanado o defeito.
[...].

101. Art. 76. Verificada a incapacidade processual ou a irregularidade da represen-

CPC/2015) – é a tão conhecida "jurisprudência defensiva"). Somente na hipótese do advogado do recorrente protestar, na peça do Especial, pela juntada dos documentos de sua representação processual, nos termos do art. 37 do CPC/73,[102] que é admitida[103] a regularização.

Em mais uma tentativa de combater a "jurisprudência defensiva" dos Tribunais Superiores, o CPC/2015 autoriza que o STJ e o STF (i) desconsiderem vício formal de recurso e julguem-no ou (ii) determinem a correção, desde que o recurso seja tempestivo e o vício não seja reputado grave.[104]

3.1.6 Preparo Recursal e Porte de Remessa e Retorno

Muito embora o tema do preparo pudesse ser tratado juntamente com a abordagem da regularidade formal, no tópico imediatamente anterior, optamos por tratá-lo separadamente em função de sua importância.

---

tação da parte, o juiz suspenderá o processo e designará prazo razoável para que seja sanado o vício.
[...].

102. O CPC/2015 possui artigo semelhante a este do CPC/1973:
Art. 104. O advogado não será admitido a postular em juízo sem procuração, salvo para evitar preclusão, decadência ou prescrição, ou para praticar ato considerado urgente.
§ 1º Nas hipóteses previstas no caput, o advogado deverá, independentemente de caução, exibir a procuração no prazo de 15 (quinze) dias, prorrogável por igual período por despacho do juiz.
§ 2º O ato não ratificado será considerado ineficaz relativamente àquele em cujo nome foi praticado, respondendo o advogado pelas despesas e por perdas e danos.

103. AgRg no RMS 34.102/PA, Rel. Ministro Sidnei Beneti, 3ª T., j. 22/11/2011, *DJe* 05.12.2011.
EREsp 1127424/CE, Rel. Ministro Herman Benjamin, 1ª S., j. 14/03/2011, *DJe* 19.04.2011.
EREsp 720277/PE, Rel. Ministro Teori Albino Zavascki, 1ª S., j. 23.08.2006, DJ 11.09.2006, p. 225.

104. "Art. 1.029. [...]
§ 3º O Supremo Tribunal Federal ou o Superior Tribunal de Justiça poderá desconsiderar vício formal de recurso tempestivo ou determinar sua correção, desde que não o repute grave."

O art. 511,[105] do CPC/73 e o art. 1.007,[106] do CPC/2015, estabelecem que é no ato de interposição do recurso que o recorrente deve fazer prova do recolhimento do preparo e do porte de remessa e retorno.

Desde 27.03.2008, data em que entrou em vigor a Lei federal 11.636/2007, o STJ exige o pagamento de preparo[107] para interposição de recursos de sua competência; sendo, até então, devido apenas o porte de remessa e retorno. O montante deverá ser identificado em Resolução publicada anualmente pelo STJ, uma vez que esse valor do preparo deve ser corrigido a cada ano tal como prevê o parágrafo único[108] do art. 2º da referida lei. Por sua vez, o porte de remessa e retorno é exigido com fundamento no art. 41-B,[109] da Lei federal 8.038/90, alterada pela Lei federal 9.756/98.

Para os processos eletrônicos, o CPC/215 expressamente dispensa o dever de o recorrente efetuar o recolhimento do porte de remessa e retorno:

---

105. Art. 511. No ato de interposição do recurso, o recorrente comprovará, quando exigido pela legislação pertinente, o respectivo preparo, inclusive porte de remessa e de retorno, sob pena de deserção.

106. Art. 1.007. No ato de interposição do recurso, o recorrente comprovará, quando exigido pela legislação pertinente, o respectivo preparo, inclusive porte de remessa e de retorno, sob pena de deserção.

107. Art. 1º Esta Lei dispõe sobre a incidência e a cobrança das custas devidas à União que tenham como fato gerador a prestação de serviços públicos de natureza forense, no âmbito do Superior Tribunal de Justiça, nos processos de competência originária ou recursal.

108. Art. 2º Os valores e as hipóteses de incidência das custas são os constantes do Anexo desta Lei.
Parágrafo único. Os valores das custas judiciais do Superior Tribunal de Justiça constantes das Tabelas do Anexo desta Lei serão corrigidos anualmente pela variação do Índice Nacional de Preços ao Consumidor Amplo - IPCA, do IBGE, observado o disposto no art. 15 desta Lei.

109. Art. 41-B. As despesas do porte de remessa e retorno dos autos serão recolhidas mediante documento de arrecadação, de conformidade com instruções e tabela expedidas pelo Supremo Tribunal Federal e pelo Superior Tribunal de Justiça.

Art. 1.007. [...]

§ 3º.-É dispensado o recolhimento do porte de remessa e de retorno no processo em autos eletrônicos.

Sob a vigência do CPC/73, não sendo comprovado, no ato de interposição do recurso, o pagamento do preparo e do porte de remessa e retorno,[110] o Recurso Especial sempre foi julgado deserto,[111] não sendo sequer dada oportunidade para o patrono sanar o equívoco.

Por sua vez, para a hipótese em que é constatado o recolhimento abaixo do devido do preparo e/ou de porte de remessa e retorno, a jurisprudência do STJ admite a intimação da parte recorrente para complementação em 5 (cinco) dias, tendo em vista o que dispõe o § 2º,[112] do art. 511 do CPC/73; mas encerrado esse prazo sem a devida providência do recorrente, será aplicada a pena de deserção.[113]

O CPC/2015 em mais uma tentativa de combater essa "jurisprudência defensiva" permite a comprovação posterior do pagamento, mas, determina que, no caso de não comprovação do pagamento do preparo e do porte de remessa e retorno no ato de interposição do recurso, o recolhimento seja feito em dobro pelo patrono da causa, aí sim sob pena de deserção. Mas não é só o que o legislador de 2015 estabeleceu, já que

---

110. "É deserto o recurso interposto para o Superior Tribunal de Justiça, quando o recorrente não recolhe, na origem, a importância das despesas de remessa e retorno dos autos." (Súmula 187, Corte Especial, j. 21.05.1997, *DJ* 30.05.1997 p. 23297)

111. AgRg no REsp 1182906/RN, Rel. Ministro Arnaldo Esteves Lima, 1ª T., j. 01.09.2011, *DJe* 09.09.2011.
REsp 1126639/SE, Rel. Ministro Luis Felipe Salomão, 4ª T., j. 21.06.2011, *DJe* 01.08.2011.

112. Art. 511. [...]
§ 2º A insuficiência no valor do preparo implicará deserção, se o recorrente, intimado, não vier a supri-lo no prazo de cinco dias. [Nota do editorial: o art. 511 do CPC/73 tem correspondência no art. 1.007, §2º, do CPC/2015.]

113. AgRg no REsp 1164939/SP, Rel. Ministro RAUL ARAÚJO, QUARTA TURMA, j. 18/08/2011, DJe 19/09/2011.
AgRg no REsp 953.864/DF, Rel. Ministro HUMBERTO MARTINS, SEGUNDA TURMA, j. 18.09.2007, *DJ* 27.09.2007, p. 253.

veda a possibilidade de complementação, caso o recolhimento juntado ao processo depois da interposição do recurso seja parcial:

> Art. 1.007. [...]
>
> § 4º O recorrente que não comprovar, no ato de interposição do recurso, o recolhimento do preparo, inclusive porte de remessa e de retorno, será intimado, na pessoa de seu advogado, para realizar o recolhimento em dobro, sob pena de deserção.
>
> § 5º É vedada a complementação se houver insuficiência parcial do preparo, inclusive porte de remessa e de retorno, no recolhimento realizado na forma do § 4º.

Casuística 1: exigência do Tribunal de segunda instância para que o recolhimento do porte de remessa e retorno seja efetuado em agência definida por ato interno. A jurisprudência do STJ diverge sobre a possibilidade,[114] ou não,[115] da guia ser paga em agência bancária distinta daquela fixada em ato normativo interno do Tribunal de Apelação. Sugestão: sempre recolher na agência definida no ato do Tribunal para não correr o mínimo risco de vir a ser decretada a deserção do Recurso Especial.

Casuística 2: momento da comprovação do recolhimento do preparo e do porte de remessa e retorno fixado no Regimento Interno de Tribunal de segunda instância distinto da regra contida no art. 511, do CPC/73. Deve ser observada a regra contida no CPC (seja ele o de 1973, ou o de 2015), uma vez que prevalece a Lei em relação a ato normativo de inferior hierarquia,[116] por isso a prova do pagamento deve ser feita no ato de interposição do recurso.

---

114. AgRg no Ag 636159/SP, Rel. Ministro Luiz Fux, 1ª T., j. 11.10.2005, *DJ* 24.10.2005, p. 182.

115. AgRg no Ag 573395/SP, Rel. Ministro Aldir Passarinho Junior, 4ª T., j. 05.10.2004, *DJ* 13.12.2004, p. 368.

116. EREsp 488304/MA, Rel. Ministro Luiz Fux, Corte Especial, j. 19.11.2008, *DJe* 04.08.2009.

Casuística 3: formalidades no preenchimento da guia de preparo e de porte de remessa e retorno. Deve-se atentar para todas as exigências formais no preenchimento da guia[117] nos termos da Resolução do STJ que for aplicável no momento da interposição do Especial, sob pena de o recurso ser reputado deserto e, com isso, não chegar a ser conhecido.[118] Tais requisições formais, no momento da elaboração deste trabalho são: (i) utilização da Guia de Recolhimento da União (GRU) para pagamento das custas e do porte de remessa e retorno; (ii) código de receita indicado em ato do STJ; (iii) indicação do CNPJ/CPF e o nome da parte autora do recurso; (iv) indicação do número do processo no Tribunal de origem.

Esta orientação do STJ encontrou forte resistência na comunidade jurídica, uma vez que consagrava um excesso de formalismo do STJ com a decretação da deserção "automática", desta forma, o legislador de 2015 em boa hora, ciente desta equívoca e repudiável jurisprudência, estabeleceu disposição que autoriza o relator do recurso a concessão de prazo de 5 (cinco) dias para que eventual equívoco seja corrigido:

> Art. 1.007. [...]
>
> [...]
>
> § 7º. O equívoco no preenchimento da guia de custas não implicará a aplicação da pena de deserção, cabendo ao relator, na hipótese de dúvida quanto ao recolhimento, intimar o recorrente para sanar o vício no prazo de 5 (cinco) dias.

3.2 Pressupostos específicos de admissibilidade do Recurso Especial

117. EREsp 820539/ES, Rel. Ministro Castro Meira, Corte Especial, j. 02.08.2010, *DJe* 23/08.2010.

118. AgRg no REsp 924942/SP, Rel. Ministro Mauro Campbell Marques, Corte Especial, j. 03.02.2010, *DJe* 18.03.2010.
AgRg nos EREsp 928672/SP, Rel. Ministra Laurita Vaz, Corte Especial, j. 06.10.2010, *DJe* 11.11.2010.

3.2.1 Esgotamento prévio das vias ordinárias

Fala-se em esgotamento das vias ordinárias, uma vez que o inciso III, do art. 105, da CF/88 somente admite o Especial na hipótese de "causas decididas" em única ou última instância, ou seja, em processos nos quais não é mais cabível qualquer tipo de recurso ao Tribunal de Justiça/Tribunal Regional Federal.[119] Consoante Rafael Bicca Machado:[120]

> A regra, portanto, é que só será possível a interposição do especial depois de esgotados todos os recursos ordinários, pois "a característica fundamental da decisão de última instância é a inexistência de possibilidade de o recorrente impugnar a decisão por meio de qualquer recurso de cunho ordinário".

Ou, como preleciona Leonardo Castanho Mendes, "enquanto for possível sanar as violações à ordem jurídica total mediante recursos destinados às instâncias locais, não será cabível o recurso excepcional." [121]

Desta forma, consoante a jurisprudência do STJ, se for cabível qualquer recurso contra o acórdão/decisão proferido na instância inferior ainda não poderá ser instaurada a instância especial.[122] Para essa hipótese, vem sendo aplicada a Súmula 281, do STF, que assim dispõe: "é inadmissível o recurso extraordinário, quando couber na justiça de origem, recurso ordinário da decisão impugnada".

Casuística 1: julgamento monocrático de recurso na segunda instância, seja ele a Apelação, os Embargos de Declaração

---

119. Nos termos da Súmula 203 do STJ "não cabe recurso especial contra decisão proferida por órgão de segundo grau dos Juizados Especiais", porque a segunda instância desses órgãos não está inserida no conceito de Tribunal do dispositivo constitucional.

120. *In Recurso Especial* - Doutrina, Jurisprudência e Prática. 1ª ed., São Paulo: Quartier Latin, pp. 55/56.

121. *Op. Cit.*, p. 136.

122. REsp 943.747/SC, Rel. Min. Carlos Fernando Mathias (juiz convocado do TRF 1ª Região), 2ª T., j. 06.05.2008, *DJe* 16.05.2008.

ou os Embargos Infringentes[123] (no CPC/73). Prevaleceu no âmbito do STJ o entendimento de que a parte deve interpor Agravo Legal contra a decisão que monocraticamente julga o recurso com base no art. 557, do CPC/73 (Agravo Interno, no CPC/2015), sob pena do Especial não ser admitido.[124] Apenas para conhecimento do leitor, é possível encontrar alguns julgados[125] no STJ admitindo o Recurso Especial contra decisão monocrática, entretanto, essa orientação está superada atualmente, exigindo-se a interposição do Agravo Legal (no CPC/73) sob pena de não conhecimento do Especial. O voto da Min. Eliana Calmon proferido no Recurso Especial 374.406/RS[126] muito bem justificava a orientação que concluía pelo cabimento do Especial contra decisão monocrática, e, por isso, vale a transcrição, mas infelizmente acabou não prevalecendo no STJ:

> a decisão isolada não causa impedimento quanto à apreciação dos recursos especial/ou extraordinário pelo STJ e pelo STF, respectivamente, uma vez que o *decisum* substituiu a decisão colegiada e deverá ser o objeto dos recursos derradeiros, cujo fundamento encontra-se nos precedentes transcritos, havendo, portanto, julgamento de mérito [...]
>
> Inconstitucional é a utilização da Justiça como forma procrastinatória. Inconstitucional é inviabilizar-se o Judiciário, abarrotando-o de demandas repetidas, sem nenhum sentido prático.

---

123. Nota do editorial: Embargos Infringentes é uma espécie recursal não mais prevista pelo CPC/2015.

124. EREsp 884009/RJ, Rel. Ministro Hamilton Carvalhido, Corte Especial, j. 15.09.2010, *DJe* 14.10.2010.
AgRg no Ag 619.239/PB, Rel. Ministro Gilson Dipp, 5ª T., j. 23.11.2004, *DJ* 17.12.2004, p. 592.
AgRg no Ag 513.389/RJ, Rel. Ministro Antônio de Pádua Ribeiro, 3ª T., j. 16/09/2003, *DJ* 13/10/2003, p. 364.
AgRg no Ag 44265/RS, Rel. Ministro Luiz Vicente Cernicchiaro, 6ª T., j. 01.03.1994, *DJ* 25.04.1994, p. 9284.

125. REsp 506436/RJ, Rel. Ministro Humberto Gomes De Barros, 3ª T., j. 22.06.2004, *DJ* 03.11.2004, p. 199.

126. 2ª T., j. 02.05.2002, *DJ* 17.06.2002, p. 248.

> Inconstitucional é consumirem-se as parcas finanças destinadas à aplicação da Justiça com recurso que, em verdade, não levam a nenhum esforço científico ou de inteligência.

Casuística 2: hipótese em que é cabível Embargos Infringentes contra acórdão da segunda instância, nos termos do CPC/1973. A jurisprudência do STJ é pacífica no sentido de que o Especial não será conhecido quando se está diante de caso de ausência de interposição dos Embargos Infringentes, por se tratar de acórdão não unânime que reformou, em Apelação, a sentença de mérito.[127] Em função do que foi editada a Súmula 207 pelo STJ que dispõe: "é inadmissível recurso especial quando cabíveis embargos infringentes contra o acordão proferido no tribunal de origem".[128]

Casuística 3: caso em que há voto vencido com efeito modificativo em julgamento de Embargos de Declaração na segunda instância. Recente precedente[129] da Corte Especial do STJ fixou posição pela necessidade de interposição de Embargos Infringentes na segunda instância quando no julgamento dos Embargos de Declaração há voto divergente por se tratar de recurso com função integrativa. Orientação que é válida durante a vigência do CPC/73 apenas, uma vez que os Embargos Infringentes foram eliminados pelo CPC/2015.

3.2.2 Imprestabilidade para revisão de matéria probatória

Sem dúvida, este é um dos pontos mais difíceis de ser trabalhado ao manejar o Recurso Especial. A compreensão

---

127. AgRg no REsp 1137664/RS, Rel. Ministro Arnaldo Esteves Lima, 1ª T., j. 01.12.2011, *DJe* 12.12.2011.
AgRg no REsp 898.506/DF, Rel. Ministra Maria Thereza De Assis Moura, 6ª T., j. 18.03.2010, *DJe* 12.04.2010.

128. Súmula 207, Corte Especial, j. 01.04.1998, *DJ* 16.04.1998, p. 44.

129. EREsp 512399/PE, Rel. Ministra Eliana Calmon, Corte Especial, j. 02.12.2009, *DJe* 01.03.2010.

do que vem a ser revolvimento de matéria fática é crucial para que a tão repudiada Súmula 7 não impeça o julgamento do *meritum causae* no STJ. Essa Súmula tem o seguinte teor:

> A pretensão de simples reexame de prova não enseja recurso especial. (CORTE ESPECIAL, j. 01.04.1998, *DJ* 16.04.1998, p. 44)

Como apontado no item 2 do presente trabalho, a função do Recurso Especial não é analisar o direito subjetivo da parte que provoca a jurisdição revisiva, mas, sim, dar unicidade de interpretação ao direito federal, uniformizá-lo; sua "preocupação" é com o conteúdo semântico das regras infraconstitucionais da União do ordenamento jurídico. A esse respeito destaca Teresa Arruda Alvim Wambier:

> por meio dos recursos ordinários, se busca a correção da decisão tendo como objetivo corrigir-se a ofensa ao direito subjetivo da parte, enquanto por meio dos recursos extraordinários o objetivo seria alterar-se decisão que ofende direito objetivo.[130]

Sobre a função do Recurso Especial no exercício da jurisdição revisiva já destacou o STF:

> O recurso especial está vocacionado, no campo de sua específica atuação temática, à tutela do direito objetivo infraconstitucional da União. A sua apreciação jurisdicional compete ao Superior Tribunal de Justiça, que detém, ope constitutionis, a qualidade de guardião do direito federal comum. O legislador constituinte, ao criar o Superior Tribunal de Justiça, atribuiu-lhe, dentre outras eminentes funções de índole jurisdicional, a prerrogativa de uniformizar a interpretação das leis e normas infraconstitucionais emanadas da União Federal (CF, art. 105, III, c). (AgIn 149173 AgRg, Relator(a): Min. CELSO DE MELLO, 1ª T., j. 04.02.1994, *DJ* 10.06.1994 PP-14768, Ement vol-01748-04, pp-00659)

Assim, se a finalidade do Especial é unificar o direito

---

130. *In Recurso Especial, Recurso Extraordinário e Ação Rescisória*. 2ª ed. São Paulo: Ed. RT, 2008, pp. 245/246.

objetivo federal, é dos fatos fixados pelo Tribunal de segunda instância e do direito federal aplicado àqueles fatos que parte o STJ para analisar o recurso; o STJ não irá verificar se os fatos afirmados no acórdão recorrido efetivamente ocorreram, se de tal ou qual forma, ou quando ocorreram, ele vai partir da premissa de que os fatos se deram no caso concreto exatamente como fixados no acórdão recorrido.

No Recurso Especial, a questão a ser analisada deverá sempre ser de direito, de modo que a parte-recorrente deve buscar demonstrar que o acórdão recorrido laborou em equívoco na qualificação jurídica do fato apurado ou no seu enquadramento na descrição prevista normativamente. Se a parte que recorre pretende que o STJ acerca do fato "Z", fixado no Tribunal de Apelação, classifique-o como "W2", ou ainda que seja apreciada a prova "H" colacionada aos autos não considerada no julgamento do recurso, pretenderá o reexame de prova e, com isso, o recurso soçobrará em função da Súmula 7.

Frise-se, o Recurso Especial será julgado com base nos fatos fixados nas instâncias inferiores, o que significa que o STJ recebe os fatos como eles foram assentados na instância *a quo* e simplesmente avalia se o direito federal foi "corretamente" aplicado "sobre" eles.

A esse respeito, é excelente a lição de José Miguel Garcia Medina:

> Entende-se, em suma, como questão de fato a respeitante à reconstituição dos acontecimentos relevantes para o julgamento do litígio, sendo questão de direito a pertinente à averiguação da qualificação jurídica do fato apurado, mediante o respectivo enquadramento em determinado conceito legal.[131]

Sugere Bruno Mattos e Silva[132] a seguinte regra prática para que se compreenda quando é possível se deparar com a

131. *Op. Cit.*, p. 160.

132. *Op. Cit.*, p. 90.

manifestação do STJ no sentido da pretensão de revolvimento probatório: "se é necessário procurar e ver o documento nos autos é porque a questão jurídica não foi apreciada", então o Especial não será conhecido. Em complemento a essa regra, no momento prévio à elaboração da peça recursal, recomenda-se pensar e responder à seguinte pergunta: houve aplicação correta da lei? Em sendo a resposta negativa, está-se diante de hipótese de sua violação e, portanto, de cabimento do Especial.

A violação da ordem jurídica pode-se dar de duas formas para fins de cabimento do Especial: (i) aplicação do direito de forma equivocada; ou (ii) admissão errônea de um fato. Quando há a indevida aplicação da norma ao fato está-se diante de questão de direito e não há que se falar em pretensão de reanálise probatória, mas de hipótese de violação ou negativa de vigência da lei federal. Identificado o fato de modo impreciso ou indevido, por sua vez, está-se diante de indevida valoração da prova, o que se tem como consequência a aplicação de uma lei errada e, nessa conjectura, o Especial deverá ser conhecido para anular o acórdão recorrido com a determinação de uma nova reapreciação pela instância *a quo* do caso concreto.

O quadro abaixo indica a distinção entre valoração e interpretação de prova para fins de conhecimento do Recurso Especial:

Valoração da prova[133] (questão de direito)	**Interpretação da prova (questão de fato)**
– juízo de legalidade do meio de prova e do procedimento de coleta da prova – discussão sobre o valor jurídico daquela prova (fato) firmado pela instância inferior – não aplicabilidade de regra jurídica sobre o direito probatório	– adequação do resultado da instrução probatória ao postulado pelas partes

133. AgRg no Ag 99850/MG, Rel. Min. Salvio De Figueiredo Teixeira, 4ª T., j. 12.08.1996, DJ 16.09.1996, p. 33750.
REsp 226283/RJ, Rel. Ministro Barros Monteiro, 4ª T., j. 22.05.2001, DJ 27.08.2001, p. 342.
AgRg no REsp 927.737/RS, Rel. Ministro Francisco Falcão, 1ª T., j. 07.08.2007, DJ 03.09.2007, p. 143.

Sobre a distinção entre reexame e revaloração da prova, as palavras de João Batista Lopes[134] são muito esclarecedoras:

> Reexame consiste em nova apreciação do conteúdo da prova produzida, ou seja, dos elementos carreados pelas partes para a demonstração de suas alegações. [...] Diversamente, revaloração é questão concernente ao direito probatório, ou seja, envolve a discussão sobre critérios jurídicos de que se vale o juiz no exercício de seu mister.

Depois de tudo o que foi dito, permanecem ainda as seguintes dúvidas no contexto desse tópico: (1) e se a prova colacionada não foi apreciada na instância *a quo*?; (2) e se a causa foi julgada com base em um fato inexistente? Para a pergunta (1) uma solução seria a interposição do Recurso Especial sustentando-se a violação do art. 131[135] do CPC/73 (ou art. 371[136] do CPC/2015), já que o convencimento motivado do magistrado está limitado ao que está provado nos autos, devendo-se pleitear no Especial a anulação do acórdão recorrido para que outro seja proferido pela instância *a quo* pautado nos elementos probatórios constantes dos autos. Em resposta à questão (2), sugere Bruno Mattos e Silva[137] que "a medida correta não será o recurso especial, mas sim ação rescisória".

REsp 5663/SP, Rel. Ministro Sálvio de Figueiredo Teixeira, 4ª T., j. 15.04.1991, DJ 20.05.1991, p. 6535.

134. *Recurso Especial* - "Distinção entre Reexame e Revaloração da Prova - Diferença entre Fato e Qualificação Jurídica do Fato". *In Revista Dialética de Direito Processual* nº 60. 1ª ed., São Paulo: Dialética, 2008, p. 118.

135. Art. 131. O juiz apreciará livremente a prova, atendendo aos fatos e circunstâncias constantes dos autos, ainda que não alegados pelas partes; mas deverá indicar, na sentença, os motivos que lhe formaram o convencimento.

136. Art. 371. O juiz apreciará a prova constante dos autos, independentemente do sujeito que a tiver promovido, e indicará na decisão as razões da formação de seu convencimento.

137. *Op. Cit.*, p. 88.

3.2.3 Prequestionamento

Enfim, o prequestionamento, ou seja, o debate anterior da questão infraconstitucional de ordem federal no processo.

Seria simples assim, não fosse a necessidade de saber o que o STJ entende por "debate anterior" da matéria de lei federal no processo. Então, surgem algumas questões: é suficiente para configurar o "debate anterior" a alegação da parte? Ou "debate anterior" referir-se-ia a manifestação no acórdão da questão federal? Ou, compreende ambas hipóteses?

Identificam-se na doutrina três correntes a respeito da definição de prequestionamento para fins de conhecimento do Especial.[138] Nas manifestações mais antigas (primeira corrente), segundo José Miguel Garcia Medida,[139] sustenta-se que o prequestionamento era ato que competia à parte, incumbindo a ela a arguição da questão federal (ou constitucional). Posteriormente, surgiu uma nova corrente (segunda corrente) propondo que o prequestionamento compreenderia ato do órgão julgador, ou seja, a emissão de juízo de valor a respeito da questão federal no julgado. A terceira corrente, por sua vez, conjugou essas duas propostas afirmando que o prequestionamento envolve atividade da parte somada à do julgador, assim ambos (parte e julgador) concorreriam para a formação da questão a ser apreciada no STJ.

Como o objetivo deste trabalho é demonstrar o que pragmaticamente o *STJ* enuncia, independentemente do que sustenta a doutrina, importa saber o que esse órgão[140] entende por *prequestionamento*: sua jurisprudência é firme em reconhecer que se trata de *ato do julgador,*[141] isto é, a questão deve

---

138. Tudo o que está sendo dito a respeito do conceito e função do prequestionamento para o Recurso Especial se aplica ao Extraordinário.

139. *Op. Cit.*, p. 112.

140. AI 114226 AgR, Relator(a): Min. Celio Borja, 2ª T., j. 27.02.1987, *DJ* 27.03.1987, pp-05170, Ement vol-01454-03, pp-00693.

141. AgRg nos EREsp 710.558/MG, Rel. Ministra Eliana Calmon, 1ª S., j. 08.11.2006,

estar no acórdão recorrido, sendo irrelevante se a parte a suscitou previamente.

Desta forma, a orientação do STJ assentou o que já constava na Súmula 282 do STF que consagrou o prequestionamento como ato do Tribunal recorrido: "é inadmissível o recurso extraordinário, quando não ventilada, na decisão recorrida, a questão federal suscitada" (sessão Plenária de 13.12.1963).

E, mais, a questão federal deve ter sido apreciada no voto condutor do acórdão recorrido, não havendo que se falar em prequestionamento se a matéria foi tratada no voto vencido, consoante a Súmula 320[142] do STJ: "a questão federal somente ventilada no voto vencido não atende ao requisito do prequestionamento".

Muitos doutrinadores sustentam ser inconstitucional a exigência do prequestionamento, pautados na alegação de que não há tal exigência na CF/88, abdicada a partir da Constituição Federal de 1967 que aboliu a expressão "questionar" ao referir-se ao Recurso Extraordinário.

Deveras, as Constituições Federais anteriores (até a de 1967, excluída a de 1824 porque não existia o Recurso Extraordinário e nem o STF) estabeleciam como requisito de admissibilidade do Recurso Extraordinário o "questionamento" da questão federal e, por isso, essa manifestação de parte da doutrina sobre a invalidade da exigência do prequestionamento. Abaixo, está um quadro com o teor de cada um dos textos Constitucionais para compreender o contexto dessa sugestão doutrinária e, quiçá, sua pertinência:

DJ 27.11.2006, p. 238.
AgRg no REsp 1110105/SC, Rel. Ministro Humberto Martins, 2ª T., j. 19.05.2009, *DJe* 01/06/2009.
REsp 753.614/SP, Rel. Ministro Francisco Peçanha Martins, 2ª T., j. 09.08.2005, *DJ* 26.09.2005, p. 346.
REsp 37.766/RJ, Rel. Ministro Demócrito Reinaldo, 1ª T., j. 11.10.1995, *DJ* 06.11.1995, p. 37539.

142. CORTE ESPECIAL, j. 05.10.2005, *DJ* 18.10.2005, p. 103

<table>
<tr><td>CF/91</td><td>Art 59 . Ao Supremo Tribunal Federal compete:
[...]
II – julgar, em grau de recurso, as questões resolvidas pelos Juízes e Tribunais Federais, assim como as de que tratam o presente artigo, § 1º, e o art. 60
§ 1º Das sentenças das Justiças dos Estados, em última instância, haverá recurso para o Supremo Tribunal Federal:
a) quando se questionar sobre a validade, ou a aplicação de tratados e leis federais, e a decisão do Tribunal do Estado for contra ela;</td></tr>
<tr><td>CF/34</td><td>Art 76. À Corte Suprema compete:
III – em recurso extraordinário, as causas decididas pelas Justiças locais em única ou última instância:
b) quando se questionar sobre a vigência ou validade de lei federal em face da Constituição, e a decisão do Tribunal local negar aplicação à lei impugnada;</td></tr>
<tr><td>CF/37</td><td>Art 101. Ao Supremo Tribunal Federal compete:
[...]
III – julgar, em recurso extraordinário, as causas decididas pelas Justiças locais em única ou última instâncias:
a) quando a decisão for contra a letra de tratado ou Lei federal, sobre cuja aplicação se haja questionado;
b) quando se questionar sobre a vigência ou validade da Lei federal em face da Constituição, e a decisão do Tribunal local negar aplicação à lei impugnada; [...]</td></tr>
<tr><td>CF/46</td><td>Art 101. Ao Supremo Tribunal Federal compete:
III – julgar em recurso extraordinário as causas decididas em única ou última instância por outros Tribunais ou Juízes:
b) quando se questionar sobre a validade de lei federal em face desta Constituição, e a decisão recorrida negar aplicação à lei impugnada;</td></tr>
<tr><td>CF/67</td><td>Art 114. Compete ao Supremo Tribunal Federal:
[...]
III – julgar mediante recurso extraordinário as causas decididas em única ou última instância por outros Tribunais ou Juízes, quando a decisão recorrida:
a) contrariar dispositivo desta Constituição ou negar vigência de tratado ou lei federal;
b) declarar a inconstitucionalidade de tratado ou lei federal;
c) julgar válida lei ou ato de Governo local contestado em face da Constituição ou de Lei federal;
d) der à lei interpretação divergente da que lhe haja dado outro Tribunal ou o próprio Supremo Tribunal Federal.</td></tr>
</table>

CF/67 **EC 1/69**	Art 114 - Compete ao Supremo Tribunal Federal: [...] III - julgar, mediante recurso extraordinário, as causas decididas, em única ou última instância, por outros Tribunais, quando a decisão recorrida: (Redação dada pelo Ato Institucional n 6, de 1969) a) contrariar dispositivo desta Constituição ou negar vigência a tratado ou lei federal; (Redação dada pelo Ato Institucional n. 6, de 1969) b) declarar a inconstitucionalidade de tratado ou lei federal; (Redação dada pelo Ato Institucional n. 6, de 1969) c) julgar válida lei ou ato do Governo local, contestado em face da Constituição ou de lei federal; (Redação dada pelo Ato Institucional n. 6, de 1969) d) dar à lei federal interpretação divergente da que lhe haja dado outro Tribunal ou o próprio Supremo Tribunal Federal. (Redação dada pelo Ato Institucional n. 6, de 1969)
CF/88	Art. 105. Compete ao Superior Tribunal de Justiça: [...] III - julgar, em recurso especial, as *causas decididas*, em única ou última instância, pelos Tribunais Regionais Federais ou pelos tribunais dos Estados, do Distrito Federal e Territórios, quando a decisão recorrida: a) contrariar tratado ou Lei federal, ou negar-lhes vigência; b) julgar válido ato de governo local contestado em face de lei federal;(Redação dada pela Emenda Constitucional n 45, de 2004) c) der a lei federal interpretação divergente da que lhe haja atribuído outro tribunal. (Grifos nossos).

Em que pese a pertinência dessa posição da doutrina, ela não nos parece adequada; aderimos à orientação que reconhece haver, no texto Constitucional vigente, fundamento normativo para a exigência do prequestionamento, o qual é decorrente da expressão *"causas decididas"* constante do inciso III, do art. 105.

Por *"causas decididas"* deve-se entender as questões decididas, ou seja, os pontos da lide sobre os quais houve controvérsia e que implicaram manifestação do órgão julgador. Ou, como preleciona Roberto Dórea Pessoa, "causas decididas": "locução que sugere poder a matéria somente ser reexaminada pelo tribunal superior ou servir de fundamento dessa espécie de recurso (logo, para fins de impugnação) se foi efetivamente apreciada no acórdão".[143]

Ora, se ao STJ compete julgar em Recurso Especial as "*causas decididas*", significa dizer que a questão objeto do recurso para aquela Corte deve ter sido analisada pela instância *a quo*; em outras palavras, deve ter sido emitido juízo de valor a respeito das questões suscitadas pelas partes. O que é isso senão prequestionamento.

Além desse aspecto justificador do prequestionamento da questão federal, reputamos que esse requisito de admissibilidade específico dos recursos excepcionais é avalizado, ainda, por sua função jurisdicional, que é a de evitar a supressão de instância e ensejar o seu esgotamento, de modo a manter-se íntegra a ordem constitucional das instâncias e prevenir-se que a parte contrária seja surpreendida, dando plena efetividade ao princípio da segurança jurídica e ao contraditório.

Não podemos deixar de tratar de um último ponto sobre o prequestionamento. Vejamo-lo.

Dificuldade constantemente enfrentada no foro pelos advogados é a da hipótese em que o acórdão que será objeto do Especial, a despeito da oposição de Embargos de Declaração, deixa de apreciar questão (federal ou constitucional) ou analisar contradição e obscuridade que impacte o resultado da lide. Para essa situação, não havendo manifestação expressa na instância *a quo* corre-se o risco de aplicação da Súmula 211[144] do STJ.

Pelo conteúdo dessa Súmula, constata-se que o STJ não admite o prequestionamento da matéria com a mera oposição dos Embargos Declaratórios, razão pela qual o Recurso Especial deve ser manejado com fulcro na alínea "a", inciso III, do art. 105, da CF/88, sustentando-se a violação do art.

---

143. *Op. Cit.*, p. 73.

144. "Inadmissível recurso especial quanto à questão que, a despeito da oposição de embargos declaratórios, não foi apreciada pelo tribunal *a quo*."

535, incisos I e II[145] do CPC/73 (art. 1.022, I, e II,[146] e art. 489, §1º,[147] ambos do CPC/2015) e requerendo a anulação do acórdão para que outro seja proferido pela instância *a quo*, analisando o ponto suscitado nos Embargos de Declaração que ficou sem pronunciamento.[148]

Casuística 1: Embargos de Declaração "protelatórios" e prequestionamento. Como apontado, corriqueira é a necessidade de interposição de Embargos de Declaração para fins

---

145. Art. 535. Cabem embargos de declaração quando:
I - houver, na sentença ou no acórdão, obscuridade ou contradição;
II - for omitido ponto sobre o qual devia pronunciar-se o juiz ou tribunal.

146. Art. 1.022. Cabem embargos de declaração contra qualquer decisão judicial para:
I - esclarecer obscuridade ou eliminar contradição;
II - suprir omissão de ponto ou questão sobre o qual devia se pronunciar o juiz de ofício ou a requerimento;
III - corrigir erro material.
Parágrafo único. Considera-se omissa a decisão que:
I - deixe de se manifestar sobre tese firmada em julgamento de casos repetitivos ou em incidente de assunção de competência aplicável ao caso sob julgamento;
II - incorra em qualquer das condutas descritas no art. 489, § 1º.

147. Art. 489. São elementos essenciais da sentença:
[...]
§ 1º Não se considera fundamentada qualquer decisão judicial, seja ela interlocutória, sentença ou acórdão, que:
I - se limitar à indicação, à reprodução ou à paráfrase de ato normativo, sem explicar sua relação com a causa ou a questão decidida;
II - empregar conceitos jurídicos indeterminados, sem explicar o motivo concreto de sua incidência no caso;
III - invocar motivos que se prestariam a justificar qualquer outra decisão;
IV - não enfrentar todos os argumentos deduzidos no processo capazes de, em tese, infirmar a conclusão adotada pelo julgador;
V - se limitar a invocar precedente ou enunciado de súmula, sem identificar seus fundamentos determinantes nem demonstrar que o caso sob julgamento se ajusta àqueles fundamentos;
VI - deixar de seguir enunciado de súmula, jurisprudência ou precedente invocado pela parte, sem demonstrar a existência de distinção no caso em julgamento ou a superação do entendimento.
[...].

148. EDcl no REsp 603079/PE, Rel. Ministra Eliana Calmon, 2ª T., j. 28.09.2004, *DJ* 17.12.2004, p. 494.
REsp 826.533/RS, Rel. Ministra Eliana Calmon, 2ª T., j. 05.08.2008, *DJe* 01.09.2008.
REsp 1099927/SP, Rel. Ministra Eliana Calmon, 2ª T., j. 02.06.2009, *DJe* 19.06.2009.
EREsp 505183/RS, Rel. Ministro Ari Pargendler, Corte Especial, j. 01.08.2006, *DJe* 06.03.2008.

de prequestionamento da questão federal. Muitas vezes, nessa hipótese, o advogado é surpreendido com a aplicação de multa por terem sido os Embargos de Declaração reputados protelatórios pelos julgadores. Para essa situação, sugere-se a interposição do Especial alegando a violação do parágrafo único do art. 538[149] do CPC/73 (art. 1.026, § 2º,[150] do CPC/2015), à luz do que preceitua a Súmula 98 do STJ: "Embargos de Declaração manifestados com notório propósito de prequestionamento não têm caráter protelatório".[151]

Casuística 2: caso em que a matéria federal surge somente no julgamento do Recurso de Apelação. A orientação[152] do STJ é pela necessidade de oposição de Embargos de Declaração para fins de prequestionamento, para evitar que o Recurso Especial não seja conhecido.

Casuística 3: prequestionamento numérico ou explícito. Refere-se à exigência de constar explicitamente no acórdão recorrido os dispositivos de lei federal debatidos. Consoante precedentes do STJ, o prequestionamento não precisa ser numérico, sendo suficiente que no acórdão tenha sido debatida a

---

149. Art. 538. Os embargos de declaração interrompem o prazo para a interposição de outros recursos, por qualquer das partes.
Parágrafo único. Quando manifestamente protelatórios os embargos, o juiz ou o tribunal, declarando que o são, condenará o embargante a pagar ao embargado multa não excedente de 1% (um por cento) sobre o valor da causa. Na reiteração de embargos protelatórios, a multa é elevada a até 10% (dez por cento), ficando condicionada a interposição de qualquer outro recurso ao depósito do valor respectivo.

150. Art. 1.026. Os embargos de declaração não possuem efeito suspensivo e interrompem o prazo para a interposição de recurso.
[...]
§ 2º Quando manifestamente protelatórios os embargos de declaração, o juiz ou o tribunal, em decisão fundamentada, condenará o embargante a pagar ao embargado multa não excedente a dois por cento sobre o valor atualizado da causa.

151. Corte Especial, j. 14.04.1994, *DJ* 25.04.1994, p. 9284

152. EREsp 8285/RJ, Rel. Ministro Garcia Vieira, Corte Especial, j. 03.06.1998, *DJ* 09.11.1998, p. 2.
AgRg no REsp 698453/SP, Rel. Ministra Eliana Calmon, 2ª T., j. 06.12.2005, *DJ* 13.02.2006, p. 753.

questão federal:[153] hipótese tratada como prequestionamento implícito pelo STJ.

Casuística 4: dispositivo de Lei federal mencionado no acórdão, mas sem emissão de juízo de valor nesse *decisum*. Não resta configurado o prequestionamento, consoante orientação[154] do STJ, já que apesar da indicação da regra jurídica, não houve manifestação no acórdão sobre o seu conteúdo.

Casuística 5: Contrarrazões de Apelação e prequestionamento. Somente restará configurado o prequestionamento de questões suscitadas nas Contrarrazões de Apelação se no acórdão recorrido houver emissão de juízo de valor sobre elas. Desta forma, se o acórdão do Tribunal de segunda instância não apreciar os pontos arguidos nas Contrarrazões deverão ser opostos Embargos de Declaração. Se, a despeito da oposição dos Embargos, perdurar a não apreciação das alegações, o Recurso Especial deve ser interposto alegando-se a violação do art. 535, e do(s) respectivo(s) inciso(s), do CPC/73[155] (art. 1.022 do CPC/2015).

---

153. EREsp 111.707/PR, Rel. Ministro Antônio De Pádua Ribeiro, Corte Especial, j. 16.03.2005, *DJ* 02.05.2005, p. 141.
EREsp 129.856/DF, Rel. Ministro Edson Vidigal, Corte Especial, j. 25.03.2004, *DJ* 03.05.2004, p. 85.
AgRg no REsp 648997/SP, Rel. Ministra Eliana Calmon, 2ª T., j. 07.06.2005, *DJ* 26.09.2005, p. 315.
REsp 737.797/RJ, Rel. Ministro Luiz Fux, 1ª T., j. 03.08.2006, *DJ* 28.08.2006, p. 226.
REsp 736.810/RS, Rel. Ministro Hélio Quaglia Barbosa, 6ª T., j. 09.12.2005, *DJ* 16.10.2006, p. 436.
AgRg no REsp 434.588/RJ, Rel. Ministro Hamilton Carvalhido, 6ª T., j. 16.06.2005, *DJ* 29.08.2005, p. 444.
REsp 617.221/RJ, Rel. Ministro Gilson Dipp, 5ª T., j. 19.10.2004, *DJ* 09.02.2005, p. 214.

154. REsp 140196/SP, Rel. Ministro Demócrito Reinaldo, 1ª T., j. 10.11.1998, *DJ* 01.02.1999, p. 108.

155. EREsp 95441/SP, Rel. Ministro Humberto Gomes De Barros, Corte Especial, j. 08.04.1999, *DJ* 17.05.1999, p. 116.
REsp 150.347/SE, Rel. Ministro Francisco Peçanha Martins, 2ª T., j. 17/02/2000, *DJ* 10.04.2000, p. 74.

Casuística 6: matéria de ordem pública e prequestionamento. Consoante firme orientação[156] do STJ, as matérias de ordem pública apreciáveis de ofício em qualquer grau de jurisdição poderão ser julgadas ao ser analisado o Recurso Especial, ainda que a instância *a quo* não tenha emitido juízo de valor a respeito delas, ou mesmo que elas não tenham sido suscitadas pelas partes, entretanto, desde que o recurso seja conhecido por outro fundamento, isto é, tenha sido admitido (essa possibilidade de julgamento da matéria de ordem pública é decorrente do efeito translativo[157] dos recursos ou efeito devolutivo aberto, como denomina o STJ). Entretanto, há alguns anos, havia entendimento divergente desse que restou consolidado hodiernamente, como demonstra o precedente abaixo transcrito:

> Agravo regimental. Prequestionamento. O prequestionamento, entendido como a necessidade de o tema, objeto do recurso, haver sido examinado pela decisão atacada, constitui consequência inafastável da própria previsão constitucional, ao estabelecer os caso em que cabível o especial, mesmo em tratando-se *(sic)* de questões passíveis de conhecimento de ofício nas instâncias ordinárias. (AgRg no Ag 219.472/DF, Rel. Ministro Eduardo Ribeiro, 3ª T., j. 13.05.1999, *DJ* 23.08.1999, p. 124)

Sobre a possibilidade de conhecimento pelo STJ (e pelo STF) de fundamentos que não tenham sido prequestionados no acórdão recorrido, o novo CPC/2015 traz uma grande inovação no sistema recursal ao prever expressamente que, tanto o Recurso Especial, como o Recurso Extraordinário, são

---

156. REsp 869534/SP, Rel. Ministro Teori Albino Zavascki, 1ª T., j. 27/11/2007, *DJ* 10.12.2007, p. 306.
AR 2.075/PR, Rel. Ministra Denise Arruda, Rel. p/ Acórdão Ministro Humberto Martins, 1ª S., j. 27.05.2009, *DJe* 23.09.2009.
REsp 905.738/SE, Rel. Ministro Castro Meira, 2ª T., j. 04.06.2009, *DJe* 17.06.2009.
REsp 641.132/SC, Rel. Ministro Castro Meira, 2ª T., j. 09.08.2005, *DJ* 19.09.2005, p. 275.

157. Consoante Nelson Nery Júnior o efeito traslativo do recurso autoriza que o órgão *ad quem* julgue "fora do que consta das razões ou contrarrazões do recurso" sem que se possa falar em julgamento *extra, citra* ou *ultra petita*, e refere-se a questões de ordem pública que podem ser conhecidas de ofício pelo juiz e sobre as quais não se opera os efeitos da preclusão. – *Op. Cit.*, p. 482.

dotados do efeito devolutivo. Exigindo-se para que se consagre a devolução de todos os fundamentos constantes no processo que o recurso tenha sido admitido:

> Art. 1.034. [...]
>
> Parágrafo único. Admitido o recurso extraordinário ou o recurso especial por um fundamento, devolve-se ao tribunal superior o conhecimento dos demais fundamentos para a solução do capítulo impugnado.

4. Conclusão

Esperamos ter deixado claro que há que se partir da seguinte certeza ao iniciar a elaboração do Recurso Especial: ele não pode ser desenvolvido como se Recurso de Apelação fosse. Diante de sua função peculiar no contexto da jurisdição revisiva, o advogado precisa ter uma visão ampla do processo e do por vir, ciência da doutrina sobre os recursos em sentido estrito e, o mais importante, vasto conhecimento da jurisprudência dos Tribunais Superiores, para evitar surpresas.

Sem dúvida, a vida prática é muito mais rica e ainda deve ser somada às constantes oscilações da jurisprudência e, a partir de março de 2016, às novidades do CPC/2015, mas, neste trabalho, foi apresentado um norte para aqueles que pretendam desenvolver a arte de advogar no STJ.

Desta forma, acreditamos ter atingido nosso objetivo, que foi o de apresentar o Recurso Especial pragmaticamente, voltando nossos olhos para os problemas e as soluções que vêm sendo dadas pelo STJ para evitar que a tutela jurisdicional naufrague antes de sua apreciação pelo Tribunal Superior.

Mas, não podemos deixar de registrar que, com a vigência do CPC/2015, novidades jurisprudenciais podem ocorrer sobre o cabimento do Especial com a nova ordem processual implementada. Assim, fiquemos atentos a ela.

Impressão e acabamento
Intergraf Ind. Gráfica Eireli.